KB111541

한가위 희년 나라

❶

희년과 포도원 천국

한가위 희년 나라 ❶ 희년과 포도원 천국

발행일   2021년 11월 22일

지은이   이대환
펴낸이   이대환
펴낸곳   요벨랜드(yobeland)
출판등록   2021. 9. 13(제2021-000032호)
주소   대구광역시 중구 달구벌대로 1950, 101동 2006호
홈페이지   https://cafe.daum.net/bongampeople
이메일   yobeland@hanmail.net

편집/디자인 (주)북랩
제작처   (주)북랩 www.book.co.kr

ISBN   979-11-976025-0-4 04320 (종이책)   979-11-976025-2-8 05320 (전자책)
       979-11-976025-1-1 04320 (세트)

한가위 희년禧年 나라

❶ 희년과 포도원 천국

이대환 지음

반값으로 내 땅 내 집, 세금이 필요 없는 세상

희년법의 경제적 해석과 복음적 적용으로 부동산문제를 해결
토지 무르기(토지 속량)로 이루어질 천국경제의 시장원리

— 천지인天地人의 통전적·구속사적 성경 이해

요벨랜드

'40일 토지 정탐'과
'40년의 토지 실험'

40년 '토지 실험'의 보고

　봉암골 희년농법실험장에서 모의실험용으로 거둔 복숭아 한 개가 있습니다. 이 복숭아는 모양이 지구地球를 닮았고, 맛과 성질은 매일 솟아나는 샘물을 닮았습니다. 그래서 이 복숭아는 사람이 먹으면 먹을수록 겉보기 모양은 그대로지만, 먹을 양과 가치는 줄어들지 않고, 일정하거나 자꾸 커지는 특성이 있습니다.

　만약에 세상에 이런 복숭아가 있다면, 이 복숭아는 사람이 먹을 수 있는 크기만 값을 매겨서 팔고 사야 합니다. 이런 성질의 복숭아를 몸통 그대로 팔고 사면, 사람은 복숭아의 몸통(원금)을 1원의 가치도 먹지는 못하면서 값만 내는 ××가 됩니다. 그러면서 이를 먹은 것처럼 여겨서 몸과 정신이 망가지고, 덩달아서 온갖 질병을 일으키게 됩니다.

　이런 성질을 가진 특수 물질이 바로 땅입니다. 성경에서 땅은 원문으로 "에레쯔ארץ"이며, 영어로 "어스Earth"이고, 한국어로 "땅"입니다. 성경 희년법은 땅의 이런 성질이 일으키는 여러 가지 경제문제를 시장원리로 가르쳐 주고 있으며, 예수님은 천국 비유를 통하여 이 문제에 대해 완전한(복음적, 근본적, 영구적) 해법을 알려 주고 계십니다.

이 책은 성경과 희년법이 말하는 땅의 경제적 성질과 그 사용 방식을 세상에 알리기 위해서 썼습니다. 하나님은 이 책을 쓰기까지 저를 단련시켜 주셨습니다. 먼저 10여 년은 회계학을 공부하여 하나님이 만드신 '땅'과 땅이 내는 '상품'을 식별할 수 있는 안목을 주셨습니다. 그리고 다음 20여 년은 성경의 희년법을 공부하여 토지가치와 땅값이 일으키는 부동산문제와 이에 파생된 여러 가지 경제문제들을 보여 주셨습니다. 최근 10년간은 이러한 문제를 복음적으로 해결한 예수님의 '천국(포도원)농법'을 현장 실험으로 생생하게 보여 주셨습니다.

이 책은 필자가 40여 년간 성경의 땅, 곧 희년법과 천국 포도원을 탐지한 결과 얻은 정보를 세상에 알리는 보고서입니다.

> 먹어도 먹어도 줄지 않거나 쓰면 쓸수록 커지는 물체는 몸통을 직접 팔고 살 수 없다.
>
> 땅은 직접 거래하지 말고(레 25:23), 그 열매만 팔고 사라(레 25:15,16)
>
> 땅값은 벌금罰金이고, 토지가치는 선물膳物이다. 2020년 집값 급등은 땅값의 이런 성질 때문이다.
>
> 포도원(땅)은 소유(매매)하지 말고, 세貰만 내면 천국을 선물로 받는다(마 21:34).

① 땅은 쉬면서도 경제적 생산활동을 하고 있습니다.

② 땅은 거래해야 시장경제가 돌아가지만, 팔고 사지는 못합니다.

③ 땅은 영구재이고 무한한 생산력을 가졌지만, 사람이 땅을 팔고 사면, 그 값은 영원히 가치물로 실현하지 못하는 허구가격이 됩니다.

④ 토지에서 생산한 현재 생산물은 자유롭게 팔고 사고, 토지가 미래에 낼 미래 생산물은 시한부로만 팔고 사며, 토지가 미래에 영원히 낼 생산물은 팔고 사지 말아야 합니다.

⑤ 토지를 사용하고 주인에게 토지가치를 세貰로 내면, '땅은 반값, 집은 시장 전세가격'으로 영구 '내 땅, 내 집'이 되며, 거기에 내가 내는 세금까지 필요가 없게 됩니다.

⑥ 희년법 토지 무르기와 포도원 천국 비유가 말하는 시장원리는 사유재산제와 자유시장경제를 완성하고 보장하는 생활의 복음입니다.

⑦ 희년법 토지 무르기는 경제구원의 유일한 수단이며, 십자가의 값 치르기는 죄와 죽음의 문제를 해결하는 유일한 수단입니다.

광야교회의 반응

그러나 세상은 이 보고서를 쉽게 받아들이지 않을 것 같습니다. 먼저 우리가 잘 알고 있는 포도원 품꾼과 경작자의 비유에서 보듯이 포도원과 그 가치물에 대해서는 탐욕을 보이며, 불만을 나타내거나 강하게 저항하기 때문입니다. 땅을 경솔하게 여기는 인간의 약점은 구약시대에도 있었습니다. 그 대표적 사례가 광야교회가 보여 주는 약속의 땅에 대한 경솔한 반응입니다. 이집트에서 속량을 받은 백성들이지만, 땅에 대한 현실 인식은 매우 약하며, 그 반면에 거부감은 강합니다. 백성의 대표들이 40일간이나 하나님이 약속하신 땅을 탐지하고 돌아왔지만, 대표들마저 땅은 있는 그대로 보지 않습니다. 땅이 내는 열매(포도송이)를 가지고도 탐지한 땅이 보이기보다 사람과 사람이 만든 견고한 성벽을 먼저 보거나 주목합니다. 그래서 하나님이 주신 생존과 자유이 필수 조건인 '약속이 땅'을 야평합니다(민 13:32).

광야교회가 홍해의 구원을 받고서도 하나님이 주시려는 약속의 땅을 경솔하게 여겨서 백성들은 광야에서 살다가 광야에서 죽어야 했습니다. 땅에 대한 호평을 한두 지도자와 젊은 세대만이 살아남아서 약속의 땅으로 들어갑니다. 이런 땅과 인간의 관계에서 사람이 보이는 경솔과 약점은 족장시대, 사사시대, 왕조시대가 거의 비슷합니다(내용은 제2권에서 다룸).

지금의 신약교회도 하나님이 주신 땅에 대한 정서만은 광야교회의 백성들 모습과 별반 다르지 않습니다. 독실한 기독인이고, 학식과 덕망을 갖춘 사람이라도 성경의 땅과 희년법을 말하면 너무 쉽게 부정하거나 회피합니다. 희년법은 복음 신앙과 관련이 없다고 합니다.

광야교회가 '40일 토지 정탐 보고'는 듣고 나서 거부하지만, 예수님이 가르쳐 준 포도원 비유와 천국 경제법은 '40년 토지 실험 보고'라도 듣기조차 거북스럽게 여깁니다. 명확한 논증과 숫자적(과학적) 설명까지 갖춘 보고서가 사람들 보기에는 소설처럼 느껴지고 있습니다. 이원론에 치우친 서양 종교의 약점과 바알Baal 제도에 익숙한 학문이 희년법을 잘못 알고 있기 때문입니다.

이 책을 내는 것은

그래서 저는 한동안 집필을 접고, 농사를 지으며 희년농법과 포도원 비유가 가르쳐 준 천국농법을 현장 실험으로 검증만 했습니다.

벌써 10년 세월입니다. 이제 다시 세상을 향하여 책을 쓰고 있습니다. 이 보고서가 하나님이 저에게 맡겨 주신 소명이라고 보기 때문입니다. 부족한 사람이지만, 40년 씨름으로 이해한 성경 희년법은 너무너무 우수하고, 완벽하기 때문입니다. 이 책은 5편으로 나누어 희년법과 포도원 친국 경제법을 증기히고 있습니디.

1편: 책의 서론으로 땅에 대한 수수께끼를 풀어내는 이야기, 토지에 대해 필자가 발견한 몇 가지 사례들을 소개합니다. 독자들의 흥미를 위해 '1억 원 내기토론'의 주제도 걸어 놓고, 책의 핵심 논제를 알리고 있습니다.

2편: 성경 희년법에 대한 경제적 접근입니다. 희년법은 경제부문임에도 불구하고, 신학적 범주나 규범적인 틀 안에서만 성경을 보아 와서 잘못 알고 있는 희년법을 새롭게 소개하고 있습니다. 성경은 영혼의 문제를 해결하는 책이지만, 육의 문제인 경제문제도 십자가의 속량과 같은 방식으로 해결할 수 있는 세상구원의 책입니다.

3편: 레위기는 원래 어렵고 재미가 없는 책입니다. 그런데 레위기의 종결 부분인 희년법은 경제적 내용이라서 더 어렵습니다. 그래서 3편은 일반 독자들이 읽지 않고 그냥 넘어가도록 편집을 했습니다. 3편은 성경 희년법에 대해 학문적인 검증을 하는 부분입니다. 레위기 토지법을 따라 토지를 거래하는 가격 원리와 무르기의 문제를 실제로 숫자를 들어서 설명합니다. 땅을 상품으로 여기는 세속 경제법이 잘못되어 있음을 지적합니다. 그리고 레위기 희년법은 신앙의 영역과는 별개로 사람이 교통 신호등을 지키듯이 지켜야 할 과학이고, 진리라는 것을 숫자를 들어서 밝히고 있습니다. 희년법 토지 무르기는 지금의 감가상각비 계산도 일부 잘못이 있음을 알려 주고 있습니다.

4편: 부동산문제와 경제문제의 근본 해법을 다룹니다. 4편의 제목은 '땅(값)은 반값에 세금도 없는 나라'입니다. 최근 부동산 가격문제와 혼란에 빠져 있는 세상 토지법을 알리고, 이를 희년법과 천국 경제법(포도원 비유)으로 해결하는 지대시장제를 소개합니다.

5편: 포도원 천국 경제의 현실적 실현을 위한 실무적, 정책적 방안을 다룹니다. 주택문제와 토지문제의 해법으로 공공토지는 토지임대부 주택, 사유토지는 소유와 사용을 분리하는 토지주식제 주택을 제안하고 있습니다. 두 방법 모두 토지시장을 대리하는 토지거래소를 통하여 자율 경쟁과 시장원리로 운영하게 됩니다.

희년 천국의 소망을

홍해를 건너 구원을 받은 광야교회가 땅에 대한 부정적 태도로 약속의 땅을 얻지 못했습니다. 이런 역사적 사례를 예수님의 포도원 경작자의 비유에 적용하여 보면, 십자가의 은혜로 속량 받은 백성들도 교회에서 땅이 보이지 않으면 실패할 수 있습니다. 믿음을 지켜서 속량을 받았으니 영생구원과 사후 천국은 보장되겠지만, 살아서 얻는 희년 천국은 경험하기 어렵다는 뜻입니다. 포도원 경작자가 포도원을 소유하며, 팔고 사고, 세貰를 내지 않으면, 문제가 발생합니다. 그러나 경작자가 포도원 주인을 인정하고 세를 내게 되면, 이 세상은 우리가 경험하지 못한 복음적 경제 천국을 실제로 경험할 수 있습니다(마 21:43).

이때가 속량절(속죄일) 토지 무르기로 땅값과 빚이 사라져서 자유가 회복되고, 모두가 기업인 포도원을 얻고, 열매를 나누며, 함께 즐기는 초막절 잔칫날입니다. 이날이 예수 그리스도를 포도원의 상속자로, 세상의 구주로 영접한 지구촌 백성들이 함께 누릴 영구 희년이 도래한 한국의 한가윗날입니다(3대 절기의 마지막 명절, 초막절과 한가위는 3권에서 다룸).

모든 것이 부족한 저에게 이런 책을 쓰게 하신 하나님 감사합니다. 독수리 타법으로 일흔을 넘긴 손가락은 마디마디 저리지만, 살아 있고 운동력 있는 말씀이 저의 영과 혼과 골수를 소생시켜 줍니다. 지금까지 인내하며, 도와준 가족들, 기도와 격려로 동역한 요벨기도모임 형제들, "출판과 교정으로 도움을 주신 (주)북랩과 수고하신 모든 분들에게" 고마운 마음을 전합니다. 부족한 책은 하나님께 맡겨 드리고, 기도할 뿐입니다.

우리가 우리에게 모든 빚을 사하여 주듯이, 우리의 죄들도 사하여 주시고, 뜻이

하늘에서와 같이 땅에서도 이루어지게 하옵소서

2021년 한가위를 맞으며 희년농법실험장에서

이대환 올림

사람에게 한 가지 더 부족한 것

예수께서 그를 보시고 사랑하사 이르시되 네게 아직도 한 가지 부족한 것이 있
으니(막 10:21)

사람은 누구나 부족합니다. 예수님은 계명을 잘 지킨 부자 청년에게 한 가지 부족한 것이 있다고 했습니다. 이 청년은 유대 종교에 열심이었고, 부와 명예도 가진 관원입니다. 여기에 남들이 지키기 어려운 계명도 지켜낸 자부심을 가지고 예수님께 찾아왔습니다. 그러나 예수님은 이 청년에게 한 가지 부족한 것이 있다고 일러 줍니다.

지금의 기독인은 예수님을 구주로 믿어서 구원을 받은 자들입니다. 그러나 사람은 구원을 받아서도 하나님 앞에 부족할 뿐입니다. 이런 부족함은 제 자신은 물론이고 누구나 알고 있는 것입니다.

그런데 사람들은 이러한 부족함에 대한 인식과는 별개로 누구나 가지고 있는 부족함이 한 가지 더 있습니다. 그것은 제가 성경의 희년법과 토지를 연구하고 전하면서 경험한 것으로, '땅에 대한 사람의 해묵은 오해(무지와 편견)'를 말합니다.

(1) 사람들은 신앙을 가진 그리스도인이든 아니든, 시장에서 팔고 살 수 있는 '상

품'과 팔고 살 수 없는 '땅'을 과학과 시장원리로 구별하지 못합니다.

(2) 그리스도인들은 창조질서가 말하는 토지에 대한 물리적 성질과 성경 희년법
이 밝히고 있는 시장원리를 잘 모릅니다. 알아도 신앙적·신학적·윤리적(규범
석) 내용만 알고, 물리적·과학적·경제적 현상은 모르거나 너무 큰 오해를 이
고 있습니다.

(3) 그리스도인들은 토지 무르기와 십자가의 값 치르기가 발생된 문제를 해결하
거나 회복하는 유일한 수단이며, 시장원리라는 사실을 잘 모릅니다. 종교나
영혼구원에 대해서는 방법을 알고 있지만, 생활과 경제구원에 대해서는 방
법을 모르거나 중요성을 잊어버렸습니다.

그런데 (1), (2), (3)에 대한 무지와 편견이 해소되면, 이 세상은 죄
와 빚, 몸값과 땅값, 세금과 물가고, 금융위기와 시장 불균형 등의
문제가 사유재산제와 시장원리로 모두 해결될 수 있습니다. 구약의
속량절(레 25:9, 10)과 희년, 신약에서 열납의 해는 주의 기도가 구하
고 있는 이런 문제의 값(빚)들이 모두 사라지고 삶의 자유가 온전하
게 회복되는 시기입니다.

이 책은 (1), (2), (3)을 지적하면서 그 근거를 제시하고, 이에 따른
문제와 해법(대안)을 밝히고 있습니다. 독자분들은 이런 점을 염두
에 두고 책을 읽어 주시기 바랍니다.

그런데 이런 진술과 판단은 필자의 부족함에 따른 편견과 독단일
수도 있습니다. 만약에 필자의 부족함에도 이러한 진술이 부정할
수 없는 사실이라면, 독자들이 이를 시인하고, 바로잡아야 하는 주
제입니다. 특히 (1)은 경제를 다루는 경제 관련 학계에서도 같은 오

류를 범하고 있습니다. 따라서 필자가 독자분들에게 이 책이 말하는 내용에 대하여 먼저 진위 분별을 위한 관심과 주의를 당부드리고자 세 가지를 화두로 제시하고 있습니다.

제5편

희년법의 적용 방안과 지대시장제

1. 먼저 읽어 두기

① 이 책은 성경이 말하는 희년법을 경제와 회계적 실무로 접근하고 풀어낸 것입니다. 성경을 말하고 있지만, 종교적 내용보다 삶과 과학(창조질서)에 관한 내용입니다.

② 이 책은 인간의 생존과 생활의 필수재인 토지에 대하여 물리적 성질(창조질서)에 따른 시장원리를 다루고 있습니다. 그리고 토지의 물리적 성질이 일으키는 경제문제와 그 문제에 대한 유일한 해법을 다루고 있으므로 누구나 읽고 알아야 하는 내용입니다.

③ 이 책은 대중서적이면서 고도의 전문서적입니다. 누구나 읽고 알아야 할 내용이라 쉽게 써야 하지만, 토지에 대한 패러다임이 우리의 평소 이해와는 크게 다릅니다. 그래서 엄정한 검증이 필요한 부분이 있어서 전체 내용 중 한두 장은 어려운 부분도 있습니다.

2. 처음 듣거나 어려운 용어들(용어의 정의)

이 책에서는 반값, 허구가격, 지대시장제 등으로 우리에게 생소한 단어를 사용하게 되어 사전 이해를 위하여 용어를 설명(정의)합니다. 이 용어는 반값과 허구가격에 대한 검증이 필요한 독자는 알아두어야 하고, 일반 독자들은 그냥 넘겨도 되겠습니다.

① 반값: 이자율(i)과 성장률(g)이 2:1의 조건(i=2g)인 부동산시장에서 이론가격은 a. 토지의 매입가격이 지금의 1/2, b. 연체이자로 계산한 사용비용도 영구 절반, c. 지속적 재투자를 가정한 연금마저 적자를 계속하다가 ∞ 기간에서 비로소 수익과 비용이 수렴한다. 그러나 이는 수리에 따른 귀결이며(연금의 합은 모든 값이 ∞에서 수렴하는 성질), 이를 인정해도 지대가 세금을 대신하는 무세 혜택을 감안하면 절반으로 낮아지는 현상, d. 시장의 현실가격 역시 매입가격 대비 전세(임대)가격이 통상적으로 40~60%까지 낮아져 있는 현상을 통칭하는 말이다. 여기서 '반값'은 토지를 비롯하여 주택, 상가 등 성장률 g가 있는 모든 부동산이 해당한다. 단, 주택과 상가 등 복합자산의 성장률(g)은 감가상각률 d를 상쇄하고 남은 잔여 비율이다.

5% 이자율, 성장률 2.5% 사회에서 수익 5원을 얻으려면
예금은 100원을 투자하면 되고(5 = 100×0.05), 토지는 200원을 투자해야 한다
{5 = 200×(0.05 - 0.025)}.

② 가치의 실현: 재화나 용역이 현재 시점의 효용 가치로 생산, 소

비, 사용되거나 물리적 현상(생성·소모·변형)이 변한 것을 말한다. 시장에서 거래되는 가격은 있으나 현재 생산된 실물(재화나 용역)이 없거나 생산·소비·사용될 시점이 미래로 이연移延, deferred된 것은 가치의 실현realization이 아니다. 실물 없는 영구 원금(P)이 물 리직 김가나 실현 없이 가지는 수익으로 비율(인금/연금총액)로만 감소하는 것은 가치의 실현이 아니다.

③ 허구가격: 영구 미실현가격을 말한다. 토지와 같이 현재 원금(P)이 실물로 존재하지 않으면서 앞으로도 사용가치로 실현되는 성질이 없고, 커지는 성질만 가진 가격을 말한다. a. 토지임료가 매년 3%씩 커지면, b. 그 자본가격인 땅값도 같은 비율로 커질 때, a는 실현가치, b는 영구 허구가격이다.

④ 땅값: 지가, 미래에 발생할 지대수익의 자본가격(연금현가, 연금할인가 합계)을 말한다. 유사용어로는 토지의 소유가격, 매매가격, 자본가격 등으로 사용한다. 부호는 P를 사용한다.

⑤ 집값: 주택가격, 광의로는 땅값, 건물가격, 토지개발비를 포함하지만, 협의로는 땅값을 제외한 순수 건물가격(토지개발비는 포함)을 말한다. 주로 건물가격만을 말한다.

⑥ 토지비용 또는 소유비용: 땅값(③)과 집값(④)에 대한 기회비용, 곧 땅값과 집값의 시장이자를 말한다. 이 용어는 토지비용, 소유비용, 자본비용 등으로 쓰이나 같은 개념이다. 이 책에서 부호는 Pi(P×i)로 표시한다.

⑦ 지대, 토지임료, 토지수익: 토지가치, 토지(또는 주택)를 사용하여 누리는 효용 및 시장가치, 토지의 시장 임대가격(임대료)를 말한다. 이 책에서 지대, 토지임료, 임대료, 지대수익, 사용가치, 주거가치, 사용가격, 토지전세수익 등으로 부르고 있으나 같은 개념이다. 땅값이나 집값이 주거나 사용으로 실현되는 가치를 말한다. 이 책에서 부호는 R로 표시한다.

⑧ 지대시장(제): 토지의 시장 임료만 거래하는 순수 시장제도 및 시장임대제를 말한다. 주택(또는 전체 부동산)에서 땅은 시장가격 임대, 건물은 시장가격 소유로 하는 순수 시장제도를 말한다. 넓게는 정부나 공공기관이 주도하는 주택(또는 전체 부동산)이라도 시장가격에 따른 토지임대와 건물 소유이면 지대시장제에 속하고, 토지의 소유가격이 없는 사유주택 전세시장도 포함한다.

⑨ 천국 경제: 신약성경에서 포도원의 비유를 현실 사회에 적용하는 경제 시스템을 말한다(마 20:1, 21:43). 이론적으로는 시장에서 균형상태(또는 균제성장상태)가 성립할 수 있는 경제적 구조와 환경을 뜻한다.

※ 자본재의 물리적 성질과 가격의 수리적 성질

균형상태를 가정하면 땅값, 쌀값, 솥값은 시간 흐름에서 가격의 수리적 크기(총계)가 항상 같다. 그러나 가치의 물리적 성질은 다르다. 쌀값과 솥값은 한 그릇의 밥을 짓는 데 사용하면 가격이 사라지고, 물리적 실체가 밥값으로 실현되어 소멸한다. 그러나 땅값은 밥을 짓는 데 사용해도 가격이 소멸하지 않으며, 시장 구매력이 일정하거나 커진다. 그래서 땅값은 수리적 크기와 다르게 물리적 실체가 밥값으로 실현, 소멸하는 성질이 없고, 구매력은 영원히 존속한다.

제1편

땅과 사람

제1장
가족의 기업과 부동산시장의 수수께끼

기업 무르기 이야기

제가 재산목록 1호로 여기는 것으로 고향에 있는 임야 한 필지가 있습니다. 임야는 2020년 기준 공시지가로 1㎡당 1,830원이며, 부속 토지(하천과 농지)는 1㎡당 2만 원 안팎이므로 산과 농지를 합하여도 5000만 원 미만입니다. 강남 아파트 한두 평값이 되지 않습니다. 임야는 명목상 두 필지이지만, 아버지가 필지를 두 개로 나누어 팔면서 실수로 필지가 각각의 공동 소유물로 등기가 잘못되었습니다. 그래서 두 필지 소유가 실제는 한 필지 면적에 불과합니다. 지금은 잘못된 공동소유를 바로잡고자 해도 상대가 법인 소유이기 때문에 사무적 절차가 까다롭고, 소유자가 바뀌어서 이해관계가 다르므로 사실상 어렵게 되어 있습니다.

그래도 저는 이 산을 가장 소중하게 여기고 있습니다. 제 고향에 있고, 조상 대대로 살아온 삶의 터전으로 가족 역사를 지켜본 현장이며, 제가 지금도 꿈을 갖고 하나님을 만나는 기도처요, 노후의 놀이터이기 때문입니다.

놀이터란 성경 희년법을 실험으로 보여 주어야 하는 '희년농법실

험장'의 우회적 표현입니다. 이 산은 부모가 팔아 버린 것을 제가 10
년간 셋방살이를 하면서도 집은 사지 않고 먼저 구입한 것입니다.
주인이 팔지 않으려고 하는 것을 이웃 어른이라서 애걸복걸 사정하
여 겨우 매입을 했고, "집 살 돈 모으기도 힘이 드는데 목돈을 들여
가며 쓸모없는 비탈 돌산을 왜 사느냐?" 하는 가족의 원성도 들어
가면서 사들인 것입니다. 지금 생각해도 그때 이 산보다 집을 먼저
샀으면, 집값이 올라서 큰 이득을 볼 수 있었을 것입니다.

그래도 저는 성경의 토지법을 따라 무르기를 하여 조상들의 땅을
되찾은 기업입니다. 아버지가 판 것을 제가 다시 사들여서 성경적으
로 보면 무르기를 한 땅입니다. 성경에서 기업이란 땅을 말하며, 가
나안 지역 유대 민족이 지파별, 가정별로 분배하여 조상 대대, 자손
대대로 이어 가는 유업(상속물)을 말하고 있습니다. 이 외에도 자녀
를 "태의 열매"라고 하여 기업이라고 하며, 궁극적으로는 하나님의
나라인 "천국"을 기업이라고 합니다.

성경으로 보면 땅은 소중히 여기고 자손 대대로 지켜야 할 기업입
니다. 그리고 팔린 토지는 무르기를 하여 빚을 없애고, 자유롭게 하
는 것은 지금도 지구촌의 시장경제를 해결하는 근본 대책이고, 유일
한 방법이라고 보고 있습니다. 곧 기업은 팔고 사는 시장거래를 하
면서도 땅값과 소유권 거래는 없기 때문에 사용권과 상속권만 자손
대대로 유지가 가능한 제도입니다.

그러므로 이 산은 조상들이 지금까지 이어 왔고(팔렸지만 사용과 관
리는 해 왔고), 앞으로도 자손 대대로 이어지는 상속물이 되기를 바
랍니다. 그래서 이 기업이 성경의 희년법을 증거하는 장소로, 임대
는 할 수 있어도 팔고 사지는 않는 '희년농법실험장'으로 계속 남아
있기를 바라고 있습니다. 나라의 실정법(헌법, 농지법)도 이를 제약하

지 않기를 원합니다.

하여서 멀리 있는 우리 가족들에게 이런 이야기를 할 기회가 없었는데, 이제는 알아야 할 것 같아서 공개합니다. 70 인생, 고희古稀를 인도해 주신 하나님께 드리는 저의 신앙고백이기도 합니다. 책을 쓰며 보잘것없는 한 가정의 사생활과 재산문제를 끄집어내는 이유가 여기에 있습니다. 모든 땅은 인간의 생존과 자유가 걸린 일터이고, 천국의 훈련장이며, 실험장입니다.

성경 룻기도 기업 무르기로 큰 복을 받은 한 가정의 생활 이야기이었습니다. 성경에는 하나님이 주신 땅, 조상이 물려준 기업을 성경 말씀대로 지키려고 하다가 죽어야 했던 이야기도 있습니다. 바알신을 숭배하고 이방의 토지제도를 도입한 아합왕과 왕비 이세벨을 통하여 나봇의 포도원을 강탈했던 사건을 말합니다. 성경에서 기업은 이렇게 소중하게 여기고 있습니다. 성경에서 기업은 아래와 같은 특징을 가집니다. 앞으로 저의 기업은 이렇게 사용되고 영구로 존속되기를 바라고 있습니다.

성경의 기업이란,

한 가족의 생업을 위한 터전이며, 자손 대대로 이어 가야 할 유업(상속물)이다.

기업의 사용권은 자유롭게 팔고 사지만, 소유권은 영영 팔리지 말아야 한다.

기업은 거래를 하면서도 팔리지는 않고, 한 가정의 유업으로 영원히 남아 있어야 한다.

기업은 부채인 땅값이 사라지고, 사용의 자유가 돌아오면 이때가 희년이다.

부동산시장의 수수께끼

제가 기업이라고 하면서 소중하게 여기는 임야를 보면 지금도 이 상한 것이 있습니다. 이상한 것이 한둘이 아니고 많습니다. 이 산은 200만 원을 주고 샀습니다. 그 당시 매매계약서를 보면 계약금은 20만 원을 지급한 것으로 되어 있습니다. 그런데 등기필중에는 거래가격이 28만 2,645원으로 기록되어 있습니다. 임야를 팔고 사면서 거래가격과 신고가격을 다르게 했다는 뜻입니다. 요즘 말로 하면 다운계약서를 작성한 것이고, 위법이며, 거짓입니다. 그러나 그 당시는 지방세 과세표준을 따라 정한 가격을 신고했으므로 위법도 아니고, 거짓이라고 할 수도 없을 것입니다.

그때는 부동산 신고 가격체계가 네 가지로 되어 있었고, 계약서도 그에 맞추는 것이 사회적 관례였습니다. ㉠ 재산세, 취득세, 등록세 신고에 사용하는 지방세 과세표준. ㉡ 양도소득세를 부과하는 국세청 과세시가표준. ㉢ 공공수용을 할 때 보상가격을 정하는 건설부 공시가격. ㉣ 시장에서 결정되는 실제 거래가격, 이렇게 네 가지입니다. 지금도 부동산 가격은 두 가지 체계입니다. 하나는 양도소득세를 매길 때 사용하는 실거래가격이고, 다른 하나는 지방세를 매길 때 사용하는 공시지가(주택은 공시가격)입니다.

이 산은 지금으로서는 경제성이 거의 없습니다. 산골 오지에 있고, 응달산, 돌산, 가파른 비탈산이라 이 산을 사용하려면 수익보다 투자비용이 더 들기 때문에 손해를 보는 곳입니다. 물론 옛날에는 경제성이 있었습니다. 그때는 가정마다 취사와 난방에는 화목을 사용하기 때문에 이 산이 땔감을 제공하는 생산지였기 때문입니다.

그러나 지금은 땔감이 필요 없고, 발을 딛기도 어려운 산이라서 사람이 들어가기조차 어렵습니다. 그래서 매년 이 산의 생산물은 0 입니다. 지금 생산활동을 하게 되면, 이 산은 비용이 수익보다 커서 적자가 납니다.

물론 저는 이 산과 바위에 오르기를 좋아하며, '노적바위'에 올라서 "야호!"라고 소리도 지고, 바위 실벽에는 기노하는 상소도 산을 이용하고 있습니다. 그러나 저의 산과 위치와 조건이 비슷한 주위의 다른 산들은 거의가 멀리 있는 분이 소유하고 있어서 사실상 사용은 하지 않고 있습니다. 그들은 자기 산이라도 경계는 물론 위치도 모릅니다. 간혹 산소가 있는 소유자는 1년에 한 번꼴로 성묘로 다녀가기는 하지만, 그것은 극히 일부입니다.

그런데도 주위 산들은 매년 같은 방법으로 공시지가가 매겨지고, 그에 따른 세금이 부과되고 있습니다. 또 이 산들은 지금 판다면 매년 커지는 가격만큼 숫자(수익?)가 생기고 있습니다. 곧 땅은 갖고만 있어도 돈 이자에 해당하는 수(수익)를 내는 것입니다.

이 산의 공시지가 변동사항을 보면 1990년 1㎡당 300원이고, 2020년 지금은 1,830원입니다. 농지는 같은 기간에 5,000원에서 2만 3,000원으로 커졌습니다. 30년간 임야는 6배, 농지는 4.6배 올랐습니다. 30년 전 공시지가인 300원을 은행에 예금했다면 지금 얼마나 될까요? 이자율은 과거의 높은 이율을 감안하여 10%로 보면, 원리금은 약 17.4배가 되고, 7%로 보면 7.6배입니다. 최근(2021년)의 이자율을 감안하여 5%로 잡으면 4.3배입니다.

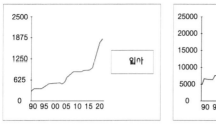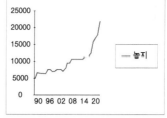

[그림 1-1] 공시지가 연도별 변동 추세(필자 소유의 임야와 농지, 단위: ㎡, 원)

　여기서 적용 이자율은 어떤 비율로 하든 중요하지 않습니다. 우리가 유념해야 할 것은 지난 30년간 수익이 0이거나 심지어 비용 투입으로 실제수익이 마이너스인 토지가 그만큼 값이 커져 있고, 돈 이자의 성질을 가진 숫자(?)만 커지고 있다는 것입니다. 이것이 문제의 뿌리입니다.

　이성을 가진 우리 인간은 여기서 답을 내야 합니다. 지난 30년간 돈 이자가 이자율을 따라서 열일곱 배가 되었든, 7.6배나 4.3배가 되었든 이 숫자(이자에 해당하는 가치물)가 어디서 어떻게 나올 수 있는가 말입니다. 여기서 사람은 납득할 수 있는 답을 내든지, 답을 내지 못하면 그만큼 우리는 무지에 빠져 있다고 할 수 있습니다.

　제가 이 산을 이용한 가치는 있었을 것이므로 사용료는 매년 내는 재산세를 사용가치로 보겠습니다(사용가치도 투입비용에 속함). 그러면 여기서 재산세를 내는 정도의 가치를 매기고, 거래해도 공시지가의 상승으로 얻는 가격차익은 사용료와 별개의 성질이고, 숫자입니다. 그리고 저의 경우와는 달리 이런 산을 소유하면서 1년 내내 발도 디뎌 보지 않았는데 발생하는 공시지가 상승액은 그 실체가 무엇인지 생각해 봐야 합니다. 저는 이것을 경제에서 풀지 못한 '수수께끼'라고 합니다. 그런데 이제 그 수수께끼의 정답을 발견했습니다.

(A) 땅값의 수수께끼: 30년간 놀고 있는 자연의 땅이 6배의 가치물(가격 커짐)을 얻었다.

(B) 몸값의 수수께끼: 30년간 놀고 있는 나의 몸에서 6배나 되는 가치물을 얻었다.

(C) 소금의 수수께끼: 30년간 부뚜막에만 있는 소금이 짠맛을 내겠나("부뚜막의 소금도 집어넣어야 짜다").

결론: (A), (B), (C)는 수수께끼가 아니고, 허구다.

우리는 시장경제에서 이러한 수수께끼와 허구 속에서 하루하루를 살아가고 있습니다.

790만 원이 1억 원으로

1988년 서울 올림픽이 있기 한 해 전에 대구 근교에 410㎡(124평)의 땅을 한 필지 샀습니다. 가격은 총액 790만 원입니다(토지자료 1990년 공시지가 1㎡당 14만 원, 2019년 48만 8,100원). 집사람이 그곳에 장애인 교육을 위한 특수학교 설립을 추진 중이었고, 교육청으로부터 가인가까지 받은 상태라서 이사를 위해 터만 보고 낡은 집을 구입했습니다. 그런데 특수학교는 지역 주민의 강한 반발로 인하여 진척이 어렵더니 설립자의 포기로 중도에 그쳐야 했습니다. 집사람이 7년간이나 교육청과 관련 기관을 드나들며 노심초사로 공을 들인 학교 설립이 그만 물거품이 되어서 아쉬웠습니다.

그런데 88 올림픽을 지나면서 전국의 땅값이 오르기 시작했습니다. 그 여파가 우리가 구입한 집터까지 미치는가 싶더니 뜻하지 않은 현상이 벌어졌습니다. 평당 6만 4,000원 정도 주고 산 집터가 평당 100만 원이 넘어 버린 것입니다. 땅을 구입한 지 3년(실제는 만 1년) 만에 땅값이 열 배가 넘은 것이지요. 우리 집은 횡재를 했습니다. "와! 790만 원이 1억 원으로!" 요즘 말로 정말 "대~박"이 났습니다.

집사람은 공을 들인 특수학교 설립이 수포로 돌아가서 실망이 컸지만, 그래도 땅값에서 '대~박'이 났으니 한편으로 "이것도 하나님의 은혜다?"라고 하면서 위로를 받고 좋아했습니다. 그러나 저는 그냥 기뻐할 수만은 없었지요. 무엇보다 이런 현상이 빚어지는 땅값에 대하여 강한 의문이 생겨났습니다. 3년 만에 열 배 오른 가격의 실체가 도대체 무엇인가? 하는 강한 의문입니다. 제가 그때 학위과정을 이수 중이었는데 제 전공인 회계학적 견지로 보더라도 이런 현상은 설명이 되지 않았습니다.

이때부터 저는 땅값에 대한 연구를 본격적으로 시작했습니다. 그 동안 토지문제에 단편적인 논문들을 내었고, 학위논문도 썼습니다. 책도 몇 권 내었습니다. 이렇게 토지연구만 해 온 햇수가 30여 년이 흘렀습니다. 이런 연구를 통하여 제가 발견한 땅값의 실체(진실)는 이러합니다.

"땅값은 영원히 가치물(실물)이 될 수가 없다."

"땅값은 갖고 있으나 쓰지는 못한다."

"토지의 임료는 가치물이지만, 그 임료의 자본가격인 땅값은 가치물이 될 수가 없다."

"땅은 영원히 가치물이 되지 않으므로 땅값은 가치물 없는 허구가격이다."

(※ 여기서 가치물이란 인간의 필요를 채워 주는 재화나 용역service을, 임료는 토지 임대료地料를 말함)

땅값이 일시에 올라서 가족들이 모두 좋아했던 그 1억 원의 땅값은 사회에서 기여하는 실물(재화와 서비스)이 영원히 없다는 것을 알았습니다.[1] 그럼에도 지금은 경기도 성남시 대장동 토지개발로 무려 1조 원의 개발차익이 난 것을 알았고, 정치권은 거액의 돈이 어디로 흘러갔는지를 두고, 격한 다툼으로 나라가 들썩이고 있습니다(2021년 9월).

사상 초유 '1억 원 내기토론' 성사될까?

「사상 초유 '1억 원 내기토론' 성사될까?」란 2014년 'ㅎ신문'에서 필자가 제시한 땅값 가치 찾기에 대한 기사의 제목입니다. 필자는 ㅎ신문 토론방에서 땅은 특수한 물질이라서 매겨진 값은 가치가 물리적으로 실현되는 성질이 없다고 했습니다. 그래서 부동산문제가 자꾸 생기고 있고, 해결도 어렵다고 했습니다. 이 기사는 지금도 제목을 검색하면 쉽게 찾을 수 있습니다.

그런데 이에 대하여 어느 부동산 전문가가 반론을 펴면서 가치가 실현된다고 강한 주장을 반복했습니다. 그래서 제가 상대에게 가치의 물리적 실현(소비)을 증명하면 "1억 원을 내겠다."라고 했습니다. 반면에 토론 상대자도 값이 실현되는 것을 증명하지 못하면 토론의 책임을 지기 위하여 1억 원을 내기로 했습니다. 그래서 이 금액은

---

1) 수리적으로 보면 땅값은 영구 미래가치의 현재 시점 자본가격이다. 그래서 땅값은 무한대 기간에서 무한대의 크기로 커지지만, 더 크게 커지는 임료의 영구 성장연금의 총액으로 인하여 0으로 수렴하는 성질을 가진다. 그러나 이것은 감가성 자본, 정액성 자본, 성장성 자본 등 모든 성질의 자본은 원금이 소멸하는 무한대 기간에서 모두 성립하기 때문에 현실경제에서 허구이며, 사람이 실현할 수 있는 가치물은 될 수 없다는 뜻이다.

● 희년과 포도원 천국

토지연구를 위한 기금으로 사용하자는 안이었습니다. ㅎ신문은 이 수제로 공개토론을 추진하기로 했습니다. 그래서 이런 기사가 났고, 포털 사이트 순간 검색어 상위 등급으로 소개되기도 했습니다.

[그림 1-2] ㅎ신문 '1억 원 내기토론' 관련 기사(2014. 11. 18.)

그런데 공개토론을 추진하던 ㅎ신문은 중간에 어떤 이유인지 토론을 중단시켜 버렸습니다. 추정컨대 학문적 토론을 하면서 내기를 한다는 것은 사회적 비판을 받을 수 있어서 중단시킨 것이 아닐까 합니다. 물론 이것이 이유라면 내기로 하지 말고 공개토론을 해도 될 텐데 말입니다. 지금 생각하면, 땅값을 두고 토론을 한다면 이 주제의 토론을 진행하고 심사할 사람이 없어서 추진하지 못했을 가능성이 더 크다는 생각이 듭니다.

지금 이런 내기토론 기사를 여기에 소개하는 이유는 이 책의 중심 주제가 땅값의 가치에 대한 것이기 때문입니다. 경제에서 땅과 땅값은 시장에서 매우 독특한 특성을 가집니다. 우리가 팔고 사는 일반적인 상품과는 그 성질이 아주(전혀) 다르다는 뜻입니다. 일반 상품과 물리적 성질이 다르고, 경제적 특성이 다릅니다. 그래서 성경은 토지에 대해서만은 유일하게 독특한 방식으로 거래를 제한하거나 거래 자제를 금하고 있습니다.

그래서 저는 땅과 땅값에 대해 이러한 시장의 특성을 세상에 알려주려고, 문제를 해결하고자 지금 책을 쓰고 있고, '1억 원 내기토론'까지 끄집어내고 있습니다.

'1억 원 내기'는 아직도 유효합니다

'1억 원 내기토론'은 성사되지 못하였지만, 이 약속은 아직 유효합니다. 지금도 다음 질문에 답을 주시면, 제가 1억 원을 토지연구기금으로 내어놓겠습니다. 이 '1억 원 내기토론'은 10여 년간 토지연구와 세미나, 교감을 함께 해 왔던 한국 조지스트 학자들에게도 걸어놓은 것입니다(이대환, 『반값 주택의 이론과 정책』, 인간사랑, 2007, 부록 참고).

질문: 사람이 지구와 샘물의 특성을 닮은 100g 무게의 복숭아 하나를 먹고 있습니다. 먹는 양은 무게로 하루(또는 1년)에 5g씩입니다. 그런데 이 복숭아는 먹으면 먹을수록 1년에 3%씩 커지고, 3%씩 더 먹습니다. 그래도 복숭아의 무게나 모양은 일정하며, 가치만 매년 3%씩 커집니다. 사람이 이 복숭아를 다 먹을 방법이 있습니까?

이 질문에 100g의 복숭아를 다 먹어서 사라지게 할 수 있는 방법을 알려 주시면 1억 원을 내어놓겠습니다. 독자분들에게 '1억 원 내기'를 하는 것은 이상하고 결례가 될 수 있습니다. 그런데도 제가 이 책의 핵심 주제인 땅과 땅값에 대한 수수께끼, 인간의 해묵은 숙제를 독자들과 함께 풀어내기 위해서 이런 제안을 올립니다. 구체적인 내용은 제2장부터 시작하고 있습니다.

제2장
땅값의 발견과 토지 예찬

처음부터 어려운 경제용어와 수식이 나와서 미안합니다. 하지만 제게는 오랜 기도와 씨름으로 발견한 과학적 현상이고, 기적 같은 경험을 한 사건이므로 미리 알려 드립니다.

[복숭아와 복숭아씨] = [토지임료와 땅값]

1992년 12월 4일 새벽기도를 마치고, 'ㅅㄴ초등학교' 운동장으로 갔습니다. 종종 하는 아침 산책 시간입니다. 운동장을 돌며 산책을 하면서 머리에 감도는 것은 땅값에 대한 실체의 규명입니다. 땅값 연구로 7년간의 씨름 끝에 학위를 받았지만, 논문에서 다루지 못한 땅값이 과연 가치물이냐? 가치물이 아니냐? 하는 가치의 실체에 대한 의문입니다.

저는 산책을 하면서도 학위논문을 쓰면서 풀리지 않았던 수수께끼들을 생각하고 있었습니다. 차車는 달리면 자신의 몸통을 쓰게 되지만(소비, 감가), 땅地은 달리면 자신의 몸통을 전혀 쓰지(소비, 감가) 않습니다. 성장경제에서 땅값은 사용에도 커지기만 합니다.

자동차는 사용하면서 감가상각減價償却을 해야 하지만, 땅은 사용하면서 그 반대로 증가계산增價計算을 해야 합니다. 제가 배운 회계학에서는 이런 경우의 증가增價는 미실현가치이므로 아예 계산도 하지를 않습니다. 그런데 논문을 쓰면서 가치 흐름의 표를 작성해 보니 자동차 감가상각은 기말가격으로 나오고, 땅의 증가계산은 기초 가격으로 잡아야 했습니다. 동일시점에 평가해도 땅값과 수익은 그 적용 시점이 자정과 0시로 개념이 달라야 했습니다. 감가상각비는 비용이지만, 증가계산은 수익이 아니기 때문입니다. 그래서 감가상각비는 손익계산서에 들어가지만, 증가계산은 손익계산서에 들어가지 못합니다. 땅값은 가격 크기도 지대수익과 달라서 그림으로 나타내기도 어렵습니다. 그러므로 땅값은 대차대조표에만 들어가고, 손익계산서에는 영원히 들어가지 못하는 기형적 성질을 가진 자산입니다.

공장용 차車는 구입비용이 감가상각비를 통하여 제품의 제조원가에 들어갑니다. 그러나 땅은 구입비용이 제품의 제조원가에 들어가지 못합니다. 땅값 원금은 아무리 커져도 그 값이 제품의 제조원가에 반영되지 않습니다[2]. 오히려 땅값이 커지는 만큼 제품의 제조원가를 차감해야만 찻값과 땅값은 가치의 흐름이 숫자적인 균형을 맞출 수가 있습니다.

그 이유는 땅값은 재산변동에서 물리적인 성질이 손익거래가 아니고, 자본거래이기 때문입니다. 감가상각은 실현가치이지만 증가계산은 미실현가치입니다. 감가상각은 가치물로 시간 흐름에서 생산물로 바뀐 크기이지만, 증가계산은 가치물이 없고 미래의 시간 흐름으

---

2) 건설업이나 부동산매매업에서는 땅값이 원가에 들어간다. 그러나 제조업을 비롯한 일반 업종에서 땅은 물리적 소비나 가치적 소모가 없으므로 제품의 제조원가에 들어갈 수가 없고, 회계시스템 자체가 없다.

로 생산물이 나올 기대가치의 크기일 뿐이라는 뜻입니다. 이렇게 땅값의 성질을 정리하고 나니 저에게 뇌리를 번개처럼 스치는 그림과 식이 있었습니다

복숭아를 사서 먹는 경우를 생각하니 복숭아에서 먹지는 못하는 복숭아씨가 운동장 바닥에 '톡!' 하고 흘러내리는 것을 보았습니다. 그래서 산책을 멈추고 꼬챙이를 주워서 운동장 바닥에 쪼그리고 앉아서 이렇게 썼습니다. 땅값의 가격 흐름을 자본가격의 시장이론에 맞추어 수식을 이렇게 정리했습니다.[3]

[복숭아 가격 > 복숭아 가치] 이 부등식의 차액은 먹지 못하는 복숭아씨(먹지

못함)

복숭아 가격 = 먹을 수 있는 복숭아 가격 + 먹을 수 없는 복숭아씨의 가격

[복숭아 무게 > 먹을 수 있는 복숭아 무게]

복숭아 무게 = 먹을 수 있는 복숭아 무게 + 먹을 수 없는 복숭아씨의 무게

(※ 복숭아씨도 열매의 일부로 가치물이 맞지만, 여기서는 복숭아처럼 먹지는 못하는 물질

로 간주함.)

[땅값비용(땅값이자) > 토지수익(토지임료)], 그 차액은 영구 미실현가치(쓰지

못함)

땅값비용(땅값이자) = 토지임차료 + 땅값 성장액

---

3) $Pi = R + Pg \Rightarrow Pi > R$
    땅값이자(Pi) = 토지임료(R) + 땅값 상승액(Pg)
    ⇒ [땅값이자(Pi) > 토지임료(R)] = [땅값비용 > 토지수익] ⇒ 차액은 영구 적자
    [땅값(부채)이자 > 토지수익(토지임료)] ⇒ 차액은 부채의 영원한 연체 현상

땅을 먹는 과일에 비유하면 토지임료는 사람이 먹는 복숭아에 해당하고, 땅값 원금과 그 비용(이자)의 일부는 사람이 먹을 수 없는 복숭아씨와 같습니다. 매년 열리는 복숭아와 영구로 자라는 더 많은 열매를 내는 복숭아나무가 있다면, 복숭아나무도 그렇습니다. 땅값을 거래한다는 것은 복숭아를 거래하면서 먹지 못하는 복숭아의 씻값도 같이 거래하는 것과 같은 이치입니다. 그래서 복숭아 가격은 지불은 하지만, 그 지불한 가격에서 복숭아씨는 골라내어 버려야 합니다. 아니면 씨를 심고, 나무를 키워서 다시 열매를 맺어야만 먹을 수가 있습니다. 이러한 물질의 기본 성질로 인하여 땅값을 지불하고 경제를 운영하면, 경제에서는 위의 식과 같이 부등식이 계속 발생합니다. 시장경제가 균형이 성립하려면, 수식이 '항등식(=)'을 이루는 성질이 있어야 하는데 땅값은 이렇게 '부등식(>)'이 계속 발생하고 있습니다.

이 현상은 영구적입니다. 땅값은 바로 이런 것입니다. 다시 말하지만 복숭아에 해당하는 것이 토지임료이고, 먹지 못하는 복숭아씨는 땅값 원금 또는 매년 커지는 땅값 성장액(상승액)입니다. 이 값은 매년 토지수익이 토지 매입액의 돈 이자도 갚지 못하는 적자 누적액이며 연체이자입니다. 땅값은 영구 자본가격, 영구 자본거래, 영구 미실현가격이며, 영원히 국민소득GNP, GDP이 되지 못하는 가격이므로 경제의 허수가격입니다.

복숭아씨는 심으면 싹을 내고 자라서 열매를 내는 것이므로 씨가 반드시 있어야 하고, 그 씨는 영구적으로 존재해야 합니다. 그러나 씨는 영원히 복숭아가 아니어서 먹지를 못하므로 가격을 매겨서 팔고 사지는 말아야 합니다. 이렇게 정리가 되었습니다.

이때가 1992년 12월 4일 아침 7시경입니다. 저는 기적을 경험했습니다. 이것은 저의 가슴에 큰 충격이고 벅찬 감동이었습니다. 땅값의 가치 규명을 위해 씨름하는 저에게 하나님은 이렇게 큰 선물로 응답을 주셨습니다.

토지 예찬

하나님의 나라는 사람이 땅에 씨를 뿌림과 같으니(막 4:26)

땅이 스스로 열매를 맺되(막 4:28)

사람은 수염이 석 자라도 먹어야 삽니다. 몸이 죽어서 얻는 영생도 몸이 살고 나서야 받는 것입니다. 사람은 밥을 먹지 않고는 살 수가 없습니다. 물을 마시지 않으면 밥을 굶는 것보다 더 빨리 죽을 수 있습니다. 숨을 쉬지 않고는 1분을 견디기가 어렵습니다. 이처럼 사람이나 생명체가 목숨 부지를 하려면 공기와 물, 양식이 필요합니다.

그런데 이런 것을 가능하게 하는 것이 땅입니다. 땅은 숨을 쉴 공기를 갖고 있고, 마실 물을 샘솟게 하거나 비를 만들어 여기저기 흐르게 합니다. 땅은 밥을 지을 쌀(양식)을 냅니다. 이것이 땅이 가진 가치이며, 자연력이고, 생산활동입니다.

예수님은 하나님의 나라를 말하면서 땅의 이러한 성질을 예로 들어서 설명을 하고 있습니다. 하나님의 나라는 사람이 땅에 씨를 뿌림과 같으니 사람이 자고 깨고 하는 동안 씨가 자라 결실하는 것을 모르다가 열매가 익으면 비로소 낫을 댄다고 합니다(막 4:21~29).

하나님의 나라는 사람의 노력이나 인식의 문제를 떠나서 씨가 자라는 것처럼 하나님이 스스로 이루어 간다고 하십니다. 하나님의 나라는 사람의 노력이 주도하는 것이 아니라 하나님이 주도하고 있습니다. 그래서 땅과 사람의 경제활동에도 하나님의 나라와 같이 사람의 노동이나 투자보다 땅이 먼저 있고, 스스로 생산활동을 선도하고 있습니다.

이를 종합하여 정리하여 보면 이렇습니다. 사람의 생존과 생업은 땅이 스스로 내는 산물이 있어야 합니다. 사람의 경제활동에도 땅은 사람보다 먼저 있고, 주도적인 능력을 행하고 있습니다. 그래서 예수님은 하나님의 나라도 땅의 존재나 사람의 경제활동과 같이 사람의 노력보다는 하나님이 선제적이고, 주도적으로 인도하고 있다고 합니다.

땅과 하나님의 나라

땅: 인간보다 먼저 있고, 인간 생존에 필수적 존재물이다.
하나님: 인간보다 먼저 있고, 세상과 하나님의 나라에 필수적 존재다.

땅: 사람의 경제활동(노동과 투자)보다 땅이 스스로 경제적 생산활동을 주도하고 있다.
하나님의 나라: 사람의 노력보다 하나님이 스스로 역사를 주도하여 나라를 완성해 간다.

만나와 오병이어

성경을 보면 하나님은 사람을 살리기 위해 여러 가지 방법을 사용하십니다. 천지창조의 과정을 보면 사람보다 땅을 먼저 지으시고,

땅이 먼저 먹거리를 내게 하십니다(창 1:11). 그리고 에덴 땅에서 죄를 지어 죽을 운명에 있지만, 그래도 온갖 먹거리를 땅이 내게 하여 우리 몸을 살려 놓고, 우리에게 죄로 인한 죽음까지 면할 수 있는 구원의 사역을 시작하십니다. 하나님은 사람이 살아도 생명만 유지하는 것이 아니라 인간답게 자유롭게 살아가길 원하십니다. 그래서 이스라엘 백성들이 이집트의 노예로 굴종의 상태가 되었을 때 구원의 손길을 베푸시어 광야로 인도하십니다. 그런데 광야는 물과 먹거리가 부족합니다.

이때 하나님은 기적을 베푸십니다. 하늘에서 만나를 내리시고, 광풍으로 메추라기를 보내시어 굶주려 죽을 수밖에 없는 백성들을 살려 주십니다. 이 기간이 무려 40년 기간입니다. 그래서 200만 명의 이스라엘 백성들은 40년간 만나와 메추라기만 먹고 살았습니다. 땅이 내는 먹거리가 없으니 그렇게 하십니다.

이러한 기적은 신약시대에도 있습니다. 예수님을 따르는 유월절 민중들이 빈 들에서 먹을 것이 필요하나 이를 해결할 방법이 없습니다. 백성들은 초실절 보리 추수를 앞두고 보릿고개를 넘겨야 할 힘겨운 시기입니다. 이날 모인 관중은 성인 남성만 5,000명이며, 금액으로는 노동자 1년(200일 노동) 품삯에 버금가는 200데나리온 이상이 필요했습니다.

이때 예수님은 소년이 갖고 나온 떡 다섯 덩이와 물고기 두 마리를 가지고, 기적을 일으키십니다. 이 기적으로 많은 유월절 민중들이 굶주린 배를 채웠습니다. 예수님은 떡 다섯 개와 물고기 두 마리로 5,000명이 넘는 사람을 먹이시고도 남은 떡이 열두 바구니나 되었습니다. 이것이 바로 오병이어 기적입니다. 하나님은 이렇게 기적을 일으켜서라도 사람을 먹이시고 살리시는 분이십니다.

만나와 오병이어보다 더 큰 기적은

저는 늦깎이입니다. 대학도 늦게 마쳤고, 예수님도 늦게 영접을 했습니다. 스물다섯 살을 넘어 고시 공부를 하다가 몸이 망가지고 있어서 어쩔 수 없이 예수님을 영접하였습니다. 그리고 스물일곱 살이 된해 11월 26일 지금도 출석하고 있는 교회에서 세례를 받았습니다.

그때까지도 저는 성경이 말하는 '만나의 기적'이나 '오병이어의 기적'에 대하여 긴가민가했습니다. 이러한 기적은 신화 정도로 생각했습니다. 지금도 그리스도인들과 이야기를 해 보면 노아의 홍수와 기적은 신화로 여기는 분들이 있는데 저도 그런 정도였습니다.

그러나 성경의 회년법과 예수님의 천국 비유를 공부하다가 땅이 스스로 열매를 내면서 생산활동을 하고 있다는 사실을 알았습니다. 저는 회계학, 경영학 등 경제 부분을 공부한 사람입니다. 그래서 성경이 말하는 땅의 생산활동을 경제 현상에 적용하여 보면, 땅이 실제로 사람처럼 경제활동을 하고 있다는 사실을 직감했습니다. 그것도 땅은 사람보다 먼저 있고, 사람보다 더 큰 경제활동을 하고 있다는 사실을 깨달았습니다.

'땅이 스스로 열매를 낸다'는 것은 누구도 거부하지 못하는 과학적 현상입니다. 그리고 이것은 기적입니다. 기적이란 초자연 현상또는 사람이 할 수가 없는 것을 하게 되는 경우를 말합니다. 그런데 땅이 스스로 열매를 내어 사람을 먹이고 살리는 것은 초자연적인 현상은 아니지만, 사람이 스스로(땅이 없이)는 할 수가 없으므로 기적이라고 해야 할 것 같습니다. 기적이라도 성경이 말하는 만나의 기적, 오병이어의 기적, 노아의 홍수 기적, 홍해의 기적들보다 더 큰 기적이라고 할 수 있습니다.

왜냐하면, 우리가 알고 있는 성경의 기적들은 한두 번 있었을 사건이고, 초과학적 현상입니다. 그러나 '땅이 스스로 열매를 내는 현상'은 영구적 사건이고, 과학적·자연적 현상입니다. 기적은 사람을 일시적으로만 살리는 사건이지만, 땅이 스스로 열매를 내는 과학적 현상은 사람을 계속하여 살리고 있는 영구적 사건입니다. 전자는 일시적이고, 한정된 장소에서 발생하지만, 후자는 영구적이고, 지구촌 곳곳마다 계속되고 있어서 사람과 생명체를 먹이고 살립니다.

하나님은 천지창조 3일째 땅을 지어 사람이 먹을 열매를 내게 하셨는데 이것 자체가 사람에게는 부인할 수 없는 기적입니다. 그리고 이것은 과학에 속합니다. 저녁 한 끼를 해결한 오병이어, 40년을 먹여 주신 만나의 사건도 사람에게 실로 엄청난 기적이고 은혜입니다. 그러나 땅이 열매를 내어 사람을 지속적으로 살아갈 수 있게 한 역사는 이보다 더 큰 기적이고, 역사이며, 은혜입니다.

그러므로 이렇게 엄청난 기적(과학)을 창조하신 하나님이 이보다 작은 만나의 기적과 오병이어의 기적, 그리고 홍수의 기적은 얼마든지 할 수 있음을 고백하지 않을 수가 없었습니다. 땅이 스스로 열매를 내는 기적(과학)을 믿으면, 성경이 말하는 많은 기적들, 그리고 과학적 현상은 모두가 그대로 믿을 수 있는 역사적 사건들입니다.

만나의 기적, 오병이어의 기적: 사람이 할 수 없는 양식을 일시적으로 해결하여 준 사건

땅이 스스로 열매를 내는 현상(더 큰 기적): 사람이 할 수 없는 양식(먹거리)을 영구적으로 해결하여 준 과학

인간사人間史와 지구사地球史
─사람이 경제적 땅(지구)을 보지 못한 혼돈의 세상사

지구는 공처럼 둥글게 생겼습니다. 그러나 옛사람들은 지구가 네모처럼 생겼고 절벽처럼 생긴 땅의 끝이 있다고 생각하기도 했습니다. 그러나 과학이 좀 더 발달하고서야 지구가 공처럼 둥글게 생겼다는 것을 알았습니다. 이를 위해 신대륙을 발견한 콜럼버스와 같은 학자와 선각자들의 힘든 노력과 고귀한 희생이 있었습니다.

지구는 자전하며 공전하고 있습니다. 그러나 옛사람들은 지구는 고정되어 있다고 보았습니다. 우리의 눈에는 지구가 자전하고 공전하는 모습을 볼 수가 없습니다. 중세에는 지구가 공전한다고 주장한 브루노Giordano Bruno, 1548~1600는 교황청의 미움을 받아서 화형을 당했습니다. 갈릴레오도 지구의 공전을 주장하다가 교황청으로부터 무기형을 선고받는 고초를 당해야 했습니다. 우리가 아는 바와 같이 "그래도 지구는 돌고 있다."라는 말이 생겼습니다. 인간의 정서가 자연의 과학적 현상을 거부할 수 없다는 뜻입니다.

그런데 과학이 최고로 발달했다고 자부하는 오늘날까지 사람이 지구에 대하여 아직도 모르고 있는 자연의 과학적 현상, 하나가 있습니다. 그것은 지구라는 땅은 사람이 팔고 살 수 있는 물질이 아니라는 것입니다. 땅이 생산한 가치물은 사람이 쓸 수 있으나 땅(땅의 몸체에 해당하는 값) 자체는 사람이 영원히 쓸 수가 없다는 사실입니다. 이 사실은 7,000년의 인간 역사에서 지구촌 70억 인류가 아직 모르고 있는 과학적 현상에 속합니다.

성경에서 땅은 히브리어로 "에레쯔אָרֶץ"라고 하며, 영어로 "어스 earth", 곧 지구를 말합니다. 성경이 말하는 땅(지구)은 과학적 현상을 이렇게 알리고 있습니다.

① 땅(지구)을 둥글게 생겼다

땅은 사람에 비해 너무 크기 때문에 사람이 땅의 둥근 모습을 눈으로 볼 수가 없다.

② 땅(지구)은 공전하고 있다

땅은 사람에 비해 너무 크기 때문에 사람이 땅의 공전 현상을 실감할 수가 없다.

③ 땅값(지구가격)은 쓸 수가 없다

땅값은 사람에게 너무 크고 길어서 사람이 그 값을 1원도 쓸 수가 없다.

(사람은 땅이 내는 가치물만 쓸 수가 있고, 땅의 몸체는 직접 쓸 수가 없다.)

위 ①, ②, ③에서 ①과 ②는 과학의 발달로 사람에게 알려져 있습니다. 그러나 ③은 아직 과학적 현상을 발견하지 못한 상태입니다. ①과 ②는 자연과학에 속하고, ③은 사회과학, 곧 경제과학에 속합니다. 그런데 성경은 ③에 대하여 과학적 현상을 가르쳐 주고 있습니다.

땅값은 지구가격, 사람에게는 너무 크고 길어서…

우리 속담에는 이런 말이 있습니다. "구슬이 세 말이라도 꿰어야 보배다.", "부뚜막의 소금도 집어넣어야 짜다." 이 말은 아무리 가치가 있는 것이라도 어떤 시간이나 절차를 거치지 않고는 그것을 쓸 수가 없는 필연적인 인과관계를 일컫는 말입니다.

◎ 샘과 마실 물

땅에서 물이 계속 흘러넘치는 샘이 하나 있습니다. 그런데 이 샘의 물을 마시려면 물을 길어서 입을 대서 빨아들여야 그 물을 마실 수가 있습니다. 여기서 마시기 위해서 물을 계속하여 길어 보세요. 오늘도 내가 마실 물을 긷고, 내일도 그렇게 계속 길어 보세요. 샘은 내가 마실 물을 긷고 또 길어도 물은 계속하여 솟아납니다. 샘은 물의 양이 많든 적든 이런 생산력을 가진 자연의 속성을 가집니다.

그러면 샘의 물은 내가 마시고 또 마셔도 이 샘물을 다 마실 수는 없습니다. 곧 사람은 샘물을 마셔서는 솟아나는 샘을 마르게 하거나 생산활동을 멈추게 할 수 없습니다. 이것이 땅이 가진 경제의 기본 속성입니다.

◎ 길은 물과 마실 물

이제 이 샘물을 길어서 양동이에 저장합니다. 그러면 이 양동이에 길러 저장한 물은 마시면 어떻게 됩니까? 마시면 마시는 양만큼 양동이 물은 줄어듭니다. 아니면 물을 계속 길어서 양동이에 물을 채워 주어야 합니다. 이렇게 양동이에 들어 있는 물은 '길은 물'이고 '마실 물'입니다. 이것이 사람의 경제활동입니다. 여기서 물을 긷는 작업이 '노동'이고, '길은 물'이 나의 '소유물'입니다. 이렇게 길은 물은 시장에서 팔고 사야 할 '상품'이며, 이 물은 재투자하면 '자본'이 됩니다.

◎ 샘물과 길은 물

그러면 이제 긷지 않은 자연의 '샘물'과 사람이 수고하여 '길은 물'이 어떻게 다른지를 구분하여 보겠습니다. 사람이 길은 물은 사람이 마실 수 있지만, 자연으로 솟아난 물을 긷지 않고는 그 물을 마실 수가 없습니다. 이를 다르게 말하면 사람이 마셔서는 긷지 않은 샘물을 마르게 할 수가 없습니다. 늘 흘러넘치는 샘물이라도 사람이 긷지 않고는 마시지 못합니다. 더 가다하게 줄이면 길은 물은 마시고, 샘(물)은 마실 수가 없습니다.

여기서 샘(샘물)은 자연 그 자체이므로 땅(토지)이라고 할 수 있고, 길은 물은 사람이 수고하여 길어 놓은 것이므로 생산물입니다. 다시 말하면 샘은 자연물인 땅(토지)의 그 자체이고, 길어 놓은 양동이 물은 땅과 사람이 수고하여 생산한 가치물입니다. 이런 현상을 경제로 보면 샘은 아직 경제활동이 아니고, 자연 그대로입니다. 길은 물만이 경제활동의 결과로 얻어진 경제적 가치물입니다. 이런 가치물을 팔고 살 때 매겨지는 단위가 '값價格'입니다.

그래서 땅(토지, 샘)은 사람이 그 값을 직접 쓸 수는 없고, 길러 놓은 물처럼 땅과 사람이 수고하여 생산한 가치물만 사람이 쓸 수가 있는 것입니다.

◎ 커지는 샘물

이제 샘물은 사람이 마시면 마실수록 줄어드는 것이 아니고 더 커지는 경우를 보겠습니다. 사람이 샘을 더 크게 파거나 물을 긷는 방법이 개량되면 더 많은 물을 길어 낼 수가 있습니다. 그런데도 이 샘은 마르지 않고(줄어들지 않고) 사람이 쓸 수 있는 양의 물이 계속 솟아난다고 보겠습니다. 그러면 샘은 물을 더 많이 마시면 마실수록 샘(샘물)도 커집니다. 그래서 샘물은 더 커질 수 있기에 그곳에 생수 공장을 지어 물을 대량으로 길어서 팔 수가 있습니다. 지금 우리가 시장에서 사서 마시는 생수는 이렇게 생산되고 있습니다.

그다음에는 샘이 있는 주위에 정자를 짓고, 놀이터도 만듭니다.

샘과 샘물을 이용하여 집을 짓고, 공장을 짓고, 샘을 이용하여 주위 지역을 관광지로 만듭니다. 그러면 샘의 가치는 자꾸자꾸 커집니다. 이런 경우에 이 샘의 가치, 곧 샘값도 자꾸 커집니다. 이것이 땅값이 가진 가격의 기본 성질입니다.

그런데 이렇게 물을 긷는 양이 많아지거나 샘의 사용가치가 커진 것은 가치물입니다. 전보다 더 많이 '길은 물', 전보다 더 좋게 사용하는 샘의 사용 서비스(놀이터나 관광의 가치)는 분명히 가치물입니다. 그러나 이렇게 커지는 능력을 가진 샘은 그 자체가 가치물이 아닙니다. 가치물이 맞기는 하지만, 사람이 쓸 수 없는 가치물입니다. 이 샘물은 입을 대지 않았으니 물을 마시지도 않았고, 샘을 사용하지 않았으며, 사용할 수도 없습니다.

그러므로 이 자연의 샘값, 곧 땅값은 사람이 영원히 쓸 수가 없습니다. 이렇게 커지는 땅값은 생산된 가치물도 아닙니다. 그래서 샘을 팔아서 가치를 얻었다고 하거나 무슨 이익을 남겼다고 생각하는 것은 그 자체가 잘못입니다. 샘의 매매차익, 곧 땅값 차익은 사람이 쓸 수 있는 가치물이 아닙니다. 이것은 영원히 가치물이 아닙니다. 그러므로 샘의 매매차익, 곧 토지의 양도차익은 영원히 가치물이 아니며, 영원히 국민소득GNP, NNP도 아닙니다.

그러므로 땅값의 원금과 그 원금이 커진 땅값 차익은 1원의 숫자도 사회적으로는 미사용, 미실현 가격의 숫자입니다. 이 미실현 숫자는 영구적이기 때문에 영구 허수가격이 됩니다. 땅값은 사람에게 너무 크고 길어서 사람이 사용할 가치는 영원히 아무것도 없습니다. 이것은 땅이라는 물질이 가진 고유한 성질이며, 경제의 과학적 현상(진실)입니다.

바닷물도 사용으로 줄일 수 없습니다

① 바디의 바닷물(실제 현상)

땅이 가진 고유 성질을 바다를 예로 들어 한 번 더 설명을 드립니다. 사람은 바닷물을 이용할 수 있습니다. 배도 띄우고, 고기도 잡고, 바다 목장으로 만들어 양식도 하고, 경관이 좋은 곳은 관광지로 활용합니다. 바닷물은 소금을 만들고, 수족관에서 고기도 기릅니다.

그러나 사람은 그 바닷물을 줄이거나 없앨 수가 없습니다. 바닷물은 아무리 퍼내고 또 퍼내어도 그 양이 그대로입니다. 세상에 있는 양수기를 다 동원하여 바닷물을 퍼 올리고 사용을 해도 바닷물은 줄지 않습니다. 사람에게 바닷물은 너무 크기 때문에 그렇습니다. 그래서 바다를 사용하는 가치는 사람이 쓸 수가 있지만, 천연의 바닷값은 사람이 영원히 1원도 쓸 수가 없는 것입니다.

② 먹어도 먹어도 줄지 않는 쌀뒤주(가상 현상)

독자들의 이해를 위하여, 비현실적이지만 한 가지 예를 더 들겠습니다. 한 가마의 쌀을 담는 뒤주(쌀통)가 있습니다. 여기에 가족이 먹을 쌀이 하루 한 되씩인데 이를 퍼내어 밥을 짓습니다. 그런데 이 뒤주는 성질이 특이하여 밥을 짓기 위해 쌀 한 되를 퍼내면 그만큼 한 되가 자동으로 채워집니다. 오늘도 한 되, 내일도 한 되, 이렇게 매일 퍼내고 퍼내어도 뒤주의 쌀은 양이 줄지 않고, 그대로입니다. 뒤주에는 한 가마의 쌀이 늘 그대로 있습니다. 만약 이것이 사실이면 뒤주에 담긴 쌀 한 가마는 예를 든 샘물처럼 사람이 먹을 수가 없습니다.

이제 식구가 늘어서 밥을 지어야 할 쌀이 더 필요합니다. 이제는 쌀을 재료로 이용하여 떡도 만들고, 온갖 제품들을 만듭니다. 그래서 더 많은 쌀을 퍼냅니다. 이제는 더 많은 쌀을 퍼내어 시장에 내어다 팔기도 합니다. 또 퍼낸 쌀로 가난한 이웃을 도와주기도 합니다. 그런데도 뒤주의 쌀 한 가마는 줄어들지 않고 그대로입니다.

그러면 쌀 한 가마가 담긴 뒤주의 값(평가액)은 자꾸 커집니다. 눈으로 보기엔 한 가마의 쌀과 같지만, 이제 한 가마의 쌀은 양이 커지는 것과 같으므로 그 값은 양이 일정한 한 가마 가격보다 커집니다. 뒤주는 이렇게 더 많은 쌀을 퍼내어도 한 가마의 양이 그대로입니다. 겉보기의 양은 그대로이고, 값(가치)만 자꾸 커집니다.

이렇게 밥을 짓고, 떡을 하고, 팔기 위해 퍼낸 쌀과 쌀값은 사람이 늘 쓸 수가 있습니다. 그러나 뒤주에 들어 있는 쌀과 뒤주의 몸값(한 가마의 쌀값)은 처음 가격이든 커지는 가격이든 사람이 쓸 수가 없습니다. 그래서 커지는 뒤주의 쌀값은 퍼내어(생산하여) 팔고 사는 쌀 시장에서 인플레이션만 유발하고 아무런 유익을 주지 못합니다. 뒤주의 경제적 성질이 일반 상품과는 성질이 너무 다르고 특이하여, 사람이 이 값을 쓰기에는 너무 크고 길기 때문입니다. 이러한 뒤주의 성질을 가진 것이 바로 땅입니다. 가상적인 예로 든 뒤주가 바로 실제로 존재하는 땅입니다. 땅은 올해도 내년에도 쌀을 계속하여 내고 있습니다.

③ 사용과 소비로 줄어들지 않는 물질

위에서 예를 든 실제 현상의 바다와 가상적 현상의 뒤주에 대한 성질은 물질이 가지는 물리적 성질입니다. 땅이 가진 물리적 고유 성질이고, 경제적 현상이며, 시장법칙입니다. 사람은 땅이 가진 이러한 고유 성질과 시장법칙을 사람 생각대로 바꾸거나 어길 수 없습니다.

위의 예에서 사람은 바다를 사용할 수는 있지만, 사람이 그 바다의 값을 바로 쓸 수는 없습니다. 사람이 뒤주에서 퍼낸 쌀은 먹을 수 있으나 줄어들지 않는 뒤주 속의 쌀은 사람이 먹을 수가 없는 것입니다.

위에서 예로 든 바다나 쌀뒤주는 땅이 가진 성질입니다. 바다를 사용하는 가치나 뒤주에서 퍼낸 쌀은 땅이 생산한 가치물을 말합니다. 전자는 땅값에 해당하고, 후자는 지대(토지임료)를 말합니다. 이처럼 사람은 토지의 사용가치인 지대(토지임료)는 쓸 수가 있으나, 땅값은 영원히 1원도 쓸 수가 없습니다. 곧 땅값은 경제에서 영구 허수 가격입니다.

쓸 수 있는 상품가격과 쓸 수 없는 땅값

쌀이나 과일을 먹으면 먹는 만큼 양이 줄어듭니다. 옷을 입으면 입을수록 해어지고 낡아집니다. 이런 쌀과 과일, 옷과 가구는 사람이 그 물질(몸체)을 직접 사용합니다. 철근과 콘크리트로 만든 건물도 사용하면 닳습니다. 건물은 시간이 흘러도 낡아집니다. 쇠로 만든 구조물이나 설치물도 마찬가지입니다. 이러한 건물이나 설치물은 사람이 그 몸체를 직접 소비하고 있습니다. 이러한 물질은 값을 매겨서 팔고 사도 아무 문제가 없습니다. 또 그렇게 해야 가격이 제대로 매겨지고, 제대로 매겨진 가격이 자원을 효율적으로 분배하게 됩니다.

그러나 땅과 바다는 그 몸체를 사람이 써도 그 근본 성질이나 원형이 변하지 않고 그대로 있습니다. 땅과 바다는 사용하는 사람의 기술이나 방법이 개량되면 근본 성질이 가진 원형의 가치가 커집니다. 이렇게 사용을 해도 몸체가 그대로 있거나 몸값이 커지는 물체는 사람이 그 값을 바로 사용하지 못합니다. 이것을 값을 매겨 팔고 사면 경제에서는 사람이 그 값을 감당하지 못하는 허수가 생겨 버립니다. 그래서 땅과 바다는 상품이 되어서는 아니 됩니다. 사람이 팔고 사도 그 값을 사용하지를 못합니다. 땅이라는 물질은 팔고 사면, 사회에는 그 값이 해만 끼치게 됩니다. 땅값은 사회에서 피해를 주는 벌금이 됩니다.

그래서 이런 성질의 물질(자본)은 몸통을 시한부로 거래를 하거나 아니면 매년 사용하는 토지생산물 가치만 팔고 사는 거래만 해야 합니다. 그래서 구약의 토지시장은 땅은 영구거래를 금지하고, 시한부로만 거래를 하라고 합니다. 이 시한부 거래마저도 무르기로 값을 없애라고 합니다. 땅은 판매자가 매입자에게 받은 가치물만큼 교환한 물질은 없으므로 채권 채무가 발생한 빚 거래일 뿐입니다. 그래서 빚은 서로 무르기를 하여 그 값을 최대한 빨리 없애 버려야 합니다. 그래야 사회는 채권 채무가 소멸하여 빚이 없는 희년이 옵니다.

예수님은 포도원의 비유로 이러한 시한부 가격이나 영구 소유가격이 애초부터 발생하지 않는 임금과 임료만의 거래를 비유로 제시하고 있습니다. 그러면서도 예수님은 '네 것 내 것'을 모두(100%) 인정하는 사유재산제와 자유시장제(자유계약제) 사회를 기반으로 이 문제를 근본에서 바로 해결하고 있습니다. 예수님은 이러한 포도원의 비유를 "천국"이라고 하므로(마 20:1), 필자는 이를 '천국 경제'라고 합니다.

제3장
토지 무르기에서 찾아내는 인간 구원

구원이란?

일반적으로 어떤 위험한 상황에서 구출되거나 속박에서 해방된다는 뜻입니다.

경제구원은 문제가 된 값(빚)을 무르기로 없애주는 것입니다(구원救援 ⇒ 속량贖

良 = 구속救贖 ⇒ 대속代贖).

구원이란 내가 해결할 수 없는 문제를 남이 대신하여 주어서 해결되는 것입니다.

갓난아기는 스스로 문제를 해결하지 못합니다. 그래서 갓난아기는 부모가 필요합니다. 곧 아기의 생명과 안전은 엄마의 보호와 희생이 있어야 가능합니다. 동물의 새끼도 어미 없이는 살아갈 수가 없습니다. 그래서 새끼의 생존 문제는 어미가 양육과 보호를 대신하여 줍니다. 이러한 자연의 원리는 식물도 같습니다. 식물을 보면 새싹은 씨에서 납니다. 새싹은 땅에 뿌리를 내어 스스로 살아갈 수 있을 때까지 몸통인 씨가 영양 공급을 대신하여 줍니다. 곧 싹의 생명은 씨앗의 몸통이 대신하여 줍니다. 그리고 그렇게 자란 새싹은 자라서 다시 열매를 맺고, 생존의 연속성 역할을 대신하여 줍니다. 싹은 몸체의 희생으로 열매를 내는 역할을 합니다. 이것이 자연계의

● 희년과 포도원 천국

생명질서이고, 창조주의 창조원리입니다.[4]

이처럼 생명체는 서로가 상대의 역할을 대신하여 주는 역할이 있는데 이것이 '대속의 기능'입니다. 희년법에서 토지를 잡히고 자금을 빌리면, 그 빚은 친족이 대신하여 갚아 주거나 아니면 땅이 대신하여 갚아 줍니다. 성경은 이렇게 내가 할 수 없는 것을 남이 대신하여 문제를 해결해 주는 것을 "구원救援"이라고 하고, 그러한 구원의 방법을 "속량贖良, redemption"이라고 합니다.

속량의 방법으로 문제를 해결하는 것은 이 외에도 구약은 종의 해방, 가족의 혈통을 이어 주는 계대결혼, 원수를 갚아 주는 피의 보수가 있고, 신약은 주기도에서 빚을 사하는 것과 죄를 사하는 것이 있습니다.

성경은 사람의 죄와 죽음의 문제를 해결하여 주는 방식을 기록해 놓은 책입니다. 성경은 사람의 빚과 삶의 문제도 해결하여 놓은 책입니다. 이 문제를 해결하는 방법은 값을 치러 문제가 된 죗값과 빚값을 없애 버리는 것입니다. 이것이 '속량贖良'입니다. '구속救贖'이라고도 합니다. 이것을 당사자가 할 수 없을 경우 남이 값을 대신하여 문제를 해결하면, 속량을 대신하여 주는 것이므로 '대속代贖'이라고 합니다. 이것을 우리말로 '무르기'라고 합니다. 고구려의 건국 이념이 '다물'인데 다물은 '땅의 무르기古土 回復'를 말합니다.

---

4) 자연계에서 생명체의 생존 문제는 어미(또는 씨앗)가 희생하여 새끼(새싹)의 생존과 안전을 대신하여 주는 강자희생强者犧牲의 원리도 있고, 강한 자가 약한 자를 희생시켜 생존 문제를 해결하는 약육강식弱肉强食의 질서도 있다. 성경이 말하는 속량(또는 대속代贖)이란 인간 구원의 방법을 말하며, 전자의 의미가 있다. 토지 무르기는 사람이 진 빚을 땅이 생산물을 내어 갚아 주는 것이므로 물질계의 속량에 속한다.

제3장 토지 무르기에서 찾아내는 인간 구원　57

한 알의 밀이 땅에 떨어져 죽지 아니하면 한 알 그대로 있고 죽으면 많은 열매를

맺느니라(요 12:24)

성경이 말하는 구원이란 바로 이러한 속량 또는 대속으로 죽음과 삶의 문제를 해결하는 것입니다. 그런데 여기서 인간의 죄와 죽음의 문제는 예수 그리스도가 그 역할을 대신하여 줍니다. 곧 하나님의 아들이신 예수 그리스도가 사람의 모습으로 이 땅에 와서 핏값, 몸값, 목숨값을 대신하여 지불해 줍니다. 그리하여 사람을 옥죄는 죄와 빚은 그 희생의 대가로 무르기가 되어 다 사라지고, 영생과 자유를 얻는 것입니다.

한 번 더 설명하면, 속량 또는 대속이란 예수님이 사람의 죗값을 대신 치러 영혼을 살리시고, 빚값은 우리가 서로서로 값을 대신해 주어서 육도 살리게 하는 문제의 해법입니다. 그러므로 성경은 죄를 없애어 정신문제를 해결하고, 영혼의 자유를 누리는 방법은 물론 빚을 없애어 물질 문제를 해결하여 경제적 자유를 누리는 방법을 모두 가르쳐 주고 있습니다.

무르기, 값 치르기, 곧 속량은 세상의 문제를 해결하는 유일한 방법입니다. 다시 말하면 죄의 문제와 빚의 문제를 해결하는 방법은 누가 대신해서라도 그 값을 없애 버리는 무르기 방법밖에 없다는 뜻입니다. 그러므로 속량, 곧 무르기는 하나님의 창조질서이고, 자연계가 가진 생명 원리입니다. 인류를 구원하신 예수 그리스도의 십자가 속량은 경제문제를 해결하는 경제용어에서 왔고, 그 뿌리는 몸값과 땅값의 문제를 해결하는 '무르기'에서 왔습니다.

원죄原罪와 원빚原負債

그런데 성경이 말하는 죄와 빚, 그 뿌리는 무엇일까요? 죗값 중에 가장 큰 죄가 첫 사람 아담이 지은 죄입니다. 아담 부부는 물질에 대한 탐심을 버리지 못하고, 하나님이 금지한 열매를 취하게 됩니다.

> 여자가 그 나무를 본즉 먹음직도 하고 보암직도 하고 지혜롭게 할 만큼 탐스럽
>
> 기도 한 나무인지라(창 3:6).

아담과 하와는 하나님의 창조 명령을 어겼으며, 최초로 경제법을 어긴 자이기도 합니다. 이것이 처음 지은 인간의 죄이고, 모든 죄의 시작이기 때문에 '원죄原罪'라고 합니다. 나무의 열매를 본즉 탐심이 생겨서 이렇게 죄를 짓게 됩니다. 그런데 아담의 후손인 우리도 그 탐심과 죄를 물려받고 태어납니다.

이처럼 인간의 탐심은 첫 사람 아담부터 후손들에게 계속하여 유전되고 있습니다. 사도 바울은 탐심이 곧 우상숭배라고 합니다(엡 5:5, 골 3:5). 이렇게 원죄를 지니고 탄생한 후손들은 원죄에 파생된 다른 죄들까지 연이어 지으며 살게 됩니다. 이것이 죄의 본질이고, 죄의 지속성입니다. 그래서 사람은 이 죄의 값들을 없애 버려야 비로소 죄의 사슬에서 풀려나고 자유롭게 됩니다. 이것이 성경이 말하는 죄와 죄 사함, 곧 자유로움의 회복 원리입니다.

그런데 이렇게 죄를 지은 사람은 삶을 통해서도 새로운 경제문제를 일으킵니다. 사람은 자기를 억압하는 올가미를 스스로 만들어 갑니다. 이것이 삶을 통해 짊어질 수밖에 없는 경제적 빚 거래입니다. 그런데 이런 경제적 빚도 아담의 원죄와 같이 뿌리가 되는 기초적

빚이 있습니다. 이것이 경제에서는 '원빚(원부채)'에 해당합니다.

경제생활에서 원초적 문제가 되는 빚은 사람이 자기의 생존과 자유에 직접 관련되는 몸과 땅을 담보로 잡혔을(팔렸을) 경우 발생합니다. 몸이 몸값에 잡히면 신체적 자유가 있을 수 없고, 몸이 숨을 쉬고, 발을 딛고, 일을 해야 할 터전(땅, 일터)이 없으면, 인간의 생존과 경제적 자유가 보장될 수 없습니다. 그러면서 이 빚은 사회에서 이 빚을 갚을 실물도 없습니다. 실물인 쌀 한 섬을 빌리면 쌀이 사회에 있지만, 땅을 빌리면 사회에는 그 값에 해당하는 쌀(실물)이 없습니다. 그래서 저는 이런 성질의 부채를 다른 실물 부채와 구별하여 "원빚"이라고 부릅니다. 원빚은 생존권이 걸린 부채, 실물도 없는 부채입니다.

그리고 몸과 땅을 잡힌(판) 것은 실물거래가 아니고 금융거래입니다. 그런데 이 금융상품을 실물거래처럼 팔고 산다고 볼 때 몸과 땅은 특정 사람의 소유물이 되어 있고, 구입한 사람의 노예나 담보물이 되어 버립니다. 몸이 팔리면 신체의 자유가 훼손되고, 땅이 담보물로 잡히면 나의 생존의 문제가 바로 생기고, 경제적 자유까지 제약을 받을 수밖에 없습니다.

몸값과 땅값은 빚 중의 빚입니다
—땅값은 원빚原負債입니다

경제에서 사람이 미래의 노동력과 토지의 생산력에 대한 값을 매겨서 현재에 일시불로 팔고 사게 되면(빌리고, 빌려주면), 몸값과 땅값이 발생합니다. 여기서 몸값과 땅값은 미래에 생산활동으로 쓰일 노동력이나 토지의 생산력이지 지금 존재하는 생산물은 아닙니다. 따라서 미래의 생산력을 지금 팔고 사면, 지금 시점에서는 가치물이 존재하지 않습니다. 그래서 몸값과 땅값은 미리 지급한 선불가격先拂價格입니다. 미래에 발생할 임금이나 지대(토지임료)에 대하여 현재 시점에서 일시불로 계산한 가격이고, 미리 지급하는 선불가격입니다. 그래서 이 가격은 현재에 실물이 없으므로 미래에 반드시 자신의 생산력(생산물)의 대가인 임금이나 땅이 생산한 지대로 갚아야 할 부채입니다.

경제에서 몸값은 인권의 기본요소인 몸이 잡혀 있고, 땅값은 생존과 생산의 기초요소인 땅이 빚의 담보로 잡혀 있습니다. 몸과 땅이 물리적으로 잡혀 있고, 시간 흐름에서 가치물인 임금과 지대로 갚아야 할 의무입니다. 몸값과 땅값은 사회에서 현존하는 실물이 없습니다. 몸값은 인간의 기본권인 신체의 자유를 제약하고, 땅값은 인간 생존권이 걸린 땅이 잡혀 있어서 인간의 생존권을 제약합니다.

이처럼 몸값과 땅값은 모든 빚 중에서 가장 기초가 되는 빚이고, 모든 부채의 뿌리가 됩니다. 또 몸값과 땅값은 사회적으로 실물도 없는 선불거래입니다. 그래서 필자는 몸값과 땅값은 모든 부채의 근원이 되는 빚이므로 "원빚原負債"이라고 부릅니다.

성경이 말하는 인간의 원죄原罪는 사람의 영적인 또는 정신적 자유를 옥죄는 뿌리입니다. 이처럼 원빚原負債은 사람의 신체와 생존권의 자유를 빼앗는 뿌리입니다. 성경은 이 원죄와 원빚을 없애고 해결하는 방법을 제시하고 있습니다.

죄들은 사해지고, 빚들은 없애 버려야 합니다

사람은 이 원빚은 갚아야만 비로소 몸이 자유롭게 되고, 땅이 자유롭게 되어서 인간의 기본적 생존권이 회복됩니다. 이 원빚은 갚지 않으면(값을 없애지 않으면) 경제는 이 빚이 일으키는 부작용이 계속 커져서 경제문제도 커집니다. 이것은 인간이 하나님 앞에 지은 원죄를 해결 받지 못하면, 이 원죄가 더 크고 복잡한 문제를 일으키는 것과 같은 이치입니다.

성경의 이렇게 몸과 땅을 자유롭게 하여 원상으로 회복하는 제도가 있는데 이를 회년법禧年法이라 합니다. 그 방법은 십자가의 구원 원리인 속량입니다. 성경의 이러한 십자가의 구원방식인 속량을 통 사람의 자유와 생존권까지 그 뿌리에서 보장하고 있습니다. 그 방법의 핵심은 원빚인 몸값과 땅값을 없애 버리는 것입니다. 죗값은 반드시 없애 버려야 정신의 자유가 보장되고, 원빚에 해당하는 몸값과 땅값도 없애 버려야 인간 생존의 자유가 비로소 보장됩니다. 성경은 구약과 신약을 통하여 구구절절이 그렇게 가르쳐 주고 있습니다. 이것이 성경이 말하는 구원이고, 그 방법은 값을 치르는 속량입니다.

그러나 기독인을 포함한 사람들은 인간의 원죄는 알아도 인간이 반드시 없애 버려야 할 원빚原負償, 곧 몸값과 땅값에 대해서는 잘 모르고 있습니다. 물론 신약시대에 오면 사람들은 신분의 차별과 인권의 중요성에 눈이 뜨였습니다. 그래서 몸값을 거래하는 것은 신체의 자유를 제약하며, 신분제나 계급제를 정당화하는 나쁜 제도임을 스스로 알아차렸습니다. 사람들이 성경과 복음의 전파로 인하여 인권에 대한 의식이 변하고, 생각들이 바뀌었기 때문입니다. 이것이 근대에 민주주의를 탄생시킨 서구의 인권사상과 시민혁명이 그 획

기적 계기가 되었다고 할 수 있습니다.

그러나 아직도 사람은 땅값이 인간의 생존 문제와 경제적 자유를 뿌리에서 옥죄고 있는 원빚이라는 사실을 거의 모르고 있습니다. 경제적으로 땅의 존재가 인간 생존의 필수요건이며, 땅의 자유가 경제(시장) 자유의 핵심 요체임을 인식하지 못하고 있습니다.

그래서 이 책은 땅값이 인간의 경제적 자유를 제약하는 영구적 원빚이고, 이 값을 없애야만 인간에게 비로소 자유가 완성되어 희년이 성립할 수 있음을 증거하고 있습니다. 땅값은 경제에서 백해무익한 영구 허수가격이며, 사회적 벌금입니다. 땅값은 사유재산제의 기초질서를 근본에서 어기고 있으며, 자유시장경제의 뿌리를 계속하여 흔들고 있습니다.

땅값 원빚은 사람이 하나님의 땅을 사람의 소유로 해 놓고 거기에 값을 붙여 놓은 것에서 발생했습니다. 사람들이 이 값은 자손 대대로 상속하거나 사회적 거래를 통하여 그 값을 계속 물려받고 있습니다. 이것이 죄 문제에서 원죄와 같은 경제문제의 원빚(원부채, 영구부채, 허수부채)입니다. 그래서 원죄를 없애지 않으면 영혼문제를 해결하지 못하듯이 원빚인 땅값을 없애지 못하면 경제문제, 곧 삶의 문제를 영원히 해결하지 못합니다.

다르게 말하면 죗값을 없애어야 영혼문제를 해결하듯이 땅값을 없애어야 경제문제가 뿌리에서 해결이 된다는 뜻입니다. 이를 위해 예수님은 우리가 우리에게 진 빚들을 사하여 주라고 가르칩니다. 그리고 빚을 없애는 그 방법 그대로 하나님이 우리 죄를 사하여 달라고 하는 기도를 하라고 가르쳐 주셨습니다(마 6:12).

그러므로 주기도의 목적은 땅값과 죗값을 없애어 이 땅에서 이루어지는 천국의 도래 및 완성입니다. 죄와 죽음의 문제는 하나님이 십자가의 희생으로 직접 해결하여 주시고, 빚과 삶의 문제는 우리가 몸값과 땅값을 없애어서 해결하는 것입니다. 세상의 경제문제는 인빚, 곧 연구 사회부채인 땅값을 없애 버리고, 포도원 원주인에게 땅세賃를 내면 모두 해결되어 버립니다. 이것이 사람이 할 수 있는 최선의 방법이고, 유일한 방법입니다.

이것은 예수 그리스도가 인간을 구원하는 유일한 방식이고, 십자가의 길道입니다. 이 책은 이런 관점에서 쓰고 있고, 그렇게 해야 하는 이유를 근거를 들어 가면서 독자들에게 안내하고 있습니다. 값을 치러 죄를 사하고, 빚도 없애어 이 땅에서 이루는 경제 천국[5], '하늘의 나라The Kingdom of Heaven'를 위하여….

---

5) 여기서 말하는 경제 천국은 현실 경제에서 실현 가능한 최선의 경제상태를 뜻하고(마 20:1), 이론적으로는 시장균형이 성립하는 경제구조로 현실 경제에서도 검증이 가능한 사회적 현상을 일컫는다. 그러므로 현실적으로 검증할 수 없는 영혼의 세계나 계시록이 말하는 종말과는 내용적으로 구별되는 개념이다.

부동산문제의 근본적 원인과
해법을 찾는 과학적 설명회 요청

아래는 청와대에 국민청원(2020. 8. 15.)으로 올린 글인데 문맥을 일부 수정하고
보완한 것입니다.

처음에

부동산문제에 대한 정책 입안자, 전문가, 모든 관련자님께 '부동산문제의 근본
원인과 해법'에 대한 설명회를 요청합니다.

대통령님, 나랏일에 수고 많으십니다. 부동산문제에 대하여 이번
정부가 스물두 번의 정책을 내었지만, 근본적 해결은 하지 못했습니
다. 한국은 1968년 이래 부동산 가격 파동을 다섯 번 겪었고, 부동
산문제는 그때부터 지금까지 220번(현 정부는 22번)이 넘는 정책을 펴
도 해결하지 못했습니다.

부동산문제는 지구에 대한 가격, 곧 땅값이 일으키고 있습니다.
지구가격(땅값)은 사람(몸값)보다 훨씬 더 크고, 더 길고, 영구적입니
다. 그러므로 사람은 경제활동에서 땅값이 발생하면 이 값을 도무

지 감당하지를 못합니다. 곧 부동산문제는 사람이 감당하지 못하는 지구가격을 시장에서 매겨서 거래하고 있어서 발생하고 있습니다.

최근이 부동산문제는 자본가격인 땅값이 시장기능에서 근본적 흠이 있고, 여기에 지금의 이자율이 시장 이자율보다 낮아서 발생합니다. 전세주택에서 발생한 갭 투자도 이자율의 시장 괴리에서 발생한 것입니다. 이러한 원인을 모르거나 간과하여 내린 정부의 부동산 정책은 문제를 풀어낼 수가 없습니다. 이것은 정부가 코로나19에 대한 문제를 해열제를 처방하여 질병을 예방하거나 치료하려는 것과 다를 게 없습니다. 코로나라는 질병에는 해열제가 처방책이 아니고, 그 원인부터 알고, 이에 따른 예방약과 치료제를 개발해야 합니다. 이처럼 부동산문제도 땅값이 가진 시장 속성을 이해하여야 비로소 풀어낼 수가 있습니다.

땅값 이해를 위한 질문

◎ 1차 질문과 성질

땅값(지구가격)의 시장 성질을 이해하기 위하여 예를 들면서 질문을 드려 보겠습니다. 실험자의 손에 지구처럼 생긴 둥근 바구니 하나를 들고 있습니다. 사람은 경제활동에서 땅과 지구를 보지 못하기 때문에 이런 예를 듭니다. 이 바구니 안에는 빵이 100개 들어 있습니다. 그런데 사람은 1년에 빵을 두 개만 꺼내어 먹을 수가 있습니다. 그리고 나머지 빵들은 오래 두어도 변질하거나 부패하지 않습니다.

이제 1차 연도에 두 개의 빵을 꺼내어 먹으면 바구니의 빵은 두 개가 줄어들어 아흔여덟 개가 남습니다. 그러면 이 바구니에 든 빵 100개를 다 먹으려면 몇 년이 걸리겠습니까?

정답: 50년 ⇒ 100개/1년에 두 개

100개의 빵은 50년이면 다 먹을 수 있음, 이것이 사람이 지은 집값의 기본 성질이다.

지구를 닮은 바구니에 담긴 빵 100개를 다 먹으려면 50년이 걸립니다. 이것은 부동산시장에서 집값이 가진 성질입니다. 집값의 내용연수는 50년이 되는 셈입니다. 집값은 50년이 지나면 0이 됩니다. 그런데 집값이 이런 성질만 가지면 지금과 같은 22회(2020년 9월 기준)의 정책을 펴도 해결하지 못하는 부동산의 고질적인 문제가 생기지 않습니다.

◎ 2차 질문과 성질

그런데 이제는 1년에 두 개의 빵을 먹으면 두 개의 빵이 자동으로 만들어지고, 채워져서 바구니 안의 개수는 100개 그대로 있습니다. 이것을 다 먹으려면 몇 년이 걸립니까? 그리고 시간이 지나면 다 먹을 방법이 있습니까?

정답: 연수 계산 불가. 다른 방법 없음(1년에 두 개를 먹는 외에 다른 방법이 없음)

이것이 부동산시장에서 땅값이 가진 기본 성질입니다. 그런데 이렇게 양이 일정한 것은 은행 예금과 성질이 비슷합니다. 물론 은행 예금은 바구니를 헐어서(원금을 찾아서) 바구니 안에 있는 빵 100개를 동시에 다 먹을 수가 있습니다. 그러나 예로 든 주머니의 빵은 100개가 안에 들어 있기는 하지만, 원금 100개는 손을 대지 못하고, 시간이 기술로 꺼낸 수 있는 두 개만 사람이 먹을 수가 있는 것입니다.

예를 든 땅값 100개와 은행 예금 100개는 성질이 같기도 하고 다른 점도 있음을 이제 조금 이해하셨을 것입니다. 은행 예금은 먹는 쌀과도 비슷한 성질을 가집니다. 쌀을 자본가격으로 매겨서 1년을 굴리면(사업을 하면) 두 개의 쌀이 더 생산될 수가 있는 것입니다. 이것이 원금에 대한 이자이거나 사업에 대한 대가(순수익)입니다. 그래서 1년에 두 개씩을 꺼내어 먹어도 두 개가 새로 만들어지므로 주머니 안에 들어 있는 100개의 빵은 그대로 남습니다. 이것이 정액성 자본이 가지는 시장의 가격 성질입니다.

그러나 땅값 100개는 원금을 1원도 먹지는 못합니다. 원금 100개는 먹지 못하고, 원금이 추가로 생산하는 두 개의 빵만 먹을 수가 있습니다. 그래도 원금이 일정한 100개의 땅값은 우리가 거래할 수가 있습니다. ㉠ 땅값에 해당하는 100개의 원금은 먹을 수가 없지만, ㉡ 땅값 원금이 1년간 추가로 생산한 이자의 크기 두 개는 매년 먹을 수 있기 때문입니다. 이 추가로 생산한 생산물 두 개가 토지에서 발생한 토지수익으로 지대(토지생산물)입니다.

◎ 3차 질문과 성질

지구를 닮은 바구니에 든 빵 100개 중의 두 개를 꺼내어 먹습니다. 그런데 이제는 바구니에 든 빵이 줄기는커녕 오히려 더 많이 만들어지고 채워집니다. 바구니의 빵은 먹으면 먹을수록 더 많아집니다. 100개를 담아 놓은 바구니의 빵을 두 개의 꺼내어 먹으면 바구니의 빵은 원금 100개에서 두 개가 더 생겨 버립니다. 1차 연도 말에 바구니 빵은 두 개를 꺼내어 먹었음에도, 바구니에 들어 있는 빵의 총량은 100개가 아니고, 102개로 커져 있습니다.

물론 바구니에서 늘어나는 빵은 개수가 아니라 비율적으로 커져 있습니다. 그리고 이런 사태가 매년 발생합니다. 1차연도에 100개가 102개로 커졌으며, 다음 연도에도 같은 비율(102/100)로 커집니다. 그래서 이제는 먹는 빵이 매년 2%씩(두 개/100개) 커지고 있고, 바구니 안에 들어 있어서 먹지 못하는 빵도 매년 2%씩 커집니다. 이 예는 한 사회에서 경제가 매년 2%씩 성장한다는 조건에서는 무기한 계속되는 현상입니다.

자, 그러면 다시 질문을 드립니다. ① 바구니 안에 있는 처음 100개의 빵과 매년 2%씩 커지고 있는 빵을 다 먹을 방법이 있습니까? ① 몇 년이 지나면 이 주머니 안에 든 빵을 다 먹을 수가 있습니까? 1차 연도에 먹는 빵 두 개와 매년 $2\%(1+0.02)^n$씩 커지는 빵은 모두 먹을 수가 있습니다. ③ 매년 2%씩 커지면서 주머니 안에만 들어 있는 빵을 어떻게 다 먹을 수가 있는지를 답을 내어 주시기 바랍니다. 그리고 이 주머니에 가격을 매겨서 팔고 살 때 주머니 가격은 어떤 성질을 가지게 될까요?

정답: ① 없음. ②연수 계산 불가능. ③영원히 못 먹는 빵값이다.

이것이 성장성 자본가격의 기본 성질인 땅값이고, 성장주식의 가격입니다. 이런 성질을 가진 것이 우리가 사는 지구Earth이고, 성경이 말하는 땅(에레쯔ארץ)입니다.

부동산문제는 이 땅값이 가진 3차 성질 때문에 발생합니다. 이 주머니의 빵을 거래하게 되면 ㉠ 매년 먹을 수 있는 빵값에 ㉡ 먹을 수 없는 빵값까지 함께 지불해야 합니다. 한 사회가 먹을 수 없는 주머니 가격을 어떻게 감당해 낼 수가 있겠습니까? 사람은 주머니를 없앨 수도 없고, 새로 만들 수도 없고 빵을 꺼내어 먹을 수가 없는데 값만 계속 지불하고 있으니 이를 어떻게 해야 합니까?

이 질문에 먹을 수 있는 답을 낼 수 있다면 우리는 이 바구니를 거래할 수가 있겠습니다. 또 기존의 학자나 정부가 지금의 부동산문제를 해결할 수가 있겠습니다. 그러나 저는 이에 대한 답은 누구도 낼 수 없다고 봅니다. 지금까지 노벨 경제학상을 받은 학자들이 모두 모여도 이 질문에 대한 답은 낼 수가 없을 것입니다.

땅값의 성질과 부동산문제의
근본 해법을 찾기 위한 설명회 요청

세상에서 이 문제를 풀어놓은 책이 딱 하나 있습니다. 이것이 성경입니다. 구체적으로 구약은 희년법(레위기 25:23, 24)에 있고, 신약은 예수님이 레위기 희년법을 쉽게 풀어놓은 포도원 천국 비유(마 20:1, 21:33, 41)에 들어 있습니다. 희년법은 주머니의 빵값을 무르기로 없애 버리는 방법으로 해결하며, 포도원 천국 비유는 아예 이 값이 생기지 않도록 무르기를 끝낸 두 개의 빵만 거래하는 시장을 소개하고 있습니다. 그 외에 다른 방법은 없습니다.

만약에 다른 방법이 있다면 주머니 가격은 먹을 수 있는 두 개의 가격까지 없애 버리든지, 정부가 나서서 바구니의 빵을 강제로 배분하는 수밖에 없습니다. 이것은 시장 없는 정부이고, 그 사회는 집산체제나 공산주의가 됩니다.

그런데 공산주의는 70년 만에 실패했습니다. 예를 든 바구니의 존재나 성질도 모르고 시장의 기능도 몰랐기 때문입니다. 공산주의 이론을 제시한 마르크스의 『자본론』이 그 대표적입니다.

그런데 이 문제를 해결하려면 성경대로, 곧 예수님의 비유대로 해야 합니다. 그 방식은 주머니 빵은 꺼내어 먹을 수 있는 분량만 거래하는 방식이어야 합니다. 그러면 이 사회는 주머니에서 꺼낸 빵의 값이 약 절반 정도로 줄어듭니다. 그리고 이렇게 하면 우리가 평소에 부담하는 세금도 따로 낼 필요가 없습니다. 왜냐하면, 이렇게 기적보다 더 큰 기적의 능력이 있는 바구니의 빵이 시장기능으로 다 해결하여 주기 때문입니다.

구체적인 방법은 북한은 토지거래소를 통한 '지대시장제'입니다. 남한은 토지거래소를 통한 '토지주식제'입니다. 그래서 아파트 지구를 선정하여 그곳에 토지 소유제, 토지임대부 주택인 지대시장제, 토지주식제 등을 한자리 실험을 통하여 우열의 확인을 해 보자는 제안입니다.

그러므로 정부와 관계 당국에 청원을 드립니다. 이러한 토지시장과 땅값에 대한 이론과 부동산정책에 대하여 제가 직접 당국이나 학자들, 언론, 대중들에게 설명할 수 있도록 기회를 달라는 부탁을 드립니다. 또 이 이론 체계를 당국이 연구팀을 만들어 완성하면, 우리도 머지않아서 노벨 경제학상을 받을 수가 있을 것입니다. 이것은 경제에서 45회에 걸쳐서 수여한 노벨상 수상보다 더 큰 상이 될 수도 있을 것입니다.

저는 아주 보잘것없는 사람입니다. 회계학을 전공하고, 성경의 희년법을 회계학적으로 연구하여 학위를 받았고, 앞에서 설명해 드린 주머니 빵값에 대한 기본 속성을 발견한 지도 30년이 지났습니다. 관련된 저서도 몇 권 내었습니다. 그러니 저를 한번 불러서 무슨 소리를, 어떻게 하는지를 한번 들어 주시길 부탁드립니다

그리고 시장이 늘 불안한 주식과 선물futures의 거래도 희년법처럼 하면 장점은 살리고 단점은 없애 버릴 수 있지만, 여기서는 설명을 생략합니다.

이 청원 내용을 처음 들으시면 어느 몽상가의 하찮은 궤변처럼 들리실 수도 있을 것입니다. 그러나 이 진술은 궤변이 아니고 경제의 진실(물리법칙)에 속하므로 신중하게 검토하시어 처리하여 주시길 바랍니다. 담당자님의 평안을 빕니다.

이후 이 청원은 관련 부서가 '국민권익위원회'로 넘겼고, '국민권익위원회'는 심사 대상에서 제외한다는 통지를 보내 왔다.

제2편

희년법의 재발견
—속량의 원천·자유의 뿌리

제4장
성경의 희년법으로 들어가면서

성경 희년법은 경제학(회계학)이 풀어야 했습니다

레위기의 구조와 성경 희년법

성경에서 희년법은 레위기에 있습니다. 레위기는 모세가 하나님의 영감을 받고 지은 다섯 권의 책(모세오경) 중 세 번째 책입니다. 이 다섯 권의 책에서 제목별 중심 주제는 대략 이렇습니다.

창세기: 천지창조와 인간의 죄를 다룬 초기 인류의 생활사

출애굽기: 죄로 애굽의 노예가 된 백성들이 구원을 받고 공동체(교회)를 이루는 이야기

레위기: 구원받은 백성들이 거룩한 삶을 살기 위한 제사와 생활에 대한 규례

민수기: 구원받은 백성들이 거룩한 삶을 살기 위해 광야에서 훈련을 받는 이야기

신명기: 구원받은 백성들에게 삶의 순종과 불순종에 따른 복과 화를 구분한 메시지

레위기는 홍해를 건너 구원을 받은 백성들이 거룩한 삶을 살기 위해 하나님이 주신 생활법으로 내용은 크게 두세 가지로 나눌 수 있습니다.

첫째가 제사법입니다. 죄를 범한 백성들이 하나님 앞에 서려면 제사

❶ 희년과 포도원 천국

를 드려야 합니다. 그러기 위해서는 사람이 지은 죗값을 사함받기 위해 희생 제물을 받쳐야 합니다. 곧 내가 받아야 할 죗값을 제물이 대신 희생되어 죗값을 치르고 내가 죄 사함을 받는 내용입니다.

둘째가 생활에 대한 정결법이나 윤리법입니다. 윤리법은 주로 가족을 중심으로 한 사회 규례를 말하는데 현대의 사회 법규로 보면 민법과 유사한 성격을 갖고 있습니다.

셋째가 땅과 물질 문제를 다룬 생활 경제법입니다. 구약 성경은 구원을 받은 백성들이 하나님 앞에 지켜야 할 경제법을 두고 있어서 경제 규례라고 합니다. 그런데 레위기가 제시한 경제 규례는 독특한 내용이 많습니다. 이것이 바로 성경만이 제시하는 토지 규례입니다. 땅을 쉬게 하는 안식년과 희년은 물론, 토지거래의 방식, 토지사용의 방식, 무르기를 해서 빚 거래에 불과한 몸값과 땅값을 속하는 방법, 빚에 대한 규례 등이 있습니다. 이 중에 토지에 대한 규례는 아주 독특하고, 합리적이고 과학적이라고 할 수 있고, 세상 누구의 이론과 주장보다도 탁월하다고 할 수 있습니다. 이 경제 규례는 희년이 올 때 절정을 이루게 되고, 또 규례의 목적이 희년을 목표로 하고 있으므로 저는 레위기의 경제 규례 전체를 "희년법"이라고 부르고 있습니다.

희년법은 사유재산제와 시장경제의 원리입니다

그 땅을 제비 뽑아 나눌 것이니 수가 많으면 많은 기업을 주고 적으면 적은 기업

을 주되 각기 제비 뽑은 대로 그 소유가 될 것인즉(민 33:54)

곧 그가 소출의 다소를 따라서 네게 팔 것이라(레 25:16)

성경을 보면 가나안땅에 도착한 이스라엘 백성들은 먼저 그 땅을 기업으로 나누었습니다. 토지는 지파별로 인구수와 가족별로 가족 수를 기준으로 공평하게, 가치는 제비뽑기로 나누었습니다. 이렇게 분배를 받은 땅은 생업의 터전으로, 조상들의 유업으로 자손 대대로 이어 가게 됩니다. 그리고 분배한 땅의 생산활동은 개인별 경작이며, 생산물은 각자가 자유롭게 거두었습니다(레 25:3). 이것은 경제 체제가 '사유재산제도'라는 뜻입니다.

그리고 분배된 토지는 팔고 사는 방법도 제시하고 있습니다. 토지는 아주 팔지는 못하고 사용권만 팔게 되며, 이것도 무르기를 두어서 기업의 소유자(분배자나 상속자)인 가족에게 다시 돌아오게 합니다. 이 부분은 앞으로 더 상세한 설명이 있겠지만, 토지를 시장에서 값을 매겨 팔고 사게 해 두었습니다. 또 땅에서 생산한 산물은 생산자가 거두라고 했으므로 이 산물은 자유롭게 소유도 하고 팔고 살 수도 있습니다. 이러한 경제 규례는 '시장경제제도'를 뜻합니다.

그래서 성경 희년법은 전체로 보면 사유재산제와 자유시장경제체제를 기본 골격으로 하고, 또 이를 강하게 옹호하고 있습니다. 그런데도 희년법은 토지만 유일하게 시장거래를 규제하여 그 거래 방식과 값을 없애는 방안까지 세밀하게 다루어 놓고 있습니다. 이것이 희년법의 특징이며, 이 제도가 세상의 과학이나 경제학이 아직도 풀어내지 못한 경제적 난제 하나를 일찍부터 풀어 놓았다는 점에서 큰 의미가 있는 것입니다.

좀 더 노골적으로 말하면 성경은 토지에 대한 규례를 세상의 경제문제를 다 해결하여 놓았습니다. 이것이 구약에서는 레위기 희년법이며, 신약에서는 이 희년법을 더 쉽게 풀어서 설명하고, 희년법의 약점까지 없애주는 예수 그리스도의 천국 경제법입니다. 천국 경제법은 예수님이 천국에 대한 여러 비유를 들어서 가르쳐 주는 경제적 복음을 말합니다. 이러한 천국 경제법은 비유이지만, 현실의 경제제도 안에서도 희년법처럼 구체적 입증이 가능한 부분입니다.

희년법은 경제학이 풀어야 했습니다

제사법은 사람이 지은 죄 문제를 해결하는 방법이 소개되어 있습니다. 그래서 제사법은 사람의 죄 문제를 다루는 종교인(율법학자)들이나 신학자가 풀어야 합니다. 성경 역사를 보면 제사법은 실제로 그렇게 했습니다.

그러나 경제법은 사람이 물질에 대한 경제문제를 해결하는 방법이 소개되어 있습니다. 제사법이 사람이 지은 죄 문제를 해결하는 방법이면, 희년법은 사람이 만들어 가는 경제문제, 곧 빚 문제를 해결하는 방법이었습니다. 사유재산제에서 땅을 어떻게 소유하고, 사용해야 하는지를 알려 주고 있습니다. 또 시장경제에서 그 땅을 어떻게 거래를 해야 하는지에 대해서도 확실하게 밝히고 있습니다.

그리고 희년법은 연구를 해 보면 그 깊이는 파고들수록 그 진가를 인정하지 않을 수가 없게 되어 있습니다. 그 내용이 토지의 물리적 성질을 따라 만들어진 것으로 아주 과학적이고, 체계적이라는 뜻입니다. 그래서 희년법이 말하는 토지의 시장 특성을 이해하면, 토지거래는 희년법이 제시한 그대로 순종을 해야 하고 다른 방법이 없다는 것을 알게 됩니다.

그런데 사람들은 이 희년법의 과학적 원리와 내용의 탁월성을 거의 모르고 있습니다. 이것이 인간 역사의 비극입니다. 이에는 두세 가지 이유가 있다고 봅니다.

첫째는 레위기 경제법, 곧 희년법의 해석을 종교 전문가인 율법학자나 신학자가 해 왔기 때문입니다. 율법학자들은 성경을 율법, 교리 등을 종교적 관점에서 편중하여 접근해 왔습니다. 그리고 신학은 인간의 죄 문제가 중심 주제이다 보니 성경을 정신문제나 영적인 문제로만 해석하고 적용해 왔습니다. 성경을 좀 더 넓게 보려고 하는 소수의 신학자들마저 그들의 관심은 규범적, 곧 인간의 윤리문제나 정치적 문제까지만 다루는 한계를 보입니다. 이들은 경제학을 모르므로 처음부터 성경의 희년법을 제대로 볼 수가 없었기 때문일 것입니다.

그다음은 경제학, 경제 관련 학자나 사회과학자들이 성경에 대한 잘못된 태도입니다. 성경은 원래 종교문제를 다루는 책으로만 여겨 왔고, 그 해석은 신학에만 맡겨 두었기 때문입니다. 이것은 경제학을 비롯한 사회과학이 성경에 대한 '직무유기'라고 해야 할 것입니다.

그리스도인 역시 교회 안에서 관심 분야인 종교적 활동에만 열심을 내고 있습니다. 그리고 성경의 모든 해석은 경제적 접근과 이해가 필요한 부분까지도 신학자나 신학을 전공한 자만이 다루어야 한다는 생각이 거의 절대적이라고 할 만큼 강합니다. 이에 성경 지도자들은 백성들이나 성도들에게 희년법을 가르쳐 주지 않습니다. 설령 가르치려고 해도 경제와 희년법을 알아야 하는데 이를 모르는데 어떻게 가르칠 수가 있겠습니까?

이렇게 하여 우리의 경제생활에 유익하고 필수적으로 필요했던 희년법이 종교지도자들에게는 서자처럼 외면을 받아 왔고, 지금은 일반 그리스도인들에게도 강한 따돌림을 당하고 있습니다. 그 기간이 희년법은 3,000년, 포도원 비유의 시장경제원리는 2,000년이 넘었습니다. 그래서 경제생활에서 성경이 말하는 시장원리를 따르면,

걱정하지 않아도 될 경제문제가 지속적으로 발생하게 되고, 이로 인해 지구촌 인류가 고통을 받고 있습니다.

성경 희년법은 시장경제의 신호등입니다

도로의 교차로에는 한 지점을 두 대의 자동차가 동시에 교차할 수가 없습니다. 그래서 이 문제를 해결하기 위해서 신호등을 세웁니다. 신호등은 교차로에 사람들이 지켜야 할 교통수단으로 필요한 기구입니다. 신호등이 없으면 차량 통행에서 불편을 주고, 사고가 날 가능성이 높습니다. 그러므로 신호등 체계는 이 문제를 해결하는 데 필요한 제도입니다.

아니면 교차로에 고가도로나 입체식 도로를 건설해야 합니다. 그런데 이러한 교차로에 신호등이나 입체 교차로가 없으면 어떻게 됩니까? 이때는 차들이 서로 먼저 가려다가 엉켜버리거나 사고가 납니다. 그래서 사람은 이 문제를 수신호로 해결합니다. 그러나 사람의 수신호로써는 몰려오는 차들을 제대로 통제하지 못합니다.

이처럼 희년법은 도시의 교통문제를 해결하기 위해 교차로에 설치해 놓은 신호등과 같은 시장원리입니다. 제가 본 성경의 희년법 제도가 바로 그렇게 되어 있었습니다. 그러나 지금의 시장경제에서 시행하고 있는 토지제도는 신호등이 없는 교차로와 비슷합니다. 그래서 사람이 나서서 수신호로 문제를 해결하고 있는데 이것이 정부가 하는 부동산정책입니다.

우리가 교차로에서 수신호로는 복잡한 교통문제를 해결할 수가 없습니다. 그래서 신호등을 설치하면 수신호(정부)로 해결하지 못한 교통체증(경제문제)이 훨씬 쉽게 풀립니다. 이것이 바로 구약의 희년법이라고 하겠습니다.

그러나 인구가 늘고 차량 통행이 복잡하여지면 교차로는 신호등으로도 원만한 해결이 어렵습니다. 이런 경우 우리는 신호등보다 더 좋은 수단이 필요한데 이것이 입체 교차로입니다. 경제에서 이러한 입체 교차로의 역할을 하는 것이 바로 예수님이 비유로 가르쳐 주신 천국 경제법의 시장원리입니다.

정치에서는 민주제도가 최선입니다. 민주주의가 정치의 모든 문제를 다 해결하여 주는 것은 아니지만, 그래도 정치는 민주주의가 최선책입니다. 그래서 "민주주의는 가장 덜 나쁜 제도"라는 말이 있지요. 이처럼 경제문제를 풀어내는 제도는 성경의 희년법과 포도원 비유 풀이가 보여 주는 방법이 최선책입니다. 성경이 가르쳐 주는 이 제도는 사람이 시행할 수 있는 이 세상의 어떤 경제제도나 사회 시스템에서도 이보다 더 좋은 대체안이 있을 수 없습니다. 곧 희년법과 천국 경제법은 경제에서 최선의 방책이요, 유일한 비책이라는 뜻입니다.

성경에서 죄 문제를 해결하는 방법이 레위기의 제사법이었고, 경제문제를 해결하는 방법은 레위기의 경제법, 곧 희년법입니다. 제사법과 경제법이 모두 문제를 해결하는 방법은 '대신하여 값을 치러 주고 문제의 뿌리를 없애 버리는', "속량"입니다. 그런데 레위기 제사법과 희년법은 구약적 한계가 있었습니다. 그래서 예수 그리스도가 이 땅에 오셔서 십자가의 값 치르기로 죄 문제를 해결하여 주시고, 더 나아가서 복음적 생활법으로 구약의 한계(약점)를 가진 더 나은 방식으로 수정하고, 보완하여 완벽하게 해결을 하여 놓았습니다. 이 책은 바로 이러한 구약의 희년법과 예수님의 포도원 천국 경제법을 증거하고 있습니다.

❶ 희년과 포도원 천국

제5장
본문으로 소개하는 성경 희년법(토지 속량법)

— 레위기 25:1~28

땅을 경작하고 다스리는 방법과 거래하는 방법을 토지 규례로 정해 놓은 것이 레위기 25장입니다. 경제구원의 수단인 속량법을 중심으로 안식년, 희년, 토지거래의 허용과 금지, 팔린 토지의 무르기(속량)를 등을 규정하고 있습니다. 우리의 경제생활에서 이러한 희년법 내용은 토씨 하나도 의미가 있고 소중하므로 성경의 원문을 그대로 소개합니다.

안식년—땅은 사람처럼 일하고 쉬며, 사람이 없어도 스스로 산물을 내고 있다

경작년: 생산물의 자유 소유와 거래.

안식년: 토지 산물에 대한 제한과 용도.

1 여호와께서 시내 산에서 모세에게 말씀하여 이르시되
2 이스라엘 자손에게 말하여 이르라 너희는 내가 너희에게 주는

땅에 들어간 후에 그 땅으로[6] 여호와 앞에 안식하게 하라

3 너는 육 년 동안 그 밭에 파종하며 육 년 동안 그 포도원을 가꾸어 그 소출을 거둔 것이나

4 일곱째 해에는 그 땅이 쉬어 안식하게 할지니 여호와께 대한 안식이라 너는 그 밭에 파종하거나 포도원을 가꾸지 말며

5 네가 거둔 후에 (스스로)[7] 자라난 것을 거두지 말고 가꾸지 아니한 포도나무가 맺은 열매를 거두지 말라 이는 땅의 안식년임이니라

6 안식년의 소출은 너희가 먹을 것이니 너와 네 남종과 네 여종과 네 품꾼과 너와 함께 거류하는 자들과

7 네 가축과 네 땅에 있는 들짐승들이 다 그 소출로 먹을 것을 삼을지니라

희년—토지 무르기로 땅값(원빚)이 사라져서, 토지가 돌아오면, 백성들은 자유를 누린다

8 너는 일곱 안식년을 계수할지니 이는 칠 년이 일곱 번인즉 안식년 일곱 번 동안 곧 사십구 년이라

9 일곱째 달 열흘날은 속죄일[8]이니 너는 뿔나팔 소리를 내되 전국에서 뿔나팔을 크게 불지며

10 너희는 오십 년째 해를 거룩하게 하여 그 땅에 있는 모든 주민을 위하여 자유를 공포하라 이 해는 너희에게 희년이니 너희는 각각

---

6) "땅으로"가 아니고, "땅이(땅은)"으로 번역해야 한다.
7) 괄호 안의 "스스로"는 11절과 같은 원문이 있으나 번역에서 빠져 있다.
8) 속죄일의 원문은 "속전을 치르는 날"(필자는 속량절로 번역)이다.

자기의 소유지로 돌아가며 각각 자기의 가족에게로 돌아갈지며

11 그 오십 년째 해는 너희의 희년이니 너희는 파종하지 말며 스스로[9] 난 것을 거두지 말며 가꾸지 아니한 포도를 거두지 말라

12 이는 희년이니 너희에게 거룩함이니라 너희는 밭의 소출을 먹으리라

성경이 허용한 토지거래법

땅은 시한부로만 팔고 사라. 너희들이 순종하면 땅은 풍부한 열매를 낼 것이다.

13 이 희년에는 너희가 각기 자기의 소유지로 돌아갈지라

14 네 이웃에게 팔든지 네 이웃의 손에서 사거든 너희 각 사람은 그의 형제를 속이지 말라

15 그 희년 후의 연수를 따라서 너는 이웃에게서 살 것이요 그도 소출을 얻을 연수를 따라서 네게 팔 것인즉

16 연수가 많으면 너는 그것의 값을 많이 매기고 연수가 적으면 너는 그것의 값을 적게 매길지니 곧 그가 소출의 다소를 따라서 네게 팔 것이라

17 너희 각 사람은 자기 이웃을 속이지 말고 네 하나님을 경외하라 나는 너희의 하나님 여호와이니라

18 너희는 내 규례를 행하며 내 법도를 지켜 행하라 그리하면 너희가 그 땅에 안전하게 거주할 것이라

---

9) 5절: "저절로 자란 것", 11절: "스스로 자란 것"

19 땅은 그것의(its, 자기의) 열매를 내리니 너희가 배불리 먹고 거기 안전하게 거주하리라

20 만일 너희가 말하기를 우리가 만일 일곱째 해에 심지도 못하고 소출을 거두지도 못하면 우리가 무엇을 먹으리요 하겠으나

21 내가 명령하여 여섯째 해에 내 복을 너희에게 주어 그 소출이 삼 년 동안 쓰기에 족하게 하리라

22 너희가 여덟째 해에는 파종하려니와 묵은 소출을 먹을 것이며 아홉째 해에 그 땅에 소출이 들어오기까지 너희는 묵은 것을 먹으리라

성경이 금지한 토지거래법

땅은 하나님의 것이다. 소유권 거래를 영영 하지 말아라(땅은—사람에게—영원히 팔리지 않는다).

23 토지를 영구히 팔지(팔리지)[10] 말 것은 토지는 다 내 것임이니라 너희는 거류민이요 동거하는 자로서 나와 함께 있느니라

토지 무르기—토지 속량법, 무르기가 완성되면 자유가 최고로 보장되는 희년이 온다

---

10) "팔지"(능동태)는 "팔리지"(수동태)가 성경 원문에 해당한다.

24 너희 기업의 온 땅에서 그 토지 무르기를 허락할지니

25 만일 네 형제가 가난하여 그의 기업 중에서 얼마를 팔았으면 그에게 가까운 기업 무를 자가 와서 그의 형제가 판 것을 무를 것이요

26 만일 그것을 무를 사람이 없고 자기가 부유하게 되어 무를 힘이 있으면

27 그 판 해를 계수하여 그 남은 값을 산 자에게 주고 자기의 소유지로 돌릴 것이니라

28 그러나 자기가 무를 힘이 없으면 그 판 것이 희년에 이르기까지 산 자의 손에 있다가 희년에 이르러 돌아올지니 그것이 곧 그의 기업으로 돌아갈 것이니라

제6장
레위기 희년법의 경제적 접근과 이해

땅에 대한 인간 오해
—땅을 상품으로 보는 것은 인간의 과학적 오류

레위기 토지 규례는 생활 법규로 삶에서 지켜야 할 실정법이고 실무였습니다. 그러나 유대 종교는 이를 제대로 지키지 않았습니다. 그리고 우리는 레위기를 대할 때 어렵고 재미가 없어서 평소에 잘 읽지 않으며, 읽어도 경제법이라 대충 보고 넘깁니다.

그래서 희년법이 있는 레위기 25장은 용어나 문장부터 먼저 오해를 하면서 성경을 읽고 있습니다. 레위기 25장에서 이러한 것들이 아주 많은데 그 중 핵심적인 용어 세 가지만 먼저 소개해 보겠습니다. 곧 희년법의 핵심 용어는 "땅", "팔다", "무르기" 이렇게 세 단어로 요약할 수 있습니다.

이러한 세 가지 단어는 용어마다 들어 있는 내용에도 세 가지 정도로 오해를 합니다. 그래서 저는 이런 오해를 세 가지 단어에 각각 세 가지 내용까지 겹쳐진 오해이므로 "3이 세 번 겹친 아홉 오해"라고 말하고 있습니다.

① "땅"에 대한 세 가지 오해

레위기 25장 희년법이 말하는 "땅"은 성경 원어로 "에레쯔ץ֥רֶא" 또는 "에레쯔"입니다. 이것은 우리가 지구라는 단어를 쓸 때, "어스earth"라고 하는 그 발음, 그 단어입니다.[11]

그러므로 ㉠ 성경이 말하는 땅은 원래 지구를 말합니다. 그러면서 땅은 나라라는 단어 'land', 그리고 사람의 활동 무대인 '영역ground', 경작에 사용되는 '들field' 등을 포함하고 있습니다. 그러나 사람들은 레위기 25장에 있는 토지 경제법이 발하는 땅을 주로 '경작지field'로만 알고 있고, 아니면 '대지land' 정도로 이해합니다. 성경 히브리어 원어, '에레쯔ץ֥רֶא'가 '지구earth'와 같은 단어인 줄은 대부분 모르고 있습니다.

레위기 25장에서 ㉡ 땅은 대부분 주어로 쓰입니다. 그러나 우리는 거의 모든 사람이 대부분의 내용을 목적어로만 생각합니다. ㉢ 땅이라는 단어는 거의 모두 단수로만 쓰입니다. 그러나 우리는 하나의 상품처럼 복수로 이해하고 있습니다.

그래서 우리는 ㉠, ㉡, ㉢을 오해하고 있어서 땅을 경작하거나 팔고 사는 n 개의 상품이나 물건으로만 보이게 됩니다.

---

11) 성경의 "땅"이라는 단어에 대하여 유사용어를 찾아보면 다음과 같다.
　　① 히브리어: '에레쯔ץ֥רֶא', '에레츠Eretz' ② 아람어: '에레드스Ereds' 또는 '아라타Aratha'
　　③ 영어: '어스Earth' ④ 중세 영어: '에르더Erthe', 중세 고딕어: '에어르타Airtha' ⑤ 독일어: '에르데Erde' ⇒ 고어: '에르다Erda' ⑥ 아이슬란드어: '요르드Jordh' ⑦ 덴마크어: '요르데Jorde' ⑧ 쿠르드어: '에르드Erd' 혹은 '에르츠Ertz'

　　①~⑧을 종합하여 필자의 사견을 붙이면 '에레쯔'의 초성 '에'는 모음 'o'로 [æ], [a], [ə], 중성은 자음으로 'ㄹ'인데 [r] 발음 또는 묵음이 되며, 종성은 '쯔', '츠', '더(드, 트)', '스' 등으로 모두 영어 'th'에 가까운 발음이다. 곧 '에레쯔'와 영어 'earth'는 어원이 같다고 볼 수 있다. 그런데 신약 성경에서는 "땅"을 ⑨ 헬라어: '게스γῆς'라고 하여 히브리어 '에레쯔ץ֥רֶא'와는 발음에서 거리가 있다.

② "팔다"에 대한 세 가지 오해

레위기 25장에서 "팔다"라는 단어는 "마카르ㄱㄱㄱ" 동사입니다. ㉠ 이 단어는 히년법에서 주로 수동태로 쓰입니다. 그러나 우리는 능동 태로 이해하고 있어서 땅을 완전한 상품으로 오해하기 쉽습니다. 레위기 25장에서 ㉡ 팔다라는 마카르 동사는 '빌려주다'로 이해해야 전체적 내용이 풀리게 됩니다. 이것은 성경에서 땅은 팔고 사는 상품이 아니고 빌려주는 시장거래만을 허용하기 때문에 당연히 그렇게 이해를 해야 합니다. 그래야 성경의 금융거래와 세상의 금융거래를 바로 이해하고 비교도 할 수 있습니다. 그리고 ③ 레위기 25장의 "팔다"라는 단어에는 자동으로 조건이 붙어야 하는 조건부 거래입니다. 성경에서 땅은 사실상 금융거래이고, 금융거래는 종결된 거래가 아니고 빚 거래이기 때문에 빚은 채권 채무의 해지를 위한 거래가 최소한 한 번 더 필요합니다. 우리가 집을 임대하는 것을 생각하면 바로 이해가 되는 내용입니다. 임대는 한번 팔고 사는 것으로 끝이 아니고, 이제 거래의 시작이고, 계약 만기가 돌아오거나 임대가 해지되어야 거래가 종결되는 것입니다. 그래서 레위기 25장의 몸과 땅의 "팔다"는 계속 진행되는 거래를 말하고 있습니다. 이 "팔다"는 다음의 무르기와 연결되고 있는 거래입니다.

③ "무르기"에 대한 세 가지 오해(이해 부족)

무르기는 팔린 땅을 다시 사들이는 권리입니다. 우리의 세상 경제법에서 팔린 땅은 매입자가 동의하지 않으면 다시 사들이지 못합니다. 그러나 ㉠ 성경 무르기는 땅이 팔릴 때 이미 조건이 붙어 있습니다. 땅과 사람의 자본거래는 상품처럼 아주 팔아넘기는(팔려지는) 것이 아니고, 판 사람에게도 이 거래에 관련된 권리가 남아 있습니다. 그리고 ⓛ 무르기는 시간이 지날수록 값의 크기가 줄어듭니다. 이 말은 한번 발생한 땅값과 몸값은 시간이 지나면서 작아지고 만기가 되면 0으로 소멸한다는 뜻입니다. ⓒ 토지 무르기는 궁극적으로 땅이 합니다. 땅은 판 사람이 무르든 친족이 무르든 그 재원은 땅이 생산한 가치로 하게 됩니다. 이것은 땅이 사람을 대신하여 무르기를 하여 준다는 뜻입니다.

룻기 4장 3절에는 남에게 팔리어 나간 땅을 기업권자가 무르려고 하고 있습니다. 그러나 이것을 모르면 우리는 룻기 4장 3절의 오역처럼 정반대의 번역을 하는 실수를 합니다. 우리가 성경학자라도 "마카르"나 "무르기"라는 단어를 잘못 이해하니, "무르려고 하는(되사려는)" 땅을 "팔려고 한다"고 번역을 하여서, 사실과는 정반대의 번역이 되어 버렸습니다.

무르기라는 단어가 성경에서 "게울라"인데 명사인 '고엘 גֹּאֵל, 동사인 '가알 גָּאַל'에서 왔으며, '값을 지불하고 회복하다'라는 뜻으로 '구속 redemption'이란 의미를 가집니다. 따라서 이 말은 땅을 팔리게 한 사람 또는 그 친족이 그 값을 대신 지불하고 팔린 땅을 다시 찾아 주는 것을 말합니다. 이렇게 해야 한 가정의 경제문제가 해결되는 것입니다.

이 토지 무르기는 예수 그리스도가 몸이 십자가에 달리심으로 인간들의 죗값을 지불하고 우리를 살려(속량) 주신 것을 예표하고 있습니다. 토지 무르기는 예수님의 구속 사역, 곧 십자가 사건과 같은 원리로 인간이 만든 경제문제를 해결(구원)하는 것입니다. 그러므로 이 토지 무르기를 제대로 알아야 땅 문제로 얽히고설킨 경제문제를 바로 풀어낼 수가 있으며, 나아가서 예수님의 구속 사역에 대한 현실적 이해도 가능합니다.

성경 토지법: 땅은 스스로 생산한다

희년 경제법: 땅은 인하고 쉽다.

네 수확 중에는 스스로 자라난 것은 거두지 말며, 땅의 안식은 너희를 위한 식
량이 되리니(킹제임스, 레 25:5, 6)
땅이 (…) 종류대로 씨 가진 열매 맺는 나무를 내니(창 1:12)
땅이 스스로 열매를 내되…(막 4:28)

샘물은 스스로 솟아나는 것입니다. 땅은 사람이 경작하지 않아도
식물이 자라며, 열매를 내고 있습니다. 땅은 식물을 내어 동물을 부
양하고 있습니다. 사람은 이렇게 땅이 주는 열매나 동물을 먹거리
로 삼아서 이것을 먹으며, 살아가고 있습니다.

사람은 땅이 있어야 발을 딛고, 땅이 주는 공기를 마시며 생존할
수가 있습니다. 생명체는 땅이 내는 물을 마시고, 땅에 쏟아지는 빛
을 받아야 목숨 부지를 할 수가 있습니다.

사람이 집을 지으려면 땅이 꼭 필요합니다. 집을 지을 때 땅이 필
요하지만, 그 땅을 사람이 만들지는 않습니다. 사람은 집을 지을 수
있도록 토목공사만 합니다. 이 말은 사람이 집을 지을 때 땅이 필요
하지만, 그 땅을 사람이 만들지는 못합니다. 건축에 필요한 땅이 먼
저 만들어져 있는 것에 불과합니다. 토목공사는 건축에 속합니다.

사람은 땅이라는 공간이 있어야 모여서 예배를 드릴 수 있고, 공
부도 하고, 노래하며 춤을 출 수가 있습니다. 사람을 즐겁게 하는
놀이나 관광여행도 땅이 있어야 가능합니다.

그러므로 경제에서 땅은 사람보다 먼저 있고 스스로 생산활동, 곧

경제활동을 하고 있습니다. 성경 희년법은 사람이 쉬는 안식년에도 땅은 생산물을 낸다고 합니다(레 25:5~7). 그리고 안식년은 땅도 쉬어야 한다고 말합니다. 땅이 경작년에는 사람과 함께 생산활동(경작활동)을 하였으니 안식년에는 인간과의 협동 생산을 멈추고, 사람이 없어도 하고 있던 자연활동, 곧 스스로 하는 생산활동만 한다는 뜻입니다.

예수님은 천국의 비유를 통하여 사람이 씨를 뿌리지만, 열매는 땅이 스스로 낸다고 합니다(막 4:28). 그리고 씨 뿌리는 비유에서 사람이 같은 씨를 뿌려도 땅이 가진 생산력에 따라 소출에 차이가 있다고 합니다. 이것은 땅이 스스로 생산활동을 하고 있다는 의미가 들어 있습니다.

사람은 이렇게 땅이 스스로 내는 가치를 이용하여야 살아갈 수가 있거나 경제활동을 할 수가 있습니다. 따라서 경제에서 생산이란 사람이 땅과 함께하여 필요한 것을 얻는 활동이라고 할 수 있습니다. 이를 좀 더 엄밀하게 정의를 하면 '생산이란 사람이 땅에 노동과 자본을 투입하여 필요한 가치를 얻는 것'입니다.

여기서 생산된 총 생산물 중에 사람의 노동과 자본에 대한 대가는 투자자의 개인의 몫이고 사유재산입니다. 그러나 노동과 자본의 투자비용을 제외한 가치는 땅이 낸 가치입니다. 이것이 시장에서는 토지임료가 됩니다.

예수님은 포도원 품꾼의 비유를 보면 주인이 노동의 기회를 잃은 자, 곧 실업자들을 포도원으로 불러들여 일하게 하고, 생활비를 줍니다. 그리고 정상 노동자의 보수에 대한 불평에 대해 '네 것과 내 것'을 구분하여 사유재산제와 계약자유의 원칙을 밝혔습니다. 그리고 포도원 주인은 경작자에게 세貰를 내라고 합니다. 이 경우 경작자가 내는 세가 바로 시장에서 결정되는 토지가치이고, 임료가 됩니다. 주인이 실업자에게 주는 생활비의 재원은 이 포도원 주인의 몫으로 돌아오는(또는 남겨진) 토지가치가 됩니다. 이것이 몸값은 임금으로, 땅값은 임료만으로 경제를 운영하는 온전한 자유시장경제의 구조입니다.

이렇게 보면 레위기 희년법이 말하는 토지의 자생력과 사람의 경제활동, 그리고 예수님의 포도원 비유가 보여 주는 생산과 분배를 종합하여 보면, 경제는 일터에서 땅과 사람의 연합으로 생산한 생산물은 이렇게 시장을 통하여 서로의 몫이 결정되어 분배되고 있습니다.

총생산물 = 토지가치 + 노동가치 + 자본가치

토지임료 = 총생산물 - (노동임금 + 자본비용)

사유재산 = 노동가치 + 자본가치

토지 자신의 몫 = 토지임료

∴ 토지임료는 본래 사유물이 아니었음

〈포도원 품꾼과 경작자의 비유〉

네 것 = 사유재산 = 노동가치 = 임금(또는 자본투자 있으면 자본가치 포함)

내 것 = 포도원 주인의 것 = 토지임료 = 포도원의 세貰

(※ 이 식에서 자본가치는 자본의 제공자가 주인이면 주인의 몫, 경작자이면

경작자의 몫이 됨)

성경 토지법: 토지는 생산될 열매의 연수를 따라 팔고 사라

성경 희년법: 땅은 토지임료만 시한부로 거래를 하라.

그 희년 후의 연수를 따라서 너는 이웃에게서 살 것이요 그도 소출을 얻을 연수
를 따라서 네게 팔 것인즉 연수가 많으면 너는 그것의 값을 많이 매기고 연수가
적으면 너는 그것의 값을 적게 매길지니 곧 그가 소출의 다소를 따라서 네게 팔
것이라(레 25:15, 16)

성경 본문을 살펴보면 이상한 점이 있습니다. 무엇을 팔고 사라고
하는데 팔고 사는 목적물의 구체적 명시가 없습니다. 땅을 팔고 사
는 데 대한 내용인 것 같은데 땅이라는 말은 없습니다. 그냥 열매(소
출)란 말만 사용하고 있습니다. 물론 열매(소출)라는 용어도 거래 시
점에는 가격만 있고, 열매(소출)가 없습니다. 우리는 성경에서 이런
표현에 주목해야 합니다.

성경은 땅을 팔고 사는 상품으로 보지 않기 때문에 이렇게 표현하
고 있습니다. 위의 본문을 보면 팔고 사는 것은 땅이 아니고, 땅이
앞으로 낼 열매(소출)입니다. 이렇게 성경의 토지법은 우리의 통상적
이해와는 다르게 특이한 내용이 많습니다.

그런데 레위기 토지법을 설명하려면 부득이 팔고 사는 대상을 땅
이라고 하겠습니다. 거래의 목적물은 열매이지만, 거래 당시는 열매
가 없으므로 땅이라고 해야 설명할 수 있기 때문입니다. 아무튼, 땅
은 희년법에서 시한부로만 팔게 되어 있습니다. 이것은 토지의 임대
를 뜻합니다. 토지는 임대만 하되 기간은 희년의 연수를 따라 값을
매기게 되어 있습니다. 여기에도 몇 가지 특징과 조건이 있습니다.

① 열매의 다소를 따라 임대를 하라고 합니다. 이것은 토지의 생산성에 따라 거래를 하라는 것입니다. 이것은 옥토와 박토 등 토지의 생산성을 따라, 사용가치를 따라 값을 매기라고 합니다. 이것은 경제활동과 시장거래의 기본원리입니다.

② 현재에 거래는 있는데 그 거래에 대한 실물(재화나 서비스)이 없습니다. ②의 사실은 토지의 시장구조(메커니즘)를 과학적으로 이해하기 위해 반드시 알아야 할 요절입니다.

③ 시한부로만 팔고 사라고 합니다. 위에서 토지의 영구 매매는 금지되어 있으므로 시한부 거래는 당연한 귀결입니다. 거래 기한은 희년을 기준으로 합니다. 희년이 길게 남았으면 긴 기간을, 짧으면 짧은 기간을 임대기간으로 합니다. 그러면 희년은 50년마다 돌아오므로 최장 기한은 50년이라 할 수 있습니다. 그러므로 임대기간이 50년이 넘거나 희년을 넘기는 계약은 성경을 어기는 것이므로 원천무효가 된다고 보아야 합니다. 한 나라에서 헌법을 어기는 법률은 무효가 되는 것과 같은 이치입니다. 또 희년만 지키면, 임대기간은 거래자 쌍방이 자유롭게 합의하여 기간을 정할 수가 있습니다.

④ 성경은 일찍부터 금융거래를 허용하고 있습니다. 몸값과 땅값은 선불先拂거래로 발생한 가격이므로 금융거래에 해당합니다. 이 거래는 선불이기 때문에 시간적 가치를 평가하는 이자율이 필요합니다. 이 거래는 원금, 기간, 이자율 등이 필요한 금융거래입니다. 그러므로 금융거래는 원금과 이자를 모두 갚아야 하는 무르기가 있는 것입니다.

⑤ 희년이 오면 토지의 모든 거래는 원점으로 돌아갑니다. 희년에는 전국에서 토지가 빚 담보로 잡힌 곳이 없습니다. 토지 임대

가 종결되면 전국에 자유가 돌아옵니다(레 25:10).

⑥ 팔고 사는 가격과 거래는 있으나 거래의 대상물인 열매는 없습니다. 이에 대한 것은 다음 토지 무르기에서 설명하겠습니다.

성경 토지법: 토지는 영원히 팔리지 말라

성경 원문: 웨하에레쯔 로 티마케르 레짜미투드והארץ לא תמכר לצמתת

문자 풀이: 땅은 영영(아주, 무기한, 영원히) 팔리지 말라.

원문 적용: 땅값은 영원히 1원도 쓰지를 못한다(사람은 땅이 내는 가치물만 쓴다).

땅은 영영 팔리지 못한다(않을 것이다): 왜냐하면 그 땅은 다 나의 것이기 때문이

다. 너희들은 나그네요, 거주자로 나와 함께 있느니라(레 25:23 사역)

The land shall not be sold for ever: for the land is mine;

for ye are strangers and sojourners with me(King James).

이스라엘 백성들이 이집트에서 가나안 땅에 들어가서 먼저 실시한 것이 제비뽑기로 땅을 나누는 것이었습니다. 그리고 레위기 25장 23절에서 그 땅을 영영 팔지는 못하게 했습니다. 왜 그렇게 했을까? 땅을 팔지 못하게 한 해당 구절을 먼저 살펴보겠습니다.

이 구절은 시장경제에서 발생하는 문제의 뿌리를 밝혀내는 핵심 내용입니다. 그런데 학자들도 아직 이 구절의 경제적 진가를 거의 모르고 있습니다. 그래서 이 구절의 내용을 단어 하나하나를 짚어보려고 합니다. 독자들은 용어에 대한 설명이 좀 딱딱하겠지만, 평소에 눈여겨보지 않아서 생소한 부문이고, 학자들의 연구마저 거의

없었던 부분이므로 본문에 대한 충분한 설명이 필요합니다.

◎ 땅 - 에레쯔

성경이 말하는 땅은 히브리어로 "에레쯔רֶץ"이며, 영어로 "어스 earth"입니다. 따라서 "에레쯔רֶץ"와 지구라는 단어 "어스earth"는 어원이 같습니다.[12] 성경에서 땅은 항상 단수로 기록합니다. 성경에서 하늘은 복수로 쓰기도 하지만, 땅은 늘 단수입니다. 땅이 곧 지구이므로 하나라는 뜻이며, 만물all things이 꽉 들어 차 있는 대지大地, earth이지, 단순한 장소에 불과한 위치situation, place가 아니며, 텅 비어 있는 공간space은 더욱 아닙니다.

그리고 본문에서 땅이라는 단어는 주어입니다. 그런데 사람은 땅을 목적어로만 이해하려고 합니다. 안식년에 쉬는 땅, 예수님이 스스로 열매를 내고 있다는 땅(막 4:28), 천지창조에서 3일째 창조되어 과일과 채소를 내는 땅(창 1:11)은 모두 주어입니다. 그러나 우리는 땅을 팔고 사는 대상물, 곧 목적어로만 보려고 합니다. 팔고 사는 물건이나 상품처럼 이해합니다. 그래서 '팔린 땅을 무르기로 다시 사려고 하는 것'을 "땅을 팔려고 한다(룻 4:3)"는 오역을 하여 놓고 오해를 하고 있습니다.

◎ 팔다, 티마케르

먼저 히브리어 '티마케르רֶ כַר'는 '팔다'라는 '마카르' 동사의 미완료 수동형으로 '팔리다be sold'의 뜻입니다. 희년법 뒷부분에 가면 노동

---

12) 성경에서 "땅(히브리어:에레쯔, 헬라어:게스)"이라는 단어는 약 3,500개이며, 그중 유사용어(land, field 등)를 제외하면 거의 모두 단수다.
   한국어로 '땅'의 고어는 '싸당'이며, '스탄', '다', '따', 한자 표기로 '須大具(『해동역사』, 방언편)' 등이다.

에 대한 규례도 있는데 여기서도 사람의 노동력 거래는 동사가 수동태입니다. 땅과 사람은 시장 거래에서 동등한 자격을 부여하고 있다는 뜻입니다.

◎ ~말라, ~않다, 로

부정의 뜻인 '로אׂ'는 '않다not'의 뜻이지만, '…하지 말라'로 강한 금지의 뜻도 됩니다. 그래서 이 구절, "에레쯔 로 티마케르"는 '땅은 영영 팔리지 않는다'와 '땅은 영영 팔리지 말라'로 번역하거나 해석할 수 있습니다. 필자는 두 가지가 모두 가능하다고 봅니다. 땅은 팔고 살 수 있는 상품을 생산하는 생산의 주체로 팔리는 상품과는 차원이 다른 물질이기 때문입니다. 팔고 산다는 것은 앞에서 이미 예로 든 샘물과 바닷물의 경우처럼 현재 또는 일정 기간 내에 쓸 수 있는 가치물이어야 하는데, 땅은 그렇지 않습니다. 땅은 스스로 가치물을 내거나 사람과 동식물을 부양하여 주기는 하지만, 자신의 존재가치는 소비, 소멸되지 않고 영구적이라는 뜻입니다. 이것은 땅이 사람이나 다른 가치물로 팔리지(가치이전) 않음을 뜻합니다. 그래서 땅은 영구가격으로 팔리거나 아주 팔리게 하면 경제의 기초질서를 어지럽히는 것이며, 무르기도 불가능하여 이를 강하게 금지하고 있는 것입니다.

◎ 영원히, 레짜미투드

'레짜미투드nnnxׂ'는 부사로 '영원히', '아주', '끝까지'라는 말이며 세 가지 의미로 요약할 수 있습니다.

① 권리의 한계성: 땅의 소유권은 거래하지 말고, 사용권만 거래하라고 합니다.

② 기간의 한계성: 땅의 사용기간을 영구적으로 잡아 가격을 매기지 말라고 합니다.

③ 저용의 계속성: 땅이 경제적 성질은 영원하므로 계속하여 그렇게 하라고 합니다.

그래서 땅은 15, 16절에서 시한부로만 거래하고, 24절에는 무르기 조건을 붙여서 거래하라고 합니다. 이렇게 거래의 조건을 둔 이유는 다음에 설명할 토지의 시한부 거래나 무르기 거래를 이해하면, 더 확실하게 알 수가 있습니다.

◎ **본문 전체의 이해**

레위기 25장 23절은 땅을 영원히 팔리지 말라고(못한다 또는 않는다) 했습니다. 이렇게 땅은 팔지 못하게 한 이유는 세 가지 정도로 정리할 수 있습니다.

첫째, 땅은 하나님이 만든 것이지 사람이 만든 것이 아니므로 사람은 그것을 팔고 사지 말라는 뜻입니다. 본문 후미에서 땅에 대해 하나님이 주인이고, 사람은 나그네일 뿐이라고 합니다. 나그네가 주인의 땅을 팔고 사서는 안 되는 것이지요(창조의 기본규범).

둘째, 땅은 인간 생존에 필수재이기 때문입니다. 땅은 공기와 물, 햇볕 등을 담아 놓은 창고와 같으므로 인간의 생존과 경제활동의 필수재입니다. 그래서 땅을 팔아 버리면 생존 문제가 생기고, 경제활동이 위협을 받기 때문입니다(생존권의 보장 문제).

셋째, 땅은 사람이 그 가치를 직접 쓸 수가 없기 때문입니다(창조질서, 토지의 물리적 성질).

레위기 25장 23절의 땅을 다시 정리하면 땅은 빈 곳이 아니라 사람의 생존과 활동에 필수품으로 온갖 값진 보물이 꽉 들어찬 특수 보물 창고입니다. 땅은 목적어가 아닌 주어이고, 복수가 아닌 단수, 거래 행위는 능동이 아닌 수동, 거래 내용은 자유가 아니라 조건부, 거래 기간은 영구기간이 아닌 시한부 등으로 요약할 수 있습니다. 그리고 이것은 우리의 통상적 이해와는 다른 것이며, 경제에서 그 하나도 버리거나 무시할 수 없는 필수 규정들입니다. 그리고 단어 하나하나에 과학성과 합리성이 모두 들어 있습니다.

성경 토지법: 토지를 시한부로 팔았으면(세를 놓았으면) 무르기를 하라

성경 회년법: 토지 무르기로 땅값이 소멸하면 생존의 자유가 보장되는 회년이 온다.

너희 기업의 온 땅에서 그 토지 무르기를 허락할지니

만일 네 형제가 가난하여 그의 기업 중에서 얼마를 팔았으면 그에게 가까운 기업 무를 자가 와서 그의 형제가 판 것을 무를 것이요(레 25:24, 25)

토지 무르기는 임대된 땅에 대하여 임대계약을 해지하여 원래의 상태로 돌리는 것입니다. 이 무르기 조건은 토지의 임대가 실물거래가 아니고 일종의 금융거래라는 것을 알면, 이해하기 쉽습니다. 임대는 현재에 존재하는 가치를 거래한 것이 아니고, 미래에 존재할 가치를 미리 값을 매겨 팔고 산 것입니다. 그러므로 미래가치에 대한 선불임대는 임료 자체가 실물거래가 아니고 빚 거래라는 뜻입니다.

토지가 임대되어 있다는 것은 경제적 의미이고 법률적 의미로 보면 땅이 빚 담보로 잡혀 있다는 뜻입니다. 그래서 무르기에는 이런 성격이 들어 있습니다.

① 무르기는 땅을 판 자, 곧 임대자에게 우선권을 주고 있습니다. 토지는 인간의 생존과 자유의 필수재입니다. 이렇게 생존권이 걸려 있는 땅을 자유롭게 하여 사회 구성원에게 인간의 기본권을 보장해 주는 제도입니다.

② 무르기는 값을 치러 주고 합니다. 이것은 시장원리를 살린 제도입니다. 경제가 어려우면 생존권과 자유권이 걸려 있는 땅을 잡혀서라도 자금을 융통하여 쓰도록 하고 있습니다. 이것은 구약시대에 필요한 보험제도이기도 합니다. 그러나 상황이 달라지면 토지를 물러서 원 상태를 돌릴 수 있습니다. 이럴 때에도 반드시 남은 기간의 값(잔금)을 상환하고, 회복시키므로 모든 거래가 시장원리를 따르고 있습니다.

③ 무르기를 한자로 속량贖良입니다. 성경에서 문제를 해결하는 방법으로 값을 치러 문제를 해결하는 방법입니다. 값을 치르고 종을 풀어 주는 속량, 값을 치르고 땅을 자유롭게 하는 것이 토지 속량입니다.

④ 무르기의 최종 완성은 희년이 되어야 가능합니다. 값을 치르는 무르기가 스스로 할 수 없으면, 임대 기한이 종료되어 값이 자동 소멸합니다. 이때가 50년마다 돌아오는 희년禧年입니다. 희년은 히브리어 발음으로 '쥬빌리jubilee', 곧 '요벨יוֹבֵל, yobel'의 음역입니다. "요벨"은 '나팔'이라는 말이며, 희년을 선포하면서 부는 나팔을 의미합니다.

⑤ 토지 무르기 곧 토지 속량(값 치르기)을 본인이 할 수 없을 경우 친족이 대신하여 주는 것을 대속代贖이라고 합니다. 구약에서 이 제도는 형제나 친족이 해야 할 도의적 의무였습니다. 이에는 형제가 종으로 팔렸을 때 값을 대신 치러 풀어 주는 종의 속량, 가정에서 가장이나 자식 없어서 대를 이을 수 없는 경우 대를 이어 주는 계대결혼, 친족이 억울한 죽음으로 당했을 경우 형제가 억울함을 갚아 주는 피의 보수가 있습니다.

⑥ 이러한 무르기의 방법인 대속은 죄를 사하는 제사법에도 사용되었습니다. 내가 하나님 앞에 죄를 지으면 짐승이 대신 희생하여 피를 흘리면 내 죄가 사라지는 것입니다.

⑦ 이러한 무르기의 절정은 예수님이 우리 죄를 대신하여 피를 흘린 희생으로 우리가 구원을 받는 십자가의 대속입니다. 그러므로 토지 무르기와 희년은 생존의 필수재인 토지를 되찾아서 경제문제를 해결하고, 종과 빚을 사하여 자유를 보장받는 삶의 회복은 물론, 사람이 죄와 죽음에서 구원받는 십자가 사건과도 직결됩니다. 이에 대해서는 다시 언급합니다.

토지거래와 무르기는 희년의 연수를 따라야…

만일 그것을 무를 사람이 없고 자기가 부유하게 되어 무를 힘이 있으면 그 판 해를 계수하여 그 남은 값을 산 자에게 주고 자기의 소유지로 돌릴 것이니라 그러나 자기가 무를 힘이 없으면 그 판 것이 희년에 이르기까지 산 자의 손에 있다가 희년에 이르러 돌아올지니 그것이 곧 그의 기업으로 돌아갈 것이니라(레 25:26~28)

성경의 토지거래는 시한부 거래이기 때문에 시간에 연계되어 있습니다. 앞에서 본 대로 땅을 팔고 살 때는 희년까지 얻을 수 있는 열매의 연수를 따라 팔고 삽니다. 곧 미래에 토지의 경작으로 토지로부터 얻어 낼 수 있는 생산물에 값을 매겨 팔고 삽니다. 물론 팔고 사는 것은 실물이 아니고 실물의 수취를 보장하는 사용권에 대한 계약입니다.

무르기는 어떻게 해야 하나요? 무르기도 시한부 거래와 원리가 같습니다. 팔고 사는 것을 희년까지의 연수를 따르므로 이를 되사기를 하는 무르기도 역시 희년까지의 연수를 따릅니다. 희년이 많이 남아 있으면 값이 크고 희년이 가까워지면 값이 줄어들게 됩니다. 이것은 100% 시장원리입니다.

여기서 사용권의 초기가격은 원금이 됩니다. 그런데 이 원금은 시간이 지나면 값이 줄어듭니다. 그래서 만기가 되면 원금이 소멸합니다. 이것은 건물이나 기계와 같이 고정자산의 감가상각과 비슷합니다. 곧 희년법에서 토지의 사용권 가격은 인공물처럼 한시적 자산이면 시간 흐름으로 감가(감가상각)가 되고 있습니다.

그런데 희년법은 무르기를 통하여 건물과 기계에 대하여 감가상각비계산을 어떻게 해야 하는지도 알려 주고 있습니다. 이에 대해서는 뒤에 설명하겠습니다.

토지 무르기와 토지의 안식제도(안식일·안식년·희년)

레위기는 희년법 안에 토지의 경작과 거래에서 발생하는 문제를 해결하기 위하여 토지의 휴경제, 곧 토지의 안식제도를 두고 있습니다. 이것이 7일마다 돌아오는 안식일, 7년마다 돌아오는 안식년, 그리고 7안식년마다 돌아오는 희년입니다.

① 안식일

안식일은 절기를 정한 레위기 23장에서 제일 먼저 나온 규례입니다. 안식일은 레위기보다 시내산에서 율법을 받는 날, 하나님이 돌판에 새겨 준 십계명에 들어 있는데 엿새 동안 힘써 일하고 하루는 쉬도록 했습니다. 이날은 종들은 물론 일하는 가축들도 쉬게 해야 합니다.

② 안식년

희년법은 경제에서 땅을 쉬게 하는 안식년 활동부터 시작합니다. 안식년은 노동계약이 해지되어 자유의 몸이 되는 해입니다. 사람이 빚과 노동의 담보로 잡혀 있던 몸값이 사라져서 자유롭게 되는 해입니다. 안식년에는 갚지 못한 빚이 있으면 탕감을 해 주어야 합니다. 그러나 여기서 유념할 것은 안식년에도 토지를 담보로 잡힌 빚은 탕감하지 않고 그대로 있습니다. 토지거래와 빚 거래는 희년이 되어야 종결됩니다.

이 말은 안식년의 빚 탕감은 이자 금지 규례와 함께 가난한 자의 생활비에 대한 빚을 탕감해 주는 것입니다. 그러나 안식년에도 토지 거래나 담보와 같이 사업상 지게 되는 빚은 탕감의 대상이 아니라는 뜻입니다. 그 이유는 사회보장을 위한 빚과 일반 상거래나 사업상 지게 된 빚은 성격이 다르기 때문입니다. 돈을 빌려 집을 사고, 사업자금으로 썼는데도 그것을 안식년이라고 탕감을 한다면, 자본·금융거래 자체가 불가능하며 시장의 기본질서도 혼란에 빠집니다.

땅을 판(사글세 임대) 사람은 가난으로 팔았기에 생활비 조달을 위한 거래라고 해도 이를 산 사람의 입장은 희년까지 사용권을 구입하여 경자를 하고 있는 거래입니다.

③ 희년

안식년이 일곱 번 지나면 49년, 7월 10일 속량절에 희년이 돌아옵니다. 토지거래에서 계약기간이 다하여 평소에 자력이나 친족의 도움으로 토지 무르기를 못한 기업에도 토지가치로 무르기가 완성되어 기업이 돌아옵니다. 사람이 담보로 잡히고 진 빚을 땅이 스스로 산물을 내어 갚아 주었기 때문입니다. 주기도에서 말하는 "우리가 우리에게 진 빚(눅 11:4)"을 땅이 대신 갚아 주는 것입니다.

④ 안식제도의 의미

안식제도는 그 의미를 생각하게 합니다. 안식제도는 경제적 생산 활동을 멈추고 쉬게 하는 제도입니다. 안식일은 사람과 일하는 가축을 쉬게 하고, 안식년은 사람과 일하는 땅을 쉬게 하며, 희년은 모든 것을 중단하고 쉬게 하므로 자연 생태계와 생산자원의 고갈을 방지하고 보호하는 것에 의미가 있습니다. 오늘날의 환경 훼손에 따른 사회문제는 희년법이 말하는 안식제도부터 다시 보아야 합니다.

그러나 성경과 희년법은 이러한 안식제도를 통하여 이보다 더 중요한 것을 사람에게 가르쳐 주고 있습니다. 특히 안식제도는 토지의 경제활동이나 거래 방식과 결부시켜 볼 때 큰 의미를 가집니다.

첫째, 노동이나 자본투자의 생산활동이 멈춘 안식년에도 땅은 생산활동을 하고 있다는 것을 땅의 안식을 통하여 보여 줍니다. 이는 경제활동에서 노동과 자본에 편중된 우리의 잘못된 사고를 바로잡

아 주고 있습니다. 안식년에 땅의 독립적인 생산활동을 보면서 지금
의 인간 중심의 지대론(토지가치론)이 토지의 생산활동을 인정하지
않고 있음을 확인할 수 있습니다. 노동을 절대시하는 공산주의 노
동가치설[13]이나 토지를 자본의 종속물로 여기는 자본주의의 신념
이 잘못임을 알고 바로잡을 수가 있습니다.

둘째, 안식년 제도를 통하여 무르기를 쉽게 하도록 합니다. 가난
하여 잡힌 몸값과 땅값은 무르기가 있어야 회복됩니다. 그런데 본인
은 가난하여 무르기가 어렵습니다. 그래서 구약에서는 친족이 대신
하지만, 신약에서는 친족에서 이웃까지 확대하여 무르기를 대신해
주어야 합니다(마 19:21). 그러나 이 무르기는 자본거래로써 목돈이
들어가기 때문에 룻기의 아무개처럼 무르기를 꺼리게 됩니다. 그래
서 희년법은 안식제도를 두어서 일하지 않는 종과 경작하지 못하는
땅을 속량하는 경제적 환경이 경작년보다는 나아지게 됩니다. 농업
시대에 생산을 위한 가격 결정은 경작년이 좋겠지만, 몸값과 땅값을
없애 버리는 무르기는 생산을 하지 못하는 안식년이 더 유리하다는
뜻입니다.

셋째, 안식년은 노동이 없음에도 토지의 독자적인 생산활동을 보
게 됩니다. 그래서 경작년에는 무생물인 땅과 도구(자본)마저 생산
현장에서 일을 하거나 쉬고 있음을 인식하고, 가치를 인정할 수가
있습니다.

그래서 중세에 스토아학파처럼 "화폐는 무생물이므로 이자를 낳
을 수 없다."라고 하거나 공산주의자들처럼 "자본은 감가상각비만

---

13) 마르크스의 『자본론』에 따른 가치의 공식은 '재화(M) = 가변자본(V) + 불변자본(C) + 잉여가치(S)'이
며, 가변자본은 노동가치, 불변자본은 재료의 소비나 고정자산의 감가상각비를 말한다. 따라서 토
지의 지대나 자본의 이자를 인정하지 않고, 그 대신 가격(가치)과 잉여는 노동의 대가로만 보는 기
초적 오류를 범하고 있다.

자본의 몫"으로 인정하는 실수를 하지 않습니다. 또 자본주의처럼 자본만을 절대시하는 실수도 적을 것입니다. 인간의 생산활동을 멈춘 안식제도를 통하여 지대와 이자를 인정하지 않거나 인색하여 만들어진 화폐불임설, 잉여가치설, 제욕설, 시차설 등의 부끄러운 경제학설과 인간 오류를 바로잡을 수 있습니다.

안식년 안식으로 사람은 비로소 인간의 노동 투자와 자본 투자가 0의 상태에서도 생산물이 나오고 있음을, 과학적 사실과 현실적 인식을 통하여 눈으로 확인할 기회가 주어질 수 있습니다. 땅과 물질에 대한 객관적 가치 인식이 매우 둔하고, 인색한 우리 인간들에게 말입니다.

⑤ 안식제도의 신약적 성취

구약의 3대 안식제도의 신약에서도 계승되고 성취되었습니다. 희년법 안식제도는 토지와 생활경제에 중점을 두었지만, 신약에서는 이에 죄와 정신(종교)문제를 포함하며, 오히려 후자에 더 큰 비중을 두고 성취되게 됩니다. 먼저 사람과 가축이 쉬는 안식일은 토지 소산의 첫 열매를 드리는 초실절(레 23:11)에 예수님이 잠자는 자들의 첫 열매로 다시 살아서 부활절이 되었습니다(고전 15:20).

땅이 쉬고 빚과 몸값이 무르기로 속량되는 안식년은 신약에서 "주의 해(눅 4:19)"라고 할 수 있습니다. 그리고 토지 무르기가 완성되는 토지가 속량 되는 희년은 주기도에서 나타나는 우리가 우리에게 모든 빚을 사하여 땅값을 없애고 다시 발생하지 않도록 하는 상태를 말합니다. 그때는 뜻이 하늘에서 이루어지듯이 이 땅에서 이루어지는 지상천국이라고 하겠습니다.

사람은 영의 눈이 열려야 부활의 예수 그리스도를 알고 믿게 되어

죄와 죽음에서 해방이 됩니다. 그리고 이에 더하여 사람은 육의 눈도 열려야만(눅 4:18) 경제적 생존과 자유가 보장되는 땅이 보이고, 토지의 주인과 상속자가 보이기 때문입니다. 사람이 진 빚은 토지 무르기로 갚아 주듯이, 사람이 진 죄는 예수 그리스도가 십자가에서 희생과 속량으로 해결하여 주기 때문입니다. 희년법은 성경 신구약 전체로 이렇게 영과 육, 종교와 삶이 하나의 맥락으로 연결되어 있습니다.

제7장
토지 무르기와 희년

땅값 선불先拂, 다시 한번

우리는 투자나 영업을 시작할 때 이자율을 정확하게 알거나 계산할 수 있어야 하는 것은 아닙니다. 그러나 경제활동을 하는 사람은 이러한 이자나 수익이 발생하는 원리나 개념 정도는 알고서 시작을 합니다. 이처럼 우리가 토지의 거래와 사용에도 이러한 이자와 수익에 대한 가치의 흐름에 대하여 개념적 이해 정도는 먼저 해야 합니다. 그런데 우리는 땅값에 대해서만은 이러한 이자와 수익의 가치 흐름에 대해 너무 모르고 있습니다.

현재에 있는 사과 한 상자를 1만 원에 값을 매겨 팔고 사면 그것은 현재불입니다. 사과가 현재에 있는 실물이고, 지불한 가격은 현재 지불입니다. 그러나 미래에 생산될 사과 한 상자를 지금 1만 원의 값을 매겨 그 값을 팔고 사면 이것은 선불입니다. 이 거래는 거래를 한 것처럼 보이기는 하지만, 그 가격만큼 사과가 있는 것이 아닙니다. 거래에서 가격만 있고 사과는 없다는 뜻입니다. 우리가 토지거래의 가격과 가치를 이해하려면, 이 거래에 사과가 없다는 진술을 바로 알아야 합니다. 그리고 선불가격의 개념을 먼저 이해해야 합니다.

성경이 조건부로 허용한 토지거래는 현재 실물이 없습니다. 현재 생산된 열매가 아니고 미래에 희년까지 생산될 열매의 가격입니다 (레 25:15, 16) 이것은 선불가격이고, 시한부 거래입니다. 이것은 현재 가치물이 없는 신용거래이기 때문에 시한부로만 거래해야 하고, 거래한 후에도 무르기가 필요한 것입니다.

그런데 우리는 돈을 지불하고 땅을 사면, 그 거래가 돈을 주고 쌀을 사는 것과 다를 바가 없다고 생각합니다. 아니면 쌀은 소비에서 기간이 짧고, 땅은 긴 정도의 차이만 알고 있습니다. 그래서 땅은 쌀보다 수명이나 길어서 자본의 회수기간이 길지만, 건물이나 차車를 팔고 산 것이나 크게 다를 바 없을 것으로 생각합니다. 이것이 잘못된 생각입니다.

땅값은 현재 가치물이 아니고 미래 가치물입니다. 땅값은 미래에 발생할 가치물 대한 지금 시점의 청구권 가격입니다. 땅값은 시간에서 선불입니다. 그것도 영구재이므로 영구 선불입니다. 땅은 쌀을 내는 물질에 불과하고, 쌀이 아닙니다. 땅은 원래 있던 물질(재료)을 투입하여 만든 건물이나 자동차와도 다릅니다. 건물값이나 찻값은 투입한 물질과 사람의 노동력 투입에 대한 가치물 가격입니다. 그리고 지금 생산 물질의 일부(감가상각분)를 바로 쓸 수가 있습니다. 그래서 건물값이나 찻값은 현재불이고, 가치물의 거래입니다.

그러나 땅은 쌀과 같이 현재 먹을 수 있는 가치물이 아니며, 자동차와 같이 투입한 가치물도 없으며, 감가상각으로 가치가 생산물로 이전되어(재료가 소비되어) 나오는 것도 없습니다. 땅은 그냥 쌀을 내고, 자동차를 생산·사용하는 활동에 기여하고 있을 뿐, 자신은 쌀이나 자동차로 변하지 않습니다.

땅은 그냥 미래에 생산되어 나올 기대가치를 현재에 값을 매겨 그

가격을 팔고 사는 것에 불과합니다. 그것도 영구적 미래에 나올 가치를 선불가격으로 팔고 사는 것뿐입니다.

땅값 원빚, 다시 보기

남에게 돈을 주고 그에 해당하는 대가를 받지는 않았을 경우 채권이 발생합니다. 그 반대 현상에는 채무가 발생합니다. 채권과 채무는 거래 쌍방에서 한쪽은 가치를 지불했으나 다른 한쪽은 그 가격에 해당하는 가치를 받지 않았을 때 생깁니다. 이러한 채권 채무는 돈을 빌려준 경우, 집이나 차를 빌려주었을 때 생깁니다. 이것이 바로 임대차입니다.

우리가 겉보기로는 거래처럼 보이나 실상은 채권 채무만 발생하는 거래가 있습니다. 채권債券을 팔고 사는 경우입니다. 이 경우 채권債券을 산 사람은 돈을 주고 앞으로 기한이 되면 그 값을 받아 낼 수 있는 채권자債權者입니다. 물론 채권거래는 채권 채무가 발생하지만 실물에 대한 채권증서로 토지거래와 같은 선불거래와는 다릅니다.

성경이 말하는 토지의 시한부 거래나 금지한 영구거래에서 발생한 땅값은 모두 부채입니다. 그래서 땅은 팔고 사면 그 값은 빚입니다. 땅값은 그 값이 시한부 거래이든 영구기간 소유이든 그 값은 100% 선불입니다. 여기서 100%라는 말은 가치물이 현재 1원도 존재하지 않는다는 뜻입니다. 땅값은 지불한 가격은 있으나 투입한 가치도 없고, 원금이 가치물로 이전(소비)되지도 않습니다.

경제에서는 이런 거래를 신용거래라고 합니다. 신용거래는 세 가지 정도로 구분할 수 있습니다. 우선 현재의 가치물인 쌀과 돈(쌀 청구권)을 지금 빌려준 경우입니다. 이것이 전형적인 신용거래입니다. 그다음 자동차나 건물을 빌려준 경우입니다. 이것을 렌트에 해당하겠지요. 그다음에 토지와 같이 현재 가치물이 존재하지 않은 선불거래입니다. 여기에는 선금을 받은 상품권, 농작물을 수확 전에 팔아넘기는 선도거래, 토지거래 등이 있습니다.

그러나 선불거래 중 전형적인 선불이 토지입니다. 토지는 시한부이든 영구거래이든 현재 실물이 없으므로 선불거래에 해당하는 특수 물질입니다. 그런데 땅을 영구거래로 하는 경우 그 땅값은 영원히 선불 형태가 되어 버립니다. 그러면서 이 값은 경제성장을 따라 자꾸 커지는 성질을 가집니다. 선불이고 부채이기 때문에 작아지고 사라져야 할 가격이 시간이 갈수록 그대로 있거나 자꾸 커지는 것입니다. 빚이 자꾸 커진다는 것은 경제의 고질병에 속합니다.

성경이 허용한 토지의 시한부 거래는 선불이고 부채이지만, 시간이 지나면서 값이 작아져서 빚이 자동으로 갚아지고 있습니다. 그러나 희년법이 거래를 금지한 영구 땅값은 ㉠ 시간이 흘러가도 빚이 그대로 있거나 ㉡ 성장경제를 따라서 자꾸 커지기만 합니다. 그래서 땅값은 빚 중에서도 생산물이 스스로 자기 빚을 갚을 수가 없으며, ㉢ 원금도 존재하는 실물이 아니므로 빚 중의 빚, 가장 근원적인 부채의 성격을 가지므로 "원빚"으로 부른다고 했습니다.

우리가 죄를 지으면 스스로 그 죄를 없애지는 못하고, 짐승이나 예수님에게 전가시켜야만 비로소 해결이 가능합니다. 이처럼 땅값은 그런 근원적인 빚 문제를 발생시킵니다. 땅값은 선불금융으로 그 값만큼 생산된 실물도 없으며, 미래에 생산되는 실물로도 갚아 낼 수가 없습니다. 희년까지 팔고 사는 가치물은 희년까지 내는 토지생산물로 빚을 갚아 낼 수가 있습니다. 그러나 영구가격은 생산물로 자본 원금을 갚을 수가 없습니다. 처음부터 실물 없는 금융거래이면서 만기도 없기 때문입니다.

그러면서 그 값은 커지기만 하다가 땅을 매각하는 경우 그 값을 남에게 전가시켜서 적자를 간접적으로 (겨우) 보상을 받을 수밖에 없습니다. 지금 우리는 이렇게 토지가 특수성을 가진 물질이라는 것을 이 책을 통하여 조금씩 알아가는 중입니다.

땅값 원빚, 바로 알기(개념 정리)

땅은 영원히 팔리지 말라(레 25:23)

일반 빚: 현재 사회에서 존재하는 물질에 대한 빚을 말합니다. 쌀과 자동차 그리고 이에 해당하는 가치를 잡히고 빌린 것은 경제계經濟界 안에 가치물이 존재하는 빚입니다.

한시적 빚: 성경적 토지거래(사글세), 선도거래, 토지 사용권 등은 거래(채권·채무의 발생) 당시는 가치물이 없는 선불가격이므로 빚입니다. 그러나 이런 거래는 가격이 시간 흐름으로 그 원금과 이자를 보상할 수 있는 가치물이 실물 생산으로 나옵니다. 그래서 계약기간 도래하면 원금과 빚이 자동으로 소멸합니다.

영구적 빚: 성경이 금지한 토지의 영구거래에서 발생한 땅값은 영구 선불가격입니다. 이 선불가격은 시간 흐름으로 자동 소멸하지 않고 커지기만 합니다. 단, 영구연금에서 원금은 수리적으로 상대적 비율로 작아지고 이것이 무한대로 가면 원금이 0으로 수렴(접근)하

는 것뿐입니다. 그러나 수리적으로 무한대에서 가치가 실현(수렴)되기는 하지만, 무한대에서나 실현이 가능하기 때문에 현실 경제에서는 생산, 사용, 소비될 수 있는 가치물이 아닙니다.

원빚: 필자는 실물도 없고 영구적으로 존재하는 빚을 "원빚"이라고 합니다. 몸값과 시한부 토지거래는 원빚의 성격을 가지지만, 무르기로 속량이 가능한 빚입니다. 그러나 무르기가 불가능하고, 감가상각이 없는 땅값(성장 주식가격 포함)은 성장경제(성장기업 포함)에서 이 원빚(원금)은 줄어들기보다 자꾸 커지는 성질을 가집니다. 그래서 이 문제를 해결하기 위해서 시장은 특별한 조치를 해야 합니다. 원빚은 다음과 같이 요약할 수가 있습니다.

① 현재에 가격은 있으나 그 가격에 해당하는 실물(재화나 서비스)이 존재하지 않는다.

② 현재 실물이 없는 선불가격이면서 미래에도 가치로 실현, 소멸하지 않는다 (미래에 영구기간에 걸친 담보물이기 때문에 허구적 가정에 근거).

③ 실물이 없는 선불가격이 줄어들지 않고, 시간 흐름으로 자꾸 커지고 있다.

④ 실물이 없는 선불가격이며 실물의 생산으로도 보상이 되지는 않기 때문에 팔 때에 매입자에게 그 값을 전가시켜 대리 보상(매매차익)을 받는다.

⑤ 이 현상은 영구적이다(수리적 비율은 ∞에서 0에 수렴, 물리적 성질은 영구 존속함).

가치(실물)와 가격의 오해(해묵은 인간 오해, 하나만 소개하면)

우리는 생활에서 희년법을 모르고 살고 있거나 알아도 대수롭지 않게 여기고 살고 있습니다. 지금 우리는 시장에서 가격을 매겨 팔고 사는 상품 중에 현재 있는 것과 없는 것을 식별하지 못하고 살고 있습니다. 현재가치는 이자율이 필요 없이 수요공급의 원리에 따라 시장가격이 매겨집니다. 그러나 미래가치가 현재에 매겨지는 거래가격은 수요공급의 원리와는 별개로 시간가치를 고려한 이자율이 필요하고 이자율에 따라 가격이 매겨집니다. 그래서 미래가치에 대한 이자율(할인율)이 5%라고 하면 현재가치와 미래가격은 다음과 같이 매겨집니다. 그리고 시간이 서로 다르므로 한 시점의 가치와 가격은 이렇게 구분할 수 있습니다.

5%의 이자율 사회에서 현재 사과와 미래 사과의 가치 식별(유有와 무無의 구분)

〈현재 사과가 있고, 거래가격이 있는 경우〉

현재 사과 1상자 가격 = 사과 1상자 有(현재 사과 1상자가 실제로 있음)

〈현재 사과가 없고, 거래가격만 있는 경우〉

미래 사과 1상자 가격 = 미래 사과 1.05 상자/(1+0.05) ≠ 사과 1상자 無(현재 사과 1상자가 없음)

미래 사과 1상자 가격 = 미래 50년간 생산될 사과 11.4674상자/(1+0.05)^{50} ≠ 현재 사과 0

현재 사과 1상자 가치 (有) ≠ (無) 미래 사과에 대한 현재 시점의 1상자 가격

∴ 현재와 미래는 시간이 다르다. 현재가치(현재 실물) ≠ 현재가격(미래에 있을 실물)

사람들은 위의 산식에서 항등식과 부등식을 알아야 경제에서 가치와 가격의 개념 차이를 알아갈 수 있습니다. 그런데 지금은 경제의 석학들이라고 하더라도 땅값과 주식가격에 대해서는 이러한 개념 차이를 구별하지 못하고 있습니다. 땅값과 주식가격에서 발생한 미래가격이 가치로 실현되지 않는다는 사실을 모르고 있다는 뜻입니다. 이 말이 거짓말 같겠지만, 엄연한 사실입니다. 이처럼 우리는 땅값에 대하여 유有와 무無를 식별하지 못하고 살고 있습니다.

∴ 미래의 사과 1상자 가격은 현재에 가격만 있고 가치(물)는 없음

토지거래는 이자가 발생하고, 이자가 필요합니다—이자가 필요한 시장의 자본거래

이자 금지

너는 그(이웃)에게 이자를 위하여 돈을 꾸어 주지 말고 이익을 위하여 네 양식을 꾸어 주지 말라(레 25:37)

이자 발생

연수가 많으면 너는 그것의 값을 많이 매기고 연수가 적으면 너는 그것의 값을 적게 매길지니 곧 그가 소출의 다소를 따라서 네게 팔 것이라(레 25:16)

이자 허용

그러면 어찌하여 내 돈을 은행이 맡기지 아니하였느냐 그리하였으면 내가 와서

그 이자와 함께 그 돈을 찾았으리라 하고(눅 19:23)

레위기 25장 37절은 이자를 위하여 돈을 꾸어 주지 말라고 합니다. 그래서 우리는 성경이 이자를 금하는 것으로 알고 있습니다. 중세의 유럽교회는 성경의 이 구절을 따라서 이자를 금했습니다. 이러한 이자 금지법을 역이용하여 유대인들은 부자가 되고, 유럽의 금융계를 지배할 수 있었습니다. 돈을 빌려주고 받는 대신에 화폐를 바꾸어 주는 금융 수단을 개발하여 이자율 대신 환율을 적용하여 교회가 금지한 이자보다 더 큰 환차익을 챙겼습니다. 이것이 다시 환어음의 교환, 주식 매매 등으로 변하면서 지금처럼 금융거래가 변해 갑니다.

중세는 아리스토텔레스와 같은 철학자(스토아학파)도 이자를 부정했습니다. "말馬은 새끼(이자)를 낳아도 말이 끄는 마차는 새끼를 낳지 못하므로 돈을 빌려주면 원금만 받아야 한다(화폐불임설)."라고 말입니다. 이런 사상이 뒷날 마르크스가 이자는 자본가의 착취라고까지 보아 공산주의를 탄생시켰다고 볼 수 있습니다. 이슬람 국가는 아직도 이자를 금지하고 투자만 허용하고 있습니다.

그러나 이런 경제 사고는 오해입니다. 레위기 25장 37절이 말하는 이자의 금지는 가난한 자에게 구제를 위한 대여를 하면 적용되는 규례입니다. 가난한 자를 도울 때는 이자를 받을 생각을 하지 말고 돈을 빌려주고 양식도 꾸어 주라는 뜻입니다.

그러면 사업상 필요에 따라 돈을 빌리면 어떻게 해야 합니까? 농업용 도구를 빌려줄 경우를 생각해 보십시오. 이웃이 농사에 필요

한 삽이 없어서 삽을 잠깐 빌려달라고 하면 어떻게 합니까? 거절합니까? 아니면 사용료를 받고 줍니까? 이웃이 미처 삽을 사지 못했거나 부러져 사용하지 못하면 작업을 위해 잠깐 빌려 달라면 대체로 그냥(무료) 빌려줄 것입니다. 희년법에서 가난한 자에 대한 돈이나 양식의 대여는 이런 성질과 크게 다르지 않습니다. 농사용 삽을 그냥 빌려줄 수 있다면, 구제가 필요한 양식은 더 절박한 생존수단이므로 그냥 빌려주라는 뜻입니다.

그러나 삽이나 농기구를 내 것처럼 계속 사용하려고 빌린다면 이제는 문제가 달라집니다. 빌려 간 사람이 계속 사용한다면 내가 쓸수가 없어요. 또 삽이 주는 작업의 편리함과 효율성에 대한 가치는 빌린 사람이 누리고 나는 가질 수가 없습니다. 이런 경우에 삽이 작업에 사용되어 공헌한 가치는 계산해서 사용료를 받아야 합니다. 이 사용료 중에 삽의 소모분(낡아지는) 가치는 감가상각비이고, 삽의 효율성이 추가로 생산한 가치는 이자가 됩니다. 이것이 시장의 정의이고, 공평이며, 효율입니다. 여기서 삽을 사용한 대가, 곧 시간 흐름에 따른 가치를 계산하고 거래하면 이것이 이자입니다.

성경은 (땅을) 희년까지 시한부로 팔고 사게 되어 있습니다. 이때 시한부 거래는 반드시 이자 계산이 필요합니다. 예를 들어서 1년 후 또는 50년 후에 나올 사과를 지금 가격으로 값을 매겨서 일시불로 모두 주게 되면, 그것은 파는 사람이 횡재(부당이득)를 하게 됩니다. 반면에 땅을 사는 사람은 50년 후에 가서 지불할 값을 지금 모두 치른 것이 되어 손해만 봅니다. 그래서 이렇게 시간이 걸려서 거래가 종결되는 임대나 자본거래는 반드시 이자(임료 또는 사용료)를 계산해야 합니다.

물론, 이것을 팔고 사는 사람이 시장 이자율을 모두 알고, 이자

계산을 하고 거래를 하는 것은 아닙니다. 그냥 50년 후의 사과 한 상자를 지금 시점에서 서로가 흥정하여 거래가 이루어지면 거기에는 이미 시간가치인 이자 개념이 모두 들어 있다고 보아야 합니다, 현재 사과 한 상자 가격이 1만 원인데 50년 후에 나올 사과를 지금 1만 원 주고 사지는 않습니다. 이때 1만 원보다 작아져서 매겨진 값이 바로 시간가치인 이자(이자 할인료)에 해당합니다.

성경 토지법은 이자를 인정하고 있습니다. 희년까지 값을 매겨 거래하는 것은 이자가 들어 있습니다. 예수님이 달란트의 비유에서 받은 달란트는 활용하여 더 큰 수익을 남기든지 남에게 빌려주어 이자를 받으라고 가르칩니다(마 25:14~27, 눅 19:23). 다만, 가난한 자에 대한 구제금융은 이자를 금하고 있고, 궁핍한 자를 이용하여 고율의 이자를 취하는 고리채 대금업은 강하게 꾸짖고 있습니다.

이처럼 성경은 금융과 이자를 금지하는 것이 아니고, 시장기능에 따른 정상적 금융과 이자는 허용하고 있고, 이자의 성질을 가진 수익사업(이윤)은 권장을 하고 있습니다.

땅값 원빚은 토지 생산물이 대신 갚아 줍니다

> 그러나 자기가 무를 힘이 없으면 그 판 것이 희년에 이르기까지 산 자의 손에 있다가 희년에 이르러 돌아올지니 그것이 곧 그의 기업으로 돌아갈 것이니라(레 25:28)

토지 무르기는 땅이 팔려 있기 때문입니다. 곧 토지 무르기는 땅이 빚의 담보로 잡혀 있기 때문에 이 담보를 풀어 주는 데 필요한 것입니다. 내가 땅을 잡히고 빚을 내었으면 내가 그 빚을 갚으면 땅이 다시 내게로 돌아옵니다. 이것이 '1차적인 토지 무르기'입니다.

그다음 내가 그 빚을 갚을 수 없을 때 어떻게 하라고 합니까? 친족이 그 빚은 대신 갚아 주어야 합니다. 이것이 '2차 토지 무르기'입니다. 룻과 보아스는 이러한 2차적 무르기를 순종하여 큰 복을 받습니다. 룻과 보아스는 토지 무르기로 몰락한 가정을 복원하고, 다윗 왕가를 일으키며, 예수 그리스도의 족보를 잇고 있습니다.

그런데 잡혀(팔리어) 있는 땅을 1차 무르기와 2차 무르기로도 안 되는 경우는 어떻게 합니까? 성경은 이에 대해서도 말합니다. 희년까지 기다리면 잡힌 땅이 풀려난다고 합니다. 그러면 막연하게 시간만 기다리면 되는 것입니까? 내 몸이 빚 담보로 팔려(잡혀) 있을 경우를 비교하여 보십시오. 감옥살이를 하듯이 내 몸이 잡혀서 가만히 있고, 시간만 기다리면 풀려납니까?

아닙니다. 이것은 경제법이나 시장원리가 아닙니다. 잡혀 있는 내 몸이 풀려나려면 만기(안식년 또는 희년)까지 잡은 자(채권자)를 위해 일을 하고 생산물로 내어 주어야 합니다. 토지도 마찬가지입니다. 땅이 희년까지 생산물을 내어 사람이 잡혀놓은 땅값을 치러 주어야 합니다. 이것은 사람이 진 빚을 땅이 대신 갚아 주는 것입니다(레 25:28). 이것이 '3차 무르기'입니다. 이 경우 몸이 일한 것은 노동생산물이고, 땅이 생산한 것은 토지생산물입니다.

그리고 앞에서 땅은 시한부 거래이든 영구적 거래이든 그 값은 현재 생산물이 없다고 했습니다. 그래서 이 값은 부채이고 실물(생산물)이 없는 거래이기 때문에 선불거래이고 금융거래라고 했습니다. 땅값은 부채액만큼 실물은 한 푼도 존재하지 않는 비실물 금융거래이기 때문에 그 부채의 원금은 "원빚"이라고 했습니다. 이것은 사회에서도 실물이 없으므로 이 빚은 땅이 시간 흐름으로 실물가치를 생산하여 갚을 수밖에 없는 것입니다.

이 경우 사람이 진 원빚은 사람이 갚아 주는 것이 아니라 땅이 대신 갚아 주는 것입니다. 이것이 땅이 사람에게 하는 속량贖良이고, 인간이 해야 할 속량을 땅이 대신하므로 대속代贖입니다. 이것이 토지의 3차 무르기입니다. 그러므로 성경은 인간의 죄를 사해 주는 속량과 대속만이 필요한 것이 아니고, 인간의 빚도 사하여 주는 속량과 대속이 필요한 것입니다. 이것이 토지거래의 창조질서이고, 시장의 경제원리입니다. 이것이 성경이 말하는 속량의 기본원리이고, 십자가의 구원원리입니다. 그 외에 다른 방법이 없습니다.

땅값 원빚은 없애 버려야 자유가 보장됩니다

원빚은 빚 중에서도 현재 실물이 없고 미래에 나올 실물을 담보로 한 빚입니다. 쌀을 빌리면 현재 그 쌀이 실물로 존재합니다. 돈을 빌려주어도 그 돈의 크기만큼 사회에서 생산된 실물이 있는 것이 원칙입니다. 쌀과 돈의 차용은 선불이 아닙니다.

첫째, 빚 거래는 채권자에게도 실물을 빌려주었기 때문에 그 값에 해당하는 실물이 없습니다. 그래서 채권자는 실물 사용과 자금 융통에서 그만큼 쪼들리게 됩니다.

둘째, 땅을 잡히고 실물을 빌린 사람은 실물이 있지만, 궁핍한 경우라면 곧바로 소비하고 말 것입니다. 이 경우 땅은 채권자에게 잡혀 있고 경작권도 채권자에게 넘어가 있어서 땅을 사용하여 필요한 양식이나 물질을 얻을 수가 없습니다.

셋째, 사회에서 땅은 값을 치르고 빌리면 현재 그 가격에 해당하는 실물이 없습니다. 이 값은 미래에 시간이 흘러야 수익이 나옵니다. 그래서 이러한 빚을 "원빚"이라고 했습니다.

넷째, 이 원빚은 실물이 없으면서 구매력을 행사하게 됩니다. 그리고 이 값은 미래에 생산될 가치물이 담보되어 있습니다. 그런데 담보물 가치는 경제성장을 따라 자꾸 커지는 성질을 가집니다. 그래서 사회는 이에 동반된 빚이 자꾸 발생하게(커지게) 됩니다. 그리하여 경제는 땅값 불균형이 일으킨 불황, 과열, 실업, 물가상승과 하락 등을 계속하게 됩니다.

이러한 원빚은 무르기로 없애야 합니다. 실물이 없으므로 원빚이 구매력을 행사하기 전에 없애 버려야 합니다. 아니면 땅값은 처음부터 발생하지 않도록 해야 합니다. 이러한 불균형 가격은 없애 버리고 균형을 유지하도록 해 주어야 시장이 균형이 성립하고 제 기능을 할 수 있습니다.

땅값은 사라져야 희년이 옵니다

> 너는 일곱 안식년을 계수할지니 이는 칠 년이 일곱 번인즉 안식년 일곱 번 동안 곧 사십구 년이라 일곱째 달 열흘날은 속죄일이니 너는 뿔나팔 소리를 내되 전국에서 뿔나팔을 크게 불지며 너희는 오십 년째 해를 거룩하게 하여 그 땅에 있는 모든 주민을 위하여 자유를 공포하라 이 해는 너희에게 희년이니 너희는 각각 자기의 소유지로 돌아가며 각각 자기의 가족에게로 돌아갈지며(레 25:8~10)

성경에서 자유가 오는 해가 희년입니다. 이해가 49년 또는 50년마다 돌아오는 희년입니다. 희년은 속량절(속죄일)에 선포되거나 도래합니다. 그런데 이 해는 팔린 토지가 기업자에게 돌아오고, 팔린 몸이 풀려서 자유의 몸이 됩니다.

속량절에 희년이 선포된다는 것은 사람이 지은 죄부터 먼저 해결해야 한다는 뜻이 있습니다. 레위기 전체를 보더라도 죄를 속하는 제사법이 먼저 있고, 경제법은 제일 뒤편에 있습니다. 경제문제보다 인간의 본성이 악하므로 이를 정결케 해야 합니다.

속량절은 레위기 16장에서 제사장이 염소의 피를 가지고 지성소에 들어가서 백성들의 죄를 속합니다. 이때 드린 제물이 백성들의 죄를 사하면 백성들이 하나님 앞에 죄 사함을 받아서 영적인 자유를 얻게 됩니다. 이것은 종교적인 해결이고, 종교적 자유에 속합니다.

그러나 아직 몸과 땅이 풀리지 않아서 자유를 찾는 절차가 필요합니다. 그래서 희년은 우선 빚 담보로 잡혀 있던 몸값이 사라져서 몸이 자유롭게 됩니다. 이것은 신분의 자유입니다.

그다음 마지막 단계가 땅이 풀립니다. 몸이 풀려서 신분의 자유가 보장되어도 땅이 빚 담보로 묶여 있거나 남의 수중에 있으면 생존의 자유를 보장받을 수가 없습니다. 그래서 희년은 최종 수단으로 땅이 풀려서 자유롭게 됩니다. 성경은 이때 백성들에게 모두가 가족에게 돌아가라고 합니다. 비로소 희년의 목적인 자유가 완성되는 것입니다.

이처럼 희년은 영적, 종교적 자유를 시작으로 신분의 자유, 그리고 마지막으로 경제적 자유까지 모두 보장받는 때입니다. 이러한 속량은 시간적으로도 순위나 절차가 있습니다. 이를 요약하면 다음과 같습니다.

제사법: 죄를 속한다. 죄로 묶인 상태를 제물로 속(죄)한다(정신적, 종교적 자유 회복)

노동법: 몸을 속한다. 빚 담보로 잡힌 몸을 속량 또는 기한 만료로 풀린다(신체적, 정치적 자유 회복).

토지법(경제법): 땅을 속한다. 빚 담보로 잡힌 땅을 속량 또는 기한 만료로 풀린다. 희년은 토지 무르기(속량)의 마지막 순서다.

희년법과 토지에 대한 가격 오해와 경제법 오해

우리는 성경 희년법과 희년법이 말하는 토지에 대하여 너무 모르고 있고, 알아도 잘못 알고 있습니다. 그래서 부동산문제는 도무지 풀지 못하는 수수께끼로 모두가 고생하고 있고, 이 수수께끼는 사사시대처럼 각자 자기 소견대로 의견을 내고 있고, 그 강도마저 높습니다. 속담에 "머리가 둔하면 손과 발이 고생한다."라는 말이 있는데 토지문제에는 실제로 그렇다고 하여도 과언이 아닐 것입니다.

지금까지 레위기 희년법에서 나타나는 땅값과 무르기에 대하여 사람들이 가지는 가치와 가격에 대한 오해는 대체로 이러합니다. 생산한 가치물에 대한 생산 주체에 대하여 땅과 사람를 혼동하며, 시간적 가치에서 현재와 미래를, 공간적 가치에서 실현과 미실현을 착각합니다. 그리고 가치와 가격이 결정되는 원리에서 수급법칙과 자본법칙을, 자본의 가치 흐름에서 정액성, 감가성, 성장성 자본을 식별하지 못합니다. 그리고 이에 부수하여 수반되는 사무적 오류도 있습니다. 이에 대한 구체적 설명은 앞으로 할 것이며, 그 대표적인 것을 요약해 보면 [표 7-1]과 같습니다.

구분	(1)주체 혼동	(2)시간 착각			(3)공간 착각	
正	㉠ 네것(천연)	㉡ 현재가치	㉢ 한시	㉣ 현재⇒미래	㉤ 실현가치	㉥ 실물
吳	㉠ 내것(인공)	㉡ 미래가격	㉢ 영구	㉣ 현재⇐미래	㉤ 미실현가격	㉥ 금융

	(4) 시장원리 및 법칙의 착각 (물질의 성질 오해)			(5) 기록 혼동	(6) 數理 혼동	(7) 가치 혼동
正	㉦ 수급법칙 (인위적)	◎ 정액원금 [비용=수익]	㉧ 감가원금 [비용＜수익]	㉨ P/L(flow) 토지비용 기록 없음	쌀값, 車값 원금-실현 = 작아짐	㉩ 소득 (富, wealth)
吳	㉦ 자본법칙 (천연적)	◎ 성장원금 이자 [비용＞수익]	㉧ 성장원금 [비용＞수익]	㉨ B/S(stock) 토지원금변동 기록 없음	㉠ 땅값 원금-실현 ≠ 일정 또는 커짐	㉩ 허구 (數와 값만 있음)

[표 7-1] 희년법 토지에 대한 가치와 가격 오해(요약)

(※ 희년법과 토지 오해 12가지는 표로 정리하고, 어려운 내용이므로 구체적 설명은 3편에서 하겠습니다.)

그리고 [표 7-2]는 레위기 희년법이 말하는 구원과 속량에 대한 세 가지 요지이며, [표 7-3]은 레위기 희년법에 대한 인간의 경제적 오해를 전체적으로 요약·정리하고, 신약의 포도원 비유에서 나타나는 천국 경제법에 대한 오해를 함께 소개합니다.

속량의 구분과 절차	속량의 대상	속량의 방법	속량의 내용
제사법(1차)	죄를 속함	제물의 희생	영혼·정신·종교의 자유
노동법·부채법(2차)	몸값과 빚값을 속함	속량 면제 기한만료	신분·정치·인권의 자유
경제법·토지법(3차)	땅값을 속함	속량 또는 기한만료	생존·경제·복지의 자유

[표 7-2] 레위기가 말하는 구원과 세 가지 속량의 요지

땅에 대한 기본 오해		오해의 내용	오해의 결과
① 하나님의 것을 사람의 것으로		네 것 내 것의 혼동	사유재산제의 기초와 질서문란
② 단수를 복수로(earth를 land로)		땅은 항상 단수(지구는 하나)	지구를 상품으로 오해
③ 수동을 능동으로		팔려 있는 땅을 팔려는 땅으로	룻기의 그릇된 번역과 오류
④ 임대를 매매로		기간적 연계거래를 1회적 종결거래로	기간대차와 공간교환의 착각
⑤ 신용거래를 실물거래로		금융대차와 실물교환을 오해	금융과 실물의 착각
⑥ 미래가격을 현재가치로		땅값은 미래물인데 현재물로	가치에 대한 시간 착각
⑦ 미실현가격을 실현가격으로		실물 0%를, 실물 100%로 오해	가치 유무有無에 대한 착각현상
⑧ 허수가격을 실제가격으로		영구적 적자현상을 한시적 기간경과로 본전 또는 흑자로 전환한다는 오류	땅값차익을 소득물로 여김
⑨ 토지생산을 노동생산으로		땅이 생산한 가치를 인공가치로 오해	땅과 사람 간 기여도 혼동 네 것 내 것의 지분 혼동
⑩ 땅의 쉼을 사람의 쉼으로		안식년은 땅부터 먼저 쉬는 해	사람만 쉬려고 한다
⑪ 비상품을 상품으로		땅은 상품이 아니고, 상품을 생산하는 특수 물질이다.	땅은 n개 상품 중 하나일 뿐이다.
⑫ 세貰를 세稅로		지대를 토지에 대한 세금으로 오해한다	사용료와 세금을 혼동
⑬자유시장경제를 사회주의로		희년법은 100% 사유재산제이고, 자유시장경제다	희년법은 시행불가한 제도 값을 치르는 무르기를 무보상·강제적 토지분배(몰수)로 오해
예수님의 희년 풀이	씨 뿌림과 옥토의 비유(마 13:1 이하)	희년법 토지가치의 비유적 설명	사람과 땅의 경제적 기여도 무관심 또는 오해
	포도원 품꾼 비유(마 20:1 이하)	희년법 노동시장의 복음적 풀이 (몸값이 임금으로 소멸함, 반복적 무르기에서 영구적 무르기로 무르기 완성)	네 것 내 것의 혼동에서 인간의 물질 탐욕이 증대
	포도원 경작자 비유(마 21:33 이하)	희년법 토지시장의 복음적 풀이 (땅값이 지대로 소멸, 반복적 무르기에서 영구적 무르기로 무르기의 완성)	토지 소유에 강한 탐욕 임료貰 납부의 강한 거부감 표출

[표 7-3] 레위기 희년법과 천국 경제법에 일반적 오해와 착각

제3편

토지 무르기가
가르쳐 주는
경제과학

들어가기 전에

1. 희년법의 사글세 가격과 무르기는 내용이 어렵고 복잡하지만, 경제생활에서 찾아낸 진주와 같습니다.

2. 일반 독자들은 3편을 읽지 않고, 4편으로 넘어가도 됩니다.

3. 희년법의 과학성을 수리적으로 검증을 하실 분들은 3편을 읽고 내용을 이해해야 합니다.

레위기 제사법은 어렵고 재미가 없습니다

레위기는 모세오경 중에서도 가장 복잡하고, 어렵고, 재미가 없는 책에 속합니다. 레위기 앞부분에 있는 제사법을 보면 번제, 속죄제, 화목제 등 제사의 종류도 많고, 절차도 까다롭습니다. 그런데도 그 제사법 안에는 사람의 죄를 속하여 사람을 살리는 방법이 들어 있습니다. 예수님의 십자가의 원리가 그 속에 들어 있기 때문입니다. 그래서 어렵고 재미가 없지만, 레위기 제사법을 읽고 알아야 합니다.

희년법 땅값과 무르기는 더 어렵고 재미가 없습니다

이처럼 레위기 뒷부분에 나오는 희년법 땅값과 무르기 계산은 성경 경제법 중에서 가장 어렵습니다. 그러나 성경은 이렇게 어려운 무르기를 통하여 경제의 복잡한 문제를 쉽게 또 근본에서 해결하는 방법을 가르쳐줍니다.

레위기 무르기는 자본주의가 풀지 못한 시장경제의 가격 함정을 알려 주고, 그 함정에서 경제를 되살려내는 방법을 가르쳐줍니다. 무르기는 우리가 평소에 알지 못했던 자본에 대한 물리적 성질과 자본이 생산하는 가치의 실체를 보여 줍니다. 또한, 레위기 무르기는 제품의 제조원가를 비롯하여 소유자와 사용자가 임대료의 계산·징수에서 고정자산의 감가상각비 계산도 잘못이 있음을 알리고 있습니다.

희년법의 무르기는 십자가의 구원원리를 경제적으로 설명하고 있습니다

더 중요한 것은 레위기 토지 무르기가 예수 그리스도의 십자가 원리를 설명하고 있습니다. 토지 무르기는 성경의 구속사가 들어 있습니다. 오히려 기독교의 핵심인 성경의 구속사가 레위기 토지 무르기에서 왔습니다. 그러므로 토지 무르기가 어렵지만, 우리가 읽고 알아야 하고, 경제적 삶에서 순종해야 할 필수 내용입니다.

토지 무르기는 숫자로 된 가격의 결정, 연수와 복잡한 이자와 잔존가격 계산 등이 어렵고 재미가 없지만, 삶에서는 꼭 필요한 부분입니다. 더구나 우리가 평소에 알지 못했던 땅값의 수수께끼를 풀어야 하는 큰 주제이므로 어렵지만, 그 근거와 내용을 밝히고 있습니다.

◎ 독자들에게

희년법에서 무르기는 이 책에서 가장 어려운 부분입니다.

독자들은 이 부분은 어려운 내용이므로 읽지 않고 넘어갈 수도 있겠습니다. 그러나 땅값은 벌금(허구가격)이고, 지대는 선물(비용을 초과한 잉여)이 되는 것이 검증되어야 수긍을 하실 독자들은 이 부분을 반드시 읽고 참과 거짓을 구분해야 합니다. 이 사글세와 무르기 가격을 알고 있어야 예수님이 비유로 제시한 포도원 천국 경제법을 쉽게 이해하고, 수용해야 함을 인정할 수 있을 것입니다.

땅값은 허구가격이라는 것을 알아야 무르기로 값을 없애 버려야 희년이 오는 것을 알게 됩니다.

제8장
희년법이 사글세 가격과 토지 무르기의 기초

신혼살림은 사글세로 시작했습니다

저희 부부 결혼기념일은 10월 9일입니다. 1977년, 나이는 스물일곱 살, 대학 4학년 때입니다. 어느 상업고등학교에 교사로 재직하게 되면서 자취를 했었고, 경제가 어려웠습니다. 낮에는 대학생으로 공부를 해야 하고, 저녁에는 교사로 야간부(2부)에서 학생들을 가르쳤습니다. 수업을 마치면 반월당으로 가서 경산행 막차 버스를 타야만 집에 갈 수 있는데, 차가 끊겨서 애를 먹기도 했습니다. 그래서 근무지 학교와 대학이 가까운 곳으로 방을 옮겨야 했습니다. 마침 사랑하는 아내도 만났습니다. 특수학교에 실습생으로 갔다가 알게 되어 정이 들었습니다.

그래서 궁여지책으로 서둘러 결혼하고 살림을 차렸습니다. 결혼비용과 셋방 구입자금은 친구에게 빌렸습니다. 그때 제가 빌린 돈은 학비를 포함하여 70만 원입니다. 이렇게 결혼하여 처음 차린 살림 집이 사글세 단칸방이었습니다.

처음 사글셋방을 얻어서 들어갈 때는 계약기간이 1년인 줄 알았습니다. 그런데 6개월 남짓 살다 보니 집주인이 기한이 되어 간다는 것을

❶ 희년과 포도원 천국

알려 주었습니다. 사글세는 원래 계약기간이 열 달이라고 했습니다.

그런데 나중에 제가 희년법을 알고 보니 희년법의 토지거래가 임대제도였고, 그것도 제가 첫 살림으로 경험을 한 사글세였습니다. 사글세는 임대료 전액이 초기에 일시불 가격으로 거래가 되며, 시간 경과로 원금이 감가상각비처럼 줄어들어 만기가 되면 원금이 모두 소멸합니다. 제가 경험한 사글세는 10개월짜리 임대제도이지만, 성경이 말하는 희년법 토지제도는 계약기간이 희년까지입니다. 그러므로 희년법 사글세는 최장 기한이 50년입니다.

하나님은 제게 첫 살림을 사글세로 살게 한 것도 미리 뜻이 있지 않으셨나 하는 생각을 하게 됩니다. 사글세 제도인 희년법을 연구할 사람으로 미리 경험부터 해 보라고 말입니다. 또 앞에서 언급한 바와 같이 제가 10년간 셋방살이를 하면서도 집보다 아버지가 팔아 버린 임야부터 다시 사들였습니다. 그것도 아무 쓸모도 없어 보이는 가파른 돌산, 산주가 팔려는 생각도 없는데 팔라고 애걸복걸하였고, 가족들에게 원성을 들으며 구입하였다고 했습니다. 그런데 이것이 나중에 보니 성경 희년법이 말하는 기업 무르기였습니다. 이처럼 하나님은 제가 사글세와 토지 무르기가 있는 희년법을 연구할 사람이 될 줄 알고, 그런 길로 인도하신 것으로 보입니다. 이것도 제게는 큰 은혜입니다.

사글세 가격계산과 토지 무르기는
속량절(속죄일)에 합니다

토지를 무르는 날은 1년에 한 번 있는 지성소 제삿날입니다.

> 일곱째 달 열흘날은 속죄일이니 (···) 자기의 소유지로 돌아가며(레 25:9, 10)

희년법에서 땅을 팔고 사는 경우 사글세로만 해야 합니다. 사글세는 임대기간을 알아야 합니다. 성경의 토지거래는 반드시 계약기간 동안 생산될 가치를 따라 값을 매겨야 합니다. 이때 거래나 임대의 기간을 결정하는 기준연도가 희년이고, 그 기준일은 1년에 한 번 돌아오는 속량절(속죄일)입니다. 물론 토지거래는 이날 해야 한다는 뜻이 아니고, 토지거래에서 임대기간을 이날을 기준으로 해야 한다는 뜻입니다. 희년은 속량절에 선포되고 토지거래도 이날을 기준으로 가격을 산정하기 때문입니다(레 25:15, 16).

제가 '속량절'로 번역하는 단어의 성경 원어는 "욤 키푸림 יֹום הַכִּפֻּרִים" 입니다. '욤'은 '날'을 말하고 "키푸림"은 '카파르 כָּבַר' 동사의 명사형입니다. '카파르'는 '덮다', '무르다', '값을 치르다', '용서하다'인데 보통 이 단어를 '속죄하다' 정도로 이해고 번역하여 사용합니다. 그래서 기존의 성경 번역은 이날을 '속죄일'로 번역하였습니다.

그러나 '속죄일'은 1년에 한 번 있는 속죄의 행사 곧 지성소의 제삿날을 뜻하고, 경제적 의미는 잘 모르게 됩니다. "키푸림"이란 단어의 뜻을 성경 사전에서 찾아보면 값을 치른다는 뜻의 '코페르'나 '키푸르' 단어의 복수형입니다. 이것은 몸값, 속전, 보상, 속전을 뜻합니다.[14] 따라서 "욤 키푸림"은 '값을 치르는 날', '속전을 치르는 날'이 원문에 맞습니다.

물론 이날은 1년에 한 번 있는 큰 제삿날로 하나님께 백성들의 죄

---

14) "카파르kaphar"는 동사로 쓰이면 성경 주석 번호 3722a에서 '덮어 주다', '속죄하다'이고, 그 어원인 명사는 3724a "코페르kopher", 3725 "키푸르kiphur"로 몸값이나 속죄금을 뜻하므로 '속량절'이 더 정확하다.

● 희년과 포도원 천국

를 속하게 되고, 금식도 하는 날입니다. 그래서 이날을 속죄일로 부르는 것은 이해할 수 있지만, 원래 이날은 토지를 무르고, 빚을 사해야 하는 '속전일' 또는 '속량절'이 더 정확합니다. 또한, 이날은 토지거래에서 임대가격을 산정하는 거래 기준일입니다. 사글세 가격을 매길 때 속전일을 기준으로 희년까지 연수를 계수하여 값을 매깁니다. 희년도 이날 도래합니다(레 25:9). 땅을 팔고 살 때, 무르기를 할 때, 희년의 완성도 이날을 따라 하는 것입니다.

그러나 "욤 키푸림"을 '속죄일'로만 번역을 하여, 원래의 뜻을 가진 토지거래의 기준일과 토지 무르기의 날, 그리고 희년 완성일을 모르게 번역한 것은 큰 약점이라고 할 것입니다. 그래서 유대교가 종교는 속죄일의 하나님을 믿어도 경제는 바알의 토지법을 받아드리는 빌미를 주게 됩니다. 이것을 신약시대에도 마찬가지라고 볼 수 있습니다. 그리스도인들이 종교와 죄에 대해서만 알고, 경제와 값 치르기는 거의 모르며, 바알 경제법을 따른 세속적 토지제도를 시장경제의 원리로 잘못 알고 있는 것이 그렇다고 할 수 있습니다.

그러므로 "욤 키푸림"은 '속죄일'이 아니고, '속하는 날' 또는 '속량절'로 번역을 해야 합니다. 그래야만 예수님이 가르쳐 준 주기도문에서 "사함"의 대상은 성경 원문이 '죄 사함'이 아니고, "빚 사함"으로 해 놓은 이유를 알게 될 것입니다.

희년법 땅값과 무르기 계산은 어렵습니다

성경에는 기적들이 많습니다. 노아의 홍수, 홍해가 갈라진 사건, 오병이어의 기적 등 수없이 많습니다. 그러나 이런 것은 현실을 뛰어넘은 초자연적 현상이므로 과학적으로 설명할 수가 없습니다. 다만, 우리가 믿음으로 이러한 사건을 역사적 사실로 받아들이는 것입니다.

그리고 성경에는 해석이 어려운 부분이 있습니다. 미래의 일어날 사건, 그것도 상징적 언어로 써놓은 계시록은 해석은 물론 그 해석의 이해도 어렵습니다. 히브리서에 "한 번 빛을 받고 하늘의 은사를 맛보고 성령에 참여한 바 되고 하나님의 선한 말씀과 내세의 능력을 맛보고도 타락한 자들은 다시 새롭게 하여 회개하게 할 수 없나니"(히 6:4~6), 즉 '한 번 구원을 받고도 타락한 사람은 다시 회개하게 할 수 없다'라는 구절이 있습니다. 또 예수님은 "누구든지 성령을 모독하는 자는 영원히 사하심을 얻지 못하고 영원한 죄가 되느니라" (막 3:29)라고 하십니다. 이러한 성경 말씀은 해석이 어려우므로 '난해 구절'이라고 합니다.

그런데 성경 희년법은 초자연적 현상을 말하는 것도 아니고, 난해 구절도 아니고 현실에서 바로 쉽게 해석하고, 적용할 수 있는 부분입니다. 그러나 이렇게 쉬운 부분임에도 불구하고, 이 구절을 바로 알고 현실적으로 적용하기에는 어려운 부분들이 있습니다. 이것이 바로 희년법이 말하는 토지거래에서 사글세의 가격계산과 무르기의 가격계산입니다.

희년법은 땅을 팔고 살 때, 희년까지 토지가 생산할 열매의 연수와 다수(수량)를 따라 값을 매기게 되어 있습니다. 이렇게 팔린 토지는 임대기간, 곧 계약기간 중에도 무르기를 할 수 있습니다. 이때도 희년까지 남은 연수를 따라 값을 매겨서 무르기 가격을 청산해 주어야 합니다. 그러므로 땅은 살 때도 팔 때도 미래의 기간을 따라 그 가격을 계산해야 합니다.

그런데 이 가격계산은 미래에 있을 가치물을 지금 계산하는 것이

❶ 희년과 포도원 천국

므로 다음과 같은 어려움이 있습니다. 미래에 있는 ⊙ 생산량을 예측하기 어렵고, 이것을 ⓛ 현재 시점의 가격으로 환산하는 것이 어렵습니다. 그리고 ⓒ 토지는 미래의 가치가 성장하는 변액성 연금의 성질을 가지기 때문에 이렇게 변하는 변수를 적용하여 계산하기가 어렵습니다. 여기에 이것을 거래하는 당사자들 간에 이해 조정도 어렵습니다.

다르게 말하면 이 토지의 가격을 정하는 데는 미래의 가치를 계산하는 데 필요한 이자율과 성장률을 알아야 하고 그 계산법을 알아야 합니다. 이런 계산법이 어렵고 복잡합니다.

희년법 토지 사글세의 가격계산

> 만일 어떤 사람이 자기 기업된 밭 얼마를 성별하여 여호와께 드리려하면 마지기 수대로 네가 값을 정하되 보리 한 호멜지기에는 은 오십 세겔로 계산할지며
>
> (레 27:16)

성경의 토지거래에 따른 가격계산에 열매를 얻은 연수와 다소를 따라 값을 매기라고 하고 구체적 방법은 제시하지 않고 있습니다. 이것은 값을 매길 때 거래자 간의 자유로운 의사로 가격이 결정되도록 시장 자율에 맡겼다는 뜻입니다. 땅을 팔고 살 때 "서로 속이지 말라"라고 두 번씩이나 반복하여 강조하는 것으로 보아 더욱 그렇습니다(레 25:14, 17).

사글세 임대는 희년의 주기인 50년 기간 동안 채권과 채무가 서로 연계된 거래입니다. 50년 계약기간 동안 서로 무르기 요구에도 응해

야 합니다. 그래서 사글세 가격은 매길 때는 이런 무르기와 희년을 감안하여 신중하게 생각하고 가격을 정해야 합니다. 그러나 희년법은 이러한 가격은 계산하는 방법은 소개하지 않습니다.

다만, 위 본문을 보면 기업을 성전에 바치는 경우 그 가격을 정하는 방법이 소개가 되어 있습니다. 사적인 토지거래의 가격은 시장 자율에 맡기지만, 성전에 바치는 경우에는 공적인 거래이기 때문에 값을 매기고 있습니다. 이것은 지금도 사유토지를 공공목적으로 정부가 수용하는 경우에는 일정한 기준으로 값을 평가하여 가격을 정하는 것과 같은 이치입니다.

이 경우 희년까지 사글세 가격은 대상 토지에서 희년까지 수확할 생산량에 따라 값을 정합니다. 구체적으로 보리 한 호멜지기에 50세겔입니다. 한 호멜[15]은 보통 220~230ℓ인데 우리나라 단위로 치면 11~12말, 곧 1섬 조금 넘는 양입니다. 1세겔은 노동자의 4일 품삯에 해당하는 값이므로 50세겔이면 200일 품삯에 해당합니다. 그러므로 성경의 토지는 희년까지 생산될 양에 따라 겉보리 한 호멜지기당 200일 품삯에 준하는 가격입니다.

그러나 여기서 우리가 유념해야 할 것은 이 50세겔 가격이 현재 생산된 보리의 가격이 아니라는 것입니다. 이 50세겔은 미래에 50년간 생산될 보리의 수확량에 대한 현재의 평가액에 불과합니다.

우리가 거래를 하면서 현재 보리 한 호멜과 50년 후의 생산될 한 호멜은 서로 가치가 다르다는 것을 압니다. 물론 가격도 다릅니다. 그러므로 이에는 생산과 소비의 시점 차이에 대한 가격산정이 필요

---

15) 호멜은 원래 나귀 등에 실을 수 있는 곡식의 무게나 양을 나타냄. 성경에서 곡식의 수량을 세는 단위는 갑(약 일곱 홉), 스아(네 되), 오멜(1.2되), 에바(1.2말) 등이 있다.

합니다. 여기서 있어야 할 것이 바로 시간 차이에서 발생하는 가치를 조정해 주어야 하는 이자율(또는 할인율)이 있어야 합니다. 또 미래에 생산량이 증대되는 토지라면 성장하는 가치를 반영하는 성장률이 하나 더 있어야 합니다.

이처럼 토지의 거래와 가격의 산정에는 먼저 알아둘 것이 있습니다. 성경의 토지거래는 시한부 임대인 사글세입니다. 사글세는 선불로 지급한 임대료이며, 일시불로 지급한 땅값이며, 토지의 자본가격입니다. 그리고 장기 미래와 연계된 시간가치의 계산입니다. 그래서 성경 토지법과 희년법의 가격 이해에는 이자율과 성장률이 반드시 들어가야 합니다.

[표 8-1]에서 보는 복잡한 수식은 성경의 사글세 가격(땅값)은 연금현가율로, 말기에 받을 수익 총계는 연금종가율로, 그리고 해마다 무르기를 해야 할 무르기 가격은 부금률 또는 실현연금법으로 해야 함을 뜻합니다. 실현연금은 연금증가율로 계산합니다.

다시 말하면 희년법과 땅값에 대해서는 너무 모르기 때문에 이 어려운 계산법이라도 그 원리와 성질만은 알아 두어야 합니다. 인간의 역사 이래 아직도 풀지 못한 토지시장의 미스터리, 땅값 수수께끼의 비밀이 이 계산법에 들어 있기 때문입니다.

토지 무르기는 계산법이 필요합니다

땅은 미래에도 장기간 또는 영구적으로 사람이 필요한 가치물을 주는 물질이므로 이 값을 지금 결정하기가 매우 어렵습니다. 거기에 땅은 현재 매매가격도 기간계산을 해야 하고, 미래에 무르기 가격도 기간계산을 해야 합니다. 이것은 미래가치를 현재가격으로 환산하는 것과 기간이 경과한 후 가격도 알아야 하는 무르기 가격은 모두 원금과 이자를 산정하는 데 필요한 재무관리 계산기법이 필요합니다. 더구나 장기간 복리를 적용한 연금법이나 부금법 등이 필요합니다. 이런 계산식을 소개하면 [표 8-1]과 같습니다.

A: 성장연금현가율, B: 성장연금종가율, C: 부금률
(i: 이자율(할인율), g: 성장률, d: 감가율)

A = {1-(1+g)^n(1+i)$^{-n}$}/(i-g) ⇒ 정액연금 g = 0
B = {(1+i)^n-(1+g)^n}/(i-g) ⇒ 정액연금 g = 0
C = (i-g)/{1-(1+g)^n(1+i)$^{-n}$} ⇒ 정액부금 g = 0
D: 감가연금과 기금은 g가 -d로, {(1+g)^{n}는 (1-d)^n, (i-g)는 (i+d)}로 바뀜

[표 8-1] 토지의 현재가격 또는 무르기 가격계산에 필요한 계산식

[표 8-1]은 은행이나 보험회사와 같이 금융을 전담하는 기관에서 사용하는 계산식입니다. 이런 식을 이해하는 자들은 관련 학자나 금융 전문가, 기업의 재무관리를 전담하는 자들로 한정되어 있습니다. 이 말은 일반인들이 이자 계산을 하지 못한다는 뜻이 아닙니다. 경제생활에서 땅을 팔고 사고 무르기를 하는 백성들이 이처럼 난해하고 복잡한 수식을 어떻게 알고 있겠느냐는 뜻입니다. 또 수식을 아는 전문가라도 쉽게 계산하기는 어렵습니다.

그러므로 사람들이 어려운 땅값을 계산할 수 있어야 하는 것이 아니고, 이렇게 가격이 결정되고 거래는 시장원리와 성질을 이해만 하고 있으면 되는 것입니다. 우리가 은행에 장기예금을 하는 경우, 예를 들어 주택부금, 퇴직을 대비한 퇴직적립금, 노후보장을 위한 연금, 위험을 대비한 보험 등이 모두 이러한 계산법을 통하여 계산되

● 희년과 포도원 천국

고 거래(적립, 보상)가 되고 있습니다. 그래서 우리는 이런 업무를 맡은 담당자들이 계산을 해 주는 수치를 믿고 신용거래를 하고 있습니다. 곧 희년법의 토지거래와 무르기 가격도 어렵기는 하지만, 이렇게 금융거래의 시장원리를 따라 하게 되는 것을 알고만 있으면 될 것입니다.

희년법은 어려워도 알고, 지켜야 했습니다

희년법은 어려워도 성경 말씀이며, 생활의 필수 수단이므로 뜻을 알아야 합니다.

희년법은 출애굽 당시 시내산에서 모세에 의해 기록되고, 여호수아 시대에 처음 적용이 되었습니다. 지금으로부터 3,000~3,500년 전입니다. 그러면 이 당시는 이렇게 정교한 산식이 있었다기보다 레위기 27장에 보면 하나님께 서원하여 바치는 헌물의 가격 기준을 준용하여 계산했을 것으로 보입니다. 이에 따르면 면적에 따른 값을 정하되 보리 한 호멜지기 생산량에 은 50세겔의 값을 매깁니다. 그래도 이 값을 계산하기는 어려웠을 것입니다.

더구나 중간에 무르기를 하는 가격은 건물이 감가상각비처럼 경과연수를 따라 감액을 해야 하는데 이 계산은 초기 거래가격의 계산보다 더 어렵고 복잡했을 것입니다. 그래서 저는 이스라엘 백성들이 토지 무르기를 제대로 하지 못한 데에는 이렇게 가격계산이 실무적으로 어려운 것도 하나의 이유가 되지 않았을까 하는 생각을 해 보기도 합니다.

희년법의 선포나 희년법에 따른 토지거래의 생활지도는 제사장들에게 맡겨져 있었고, 실제로 토지의 임대나 무르기를 할 때 증인은 지역의 장로들이 했습니다(룻 4:9). 그런데 이럴 때 제사장과 장로들은 금융 전문가들이 아니라서 가격계산에서 어려움과 불편함을 겪었을 것으로 보입니다. 물론 토지거래가 이런 계산법을 따라 매겨지는 것은 아닙니다.

모세오경에 들어 있는 희년법은 그 당시부터 하나님의 법으로 제정되었고, 사사시대에 룻과 보아스가 이런 기업 무르기를 실제로 하는 것을 볼 수 있습니다. 그들은 어려운 법이지만, 이 법을 적용하여 지켰습니다. 그래서 생존권을 찾아서 몰락한 가정을 복원하고, 훗날에도 큰 복을 받았을 정도로 무르기는 현실 경제에서 유익한 생활법이었습니다. 또 이러한 희년법의 정당성과 합리성이 과학적으로 판명되고, 이 법을 어기고 바알법을 도입한 이스라엘 백성들은 실패한 역사가 구체적으로 드러나기 때문입니다.

그러므로 우리도 희년법이 경제 분야이기에 어렵고 재미가 없어도 인간의 생존과 자유가 걸려 있는 문제, 토지와 생활이 직결되는 문제이기에 이해가 필요합니다. 우리가 현실 경제에서 이자 계산을 잘하지 못해도 집과 땅을 사고팔고, 빌려주거나 빌리고 합니다. 복리로 계산되는 원리금의 수학적 가치 흐름을 몰라도 이러한 이자 계산법을 인정하고 은행 예금을 하면서 살면 됩니다.

다만, 희년법이 말하는 땅값과 무르기에 대해서는 우리가 모르는 것과 오해하는 것이 많으므로 이 어려운 계산법이라도 원리를 알고 있어야 한다는 뜻입니다. 다시 말하지만, 인간의 역사 이래 모르고 있는 토지시장의 수수께끼를 풀어내려면, 이 계산법이 필요하기 때문입니다. 창조질서인 토지의 물리적 성질과 과학적 원리를 수리적 계산으로 풀어야 합니다.

❶ 희년과 포도원 천국

제9장
토지 무르기의 가격계산

토지 무르기의 가격계산

> 그 희년 후의 연수를 따라서 (…) 살 것이요(레 25:15)
>
> 남은 해가 많으면 연수대로 팔린 값에서 속량하는 값을 그 사람에게 도로 주고
>
> (레 25:51)

희년법은 토지를 사글세로 매입하여 사용하고, 이때도 사글세로 임대한 경작자는 기업주나 기업주의 친족이 무르기를 요구해 오면 이에 응해야 합니다. 우리가 시장에서 부동산을 임대하면 기한이 있고, 기한 전에 해약하려면 해약조건이 있습니다. 이처럼 희년법은 그 해약조건에서 기업주는 무르기를 할 수 있는 우선권이 있습니다 (레 25:24).

희년법의 토지가격은 사글세, 곧 시한부 사용권 가격입니다. 희년법의 토지 무르기는 토지 사용권 가격을 무르기로 없애는 방법입니다. 아니면 원금이 기한(50년)의 경과로 실현된 수익 총액(연금)에 따라 잔존가격이 변하다가 희년이 되면 기한 만료로 소멸합니다. 이것은 토지의 사용권 가격이 시간 흐름으로 값이 작아지거나 소멸하므

로 건물, 기계 같은 고정자산의 감가상각과 비슷한 성질을 가집니다. 그래서 무르기 가격은 당연히 잔존가격의 산정이 주요 과제입니다. 희년법은 무르기 가격에 대하여 몸값을 예로 들어 말하고 있습니다.

> 자기 몸이 팔린 해로부터 희년까지를 그 산 자와 계산하여 (…) 남은 해가 많으면 그 연수대로 팔린 값에서 속량하는 값을 (…) 남은 해가 적으면 (…) 그 연수대로 속량하는 그 값을(레 25:50~52)

이 구절은 무르기 가격을 계산하는 경우 경작기간 50년 중 남은 연수가 많으면 지난 기간을 근거로, 남은 연수가 적으면 미래 기간을 근거로 계산을 하라는 뜻입니다. 이를 시간 가치의 계산법으로 말하면 전자는 실현가치(역사적 원가)로 계산하고, 후자는 현행가격(미래가치의 현가)으로 계산하는 것이 방법이 쉽다는 뜻으로 이해할 수 있습니다.

앞에서 본 바와 같이 토지 사용권은 금융가격이므로 시간가치인 이자율을 적용하여 계산해야 합니다. 그래서 잔존가격도 시간가치인 이자율을 적용하여 계산해야 합니다. 그렇게 해야 허용된 토지 사용권은 계약기간(최장 50년) 중간에 무르기를 하면 잔존가액을 바르게 계산할 수 있습니다. 만약에 그렇게 하지 않으면, 토지 무르기를 하면 임대자와 임차자 간에 잔존가격이 잘못 계산되어 불합리한 거래가 되어 버립니다.

그러므로 매각자(임대자)나 매입자(임차자)가 다른 경우 사용권의 잔존가격은 이자율로 계산한 실현된 가격이어야 합니다. 이는 원금과 고정자산의 가치 감소에 따른 잔존가격은 감채기금법(상환기금법)

이나 실현된 연금계산법으로 계산을 해야 한다는 뜻입니다. 그리고 성장자본은 한시가격이라도 원금이 성장하는 성질 때문에 초반기는 잔존가격이 커지다가 후반기에 가서야 작아지고 만기에는 소멸합니다. 그래서 성장연금의 경우 잔존가격은 자본의 이런 성질을 따라서 실현된 성장연금을 차감하는 계산법을 따라서 해야 합니다.

정기예금의 가치 흐름부터
(원금이 일정한 정액자본의 원금과 연금)

희년법 무르기 가격을 이해하기 위하여 원금이 일정한 정기예금의 경우를 먼저 살펴보겠습니다. 자본의 가치 흐름에서 원금이 변하지 않는 정액연금은 계산이 비교적 간단합니다. 예를 들어서 5%의 이자율에서 초기원금 1원의 1년 후 이자는 얼마입니까? 이자는 0.05(1×0.05)원입니다.

그러면 20년이면 원금과 이자가 모두 얼마입니까? 이런 경우는 '1 + 0.05'를 20번 곱한 것과 같습니다. 그래서 20년간 1원에 대한 가치 흐름, 곧 1원의 20년 원리금은 다음과 같습니다. 원리금이란 예금한 금액의 원금과 복리이자를 합한 총액입니다. 그리고 연금이란 원리금 중에 원금을 제외한 금액으로 매년 계산되는 이자나 수익을 복리로 계산한 총액을 말합니다.

원리금: 2.6533 = 1×2.6533(20년 종가율)

실현연금: 1.6533 = 1×0.05×33.0660(20년 정액연금 종가율)

잔존가격: 1원 = 원리금 2.6533 - 실현연금 1.6533 = 초기원금 1원

앞 계산 예에서 정액성 자본은 원금이 일정하므로 20년 말기에도 1원이 맞고, 원리금과 실현된 연금수익과의 차액도 1원입니다. 이 계산은 만기에 가서 초기원금 1원과 기간이자 총액을 합하여 돌려받는 은행 예금과 같습니다. 이웃에게 쌀 1말을 빌려주고, 20년 후 그 원금 쌀 1말에 이자를 더하여 받는 것과 같은 시장원리입니다.

그러나 땅값과 무르기 가격계산은 은행 예금과 다릅니다. 토지의 가격은 현재의 쌀이 아니고, 미래에 생산될 쌀에 대한 청구권으로 미리 지급하는 선불가격입니다. 그리고 회년법에서 사용권 가격은 원금이 50년[16)간 모두 소멸하고 0이 되는 사글세 임대가격입니다. 그래서 무르기는 토지에서 발생한 실물 없는 부채이며, 선불 된 부채이므로 부채 중에도 가장 먼저 없애 버려야 하는 '빚 값기'의 과정이고 절차입니다. 그래서 회년법 사글세는 만기에 실물 없는 원금이 반드시 0이 되어 소멸하게 됩니다.

그런데 은행 예금은 만기에 원금이 남아 있습니다. 토지 무르기 가격은 만기에 원금이 사라지므로 무르기 가격은 매년 줄거나 달라져야 합니다. 그러므로 무르기 가격을 계산하려면 매년 가격이 변하는 변액성 원금을 계산하는 방법이 필요하고, 이 계산법이나 원리를 추가로 알고 있어야 합니다. 곧 무르기 가격은 원금과 이자를 동시에 갚는 부금법(원금상환법)이 되는 것을 알 수 있습니다.

---

16) 회년 주기 50년 중 7년마다 돌아오는 안식년은 7회다. 안식년은 토지경작이 금지되므로 50년간 실제 경작년은 42년(49년 - 7년, 50년 - 8년)이다. 그러나 여기서는 계산과 이해의 편의를 위해 50년으로 가정한다.

정액성 자본의 사글세 무르기 가격계산

사글세는 시간 흐름으로 원금이 감소합니다. 위 계산에서 20년간 토지를 사용했으면 원금도 그만큼 작아져야 합니다. 그런데 정액성 자본의 원금은 잔존가격이 말기에도 초기원금 1원의 크기로 그대로 남아 있습니다. 그러므로 원금이 작아지는 사글세를 원금이 일정한 정액 예금처럼 거래하면, 20년 후 무르기로 값을 치르는 사람(기업주 또는 임대인)은 큰 손해를 보고, 값을 받는 사람(임차인)은 그만큼 부당이득을 보게 됩니다.

[초기가격 1원 = 20년 말 잔존가격 1원] > [초기가격 1원 - 20년간 원금 감소액 차감]

실물대여, 은행 예금, 전세금은 대차에서 만기에 원금도 갚고 이자도 갚아야 합니다. 그러나 사글세는 만기에 원금이 소멸하고 돌려줄 의무가 없습니다. 다시 말하면 사글세 자본가격은 같은 기간수익을 내는 것이라도 만기에 원금이 없으므로, 말기 원금을 현재 시점으로 할인한 가격만큼 현재 원금의 크기를 낮추어 구입하게(빌리게) 됩니다{i: 5%, 초기가격 P_0 = 말기가격 $P_n/(1+0.05)^n$}.

그래서 사글세 가격은 평소에는 정기예금과 같은 수익력을 가진 자본가격이라도 만기 원금을 현재에 할인한 가격만큼 값을 작게(낮게) 구입(임대)하여 사용하게 됩니다. 그러므로 사용에서는 발생하는 임대료나 상환액은 그 할인한 가격의 이자만큼 높게 나오고, 이 높은 금액이 원금을 자동적으로 상환하게 되는 것입니다. 그래서 만기에 원금 부담(상환)이 없는 자본가격은 초기원금에 대한 상환액 크

기를 매년 이자액보다 별도로 추가 부담을 해야 합니다. 이것이 원금에 대한 부금액의 크기입니다

이러한 원금과 이자의 계산법은 원금이 감가하는 감가상각 자산도 원리가 같습니다. 감가상각성 자산도 초기원금은 만기에 상각될 원금의 현재가치만큼 낮추어 사게 되고, 그 원금은 이자보다 높은 수익이 나서 원금의 감가상각비를 부담(또는 원금 충당)하게 됩니다. 그래서 사글세와 감가상각성 자산은 수익이 이자보다 크고, 이자보다 큰 금액은 원금을 만기에 지급하지 않고, 미리 지급하거나 상환(상각)하는 크기입니다.

감채기금법(부금법)에 따른 무르기 가격계산

자본가격은 원금이 시간 흐름으로 가치가 소모하거나(작아지거나) 실현되는 것은 감가상각이 필요합니다. 원금이 감소하는 자본은 기계와 같은 고정자산의 감가상각비 계산처럼 같은 계산법을 사용해야 합니다. 곧 원금이 소멸하는 감채기금법 또는 실현된 연금계산법을 말합니다.

그런데 앞에서 본 바와 같이 은행 예금이나 실물대여는 원금이 초기, 중기, 말기까지 변하지 않고 일정하므로 수익이 매년 일정한 정액성 연금은 어느 방법으로 하든 차이가 없습니다. 정액연금은 수익이 일정하므로 실현된 금액도 일정합니다.

그러나 사글세는 원금 자체가 줄어들기 때문에 수익이 정액성 연금이라도 기존의 고정자산 감가상각법인 정액법이나 정률법으로 하게 되면 중간에 무르기 가격이 실제 실현가치와 다르게 계산됩니다.

그래서 불합리한 가격 거래가 되어 소유자(임대자)와 사용자(임차자) 간에 이해득실이 발생합니다. 기한이 50년이고 이자율이 5%이면 초기원금 1원에 대한 만기의 원리금과 연금종가액은 이렇게 계산됩니다. 편의상 식은 원 단위를 생략합니다.

원리금: 11.4674 = 1×11.4674(50년 원금종가율)

* 원금종가율: $(1 + 0.05)^{50}$ = 11.4674

50년 연금종가율: 209.3480(50년 연금종가율)

* 연금종가율: $\{(1 + 0.05)^{50} - 1\}/0.05$

연금종가: 원금×이자율×연금종가율 = 10.4674 = 1×0.05×209.3480

원리금 11.4674 = 50년 사글세 무르기 가격

이자율만으로 계산된 연금종가 = 10.4674

무르기 가격차이 = 초기 원금 1 = 원리금 11.4674 - 정액연금총액 10.4674

∴ 원금 1에 대한 무르기 가격계산이 누락됨

* 5% 이자율: 50년 원금종가율 11.4674, 연금종가율 209.3480

** 원금의 종가와 연금종가에 대한 용어 차이와 계산상의 혼동 유의

위 식에서 원리금(원금종가율)과 연금총액(연금종가율)은 원금만큼(1의 크기) 가격 차이가 발생합니다. 그러므로 원금이 작아지는(상환되는) 가치 소모액은 감채기금이나 실현된 연금으로 차감을 해야 합니다. 이것은 원금에 대한 만기까지의 감채기금 또는 부금률로 계산해야 함을 알 수가 있습니다.

사글세 가격, 곧 사글세 원금에 대한 기간 경과에 따라는 원금과 이자를 포함한 원리금 전액을 상환하는 계산법을 부금법(원리금상환

법)이라 하고, 원금 상환만 계산하면 감채기금법[17]이라고 합니다. 이 방법은 원금 부채에 대하여 만기나 중도 해약 등에서 원리금 전액을 연금(적립금)으로 정산하는 경우에 사용됩니다. 그러므로 원금에 대한 매년 적립할 부금액(률)을 계산해야 합니다. 그 계산법은 만기 원리금 총액을 같은 기간의 이자 총액을 계산하는 방법인 연금종가율로 계산하면 됩니다.

예를 들어서 일정 금액을 매년 적립할 경우 만기의 적립금 총액이 연금종가(율)이므로 원리금 총액을 이 금액 비율(연금종가율)로 나누면 됩니다. 이것이 원금과 이자를 모두 보상을 하는 부금률 또는 원금만 보상하는 감채기금률이 됩니다.

연도별 부금률 = 원금종가율/연금종가율

연도별 원금상환율(감채기금률) = 이자율/연금종가, 원금/연금종가율, 부금률 -

이자율

이 방법을 이용하여 50년 말 무르기 가격 총액을 계산하면 다음과 같습니다.

원리금: 11.4674 = 1×11.4674(50년 원금종가율)

* 원금종가율: $(1 + 0.05)^{50}$

50년 연금종가율: 209.3480(50년 연금종가율)

* 연금종가율: $\{(1 + 0.05)^{50} - 1\}/0.05$

---

17) 감채기금법減債基金法은 감가상각법의 하나로 매년의 상각액을 정기예금에 투자하며 복리로 운용한다는 조건에서 그 원리금 합계액과 감가 총액이 같아지도록 매년 일정액을 감가하는 방법이다.

50년 원금부금률 = 11.4674/209.3480 = 0.0548

원금상환율 = 0.0048 = 1/209.348(50년 연금종가율) or 0.05/{(1 + 0.05)^{50} − 1}

이자율 0.05 = 부금률 0.0548 − 원금상환율 0.0048

50년 실현연금종가: 연부금×이자율×연금종가율 = 11.4674 = 1×0.0548×

209.3480

원리금 11.4674 = 50년 사글세 무르기 가격 연금종가

　실현연금법이란 원금에 대한 수익이나 이자의 총액을 말하므로 매년 발생할 수익의 복리이자 총액인 연금종가를 말합니다. 그런데 정액성 자본이면 부금액(정액부금) 총액과 실현연금 총액은 크기가 항상 같습니다.

　그러나 수익이 매년 변하는 변액연금은 정액부금(률)으로 맞지 않습니다. 그러므로 원금과 수익이 변하는 성질을 가진 감가성 자본이나 성장성 자본은 정액연금으로 실현가치를 계산할 수가 없습니다. 따라서 변액연금은 실현된 가치를 감가연금이나 성장연금 계산법을 따라 잔존가격을 산정해야 합니다.

　희년법의 무르기 가격은 노동력과 토지에서 생산되는 실현가치입니다. 그러나 우리가 일반적으로 알고 있는 감채기금법은 은행의 정기예금이나 채권과 같은 정액연금만을 생각하므로 실현연금법이 감채기금과 다른 점을 미리 알고 있어야 합니다.

　위 계산법을 따라서 20년 후 무르기 가격인 잔존가격을 부금률로 계산하면 다음과 같습니다.

원리금: 2.6533 = 1×2.6533(20년 종가율)

실현연금: 1.8120 = 1×0.0548(부금률)×33.0660(20년 정액연금 종가율)

잔존가격: ㉠ 0.8413 = 20년 원리금 2.6533 - 20년 실현연금 1.8120

㉡ 0.8413 = 1 - (0.0548-이자율 0.05)×33.0660

㉢ 0.8413 = 1×0.0548×15.3724(30년 연금현가율)

㉠:실현연금법 ㉡: 감채기금법(부금률 계산법) ㉢: 연금현가법

위 계산은 수익이 일정한 금액이므로 실현연금법이나 감채기금법, 연금현가법이 모두 일치합니다. 그러나 수익이 매년 변하는 연금은 수익이 일정한 정액성 자본의 원금에 적용하는 정액성 감채기금법으로도 맞지 않음에 유의해야 합니다. 곧 성경의 토지 무르기는 궁극적으로 실현연금법(원리금 - 실현연금총액)으로 하거나 연금현가법으로 해야 함을 알 수 있습니다.

희년법에서 무르기 가격은 잔존기간(남은 햇수)이 길면 지나간(팔린) 시간을 근거한 ㉠실현가치법, 곧 연금종가법으로 하고 잔존기간이 짧으면 ㉢미래가격, 곧 연금현가법으로 계산하라는 것으로 해석할 수 있을 것입니다(레 25:52, 53). 무르기 가격계산을 전체 계약기간 50년 중 짧은 기간을 택하여 계산하는 것이 편리하다는 뜻입니다. 성경은 이렇게 무르기 방법마저 합리성을 갖추고 있다고 하겠습니다.

감가성 자본(자산)의 사글세 무르기 가격계산

일반 임대시장에서 고정자산의 임대차는 임대료만 있고 자본가격이 거래는 없으므로 중도 해약 때 잔존가격을 계산할 필요가 없습니다. 해지의 경우 임대료만 정산하면, 고정자산은 별도 정산이 필

요 없고 주인에게 자본 실물을 그대로 돌려주면 됩니다.

그러나 몸값이나 땅값은 자본가격이 매겨져 있으므로 계약의 중간 해지에는 원금의 잔존가격을 산정해야 합니다. 희년법 무르기 가격은 원금이 소멸하는 사글세이므로 고정자산이 감가하는 것과 성질이 유사합니다. 그러나 무르기 가격을 기존의 감가상각법인 정액법이나 정률법으로 잔존가격을 계산하면 소유자(기업주, 임대자, 무를자)가 부당이득을 보게 되고, 사용자(임차자)가 손해를 보게 됩니다.

감가성 자본에서 감채기금률(원금상환율)과 부금률(원리금상환율)에 따른 사글세와 정액법과 정률법에 따른 고정자산의 연도별 잔존가격 차이를 비교하면 [그림 9-1]과 같습니다(내용 연수는 50년).

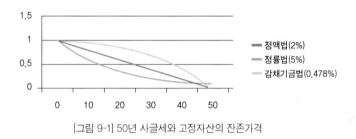

[그림 9-1] 50년 사글세와 고정자산의 잔존가격

그래서 사글세 자본의 무르기 가격을 제대로 이해고 정확한 계산을 하면, 우리가 일반 임대시장에서의 감가상각비 부담액도 바르게 계산하여 징수할 수가 있습니다. 수익이 일정한 정액성 자본에서 감가상각에 따른 20년 후 잔존가격, 곧 무르기 가격은 다음과 같습니다. 감가상각에서 정액은 연 2%, 정률법은 5%를 가정합니다.

잔존가격: ⓒ 0.8413 = 1×0.0548×15.3724(50년-20년 = 30년 연금현가율)

ⓓ 0.6000 = 1 - (0.02×20년) ⇒ 정액법, 50년 상각률 연 2% 가정

ⓜ 0.3585 = (1 - 0.05)^{20} ⇒ 정률법, 50년 정률 연 5% 가정

* ⓒ: 연금현가법　ⓔ: 정액법　ⓜ: 정률법

　그런데 20년 후 무르기 가격을 정액법으로 계산하면 잔존가격은 0.6원이고, 정률법으로 계산하면 0.3585원으로 두 가지 방법 모두 실제 잔존가격 0.8413원과는 큰 차이가 납니다. 이렇게 하면 전통적 감가상각 방법은 잔존가격이 실제보다 작아서 임대인(기업주)은 부당이득을 보게 되고, 무르기에 임하는 임차인(사용자)은 그만큼 손실을 보게 됩니다. 20년 말 무르기 잔존가격은 원래 0.8413원인데 정액법으로 하면 0.6원, 정률법은 0.3585원만 임차인에게 지급하게 되므로 그 차액만큼 부당한 거래가 되는 것입니다.

　따라서 원금과 수익이 일정한 정액성 자본(자산)이라도 무르기 가격계산은 전통적인 감가상각비 방법(정액법, 정률법, 기타 방법 등)으로 계산하면 잘못입니다. 이런 경우 감채기금법 또는 정액 부금률로 계산을 해야 합니다.

　그리고 원금이 변하는 감가성 자본의 잔존가격은 원금과 수익의 가치 실현 성질을 따라 실현 연금법으로 계산을 해야 합니다. 감가성 자본에서 20년 후 가치 변화는 다음과 같습니다. 식이 복잡하고 어렵게 보이지만, 무르기 가격계산은 우리가 알고 있는 감가상각비의 이해와는 다르다는 것을 알아야 합니다.

　그래서 아래와 같은 계산의 예시를 하고 있습니다. 독자들은 수식이 어렵고 재미가 없으면 그냥 넘어가도 되겠습니다. 그러나 학자나 전문가, 그리고 일반인들이라도 땅값의 무지를 깨기 위해 정밀한 이해가 필요한 분들은 어려워도 이 식의 원리를 반드시 알아야 할 것입니다.

원리금: 2.6533 = 1×2.6533(20년 종가율)

실현연금: 2.2948 = 1×(0.05+0.05)×22.9480(20년 감가연금종가율)

잔존가격: ㉠ 0.3585 = 20년 원리금 2.6533 - 20년 감가연금종가율 2.2948

㉡ 0.8413 = 1 - (부금률 0.0548 - 이자율 0.05)×33.0660(20년 정액연

금종가율)

㉢ 0.3585 = 0.3585×0.1(상각률+이자율)×1/(0.05+0.05)[18]

㉣ 0.6000 = 1 - (0.02×20년) ⇒ 정액법, 50년 상각률 연 2%

㉤ 0.3585 = $(1-0.05)^{20}$ ⇒ 정률법, 50년 정률 연 5%

* ㉠: 실현연금법(감가연금종가)　㉡: 원리금상환법(부금률 계산법)

㉢: 감가연금현가법　　　㉣: 정액법　　　㉤: 정률법

　감가성 자본은 원금이 감가하면서 연금으로 실현되어 같은 기간에 감가연금 2.9848은 부금액의 정액연금 1.8120보다 0.4828원(0.4828 = 2.2948 - 1.8120) 수익이 큽니다(1.8120 = 0.0548×33.0660). 감가성 자본은 원금의 잔존가격도 부금 잔액보다 같은 금액의 크기가 작습니다(0.4828 = 0.8413 - 0.3585). 감가성 자본에서 실현된 감가연금으로 계산한 잔존가격(미실현가격)은 0.3585원입니다. 그러나 정액법으로 계산한 잔존가격은 0.6원이며, 정액연금 부금률로 계산한 잔존가격은 0.8413원으로 두 방법 모두 실제 실현된 연금에서 계산한 잔액과는 차이가 납니다. 곧 감가성 자본의 사글세 무르기 가격은 실현된 가치로만 계산해야 함을 확인할 수가 있습니다.

18)　1/(0.05+0.05) = 감가연금현가율

성장성 자본의 사글세 무르기 가격계산

땅은 성장성 자본이 성질을 가집니다. 땅은 영구재이고, 경제성장을 따라 큰 생산물을 내는 특수 물질이기 때문입니다. 그래서 성장성 자본은 시한부 가격이라도 매년 수익이 커지는 성질을 따라 자본가격도 커집니다. 그러다가 만기가 가까워지는 후반기부터 비로소 잔존가격이 줄어듭니다.

그러므로 성장성 자본은 무르기 가격을 정액성 감채기금법으로 계산하면 자본가격(원금)이 초반부터 작아지므로 무르기 잔존가격이 실제 가치보다 작아서 사용자나 임차자가 손실을 보게 되고, 소유자나 임대자는 부당이득을 보게 됩니다.

그래서 이런 성질의 무르기 가격도 감가성 자본과 같이 실현된 가치로 계산을 해야 합니다. 곧 초기원금에 기간별 이자를 감안한 원리금 총액을 총비용으로 하고, 같은 기간별로 실현된 연금총액을 차감하여 실현되지 않은 수익을 무르기 가격으로 계산해야 합니다.

성장성 자본가격 1원은 원금과 수익이 매년 3%씩 커진다면 5%의 이자율에서 20년 후 원리금과 수익은 이렇게 계산됩니다.

원리금: 2.6533 = 1×2.6533(20년 정액원금종가율)

실현연금: 0.8472 = 1×(0.05 - 0.03)×42.3593(20년 3% 성장연금종가율)

잔존가격: 1.8061 = 20년 원리금 2.6533 - 20년 실현연금 0.8472

잔존가격: 1.8061 = 1×1.8061(20년 3% 성장원금종가율)

잔존가격: 1.8061 = 1.8061×(0.05 - 0.03)×50.0000(영구연금현가율)

* [초기 잔존가액 1원 < 20년 후 잔존가액 1.8061원]

위 계산 사례를 보면 성장성 자본은 20년 후에도 원금이 커지고 있습니다. 초기원금이 1원인데 성장성 자본은 20년 후 잔존가격은 1.8061원으로 0.8061원이 커져 있습니다. 곧 성장성 자본의 무르기 가격은 전통적인 감가상각 방법으로 되지 않지만, 정액성 자본에서 사용할 수 있는 감채기금법 또는 부금법과도 큰 차이가 나서 맞지 않음을 알 수가 있습니다.

그러므로 성장성 자본의 무르기 가격은 반드시 원금의 총비용인 원리금 합계와 이에 대응하는 실현된 수익연금의 총액(연금종가)을 비교하여 계산해야 합니다. 이러한 방법과 원리는 감가성 자본도 같습니다.

성장성 자본의 무르기 가격 = 연도별 사글세 가격 원리금 - 사글세 성장수익의

연금총액

감가성 자본의 무르기 가격 = 연도별 사글세 가격 원리금 - 사글세 감가수익의

연금총액

제10장
토지 무르기에서 발견된
감가상각비의 계산 오류

임대료의 감가상각비는 무르기 계산법으로 해야 합니다

토지 무르기 가격은 자본의 사용기간 중에 계산되는 잔존가격입니다. 따라서 무르기 가격 산정법은 사용기간에 따라 계산되는 감가상각의 방법과 계산 원리가 같습니다.

첫째, 소유자와 사용자가 같은 경우 고정자산은 기존의 방법을 따라 계산해도 문제가 없습니다. 그것은 자본의 원금은 미래에 감가될 감가상각비가 모두 반영되어 있고, 그 값이 감가상각을 통하여 자동으로 회수되고 있기 때문입니다. 감가상각비로 충당된 적립금이 추가로 이자수익을 내어서 매년 감가로 생산성(효율)이 떨어진 자산가치의 크기를 자동으로 보충하여 줍니다. 그래서 내용연수 전체로 원리금 총액과 수익연금 총액은 같아지기 때문입니다. 그러나 초기에는 제품의 제조원가에 미치는 감가상각비는 충당금 이자만큼 과대계산이 됩니다. 기업은 비밀적립금이 생깁니다.

감가자본 원리금 = 감가연금 + 잔존가액(0에 접근)

감가자본 원리금 = (정액연금 = 이자연금 + 감가상각비 연금 = 원금) + 잔존가액(0에 접근)

감가연금 = 정액연금 + 감가상각비 연금(잔존가액 0)

 * 정액연금과 잔존가액은 매년 줄어들고(감가), 그 크기만큼 감가상각비 연금이

   커져서 자동 보충·상쇄됨

둘째, 소유자와 사용자가 다른 경우 기존의 건물과 기계와 고정자산의 감가상각 방법을 적용하여 임대료에 부과 징수하는 것은 큰 문제가 있습니다.

① 매년 원금에서 이자율을 적용한 임대료를 받고, 여기에 감가상각비를 추가 징수하는 경우에는 감가된 가치만큼 임대료를 낮추지 않아서 감가상각비의 과대계산과 부당한 징수를 하게 됩니다. 임대용 고정자산의 경우 감가상각 방법을 해당 자산의 내용연수만을 근거로 정액법으로 하고 있는데 이때 임대료에 추가된 감가상각비는 과대계산이 됩니다.

초기원금 1원인 고정자산의 내용연수를 50년으로 보면 상각률은 2%입니다. 이자율이 5%이므로 이 경우 감가상각비를 추가한 총임대료는 원금의 7%입니다. 20년 후 가치 흐름은 다음과 같습니다.

   원리금: 11.4674원 = 1×11.4674(50년 종가율)

   임대수익: 14.6544원 = 1×0.07×209.348(50년 정액연금종가율)

   감가상각초과액: 3.1870원 = 14.6544 - 11.4674

이렇게 임대료에 추가된 감가상각비가 큰 이유는 감가상각비를 임대료에 추가하면 그만큼 매년 감소한 원금의 이자도 줄어

가야 하지만 그렇게 하지 않았기 때문입니다. 그러므로 이런 경우 감가상각비와 잔존가격의 계산은 원금에 대한 정액부금률로 계산을 차여 징수를 해야 합니다

② 정액법이 아니고 정률법, 또는 이와 유사한 방법(급수법, 생산량 비례법)으로 하고 있는데 이 방법은 실제 감가상각비를 임대료에 추가 징수하되 역시 같은 비율만큼 임대료를 매년 낮추어 가야 합니다. 이 말은 임대료에 이자(이자율)와 감가상각비(정률)가 포함된 감가연금종가율을 적용하여 계산해야 합니다. 감가상각이 되는 자본 원금은 그만큼 생산 효율이 떨어지므로 적용하는 수익도 줄여가야 합니다.

위의 예에서 정률을 5%로 하여 감가연금종가율로 계산을 하면 다음과 같습니다.

원리금: 11.4674원 = 1×11.4674원(50년 종가율)

임대수익: 11.4674원 = 1×0.1×113.9050(50년 감가연금종가율) + 잔존가
격 0.0769

임대수익: 11.4674원 = 1×*0.05478×209.3480(50년 정액연금종가율) ⇒
잔존가격 0

감가상각초과액: 0원, *0.05478 = 이자율 5% 50년 부금률$\{i/1 - (1+i)^{-n}\}$

그러므로 매년 기업자(임대인)와 사용자(임차인)가 다른 경우 정액성 자본의 감가는 정액법이 아닌 감채기금법으로 하거나 실현된 가치인 실현연금법으로 해야 합니다. 그리고 감가성 자본은 매면 연금수익이 줄어드는 감가연금법으로 해야 합니다. 감

채기금법은 원금을 이자율로 상환하는 방법이라 원금상각률이 이자율로 계산되어 과대계산이 되지 않고, 정확하며, 만기 잔존가격도 0으로 소멸하기 때문입니다.

③ 그러나 이렇게 하지 않고 원금에 대한 정액 이자율로 임대료를 책정하고 이에 다시 감가상각비도 일정액을 계속 징수하면, 과대계산과 부당한 임대료를 징수하게 됩니다. 그래서 징수한 감가상각비 적립금 총액은 초기원금을 초과하는 금액만큼 부당이득을 보게 됩니다. 만기에 잔존가액을 0으로 보면 감가상각비 초과이득은 다음과 같습니다.

소유자 원리금 총액 = 정액연금총액 + 초기원금 ⇒ 정액자본 임대의 경우

소유자 초과이득 = 감가연금 - 원리금 총액 ⇒ 감가연금 = 정액연금 +
감가상각비연금

소유자 초과이득(부당이득) = [정액임대료 연금 + 감가상각비 연금] - 원
리금 총액

소유자 초과이득 = 감가상각비 연금총액 - 기초원금

* 초과이득은 정액연금과 잔존가액이 매년 줄어드는데(감가), 임대료와
감가상각비는 낮추지 않을 경우

④ 물론 소유자가 감가상각이 되는 만큼 매년 임대료나 감가상각비를 낮춘다면 이런 문제는 발생하지 않습니다. 그러나 대부분 임대료나 감가상각비는 관습을 따라 초기원금에 기초하여 임대료를 받고 있다고 보면, 이런 부당이득은 사회 전체로 상당한 크기가 될 것으로 보입니다. 시장에서 결정되는 임대료는

이러한 성질이 모두 반영되어 있다고 보아야 하겠지만, 시장이 소유자 우위의 입장이라고 보면 이렇게 부당징수가 되고 있습니다. 특히 주택을 공공임대로 하는 경우 임대료와 감가상각비는 대부분 이렇게 부당한 징수가 되고 있다고 보아야 합니다.

기존의 감가상각비? 원금의 4~5배 과대계산

소유자와 사용자가 다른 경우에 초기원금에 대한 임대료에서 감가상각비를 추가로 징수하면 부당한 임대료 징수가 됩니다. 1억 원 건물의 내용연수가 50년인 경우 정액법(2%)이나 정률법(5%)으로 하면, 이자율이 5%일 경우 50년 후 감가상각 총액은 원금의 4~5배 또는 원리금 총액보다도 약 28%에서 40%가 될 만큼 과대계산이 됩니다. 원래 감가상각은 취득원가인 자산 원금이 매년 감가되고 있으므로 만기에 그 원금(취득원가)만 보상하면 되는 것입니다. 그런데 지금의 정액법으로 매년 원금의 2%를 감가상각비로 적립하면 50년 후 감가상각비 총액은 4억 원이 넘습니다. 매년 설정되는 감가상각비 충당금을 복리로 계산한 연금총액이 그렇게 나타납니다.

소유자와 사용자가 다르면 초기원금이 1억 원일 경우 만기에 보상할 감가상각비 총액도 1억 원이면 됩니다. 그러나 그동안 매년 같은 크기의 감가상각비를 계속 징수하게 되면 각 방법에 4억~5억 원이 넘어서는 것입니다. 소유자와 사용자가 동일해도 제품의 제조원가는 과대계산이 됩니다. 물론 제품의 시장가격은 경쟁에 의하여 변하지 않는다면, 이런 감가상각비 과대계산은 기업의 매출이익이 적게 나오므로 자동상쇄 될 것입니다. 그러나 감가상각비 과대계산은 그만큼 초기에 제품원가의 상승요인으로 작용하게 됩니다.

이러한 오류를 해소하기 위해서는 소유자와 사용자가 다른 경우 원금의 감가상각이나 잔존가액의 계산은 이자율에 연동된 감채기금법으로 해야 합니다. 또 성장성 자본의 잔존가액(무르기 가격)은 성장하는 가치로 인하여 원금상환율만 적용하는 감채기금법으로 되지 않고, 투자비용 총액인 원리금과 수익인 실현수익을 대응시키는 실현연금법으로 해야 합니다.

물론 임대료 징수에서 매년 원금이 감소하는 감가상각비 비율만큼 임대료를 낮추어 주면 이런 초과징수는 발생하지 않습니다. 그러나 임대료 징수, 특히 공공임대의 경우 대다수는 임대료 책정에서 정기 이자율에 정액법으로 계산한 임대료를 가산하여 징수하는 것으로 보입니다. 정률법은 실무상 계산이 어렵고 감가상각비가 임대기간 전체에서 초반기는 너무 큰 부담이 되고, 후반기는 해가 갈수록 작아져서 의미가 없을 만큼 작아지고, 징수하는 임대료로 정률만큼 매년 낮추어야 하므로 거의 적용하지 않습니다.

[표 10-1]은 정액법과 정률법에 따른 감가상각비로 연금총액을 계산해 본 것입니다.[19] 원래 감가성 자본의 연금은 임대료에 감가상각비가 추가되고 임대료도 매년 작아지는 감가연금률을 적용하게 되면 원리금과 연금총액은 잔존가격만 제외하고 같아집니다. 여기서는 임대료의 수익연금은 제외하고, 감가상각비 비중만 계산한 것입니다.

---

19) 정률법에 따른 감가연금은 부금액 계산법과 같이 이자분 임대료와 감가상각비를 하나의 감가연금으로 계산해야 한다. 여기서는 관습적인 정액법 임대료 징수방식을 따라서 이자분 임대료와 감가상각비를 별도로 계산하였다. 실무에서는 정률법에 따른 임대료 징수는 거의 하지 않는 것으로 보고 있다.

이율	A: 원금	B: 원리금 (천 원)	C: 이자연금 (천 원)	D: 감가상각비연금 (천 원)		감가상각연금 비중(%)			
						D/원금	D/원리금	D/이자	(C+D)/B
5%	1억	㉠ 1,146,740	㉡ 1,046,740	정액법	㉢418,696	418.7	36.5	40.0	127.8
				정률법	㉣511,531	511.5	45.5	48.9	135.9
4%	1억	710,668	610,668	정액법	305,334	305.3	43.0	50.0	128.9
				정률법	333,293	333.3	46.9	54.6	132.8
3%	1억	438,390	338,390	정액법	225,594	225.6	51.5	75.2	128.6
				정률법	267,032	267.0	60.9	78.9	138.1
2%	1억	269,159	169,159	정액법	169,159	169.2	62.8	100.0	125.7
				정률법	189,415	189.4	70.4	120.0	132.2
1%	1억	164,463	64,463	정액법	128,926	128.9	78.4	200.0	117.6
				정률법	136,376	136.4	82.9	211.6	122.1

[표 10-1] 이자율에 따른 자본자산의 감가상각비 비중(내용연수 50년)
내용연수: 50년, 이자율 5%, 상각률(정액법 2%, 정률 4.5%), 잔존가격(정액법 0, 정률법 10%)

계산근거: 초기 원금×감가상각률, 각 방법별 감가상각비만 추가한 경우임

㉠: 이자율별 50년 종가율(종가계수)

㉡: 이자율별 50년 정액연금종가율

㉢: 정액감가비연금종가율(정액법)

㉣: 정률감가비연금총액(감가연금종가율) + 잔존가액 1천만 원

이자율 5%, 감가상각률 4.5%의 감가연금총액 = 1억×(0.05+0.045)×감가연금

종가율(119.6594) = 11.3674

원리금 11.4674 = 정률감가연금총액 11.3674 + 50년 후 잔존가격 0.1

주택의 공공임대, 감가상각비 과대계산과 임대료 부당징수

그 판 해를 계수하여 그 남은 값을 산 자에게 주고 자기의 소유지를 돌릴 것이니라(레 25:27)

성경의 토지거래법은 희년까지 열매의 다소를 따라 가격을 산정하게 되어 있고 무르기도 잔존연수나 합당한 가격으로 값이 매겨지게 되어 있습니다. 여기서 기간계산을 바르게 하기 위해서는 이자율과 감가상각의 비율이 필수적인 요건입니다. 그런데 기존의 정액법과 정률법으로 감가상각비를 계산하면 초기원금에 대한 잔존가액이 남은 기간의 현재가격인 무르기 가격(원금 미상환 잔액)과 맞지 않습니다. 이는 자본 원금의 실현가치와 미실현가격을 제대로 산정할 수가 없다는 뜻입니다. 그래서 무르기를 하는 사람은 잔존자격을 낮추어서 토지 반환을 받으므로 이득을 보게 되고, 사용자(무르기로 토지를 되돌려 주는 자)는 미실현가격을 다 받지 못하고, 토지를 돌려주게 되어 손실을 보게 됩니다.

감가하는 자본은 감가상각비도 매년 같은 비율로 값이 줄어들어야 하는데 이를 초기가격에 대한 일정비율로만 감가상각비를 계산하고, 매년 같은 금액을 임대료에 추가하여 징수하게 됩니다. 그러면 매기 실제 감가되는 상각비와 초기 상각비 차액의 복리이자만큼 소유자는 부당이득을 보고, 사용자는 손실을 보게 됩니다.

이러한 무르기 가격의 이해득실 문제는 성경 토지법에서만 문제가 되는 것이 아니고, 소유자와 사용자가 다른 감가상각 자산을 임대하는 모두에게 문제가 될 수 있습니다.

한편으로 소유자(임대자)의 과대한 감가상각비 계산은 인플레이션을 감안하면 현실적으로 이해가 가는 부분이 있기는 합니다. 원금 1억 원 고정자산은 감가상각이 끝나는 50년 후에는 인플레이션을 감안하면 1억 원보다 큰 4억~5억 원이 될 수 있습니다. 50년 후 같은 가치의 고정자산(건물이나 기계)을 재구입하려면, 인플레이션으로 인하여 그 정도의 가격을 지불해야 한다는 뜻입니다.

그러나 이론적으로 볼 때 인플레이션은 이자율에 이미 반영되어 있습니다. 곧 감채기금법에 적용되는 이자율은 이러한 인플레이션을 모두 감안하여 나온 것입니다. 이렇게 보면 임대료에서 가산되는 지금의 감가상각비는 이자율 5%, 내용연수 50년 기준으로 원금의 4~5배 정도 과대계산 되고 있습니다. 무엇보다도 감가상각비를 포함시켜 징수하는 공공주택이나 사유주택(일부)에서 임대료의 초과 부담이 문제입니다. 공공주택 임대료 징수 관련 법규를 보면 임대료에는 감가상각비와 건설자금이자(또는 기금이자)를 함께 징수하도록 되어 있습니다.

그러므로 이런 경우를 없애려면 정액성 자본은 원금과 이자를 매년 기금으로 상환하는 감채기금법이나 실현된 연금으로 계산하고, 원금이 변하는 성장성 자본과 감가성 자본은 실현된 연금으로만 계산해야 합니다.[20]

이처럼 성경의 토지 무르기 방법은 소유자와 사용자가 다른 임대시장에서 지금까지 관습적으로 적용하고 있는 고정자산 감가상각 방법까지 그 잘못을 알려 주고 있습니다.

---

[20] 감채기금법에서 원금상환율은 $i/\{(1+i)^n-1\}$, [원금/정액연금종가율], [부금률 - 이자율]이고, 원리금 상환율은 ① 정액부금률: $i/\{1-(1+i)^{-n}\}$ ② 감가부금률: $(i+d)/\{1-(1-d)^n(1+i)^{-n}\}$ ③ 성장부금률: $(i-g)/\{1-(1+g)^n(1+i)^{-n}\}$

주택의 임대료 징수, 토지임료도 과대계산

지금의 임대시장에서 토지의 임대나 주택과 건물을 임대하는 경우 토지분 임료를 토지 원금에 대한 이자율로만 계산하면 과대계산이 되고, 그러한 임료는 부당한 과다징수를 하게 됩니다.

임료 산정에서 토지 소유자는 땅값이 매년 커지고 있으므로 그 성장가격만큼 임료를 낮추어 주어야 합니다. 땅값이 커지는 만큼 사용자나 임차자는 실제 수익이 적다는 뜻입니다. 정액성 자본의 경우 1원의 원금을 50년간 빌려주고 받는 임료는 연금총액이 10.4674원입니다($10.4674 = 1 \times 0.05 \times 209.3480$). 그러나 매년 3%씩 커지는 성장성 자본의 임대료는 같은 50년 기간에 7.0835원입니다($7.0835 = 1 \times (0.05 - 0.03) \times 354.1747$).

그 이유는 성장성 자본이 50년간 원금 성장으로 3.3839원 커져서 반영되고 있기 때문입니다($3.3839 = 10.4674 - 7.0835$). 이 3.3839원의 가격은 원금 1원이 50년간 매년 3%씩 커진 것과 일치합니다($3.3839 = 1 \times (1+0.03)^{50} - 1$). 토지임대의 경우 토지 성장액은 사용자가 누리지 못하는 가격이고, 토지소유자에게 돌아갈 몫입니다. 그러므로 토지소유자는 토지 성장액만큼 임료를 낮추어 주어야 합니다.

땅값 성장액이 임료를 낮추는 경우는 우리가 흔히 보는 전세시장의 전세가격입니다. 전세가격은 단기 자본가격이므로 땅값(또는 임대료)의 장기 성장률이 제외되어 있습니다. 이론적으로 말하면 부동산시장에서 [소유가격 > 전세가격]이 되는 이유는 땅값(지대) 성장률이 임료에 적용하는 이자율을 낮추어 주기 때문입니다. 소유가격은 땅값 성장률이 들어가지만, 전세가격에는 땅값 성장률이 들어가지 않기 때문입니다.

그런데 전세가 아닌 일반 임대의 경우 임료를 징수하면서 토지 성장액을 감안하여 징수하지 않고, 시장 이자율만 반영하여 책정하거나 토지의 실제 수익을 따라 징수하면 토지 성장액 크기인 3,3839원을 과다징수가 됩니다. 그러면 그 금액만큼 소유자는 부당이득을 얻게 되고, 사용자(임차자)는 손실을 보게 됩니다.

그래서 건물가격이 포함된 주택의 임대에서 건물의 감가상각비도 전통적인 감가상각법으로 계산을 하고, 여기에 토지분 임료마저 토지 성장액만큼 계산하면 임료는 더 큰 과대계산으로 부당징수를 하게 됩니다. 이렇게 임료에서 부당하게 징수하는 감가상각비와 토지 증가액의 크기는 다음과 같습니다.

㉠ 임대료 건물분 과대계산(과다장수액) = 건물 감가상각비 이자연금 - 건물 원금

㉡ 임대료 토지분 과대계산(과다장수액) = 토지 원금의 이자연금 - 토지 성장액

㉢ 주택임대료의 과대계산(과다징수액) = ㉠ + ㉡

다만, 한국에만 있는 임대시장의 전세가격은 원금 성장액 비율이 시장에 반영되지 않아서 소유가격보다 낮으므로 [소유가격 > 전세가격]을 정상가격으로 볼 수 있습니다.

그러나 주택, 건물, 상가 임대의 경우 취득원가(매입가격 또는 건축가격)의 이자액보다 높은 임대료(월세, 연세 등)는 이렇게 감가상각비의 과대징수 외에 토지임료의 고율 적용으로 과대징수가 된다고 볼 수 있습니다.

제11장
희년법의 깊은 이해

토지 무르기에서 발견된 자본의 가격 성질

토지 무르기는 희년이 오기 전에 토지에 매겨진 값을 없애어 원상으로 회복시키는 것을 말합니다. 토지 무르기 가격은 시한부 사글세 가격을 중간에 정산하여 발생한 빚과 값을 없애는 금액입니다. 이러한 토지 무르기 가격은 영구자본의 가격 성질이나 수익을 파악하는 데에도 매우 유용합니다. 이것이 원금의 상환액과 감가상각, 그리고 성장가격의 가치 흐름에 대한 기본 성질입니다. 이를 요약하면 다음과 같습니다.

① 만기 원금이 있느냐 없느냐(작아짐)에 따라

만기에 원금이 없거나 작아지면 원금의 크기만큼 초기원금의 가격이 작아집니다. 예를 들어 매년 5%의 이자율에서 수익 1원을 50년간 지속하는 자본의 원금은 20원입니다($20 = 1/0.05$). 그러나 원금이 만기에 소멸하고 없는 토지의 50년 사글세는 같은 1원의 수익에도 원금은 18,256원으로 예금 원금보다 1.744원($1.744 = 20/(1 + 0.05)^{50}$) 낮아집니다. 이렇게 낮아진 자본 금액만큼 수익에서는 이자를 초과하는 수익을 내게 되고, 초과수익만큼 초기원금을 보상(감가, 상환)하게 됩니다. 이것은 금융에 대한 원금의 상환액 또는 실물가산에 대한 간가상각비 크기가 됩니다

② 자본이 실물이냐, 금융물이냐에 따라

자본가격이 건물이나 기계와 같은 실물이면 실물에 대한 감가상각률이, 금융물이면 원금에 대한 상환율(감채기금률)이 적용되게 됩니다. 모두 정확한 잔존가격의 계산은 원금에 대한 상각률이나 상환율보다 원금에 대한 시간가치의 가격 총계인 원리금 총액과 실현된 연금의 총액으로 계산하는 실현가치법으로 해야 정확한 계산을 할 수 있습니다.

잔존가격 = 무르기 가격 = 미실현가격 = (원금의 원리금 총계 - 실현된 연금총액)

③ 사용 자본이 소유이냐, 임대이냐 따라

자본가격의 원금에 대한 감가상각액이나 원금 감소액은 소유 사용이면 감가상각비가 실제 지출·거래되는 금액이 아니어서 방법에 따른 이해득실의 문제는 없습니다. 물론 정액법과 정률법의 감각상각비 계산처럼 기반별 배분액 계산 차이는 발생하지만, 기간 전체에 총수익과 총비용은 일치합니다.

그러나 사용 자본이 소유가 아닌 임대일 경우 감가상각이나 원금 상환액은 반드시 실현가치법으로 계산을 해야 합니다. 원금이 감가하는 자산은 감가상각비 임료 징수에도 감가하는 비율을 적용해야 합니다. 아니면 만기까지 적립된 금액이 원금만 보상하는 원금 부금률로 계산을 해야 합니다. 아니면 임대료에서 감가상각비 과대징수

가 발생합니다. 5%의 이자율에서 5%의 이자율에 정액법 2%의 감가상각비를 추가징수하고, 이를 50년 계속하면 원금의 4.18배나 과대징수가 생깁니다.

물론 여기서도 수리적으로 맞지는 않지만, 원금을 감가상각률 2%만큼 낮추어 구입한 가격이라고 보면 과대 징수액 역시 낮은 자본가격에 따른 초과계산일 뿐이고, 이를 소유자에게 임대료로 돌려주는 것이라고 볼 수는 있겠습니다.

④ 사용 자본의 원금이 정액이냐, 변액(감가성 또는 성장성)이냐에 따라

사용한 자본이 원금이 정액이면 은행 예금처럼 이자율만 적용하면 되지만, 원금이 감가하거나 성장하면 그 비율을 추가로 적용해야 합니다. 곧 원금이 시간 흐름에서 감가하면 수익도 감가하고, 원금이 시간 흐름에서 성장하면 수익도 성장합니다. 이때 원금이 감가하면 감가하는 크기만큼 수익은 매년 이자보다 크며, 원금이 성장하면 성장하는 크기만큼 수익이 이자보다 작습니다. 그래서 성장하는 토지는 늘 소유비용보다 사용수익이 작아서 사용적자를 계속합니다. 변액 원리금의 변동 성질은 사채 발행의 할인, 할증과 유사합니다.

⑤ 사용 자본의 만기가 한시이냐, 영구이냐에 따라

사용 자본은 존속 기한이 한시적이냐 영구적이냐 따라 가격의 성질은 더 크고, 독특하게 달라집니다. 기계나 건물 같은 감가성 자본은 실무에서 만기가 한시적이라고 봅니다. 은행 예금과 실물(쌀) 자본은 원금이 일정하므로 한시나 영구나 근본 성질이 같습니다. 그러나 토지는 성장성 자본 성질을 가지며, 할증 사채와도 비슷하나 만기가 없고, 영구적입니다.

토지는 성장성 자본이고, 영구 자본재입니다. 성장성 토지는 소유 비용보다 작은 사용수익의 적자 행진이 영구로 계속됩니다(∝에서 수렴). 그래서 성경은 토지의 거래를 시한부로만 허용하고(레 25:15,16), 영구거래는 금지하고 있습니다(레 25:23). 이것이 성경이 가르쳐 주는 창조질서이며, 자연법에 따른 시장원리입니다.

자본의 세 가지 성질별 가치 흐름의 이해

레위기 토지법의 과학성과 합리성을 이해하려면 자본(개체 상품)의 시장 성질을 알아야 하고, 이에는 자본의 물리적 성질을 먼저 이해하는 것이 순서입니다. 사람이 사용하는 시장가치도 결국 이 자본의 물리적 성질을 따라 사용할 수밖에 없기 때문입니다. 예금이나 채권은 원금이 변하지 않습니다. 그러나 자동차나 건물은 원금이 시간이 갈수록 작아집니다. 자동차와 건물은 시간 흐름으로 낡아지고 고물이 되어 만기에는 못쓰게 된다는 뜻입니다. 그러나 영구자본인 토지나 주식(성장주식)은 시간이 갈수록 원금이 커집니다.

새집은 오래되면 헌 집이 되고, 헌 집은 살면서 이것저것 수리를 해야만 제 기능을 낼 수 있다는 것을 알고 있습니다. 이는 자동차나 건물은 시간 흐름으로 감가되는 사실을 알고 있고, 인정하고 있다는 뜻입니다. 우리가 경제활동에서 복잡한 이자와 감가 계산을 실제 하지는 못해도 그 사실을 알고 판단하여 거래하면 된다는 말입니다. 그런데 이렇게 감가되고 있는 건물에 대하여 어느 정도 이해를 하고 있을까요? 그리고 그 반대 개념인 토지의 성장성에 대한 가치의 성질은 어떻게 이해하고 있을까요?

우리가 시장경제를 바로 알려면 관련 학자와 전문가를 포함한 그 누구라도 ①, ②, ③에 대한 거래 대상물이 가진 물리적 성질이나 현상부터 먼저 이해를 해야 하겠습니다.

① 정액성定額性 자본(예금, 채권, 쌀, 단용 재료 등): 은행에 정기예금을 할 경우와 물질의 가치 흐름을 말하며, 사람들이 평소에 시장 경험을 통하여 그 개념을 어느 정도 이해하고 있는 자본의 기본 성질입니다. 경제에서 균형상태를 가정하면 자본의 원금이 변하지 않는 예금이나 채권 같은 정액성 자본은 이런 성질을 가집니다.

❶ 매년 부담하는 임료(계약이자)는 이자비용(시장이자)과 같다.

❷ 자본이 생산하는 가치의 크기는 매년 이자율만큼이다.

❸ 시장 이자율과 계약 이자율은 차이가 없다.

❹ 시장 이자율과 계약 이자율은 차이가 있더라도 만기에 상호 일치한다(채권).

❺ 시장 이자율과 생산 수익률은 차이가 있더라도 만기에 접근하고 소멸한다.

❻ 자본가격은 임료로 거래(지불, 회수)되지 않지만, 자본을 해체하면, 원금은 바로 실물로 쓸(소비) 수가 있다. 희년법 사글세는 정액성 자본이지만, 만기에 원금은 소멸하므로 가치로 실현된다(자본의 가치 실현성).

❼ 원금은 매년 값이 일정하고, 연금수익과 연금비용도 항상 일치하고, 원리금과 영구연금은 ∞에서 수렴하지만, 초기원금은 그대로 남아 있다.

❽ 이것은 수급법칙(수요공급의 현상)보다 더 강하며, 물질이 가진 고유 성질이고, 자연법칙이다.

② 감가성減價性 자본(건물, 기계): 사용과 시간 흐름으로 가치가 감

소하는 자본이며, 누구나 알아야 할 물질(자본)의 기본 성질입니다.

❶ 매년 부담(생산)하는 임료(비율)는 감가상각비(비율)만큼 시장이자(이자율)보다 크다.

❷ 가치 생산의 크기는 매년 감가상각비 비율만큼 작아진다.

❸ 시장 이자율과 실제 임률의 차이는 시간이 갈수록 절대값이 작아진다.

❹ 시장 이자율과 실제 임률의 차이는 만기에 상호 접근·수렴한다.

❺ 시장 이자율과 실제 임률의 차이는 만기에 소멸한다.

❻ 자본가격은 임료로 회수되며, 잔존가격도 가치물로 사용할 수가 있다. 희년법의 사글세도 감가성 자본과 원리가 같다(자본의 가치 실현성).

❼ 연금의 크기는 계속 커지며, 만기에 원리금, 연금비용, 연금수익 3자가 모두 일치한다. 잔존가액은 0으로 수렴한다.

❽ 이것은 시장에서 수급법칙(수요공급의 현상)보다 더 강한 물질의 고유 성질이며, 자연법칙이다.

③ 성장성成長性(증가성增價性) 자본(토지, 주식): 우리가 잘 모르고 있는 자본의 성질이며, 이자의 개념을 알고 있으면 필수적으로 이해해야 할 자본의 기본 성질입니다.

❶ 매년 부담(생산)하는 임료(비율)는 원금 증가액(비율)만큼 이자(이자율)보다 작다.

❷ 가치 생산은 매년 증가액 비율만큼 커진다.

❸ 이자율과 임률의 차이는 시간이 갈수록 땅값 성장액만큼 계속된다.

❹ 만기가 없으며, 그 자본가격과 수익의 존속기간은 ∞이다.

❺ 이자(비율)보다 적은 수익(비율)의 크기는 매년 생산이 커지면서 좁혀지기

는 하지만,

만기가 ∞이므로 그때까지 소멸하지 않는다(비용과 수익의 영구 불일치).

❻ 자본가격은 임료로 회수(지불과 수입)되지 않는다(자본의 영구적 가치미실현

성). 단, 사글세는 가치를 실현함.

❼ 연금의 크기는 계속 커지면서 이론상 ∞ 기간에 비로소 원리금, 연금비용,

연금수익 3자가 모두 수렴한다.

자본가격은 영구연금에서 '성장원금/연금'의 비율이 0에 수렴하지만, 'n

년 원금/초기원금'의 비율은 ∞로 커지고 있어서 시장가격은 항상 초과

구매력을 가진다.

❽ 이것은 시장에서 수급법칙보다 더 강하며, 물질이 가진 고유한 성질이고,

자연법칙이다.

그러나 우리의 부동산시장 이해도는 ①번과 ②번의 성질은 어느
정도 이해를 하지만, ③번의 경우는 아직 개념적 이해마저 거의 없
는 실정입니다.

토지의 사글세와 무르기 가격의 수리적 이해

희년법에 따른 사글세 가격은 만기에 원금이 소멸하고 없습니다.
희년법은 부채를 없애는 시장원리로 운영되기 때문에 평소에도 사
글세 원금은 무르기를 하여 없애거나 작아지다가 만기에 소멸합니
다. 그래서 사글세 자격은 원금이 작아지거나 소멸하는 성질을 이해
해야 합니다.

[표 11-1]은 50년 시한부 사글세 가격의 가치 흐름을 정액성 자본과 성장성 자본을 비교한 것입니다. 정액성 자본은 5%의 이자율에서 초기수익 1원이 50년간 계속될 경우의 가치 흐름이고, 성장성 자본은 초기수익 1원이 매년 3%씩 50년간 성장하는 경우의 가치 흐름입니다.

  정액성 자본의 원금은 1원의 50년 5% 정액연금현가율로 계산하여 18.2559원입니다. 정액연금은 매년 1원의 수익을 정액연금종가율로 계산한 값이며, 연도별 무르기 가격 곧 자본의 잔존가격은 투자비용인 원리금과 실현된 정액연금의 차액으로 계산됩니다. 그래서 만기에는 원금이 소멸하고 원리금과 연금총액은 일치하여 부채는 시장기능에서 소멸합니다.

  성장성 자본의 원금은 초기수익 1원의 3% 성장연금현가율로 계산하여 30.885원입니다. 성장연금은 초기 1원의 수익을 매년 3% 성장하는 성장연금종가율로 계산한 값이며, 연도별 무르기 가격은 정액성 자본의 원리금과 실현된 성장연금의 차액입니다. 원리금과 실현된 연금의 차이, 곧 부채는 만기에 소멸합니다. 성장성 자본은 원래 수익의 만기가 없고 소멸하는 성질도 없지만, 희년법은 영구거래를 금하고 시한부 거래만 허용하였기 때문에 희년이 오면 부채가 소멸합니다.

구분 연도	정액 사글세				성장 사글세			
	① 원리금 P(1+i)n	② 정액연금 연금종가율	③ 미실현 ①-②	④ 연금현가 정액현가율	⑤ 원리금	⑥ 성장연금 성장종가율	⑦ 미실현 ⑤-⑥	⑧ 부금잔액 부금률
0	18.2560	0	18.2560	18.2560	30.8850	0	30.8850	30.8850
1	19.1688	1.0000	18.1688	18.1688	32.4293	1.0000	31.4293	30.7340
2	20.1272	2.0500	18.0772	18.0772	34.0507	2.0800	31.9707	30.5830
10	29.7372	12.5779	17.1593	17.1593	50.3086	14.2489	36.0597	29.0301
20	48.4386	33.0660	15.3726	15.3726	81.9472	42.3593	39.5879	25.6465
30	78.9006	66.4388	12.4618	12.4622	133.4819	94.7340	38.7479	21.0835
40	128.5222	120.7998	7.7224	7.7224	217.4304	188.8975	28.5329	13.0648
50	209.3489	209.3489	0	0	354.1706	354.1706	0	0
비교	무르기가격: 미실현연금 = 연금현가 연금현가(미래가치) = 부금잔액				무르기가격: 미실현연금 = 연금현가 연금현가(미래가치) > 부금잔액			

[표 11-1] 50년 사글세 가격의 가치 흐름(정액성과 성장성의 비교)
초기수익: 1원, 정액연금(i: 5%), 성장연금(i: 5%, g: 3%)

주) 원금 $L = \{1-(1+g)^{50}(1+I)^{-50}\}/(i-g)$, 원리금 = $L(1+i)^{50}$,

정액연금(정액실현연금) = $\{(1+i)^{50}-1\}/i$

성장연금(성장실현연금) = $\{(1+i)^n-(1+g)^{-n}\}/(i-g)$,

성장부금 = $(i-g)/1-(1+g)^n(1+I)^{-n}$

[표 11-1]에서 시한부 거래인 사글세 가격에서 정액성 자본과 성장성 자본의 차이는 다음과 같습니다. 정액성 자본과 성장성 자본은 1년도 초기수익이 1원으로 같지만, 원금의 크기가 다릅니다. 정액성 자본은 0연도 원금이 18.2560원이지만, 성장성 자본은 수익이 커지므로 원금도 커져서 30.8850원입니다. 두 자본 모두 초기수익 1원인데 정액성 자본은 0연도 원금에 대한 1년도 이자 0.9128원(0.9128 = 18.2560×0.05)을 갖고, 0연도 원금도 0.0872원(0.0872 = 1 - 0.9182)을 갖

았습니다. 그러나 성장성 자본은 초기수익 1원으로 1년도 이자 1.5443원(1.5443 = 30.8850×0.05)보다 0.5443원 적게 나옵니다.

정액성 자본은 연도별 무르기 가격이 미실현 금액, 연금현가, 감채기금 잔액, 부금잔액의 크기가 매년 같습니다. 세 가지 방법 중 어느 방법을 하던 사글세 가격은 매년 같습니다.

그러나 성장성 자본은 미실현 금액과 연금현가의 크기는 같지만 부금잔액은 다릅니다. 그 이유는 정액성 자본은 수익이 이자는 물론 원금 일부도 매년 갚게 되지만, 성장성 자본은 초기수익이 원금은커녕 당해 연도 이자수익도 갚지를 못합니다. 초기에는 이렇게 매년 적자를 내다가 후기에 가서 흑자가 나서 만기에 원리금을 모두 갚게 됩니다.

그러므로 성장성 자본의 무르기 가격산정은 부금법(부금잔액법)으로도 아니 되고 반드시 실현된 연금법으로 해야 함을 알 수가 있습니다.

그림으로 보는 무르기 가격의 이해

[표 11-1]의 사글세 가격과 무르기 가격(잔존가액)의 성질을 그림으로 표시하면 [그림 11-1]과 같습니다. 정액성 사글세 가격은 초기수익 1원의 원금 18.2560원에서 시작하여 매년 작아지고 말기인 50년 말에 0이 됩니다. 이는 고정자산의 감가상각과 원리가 같습니다. 그러나 감가상각비는 매년 일정률 감가되어 사글세 원금이나 감채기금 잔액과 같아 보이지만, 감가상각률이 만기에 원금만 보전하는 부금상각률보다 월등하게 큽니다. 부금상각률은 만기에 복리로 커진

부금액이 원금의 크기만 보상하면 됩니다. 그런데 지금의 감가상각비 계산은 만기에 원금을 보전하는 금액이 아니고, 이자율과는 관련 없이 내용연수로만 나누어 계산한 크기입니다. 그래서 감가상각률은 부금상각률보다 훨씬 큽니다.

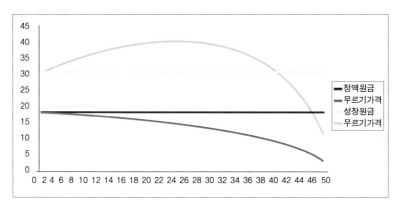

[그림 11-1] 50년 사글세 가격의 가치 흐름(정액성과 성장성의 비교)
초기수익: 1원, 정액연금(i: 5%), 성장연금(i: 5%, g: 3%)

예를 들어 내용연수가 50년이면 감가상각률은 정액법으로 2%(1/50년)이지만, 부금상각률은 이자율 5%에서 0.478%(부금률 0.05478 - 이자율 0.05)에 불과합니다. 기존의 정액법 감가상각률이 부금상각률보다 무려 4.18배나 높게 나옵니다. 그러므로 타인과 거래인 임대나 부채에 대한 원금은 감채기금법으로 해야 합니다. 이것은 사글세, 감채기금, 그리고 고정자산의 상각비 등의 잔존가격에 대한 계산은 모두 감채기금법이 정확합니다.

물론 기업의 자기 자산에 대한 감가상각은 상각률이 높아도 외부로 지급되는 비용이 아니고 내부 충당금으로 남아 있으니 이렇게 과도하게 계산해도 총액은 일치하지만, 매기 비용은 초기에 과대 계산되고, 그만큼 순이익은 과소 계상하게 됩니다. 후기는 그 반대의 현상이 나타나서 내용연수 말기의 총액은 같아집니다. 기업은 초기에 내부금융과 비밀적립금이 커집니다.

성장성 사글세에 기겨온 초기수익 1원이 원금이 30.8850원입니다. 초기수익은 같아도 매년 3%의 성장률이 있어서 원금이 1.7배 더 큽니다. 그리고 사글세 잔존가액은 정액성 사글세보다 다르게 나타납니다. 성장성 사글세 가격은 사글세임에도 시간 흐름에서는 초기에는 오히려 잔존가액이 커집니다. 초기에는 계속 커지다가 50년 중간 시기인 24년에 39.9919원에서 정점을 이르고, 그다음부터는 매년 작아집니다. 만기에 가까울수록 급격하게 떨어져서 만기인 50년에는 0이 됩니다.

그리고 [표 11-1]을 보면 성장 사글세 잔존가액은 부금 잔액과도 크기가 맞지 않습니다. 이는 성장성 사글세 가격은 감채기금법으로도 맞지 않으므로 반드시 실현연금을 계산하는 성장연금 계법으로 해야 함을 알 수가 있습니다.

영구자본의 세 가지 성질별 원금과
실현수익(연금)의 변화

지금까지 만기에 가격이 가치로 실현되는 한시적 사글세 자본가격 (L)의 세 가지 가치 흐름을 살펴보았습니다. 한시적 자본은 자본이 내는 생산물로 원금을 보상하는 수익이 실현됩니다. 그러나 영구자본(P)은 감가성 자본 외에는 수익이 원금을 보상하지 못하기 때문에 원금은 영구 미실현 가격으로 남게 됩니다.

이제 사글세 자본의 가치 흐름의 이해를 통하여 영구자본(P)의 세

가지 성질별 가치 흐름을 알아보겠습니다(사글세가격 L < 영구자본 P). 영구자본의 원리금은 투자자의 기간 비용이며, 연금은 기간의 수익으로 실현된 실물가치입니다. [그림 11-2]에서 연금 크기는 실제로 생산된 실물이므로 자본의 성질별 사용할 수가 있는 가치물입니다.

정액성 자본은 기간 흐름에서 기간 비용인 원리금 합계는 만기까지의 이자연금 총액과 기초원금을 합한 금액입니다. 원금 역시 투자된 실물로 사회에 존재하는 가치물입니다. 감가성 자본은 그림에서 보듯이 감가상각비 연금 크기만큼 수익이 정액연금보다 큽니다. 잔존가액 역시 실물로 가치물입니다.

감가성 자본은 내용연수가 있어서 무르기가 가능한 사글세와 같이 한시자본과 성질이 비슷합니다. 그러나 감가성 자본은 잔존가액이 0이 되려면, ∝가 되어야 하는 영구자본의 성질도 가지고 있으므로 함께 설명하고 비교해야 이해하기 쉽습니다.

그런데 토지와 주식에서 나타나는 정액성 자본의 연금 성질은 크기가 감가성 자본의 연금보다 작고, 정액성 자본의 연금보다도 더 작습니다. 그 이유는 원금이 정액성 자본보다 커져 있기 때문입니다. 커진 원금은 실물이 아니라서 사람이 사용할 수 있는 가치물이 아닙니다. 초기원금 역시 가치물이 아닙니다. 이처럼 땅값은 초기원금이든 성장액이든 가치물이 아니며, 앞으로도 영원히 가치물이 될 수가 없으므로 허구가격입니다.

우리의 통상적 이해는 성장성 자본인 땅값은 커지고 있으므로 소유하면 다른 재화보다 더 큰 수익을 내는 것 같지만, 실제로 실현된 실물(재화와 서비스)은 제일 작고 땅값 원금 성장액만큼 적자가 나고 있음을 알 수 있습니다.

자본의 원리금 크기(가)	수익 원리금(나)		비고
	수익연금	원금	(가) = (나)
정액성자본 원리금(예금, 쌀)	정액연금(a)	원금	연금 = 이자총액
감가성자본 원리금(기계, 건물)	감가연금(b)	*	연금 = 이자액 + 감가액
성장성자본 원리금(토지, 주식)	성장연금(c)	원금성장액	연금 = 이자액 - 성장액

[그림 11-2] 영구자본의 세 가지 성질별 실현가치(각 연금)의 크기(50년)

주) * 표시는 감가자본의 잔존가액, ** 자본별 실현수익의 차이는 원금의 수익

미실현성 때문임

자본별 수익의 크기:

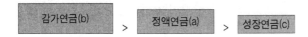

감가연금(b) > 정액연금(a) > 성장연금(c)

[그림 11-2]로 본 영구자본의 세 가지 성질별 크기 차이를 숫자로 계산하여 보면 [표 11-2]와 같습니다(상세한 수식은 [표 11-5] 수식 정리를 참고).

자본	투입자산	원금	10년 후 가치 변화					
			원금변동		실현수익		원리금	
정액성 자본	예금, 쌀	1,000	1,000	+	600	=	1,600	
감가성 자본	차, 기계	1,000	100	+	1,500	=	1,600	
성장성 자본	토지	1,000	1,340	+	260	=	1,600	

[표 11-2] 숫자로 비교한 자본의 성질별 가치 흐름(10년)
가정: 이자율 5%, 성장률 3%, 감가상각률 20%(내용연수 10년)

[표 11-2]의 계산근거

* 숫자는 비교의 편의를 위해 10~100단위만 표시함)

원리금: $1,000(1+0.05)^{10} = 1,628.9$원(약 1,600)

예금 원금: 1,000원(변동 없음)

기계 원금: $1,000(1-0.2)^{10} = 107$원(약 100원)

토지 원금: $1,000(1+0.03)^{10} = 1,344$원(약 1,340원)

자본의 세 가지 성질별 실현수익인 연금종가율과 원금인 연금현가율을 구하는 공식은 한시적 자본가격일 경우 다음과 같습니다(i: 이자율, g: 성장률, d: 감가율, n: 기간).

연금종가율

① 정액연금: $S_n = \{(1+i)^n-1\}/i$

② 감가연금: $S_n = \{(1+i)^n-(1-d)^n\}/(i+d)$

③ 성장연금: $S_n = \{(1+i)^n-(1+g)^n\}/(i-g)$

〈연금현가율〉[21]

㉠ 정액원금: $L_0 = \{1-(1+i)^{-n}\}/i$

㉡ 감가원금: $L_0 = \{1-(1-d)^n(1+i)^{-n}\}/(i+d)$

㉢ 성장원금: $L_0 = \{1-(1+g)^n(1+i)^{-n}\}/(i-g)$

---

21) 연금현가율(L_0)은 원래 사글세와 같이 기간(n)이 한시적인 자본가격 계산법이고, 소유가격(P_0)은 연금현가율(L_0)에 만기의 소유가격을 할인한 값이 합산된다($L_0 < P_0$). 연금현가율은 n이 ∞이거나 n이 한시적이라도 만기 원금이 일정 또는 커지면, 값의 크기는 소유가격과 같다{성장성 자본 $L_0 = P_0 = R/(i-g)$}. 성장원금인 토지·주식의 소유가격(P_0)은 ① ② ③을 말하며, 한시소유나 영구소유나 크기가 같다. ⇨ $P_0 = ① = ② = ③$
① $P_0 = R(1+g)^0/(1+i)^1+R(1+g)^1/(1+i)^2+R(1+g)^2/(1+i)^3 + \cdots + (1+g)^{n-1}/(1+i)^n+P_0(1+g)^n/(1+i)^n$
② $P_0 = R\{1-(1+g)^n(1+i)^{-n}\}/(i-g)+P_0(1+g)^n/(1+i)^n$
③ $P_0 = R/(i-g)$

영구자본의 세 가지 성질별 연도별 원리금과 이에 대응하는 실현수익인 연금종가와 원금의 미실현 금액의 등식은 다음과 같습니다(X: 미실현금액, P: 초기원금, R: 초기수익, i: 이자율, g: 성장률, d: 감가율, n: 기간).

⑦ n년 원리금 총액 = ⓛ n년 실현수익 총액(S_n) + ⓒ n년 미실현금액(X_n)

⑦ 원금$(1+i)^n$ = ⓛ n년 실현연금(S_n) + ⓒ n년 원금 잔존가액(X_n)

⑦ $P(1+i)^n$ = ⓛ R의 n년 연금종가(S_n) + ⓒ P의 n년 종가(X_n)

영구자본의 초기원금(P)은 한시자본의 초기원금(L)에서 원금(P)의 n기간 성장한 자본총액을 현재 시점에 할인한 가격만큼 큽니다. 여기에 다음 (3)번 식과 같이 성장원금인 땅값은 수익의 실현 기간(n)이 ∞이므로 원금 자체가 수익(R)으로 영원히 실현되지 않습니다. 그래서 땅값(P)은 경제에서 영구 허수가 되며, (1), (2), (3)번 식은 이런 성질을 수리로 증명하는 것입니다.[22] 상세한 것은 11장 끝에 있는 [표 11-5]를 참고하시기 바랍니다.

(1) 정액원금: $X_n = P(1+i)^n - R\{(1+i)^n-1\}/i = P$

⇒ 정액원금 미실현 금액 X_n = 초기원금 P, P는 매년 일정함 (Pi = R)

(2) 감가원금: $X_n = P(1+i)^n - R\{(1+i)^n - (1-d)^n\}/(i+d) = P(1-d)^n$

⇒ 감가원금 미실현 금액 X_n = 초기원금 $P(1-d)^n$, P는 매년 작아짐

P는 매년 d%씩 감가하므로 원금이 가치로 실현됨(Pi = R - Pd)

---

22) (1), (2), (3) 식은 n이 ∞이면, R의 모든 값은 ∞로 커져서 i, d, g에 관련 없이 [X_∞ = R_∞의 연금총계]가 일치(수렴)한다. 그러나 땅값(P)은 감가성 자본(P)처럼 수익(R)으로 실현되는 성질이 없다.

(3) 성장원금: $X_n = P(1+i)^n - R\{(1+i)^n-(1+g)^n\}/(i-g) = P(1+g)^n$

⇒ 성장원금 미실현 금액 X_n = 초기원금 $P(1+g)^n$, P는 매년 커짐

P는 매년 g%씩 커지므로 미실현 금액임(Pi = R+Pg),

∴ P는 영구 허수(미실현가치) ⇒

n = ∞, 원리금 ∞ = 실현수익 R ∞ + P ∞

위 식을 종합하여 보면, 감가성 자본(2)은 매년 P가 작아지면서 원금이 잔존가격으로 남고, 정액성 자본(1)은 원금 P가 일정하게 남아 있습니다. 그러나 성장성 자본(3)은 원금 P가 실현되지 않고 있을 뿐 아니라 그 원금이 매년 커지고 있습니다. 그래서 성장성 자본가격(P)은 영구 허수가 됩니다.

영구자본의 성질별 가치 흐름과 땅값 허구가격의 이해

[표 11-3]은 투자된 자본의 원리금과 실현된 수익을 자본의 성질별로 구분하여 계산한 것입니다. 정액 원리금은 자본의 성질별 구분 없이 투자된 비용에 해당하는 원금과 이자의 합계입니다. 그리고 수익은 복리 이자를 합산한 연금총액이며, 자본은 정액성, 감가성, 성장성의 성질별로 가치 흐름을 나타낸 것입니다. 금액은 초기원금을 1원으로 하고 1원이 생산하는 자본 원금의 수익 흐름을 나타낸 것입니다. 독자들은 원금 1원을 1억 원으로 바꾸어서 비교해도 됩니다(예: 1.0500원 ⇒ 1억 500만 원).

구분 연도	정액자본			감가자본		성장자본		정액부금	
	① 원리금	원금	② 정액연금	③ 감가연금	④ 잔존가액	⑤ 성장연금	⑥ 땅값성장	⑦ 부금연금	⑧ 잔존가액
0	1	1	0	0	1	0	1	0	1
1	1.0500	1	0.0500	0.1000	0.9500	0.0200	1.0300	0.0548	0.9952
2	1.1025	1	0.1025	0.2000	0.9025	0.0416	1.0609	0.1123	0.9902
10	1.6289	1	0.6289	1.0302	0.5987	0.2850	1.3439	0.6890	0.9399
20	2.6533	1	1.6533	2.2948	0.3585	0.8472	1.8061	1.8120	0.8413
30	4.3219	1	3.3219	4.1073	0.2146	1.8947	2.4273	3.6393	0.6826
40	7.0400	1	6.0400	6.9115	0.1285	3.7780	3.2620	6.6170	0.4230
50	11.4674	1	10.4674	11.3905	0.0769	7.0835	4.3839	11.4674	0
계산	① = ② + 1(정액잔존)			① = ③ + ④(감가잔존)		① = ⑤ + ⑥(성장잔존)		① = ⑦ + ⑧(부금잔존)	

[표 11-3] 자본의 유형별 연금 흐름(단위: 원)

(i: 5%, d: 5%, g: 3%, 사용 및 존속기간 50년)

주) 원금(P): 1원, 원리금 = 연금(정액, 감가, 성장) + 원금(정액, 감가, 성장)

정액자본 $P = R_1/i$, 성장자본 $P = R_1/(i-g)$, 감가자본 $P = R_1/(i+d)$

[표 11-3]에서 20년 기준 총비용인 원리금은 2.6533원, 이에 대응하는 실현수익은 정액연금은 1.6533원으로 원리금보다 1원이 적습니다. 그 이유는 초기원금 1원이 20년 후에도 그대로 남아 있기 때문입니다. 그러나 이 1원은 초기원금이 만기까지도 남아 있으므로 자본의 원금이 생산물 수익이나 가치물로 실현되지 않습니다.

그러므로 자본의 실현성은 만기에 원금이 가치물로 이전되어 소멸하는 성질을 가져야만 합니다. 특히 투자된 실물이 없어서 미래가치의 선불에 불과한 토지자본은 반드시 이렇게 만기에 원금이 0으로 소멸해야 합니다. 그래서 자본가격의 가치 흐름은 성경이 말하는 원금이 소멸하는 무르기 가격으로 계산을 해야 합니다.

이제 감가연금을 보겠습니다. 20년 기준 감가연금은 2.2948원으로 정액연금에 비하여 0.6415원이 큽니다. 그 이유는 원금이 그만큼 감가하면서 수익으로 실현이 되었기 때문입니다. 그런데 같은 20년 기간에 감채기금법에 속하는 부금연금은 1.8120원이므로 감가상각이 0.4828원(0.4828 = 2.2948 - 1.8120) 차이가 납니다. 이 금액은 부금의 잔금(잔존가격) 0.8413원과 감가상각비 잔금 0.3585원과 비교해도 차액이 0.4828원임을 확인할 수가 있습니다. 감가성 자본은 기존의 감가상각비 계산법과 감채기금법인 정액부금률로 하면 가격이 달라지므로 무르기 가격은 자본의 고유 성질을 따라 계산해야 한다는 것을 알 수 있습니다.

다만, 임대료를 징수하면서 감가성 자본과 관련 없이 원금에 대한 일정한 이자를 계속 받고 있다면 원리는 전혀 다릅니다. 왜냐하면, 감가성 자본은 원금이 매년 작아지므로 수익도 매년 작아져야 하는데 임대료를 낮추지 않고 정액으로 받으면 그만큼 과다징수가 되기 때문입니다.

그리고 20년 기준 성장연금은 0.8472원으로 정액연금보다 0.8061원(0.8061 = 1.6533 - 0.8472) 작습니다. 그만큼 땅값 원금이 1원에서 1.8061원으로 0.8061원 커져 있기 때문입니다. 그런데 땅값은 실현된 수익이 아닙니다. 땅값 원금은 첫 1원도 실현된 가치물이 아니고, 선불된 자본가격일 뿐이며, 20년간 커진 0.8061원도 역시 실현된 가치물이 아닙니다. 이 값은 초기원금 1원부터 커진 가격 0.8061원까지 모두 가치물이 없고, 미래에 가치로 실현되는 성질도 없으므로 허구 가격입니다.

이제 만기를 가정한 50년 기준을 보겠습니다. 토지는 영구재이므로 만기가 없지만, 만기가 있는 정액성 자본이나 감가성 자본을 비교하기 위하여 기간을 50년으로 한정해 봅니다[23]. 그러나 토지는 영구재이기 때문에 만기가 없고, 50년 후도 값이 실현되는 성질이 없다는 것을 암기 위해 기초원금을 1원으로 가정하여 비교하고 있습니다.

50년 기준으로 투자비용인 원리금 총액은 11.4674원인데 정액연금이 10.4674원, 감가연금이 11.3905원, 성장연금이 7.0835, 부금연금이 11.4674원입니다. 그래서 만기에 원금이 소멸하지 않은 정액연금은 원금(1원)만큼 실현된 값이 작고, 감가연금은 원금이 가치로 실현되어 잔존가격(0.0769원)의 차이만 있고, 원리금과 감가연금이 거의 일치(접근)합니다(11.4674원 ≒ 11.3905원). 그리고 정액성 부금연금은 원리금과 같은 11.4674원이 되어 가치의 실현과 빚 갚기가 종결되는 것을 알 수 있습니다.

따라서 소유자(임대자)와 사용자(임차자)가 다른 경우 자본의 실현가치, 잔존가격, 무르기 가격 등의 계산은 자본 변동률(감가율 또는 성장률)을 적용한 감채기금법이나 실현가치로 계산을 해야 함을 알 수가 있습니다.

그림으로 보는 땅값 가치 흐름과 허구가격의 이해

내일은 오늘이 아니며, 미래는 현재가 아닙니다. 50년 후 생산될 가치물은 지금 쓸 수가 없고, 영구 미래에 생산될 물질은 영원히 현

---

23) 토지는 50년으로 기간을 제한하면, 원금은 1원보다 작은 0.6177원이 된다(0.6177원 = 1×(0.05-0.03)×50년 연금현가율 30.8850). 정액자본과 변액자본(감가와 성장)은 초기원금을 1로 하면, 1에 대한 수익이 맞지 않고, 초기수익을 1로 하면 1에 대한 초기원금이 맞지 않는다. 여기서는 독자들이 쉽게 이해하기 위하여 초기원금을 1로 가정하여 비교한다.

재물이 아닙니다. 땅값은 지급액이 영구적 생산물 가격이므로 허구입니다. 사람에게 땅값은 너무 크고 길어서 그 값을 사용할 수 없는 허구가격이 되는 것입니다. 이제 땅값이 허구가격이 되는 사실을 그림으로 살펴보겠습니다.

[그림 11-2]는 [표 11-3]에서 원리금, 정액연금, 감가연금, 부금연금, 그리고 성장연금의 시간 흐름에 따른 가치의 변화와 크기를 선으로 나타낸 것입니다. 그림에서 제일 큰 값이 투자 원금에 대한 시간적 크기인 원리금 합계입니다. 1원을 5%의 이자율로 적립하면 복리 이자로 50년 후 11.4674원으로 커집니다. 이 값은 자본의 투자비용이며, 정액성, 감가성, 성장성 자본의 성질별 구분 없이 모두 크기가 같습니다.

그다음 보아야 할 것은 정액연금의 크기를 나타내는 선입니다. 이 선은 보통 우리가 알고 있는 은행의 정기예금을 했을 경우를 가정한 이자 총액의 크기입니다. 우리가 투자를 하게 되면 의사결정에 기초가 되는 수익과 비용의 흐름을 크기를 나타내고 있습니다. 시장이 균형상태를 가정하면 이 크기의 수익을 실현한다고 보는 크기입니다. 이에 따른 50년 후 정액성 자본이 생산하거나 실현한 투자 수익은 정액연금으로 10.4674원입니다. 원리금보다 1원 작은데 1원은 기초원금의 크기입니다.

그런데 감가성 자본이 생산하거나 실현한 수익은 감가연금으로 처음부터 말기까지 정액연금보다 큽니다. 그 정액연금과 감가연금의 차액은 원금 1원에 대한 감가상각비와 그 충당금의 이자액 크기입니다.

그리고 감채기금법에 따른 부금연금은 감가연금보다 계속 작게 커지다가 말기에는 감가연금을 추월하여 원리금 11.4674원과 일치합니다. [그림 11-2]에서 희년법에 따른 무르기 가격, 곧 원금의 잔존가격은 원리금과 부금연금의 차액입니다. 정액자본 연금으로는 20년 기준 0.0413원, 10년 기준 0.1230, 만기인 50년 잔존가격은 0입니다.

또한, 기존의 감가상각법으로 하게 되면 감가연금은 부금연금의 차액만큼 큽니다. 그래서 소유자와 사용자가 다른 경우 임대료가 과다징수 되므로 고정자산이나 원금에 대한 감가상각은 기존의 감가상각비가 아니라 감채기금률(부금률)로 해야 합니다.

그런데 상장성 자본의 연금은 다른 연금의 흐름보다 현저하게 다릅니다. [그림 11-2]를 보면 아래로 제일 낮게(적게) 나타난(처진) 선이 토지의 지대수익인 성장연금(선)입니다. 성장성 자본인 토지의 원금은 다른 자본의 원금과 같은 금액인 1원으로 시작해도 매년 실현되는 수익의 크기는 제일 작습니다. 원리금 보상은 물론 은행의 정기예금 크기인 정액연금보다 작습니다.

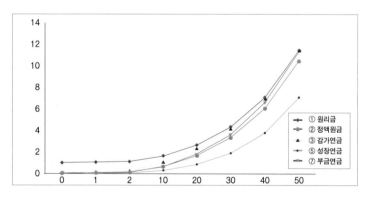

[그림 11-2] 자본의 유형별 연금 흐름 비교(이자율 5%, 성장률 3%)

위 [그림 11-2]에 대한 연금의 가격 비교.

20년 말	50년 말	50년 후 실현 비교
땅값 원리금: 2.6533 정액연금: 1.6533 감가연금: 2.2948 **성장연금: 0.8472** 부금연금: 1.8112	**땅값 원리금: 11.4674** 정액연금: 10.4674 감가연금: 11.3905 **성장연금: 7.0835** 부금연금: 11.4674	**원리금 =** **연금(실현) + 원금(미실현)** 정액성 자본: 미실현 1원 감가성자본: 잔존가격 0.0769 **성장성자본: 미실현 4.3839** 부금총액 11.4674(미실현 0)

[그림 11-2]에서 50년 기준으로 성장연금은 7.0835원으로 원리금보다 4.3839원 작고, 정액연금보다도 3.3839원 작습니다. 그 작은 차액은 성장성 자본이라 원금이 1원에서 50년간 3.3839원 커져 있기 때문입니다. 토지에서 50년 동안 실제로 생산물을 낸 수익은 7.0835원이므로 이 값이 실현된 가치물입니다. 그 외 숫자나 금액은 모두 실물은 없고 숫자의 크기만 땅값으로 나타나는 것뿐입니다.

그래서 토지의 거래가격에서 희년법처럼 한시적 기간을 두지 않으면, 토지는 영구재이므로 이 적자 현상은 영원합니다. 그래서 성장성 토지의 비용은 영원히 보상을 받지 못합니다. 그래서 땅값은 영원히 가치물로 실현되는 성질이 없습니다.

물론 만기가 무한대이므로 그때 가서 모두 보상을 받기는 하지만, 이것은 수리적 성질에 불과할 뿐입니다. 곧 현실 경제는 유한기간이므로 땅값은 그 원금과 성장액 모두가 숫자로만 존재하고, 영원히 실물은 없으므로 허수가격입니다. 토지와 같은 성장성 자본이 허구가격인 것은 다음 식으로도 확인할 수 있습니다.

땅값: 영구 자본가격 = 미래 성장연금현가 = 영구 미실현가격 = 영구 실현불능

가격(초기원금: 비실물, 말기원금: 비실물, ∝기간 원금: 비실물)

땅값: (㉠ 0년도 ∝ 수익기간의 자본가격 - ㉡ n년 실현수익의 총액) ≠ ㉢ n년도 ∝ 수

익기간의 자본가격$(1+g)^n$

땅값: ⓒ n년 $\propto$ 수익기간의 자본가격$(1+g)^n$ = ㉠ $\propto$ 수익기간의 자본가격$(1+i)^n$ -

ⓒ n년간 실현연금총액

㉠ < ⓒ, 0년도 자본가격 ㉠은 n년도에 ⓒ으로 더 커져 있으므로 미실현 상태

에서 커지는 현상만 지속한다.

∴ 땅값은 영구 미실현가격이므로 허수가격(무한기간 가격 - 유한기간 가격 = 무한기

간 가격, $\propto$기한 - 유한기간 = $\propto$)

그러나 사람들은 학자나 전문가라도 성장자본의 영구 적자와 허
구가격을 쉽게 이해하지 못합니다. 그 이유는 토지에서 지대수익이
계속해서 나오고 있고, 이 값은 원금과 연금이 계속 커지고 있으므
로 땅값이 "적자"나 "허구"라는 용어 자체가 성립하지 않는 궤변처럼
느껴지기 때문입니다. 0보다 큰 각각의 연금 합계는 모두 P의 원리금
과 $\propto$에서 수렴합니다(원금/연금: 0에 수렴, n년 원금/초기원금: $\propto$ 발산).

[그림 11-3]는 희년법이 말한 토지의 가격계산 과정에서 밝혀진
자본의 성질별 시간가치 흐름을 정리한 것입니다(상세한 계산식은 [표
11-5], 수식 정리 참고).

구분	현재(0연도)		가치·가격의 시간 흐름	n년 후	
	가치 유무	가격 발생		가격	실현 유무
성장성 자본(P_a)	없다(無)	P_{a0} P_{b0} P_{c0}	P_a는 커진다	$P_{a0} < P_{an}$ $P_{ai}=R+Pg$	미실현(無) 계속 커짐 비용 > 수익
정액성 자본(P_b)	有 or 無		P_b는 일정하다	$P_{b0} = P_{bn}$ $P_{bi} = R$	有 or 無 일정함 비용 = 수익
감가성 자본(P_c)	有 or 無		P_c는 작아진다	$P_{c0} < P_{cn}$ $P_{ci}=R-Pd$	실현(有) 계속 작아짐 비용 < 수익

자본 속성	가치 = 실물, 가격 = 숫자	$P_{a0} = R/(i - g)$, $P_{b0} = R/i$, $P_{c0} = R/(i + d)$	수익 속성
자본 구분	성장성 자본(P_a): 성장토지, 성장주식 실물초과액, 가상자산, 선물先物($P_{a0} \Rightarrow$ P_{an} = 실물0) 등 정액성 자본(P_b): 쌀, 실물, 예금, 비성장 토지와 주식, 영구채권 등 감가성 자본(P_c): 건물, 기계, 한시적 토지사용권, 어업권, 광업권, 각종 지적재산권 등		
희년법 시장원리	현재물(레 25:3~7): 다스리고, 소유하고, 거래하라(재화와 용역, 실물). 미래물(레 25:15, 16): 시한부로만 팔고 사고, 값을 없애는 무르기를 하라(P_c). 영구물(레 25:23): 땅은 영원히 팔리지 않을 것이니 팔리지 말아라(P_a).		

[표 11-4] 희년법이 말하는 자본의 시간별 가치 흐름과 실현(유무有無)

(P: 자본 원금, R: 수익, i: 이자율, g: 성장률, d: 감가율)

표와 그림으로 보는 땅값과 소유비용의 영구 적자

땅의 소유비용은 늘 적자 상태입니다—미래가격은 현재가치를 대신하지 못한다.

[표 11-5]는 땅값, 곧 성장자본의 가격 성질을 이해하기 위해 작성한 것입니다. 초기원금은 1원, 이자율은 5%, 성장률은 3%입니다. 이에 따른 이자로 계산되는 초년도 말 소유자 비용은 0.05원이고, 실제 지대수익은 0.02원입니다. 그 차액 0.03은 땅값이 3% 커지면서 원금에 붙어서 1.03원으로 나타납니다. 이에 대한 계산은 이렇습니다.

원금 1(원) = 0.02/(0.05-0.03), 소유비용(이자) 0.05 = 1×0.05

소유비용 0.05 = 지대수익 0.02 + 땅값 성장액 0.03

지대수익 0.02 = 소유비용 0.05 - 땅값 성장액 0.03

땅값 성장액 0.03 = 초기원금 1(1+0/03)

∴ 초년도 소유적자 0.03 = 소유비용 0.05 - 지대수익 0.02

w성장하는 토지의 소유는 이렇게 초년도부터 적자를 보고 있습니다. 이런 부등식은 무기한 계속되는 현상입니다. 그러나 우리는 토지를 소유하면 소유자가 지대수익을 얻고, 다시 땅값 원금이 커져서 이득을 보고 중복으로 수혜를 누리는 것으로 보입니다. 그러나 아닙니다. 이것은 성장자본의 가격 성질이나 가치 흐름을 모르는 무지나 오해입니다.

적자가 무기한 계속되는 현상은 예를 들어 추적하여 보면 확인할 수가 있습니다. 1원의 돈을 빌려 1원의 토지를 구입하면, 그 토지를 사용하여 얻은 지대수익이 이자비용 0.05원을 갚을 수 있어야 합니다. 그런데 실제 지대수익은 1기말 0.02원뿐입니다. 1기말에 0.02원을 갚으면, 갚지 못한 0.03원은 연체로 남습니다. 그러면 땅값 원금은 연체이자가 붙어서 1.03원이 됩니다. 이것은 1기말에 땅값 원금이 커진 값과 크기가 같습니다.

1기말 땅값 = 2기 초 땅값

= 1.03 = (초기원금 1 + 연체이자 0.03) = (땅값 원금 1 + 땅값 성장액 0.03)

2기말 이자는 1.03원의 5%이므로 소유비용은 0.515원입니다. 2기말 지대수익은 3% 커져서 0.0206원입니다. 2기말 적자는 0.0309원(0.0309 = 0.515 - 0.0206)이며 연체이자가 커지고 있습니다. 이 현상은 3기말에도 그다음 해도 같은 비율로 커지면서 계속하게 됩니다. 소유비용의 연체이자와 땅값 성장액은 같은 크기로 계속 커지고, 이 현상은 영구적입니다.

우리는 땅값이 성장자본으로 원금도 수익도 커지므로 시간이 흐르면 언제인가 적자가 흑자로 반전이 되는 것으로 알고 있습니다.

그러나 이런 생각은 잘못된 이해입니다. 감가성 자본은 수익이 이자(비용)보다 커져야 커진 수익으로 감가하는 자본의 원금을 보상받을 수 있습니다. 그러므로 성장성 자본은 감가성 자본과는 반대로 수익이 이자(비용)보다 작아야 커진 원금이 작은 수익과 비례하여 전체 크기가 같아지는 것입니다.

[표 11-5]와 [그림 11-3]에서 성장하는 토지는 소유자가 사용에서는 늘 적자가 나고 있습니다. 그리고 이 적자는 땅이나 집을 팔 때 발생하는 매매차익으로 비로소 보상을 받는 것입니다. 그러므로 정상시장에서 땅은 팔지 않는 한 소유로 이득을 누리는 것이 아니고, 사용으로 손해를 보고 있다는 것을 이제 알아야 하겠습니다.

연도 (n)	①성장원금 (1 + 0.03)n-1	②소유비용 (①×0.05)	③지대수익 (①×0.02)	④소유적자 (② - ③)	⑤땅값성장 (1 + 0.03)n	⑥말기땅값 (1 + 0.03)n
1	**1.0000**	**0.0500**	**0.0200**	**0.0300**	**0.0300**	**1.0300**
2	1.0300	0.0515	0.0206	0.0309	0.0309	1.0609
3	1.0609	0.0530	0.0212	0.0318	0.0318	1.0927
10	1.3048	0.0652	0.0261	0.0391	0.0391	1.3439
20	**1.7535**	**0.0877**	**0.0351**	**0.0526**	**0.0526**	**1.8061**
30	2.3566	0.1178	0.0471	0.0707	0.0707	2.4273
40	3.1670	0.1584	0.0633	0.0950	0.0950	3.2620
50	**4.2562**	**0.2128**	**0.0851**	**0.1277**	**0.1277**	**4.3839**
근거	P = R/(i - g), Pi = R + Pg, 초기값: 원금 1, 소유비용 0.05, 지대수익 0.02					

[표 11-5] 성장토지의 소유비용과 지대수익의 50년 가치 흐름
(P: 1원, i: 0.05, g: 0.03, n: ∞) * 원금과 수익은 1기 시차 발생

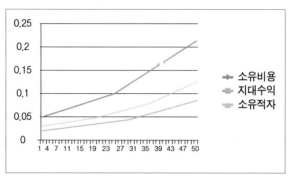

[그림 11-3] 토지의 소유비용과 지대수익

[그림 11-3] 참고

1년: 소유적자 0.03 = 소유비용 0.05 - 지대수익 0.02

⇒ 적자율: 60%(0.03/0.05)

20년: 소유적자 0.0526 = 소유비용 0.0877 - 지대수익 0.0351

⇒ 적자율 60%

50년: 소유적자 0.1277 = 소유비용 0.2128 - 지대수익 0.0851

⇒ 적자율 60%

성장성 자본가격의 이런 성질은 시장 전세가격과 성경 희년법의 사글세 가격에서도 확연하게 드러납니다. 토지의 소유가격을 P, 전세가격을 J, 희년법 사글세 가격을 L, 토지임료를 R로 하여 부등호를 표시하면, 초기가격은 $[P_0 > J_0 > L_0 > R_1]$이며[24], n년 후 말기가격은 모두가 같은 R의 실현가치에도 불구하고, $[P_n > J_n > L_n = 0]$, $[L$의 실현가치 = R의 실현연금]이 되어 소유가격(P_0)은 미실현가격(P_n)으로 g의 비율만큼 커져 있습니다. 만기의 잔여재산은 가치의 성질도 P는

---

24) $P_0 = R_1/(i - g)$, $J_0 = R_1/i$, $L_0 = R_1$의 n년 연금현가율, $R_1 =$ 초년도 토지임료.

전액이 쓸 수 없는 미실현가격, J는 실현연금보다 크기는 하지만, 전세금 전액이 은행 예금처럼 원금은 일정합니다. 그리고 성경 사글세 가격 L은 소멸하고, 실현가치는 R의 실현연금과 같아서 토지 무르기가 완성되며, 사회적 부채가 소멸하고 균형이 성립합니다.

주택의 이론가격과 가치 흐름

주택은 토지와 건물로 구성된 복합자산입니다. 그런데 토지는 성정성 자본이고, 건물은 감가성 자본입니다. [그림 12-1]에서 내용연수 50년인 건물은 그 기간 내에 구입액의 95% 이상을 주거가치로 실현할 수 있으나 성장하는 땅값은 100년을 넘겨도 85.4%에 불과합니다. 그래서 이것이 단일 가격으로 값이 매겨져서 거래되는 가격이나 가치의 성질도 이해해야 합니다.

복합자산인 주택의 이론가격은 건물의 감가상각으로 인하여 성장률 g에 감가상각률 d가 추가됩니다{$P = R/(i-g'+d)$}. 아파트와 같은 복합자산은 건물이 없는 일반 토지보다 성장률이 높습니다. 건물은 감가로 인하여 시간 흐름에서 원금이 작아지고, 토지는 커지므로 장기로 보면 주택가격에 땅값의 비중이 더 길고, 큽니다.

그래서 현실적 시장에서 결정되는 주택가격은 건물의 감가상각을 고려하지 않습니다. 곧 주택의 이론가격은 주택 토지의 초과 성장률(g')이 건물의 감가상각률(d)을 상쇄하고, 남은 크기입니다. 그러므로 주택의 정상 성장률은 일반 토지의 성장률 g($g'-d$)를 그대로 적용한다고 보면 되겠습니다. 감가성 자본은 어떤 자산이든 잔존가격이 작아져서 소멸하려면, 내용연수 n보다 ∝가 되어야 0이 되는 성질을 가집니다. 곧 감가성 자본은 작아지는 값이므로 시간가치는 상각률의 크기만 바르게 적용하면, 잔존가격은 의미가 거의 없습니다.

부채는 시간이 흐름으로 작아지거나 없어져야 합니다
─부채는 갚지 못하면, 자꾸자꾸 커집니다

레위기 경제법에서 발생하는 몸값과 땅값은 현재로 존재하는 재화나 서비스가 아니라고 했습니다. 이 가격은 미래에 발생할 가치를 자본가격으로 값을 미리 매겨 거래한 가격입니다. 그래서 몸값과 땅값은 실물거래가 아니고 금융거래입니다. 몸값과 땅값은 거래가 시한부 가격이든 영구가격이든 그 값은 부채이고 부채 중에서도 그 거래액이 실물이 없는 선불거래입니다.

그래서 이러한 몸값과 땅값으로 빚은 빚 중에서 다른 빚과는 성질이 다른 실물 없는 원금에 대한 빚이므로 "원빚"이라고 했습니다. 몸값은 사람의 신체적 자유를 제약하며, 땅값은 인간의 생존권과 경제적 자유를 제약합니다. 땅값은 미래의 가격이 현재의 시장가격과 자원의 효율적 배분을 방해합니다.

그러므로 몸값과 땅값, 곧 자본의 원금에서 발생하는 빚은 원금 자체를 없애 버려야 합니다. 그 방법은 본인이 갚든지 남이 갚아 주든지 하는 것입니다. 성경을 이것을 속량贖良이라고 합니다. 이렇게 실물이 없는 빚의 원금은 없애 버려야 희년이 옵니다.

차車를 빌리거나 집을 빌리거나 돈을 빌리는 것도 빚입니다. 일터에서 발생하는 임금도 지급하지 않았으면 빚입니다. 그러나 이러한 빚은 그 빚값 크기만큼 사회에서 실물이 존재하거나 가치물이 존재합니다.

❶ 희년과 포도원 천국

이것도 누적적으로 커지면 문제가 되겠지만, 일상생활에서 부득이하게 발생하는 채권 채무는 우리가 그때그때 값을 지불하므로 문제가 되지 않습니다. 차와 건물을 빌려 쓰고 임대료를 내고, 사람을 고용하여 일을 시키면 임금을 주는 것입니다. 이것은 빚이 발생하기보다 경제활동 그 자체입니다. 또 돈은 빌려서도 그 돈에 해당하는 물질이 사회에 어디엔가 있으므로 이것이 곧바로 사회문제가 되는 것이 아닙니다.

그러나 몸값과 땅값은 그 값에 해당하는 가치물이 존재하지 않으며 또 그 빚은 인간의 신체의 자유와 생존의 자유를 근본에서 제약합니다. 그리고 땅값은 부채로서 크기가 자꾸 커지기 때문에 이 값을 없애 버려야 비로소 인간의 자유가 완전하게 보장되는 것입니다.

이것은 인간이 가진 죄 중의 죄인 원죄와 사람이 삶에서 지게 되는 사사로운 범죄와 그 성격이 비슷하다고 했습니다. 인간의 원죄를 갚기 위해서는 구약에서 반드시 하나님께 희생 제사로 번제물을 드려야 했었고, 신약에서는 십자가의 값 치르기가 있어야 했습니다.

이처럼 경제활동에서 발생하는 몸값과 땅값의 원빚은 제사법의 원죄와 같이 반드시 속량을 받아야 합니다. 그런데 신약시대에 와서 노동가치는 임금으로 거래하기 때문에 몸값이 소멸하여 발생하지를 않습니다. 그만큼 인간의 자유가 신장되었기 때문입니다(연예인 등의 몸값 부채는 예외).

그러나 땅값은 토지가 인간의 생존과 경제활동에 필수재이고, 부채의 금액도 크기 때문에 반드시 소멸시켜야 했습니다. 그럼에도 우리의 무지로 인하여 땅값으로 발생하는 부채는 신약시대에 오히려 더 커져 있고, 앞으로도 계속 커질 것으로 보입니다.

[표 11-6]은 지금까지 살펴본 자본의 유형별 가격 성질을 이해하기 위해 필요한 수식들을 정리한 것입니다.

자본 분류		연금현가(현재가치)	연금종가(미래가치)	평가
현가·종가		현가: $P_0 = P_n(1+i)^{-n}$	종가: $P_n = P_0(1+i)^n$	$n=\infty$ $P_0=0$, $P_n=\infty$
한시 자본	정액	① $L_0 = H/(1+i)^1 + H/(1+i)^2 + H/(1+i)^0$ $\cdots + R/(1+i)^n$ ② $L_0 = R\{1-(1+i)^{-n}\}/i$ $n=\infty \Rightarrow$ ③ $P_0 = R/i$, ①=②=③	① $S_n = R(1+i)^0 + R(1+i)^1 +$ $R(1+i)^2 + \cdots + R(1+i)^n$ ② $S_n = R\{(1+i)^n-1\}/i$	정액성 사글세 $L_n = 0$(실현)
	감가	① $L_0 = R(1-d)^0/(1+i)^1 + R(1-d)^1/(1+i)^2 + R(1-d)^2/(1+i)^3 + \cdots + (1-d)^{n-1}/(1+i)^n$ ② $L_0 = R\{1-(1-d)^n(1+i)^{-n}\}/(i+d)$ $n=\infty \Rightarrow$ ③ $P_0 = R/(i+d)$, ①=②=③	① $S_n = R(1-d)^0 + R(1-d)^1 + R(1-d)^2 R(1+i)^2 + \cdots + (1-d)^0 R(1+i)^n$ ② $n = R\{(1+i)^n-(1-d)^n\}/(i+d)$	감가성 사글세 $L_n = 0$(실현)
	성장	① $L_0 = R(1+g)^0/(1+i)^1 + R(1+g)^1/(1+i)^{12} + R(1+g)^2/(1+i)^3 + \cdots + (1+g)^{m-1}/(1+i)^n$ ② $L_0 = R\{1-(1+g)^n(1+i)^{-n}\}/(i-g)$ $n=\infty \Rightarrow$ ③ $P_0 = R/(i-g)$, ①=②=③	① $S_n = R(1+g)^0 + R(1+g)^1$ $(1+i)^1 + R(1+g)^2(1+i)^2 + \cdots + (1+g)^0(1+i)^1$ ② $n = R\{(1+i)^n-(1+g)^n\}/(i-g)$	성장성 사글세 $L_n = 0$(실현)
영구 자본	정액	$P_0 = $ 정액원금 $L_0 + P_0/(1+i)^n$, ③ $P_0 = R/i$, $n=\infty \Rightarrow$ ①=②=③	$S_n = R\{(1+i)^n-1\}/i$	예금, 정액채권
	감가	$P_0 = $ 감가원금 $L_0 + P_0(1-d)_n/(1+i)^n$, $n=\infty \Rightarrow$ ③ $P_0 = R/(i+d)$, ①=②=③	$S_n = R\{(1+i)^n-(1-d)^n\}/(i+d)$	기계, 건물
	성장	$P_0 = $ 성장원금 $L_0 + P_0(1+g)^n/(1+i)^n$, $n=\infty \Rightarrow$ ③ $P_0 = R/(i-g)$, ①=②=③	$S_n = R\{(1+i)^n-(1+g)^n\}/(i-g)$	토지, 성장주식
전세가격		$J_0 = R/i$, 2년 전세 $J_0 = (S_2+J_0)/(1+i)^2$, 4년 전세 $J_0 = (S_4+J_0)/(1+i)^4$		$J_0 = J_n$
무르기 가격	정액	$X_n = L_0(1+i)^n - S_n$, 영구 $X_n = P_0(1+i)^n - R\{(1+i)^n-1\}/i$		미실현가격
	감가	$X_n = L_0(1+i)^n - S_n$, 영구 $X_n = P_0(1+i)^n - R\{(1+i)^n-(1-d)^n\}/(i+d)$		미실현가격
	성장	$X_n = L_0(1+i)^n - S_n$, 영구 $X_n = P_0(1+i)^n - R\{(1+i)^n-(1+g)^n\}/(i-g)$		미실현가격
말기 가격	정액	$P_n = P_0(1+i)^n - $ 정액 S_n, $P_0=P_n$, $X_n=P_0$, $X_n/S_n = P_0/S_n$		P만 미실현
	감가	$P_n = P_0(1+i)^n - $ 감가 S_n, $P_0 \rangle P_n$, $X_n = P_0(1-d)^n$, $X_n/S_n = P_0(1-d)^n/S_n$		P는 실현됨
	성장	$P_n = P_0(1+i)^n - $ 성장 S_n, $P_0 \langle P_n$, $X_n = P_0(1+g)^n$, $X_n/S_n = P_0(1+g)^n/S_n$		P는 미실현 커짐
부금률	정액	정액부금률 $= i/\{1-(1+i)^{-n}\}$, 부금종가 $= $ 정액부금률 $\times$ 정액 S_n		부금 = 정액 원리금상환액
	감가	감가부금률 $= (i+d)/\{1-(1-d)^n(1+i)^{-n}\}$, 부금종가 $=$ 감가부금률 $\times$ 감가 S_n		실현수익 상환
	성장	성장부금률 $= (i-g)/\{1-(1+g)^n(1+i)^{-n}\}$, 부금종가 $=$ 성장부금률 $\times$ 성장 S_n		실현수익 상환
기타		감채기금률 $= i/\{(1+i)^n-1\}$	기하평균 $= (P_n/P_0)^{1/n}-1$	감가율, 성장률
$n = \infty$		원금(정액·감가·성장)은 원리금 총액 $P_0(1+i)^n$와 연금총액 S_n은 ∞가 되어 일치함. 단, 감가자본은 $P_0(1-d)^n$은 0으로 수렴하여 실현되고, 성장자본 $P_0(1+g)^n$은 ∞로 커지고 있으므로 전액 미실현 상태로 있다. $\therefore$ 성장성 자본 P_0 or $P_n =$ 영구미실현가격 = 허구가격(주식 실물투자 제외)		성장자본 원금과 매매차익은 영구 허수

[표 11-6] 수식 정리

(R: 자본 실현(될)수익=지대=임료, i: 이자율, g: 성장률, d:감가율, n: 기간)

제4편

땅값·집값,
반값에
세금까지 없는 나라

제12장
2020년 전후 서울 집값이 커지(오르)는 이유

A: 실물자본—쌀과 예금은 이자율이 내려가면 원금이 변하지 않고, 수익이 떨어
   집니다. 초기가격도 실물(재화와 서비스)이 있고, 말기가격도 실물이 있습니다.

B: 토지자본—땅과 주식은 이자율이 내려가면 원금부터 커지고, 수익은 변하지 않
   습니다. 영구재인 토지는 초기가격도 실물이 없고, 말기가격도 실물이 없습니다.

C: ∴ 성경 희년법은 실물거래(A)는 자유롭게, 토지거래(B)는 제한하거나 금지하
   고 있습니다.

원인을 모르면 대책을 세울 수가 없습니다

서울의 아파트 가격을 비롯하여 전국의 부동산 가격은 2020년 전
후로 크게 올랐습니다. 정부는 2020년 8월 기준으로 부동산문제에
대한 22회의 정책을 내어놓았지만, 오르는 집값을 잡지 못했습니다.
집값이 오른 이유를 모르기 때문입니다.

그래서 정부는 2021년 2월 4일 주택 83만 6,000호 추가 공급대책
을 발표하였습니다. 이번 정책 역시 가격 상승의 원인을 공급 부족
으로 본 것인데 지금까지 가수요가 원인이라고 보아 온 것과 별반

다르지 않습니다. 정부의 이런 조치로 인해 3~5년 뒤에는 주택의 과잉공급을 초래하고 미분양 상태가 생깁니다. 공공주도의 저가공급은 정부 부담의 증가로 세금과 국가부채가 커지고, 물가를 올립니다. 저가공급으로 분양을 받은 자는 가격 상승으로 부당이득을 취하게 됩니다. 아니면 사기업 주도의 과잉공급은 건축업의 도산 위기를 초래하여 장기적 경기불황이 따라오게 됩니다. 이것은 정부와 기업 양쪽 모두 국가자원을 낭비하는 것이며, 또 다른 문제와 고통을 안겨 주어야 할 정책입니다.

물론 지금은 코로나19로 인해 경제가 위축 상태이므로 공공주도의 건설 증대가 경기 부양책이 될 수 있으므로 긍정적인 면도 있습니다. 그러나 거시경제는 공공부담의 증가와 공급과잉에 따른 역효과의 고통을 그만큼 당해야 합니다. 토목공사와 건설업 부양은 '토건정부'나 하는 것이라고 하던 지금의 정부가 이 사업을 주도하고 있으니 '아이러니'이기도 합니다. 이처럼 정부나 사람들 모두가 부동산에 대한 땅값 이해는 잘못되어 있습니다.[25]

2020년 세대수는 61만 세대가 급증했습니다. '세대수 쪼개기'로 평소보다 3배가 큰 증가율이며, 이 중 1인 세대만 93% 증가했습니다. 이런 세대수 증가는 주택의 공급 부족이 일으키는 것이 아니고, 오른 집값에 과도한 규제가 만들어 가는 현상입니다. 세대수가 급등한 원인은 1세대 1주택의 특혜와 다주택 중과세의 징벌적 홀대가 가장 크게 작용을 했습니다.

코로나로 주눅이 든 경제에 실물 없는 금융거래만 커져서 2020년

---

25) 2020년 서울과 수도권이 집값 급등은 공급부족, 세대수 증가, 아파트 선호 등의 요인이 있으나 근본 원인은 기준 금리가 1% 미만인 초저율의 이자율 정책이 초래한 것이다.

8개 은행 지주사들이 벌어드린 이자수입만 41조원으로 추정되고 있습니다. 총매출 51조원에 80%가 고객이 은행에 채권 채무를 거래한 대가인 금융 수수료입니다. 낮은 이자율이 집값과 주식가격을 부풀리고, 이 값이 금융부채를 키워서 빚어진 시장의 왜곡 현상입니다. 2008년 미주와 서구에서 벌어진 은행도산과 금융위기는 부동산 열풍이 일으킨 주택 담보 대출의 모기지론 때문이었습니다. 성장성 주식도 실물의 투입과 생산이 없는 허수거래이므로 구입자는 팔지 않는 한 돈 이자가 나오지 않는 손해를 보게 되고, 증권사에 지급하는 거래 수수료만 키워주고 있습니다. 그러나 우리가 이러한 땅값과 성장주식이 가지는 시장 특성을 과학적으로 이해하지 못하니 처방책을 낼 수가 없습니다.

땅값의 가격 파동은 땅이 가진 가격 특성입니다

부동산문제는 땅값이 가지는 성질 그 자체 때문입니다. 그래서 희년법은 땅값이 발생하는 토지거래는 금지해 놓았습니다. 우리가 알다시피 1968년 이래 지금까지 전국에서 부동산 가격 급등 현상은 5회에 걸쳐 있었습니다. 필자는 이를 "땅값 파동"이라고 부릅니다.

경제개발 5개년 계획의 성공으로 경제가 성장함에 따라 1968년 이후부터 부동산 가격이 급등하기 시작하여 1978년 이후, 1988년 이후 이렇게 세 번의 가격 파동이 있었습니다. 이때는 대체로 10년마다 한 번씩 크게 올랐으므로 '10년 주기설'이 대세였습니다. 그러다 경제성장률이 낮아지고 이자율도 떨어지면서 땅값 상승률도 줄어들어 10년 주기를 넘겨서 15년이 된 2003년경에 크게 올랐습니다. 그리고 다시 15년 정도 지나서 2018년부터 오르기 시작하여 2020년 전후로 최고 상승률을 보였습니다.

이렇게 보면 2020년 땅값 상승은 오를 시기를 만났기 때문입니다.[26] 경제성장률을 따라 임금처럼 커져야 할 땅값이 10여 년간 정체되어 있다가 때가 되어 일시에 다 커져 버린 현상입니다. 땅값은 분위기를 따라서 오를 때는 그동안 오르지 못한 것과 앞으로 오를 가격 상승분까지 미리 당겨서 올라버립니다. 이것은 땅이 가진 물리적 성질과 진입 장벽(高가격, 高규제, 高세금) 때문에 '개구리 뜀뛰기식'[27]으로 오르는 것을 말합니다. 흘러야(올라야) 할 물이 장벽으로 흐르지 못하고, 고이기만 하다가 장벽을 무너뜨리거나 흘러넘치는 현상입니다.

여기에 최근의 이자율이 정상 이자율보다 턱없이 낮기 때문에 빚어지는 자본가격의 시장 특성으로 인하여 더 크게 올라버린 것입니다. 땅값은 이자율이 낮아지면, 이자율의 변동률보다 ㉠ 더 크게 커지고, ㉡ 먼저 커지고, ㉢ 별개로 커지는 성질을 가집니다.

2020년 전후는 미국을 비롯한 유럽과 서양 제국도 땅값과 주식 등 자본자산의 가격이 크게 올랐습니다. 세계에서 가장 크게 오른 나라가 터키입니다. 부동산 이런 추세는 세계적 금융위기를 초래한 2008년에도 있었습니다. 그러므로 부동산의 가격 급등은 수급상의 문제라기보다 자본자산이 가지는 물리적 성질과 주기적 시장 특성이 일으키는 문제입니다. 이것은 수급법칙이 작용하는 실물시장의 문제가 아니고, 자본가격이 이자율과 성장률에 연동된 금융시장의

---

26) 2020년, 21년 서울지역 집값 급등의 원인은 수요의 증대요인(1인 세대수의 증가, 단독주택에서 아파트 이주 증대)에 공급이 충족되지 못한 이유도 있지만, 정부의 저이자율 정책으로 인한 자본가격 상승 요인이 가장 크다.
27) 개구리는 한 곳에 멈추거나 웅크리고 있다가 일시에 높이 뛰어오르는 특성을 말하며, 땅값의 시장 특성이 개구리의 뜀뛰기 모습을 닮았다는 비유다.

문제입니다.

아래의 [표 12-1]을 보면 2020년 전후 부동산 가격이 오른 이유를 수치를 들어서 보여 주는 것입니다. 쌀이나 예금은 이자율이 변해도 원금은 100말 또는 100원으로 동일합니다. 그리고 변하는 이자율을 따라 수익만 변합니다. 이자율이 5%이면 수익은 5말, 4%이면 수익이 4말로 떨어집니다. 이자율이 3%이면, 다시 수익도 3말로 줄어듭니다. 그것도 1년이라는 시간이 지나서야 그렇게 변합니다. 이것은 실물 예탁을 대리하는 예금도 마찬가지입니다.

구분	기준원금·수익		이자율 하락과 가격(원금·수익)의 변동								기본 산식
	이자율 5%		4%		3%		2%		1%		
	초기원금	말기수익	원금	수익	원금	수익	원금	수익	원금	수익	
쌀 대여 (말)	100말	5말	100	4	100	3	100	2	100	1	R=P×i
예금(원)	100원	5원	100	4	100	3	100	2	100	1	R=P×i
채권 전세	100원	5원	125	5	167	5	250	5	*500	5	P=R/i
토지 g:2%	167원	5원	250	5	*500	5	계산 불능	5	∞	5	P= R/(i-g)
토지 g:3%	250	5원	*500	5	계산 불능	5	∞	5	∞	5	
주식 g:1%	125원	5원	167	5	250	5	*500	5	계산 불능	5	P= R/(i-g)
주식 g:2%	167	5원	250	5	*500	5	계산 불능	5	∞	5	
자본 가격 성질	토지·주식은 실물과 달리 수익이 같아도 원금 크기는 다름		예금과 쌀: 이자율이 낮아지면 수익이 낮아짐 채권과 전세금: 이자율이 낮아지면 자본원금이 커짐 **토지: 이자율이 낮아지면 성장률로 인하여 원금이 더 크게 커짐** 주식: 이자율이 낮아지면 성장률도 다소 낮아지나 원금은 커짐								기간은 무기한

[표 12-1] 이자율·성장률 등의 변화에 따른 원금과 수익의 변동

(P: 원금, R: 수익, i: 이자율, g: 성장률, n: 기간, ∞)

[표 12-1]의 계산근거

정액자본 원금: $[P = R/i] \Rightarrow [P = R \cdot \{1-(1+i)^{-n}\}/(i-g)+P \cdot (1+i)^{-n}]$

성장자본 원금: $[P = R/(i-g)] \Rightarrow [P = R \cdot \{1-(1+g)^n(1+i)^{-n}\}/(i-g)+P \cdot (1+g)^n(1+i)^{-n})]$

그런데 성장성 자본가격인 토지와 주식은 원금 변동이 크게 다릅니다. 이런 현상은 채권이나 전세가격도 자본가격이라서 이자율 변화에 따라 변하기는 합니다. 2020년 전후 전세가격의 급등도 저이자율 때문입니다. 그러나 채권과 전세는 한시적 자본가격이고, 정액성 자본이기 때문에 이자율 변동에도 한 번만 변하면, 그다음은 변하지 않고 일정한 성질을 가집니다.

그러나 토지와 주식은 원금의 변동 성질이 아주 다릅니다. [표 12-1]에서 채권과 전세가격은 이자율이 변해야 변하지만, 토지와 주식은 이자율이 일정해도 이자율과 별개로 존재하는 성장률로 인하여 원금이 별개로 변하고 있습니다. 같은 수익을 내는 자본임에도 성장률이 들어가니 원금은 쌀 자본과 예금보다 커집니다. 그래서 같은 수익 5말(또는 5원)임에도 원금은 100말이 아니고 167말 또는 250말이 되고 있습니다. 그래서 이자율이 떨어지면 더 크게 떨어지고, 성장률과 더불어 가격 상승률이 더 크게(체증적) 커지고 있습니다. 그래서 성장률이 이자율보다 크면 원금은 수학적으로 계산을 할 수 없거나 ∞의 가격이 나옵니다. 수학적 부호로 말하면, 실물자본의 수익 크기는 이자율과 성장률을 '곱하기(×)'로 계산하지만, 땅값의 원금 크기는 이 비율을 '나누기(÷)'로 계산을 해야 합니다. 그래서 땅값과 주식가격은 이자율과 성장률의 변동으로 폭등할 수 있습니다.

2020년 전후 한국의 부동산 가격 파동과 문제는 땅값의 이런 성질 때문에 옵니다. 다음 [표 12-2]와 [표 12-3]은 이를 좀 더 알기 쉽게 그림으로 나타내어 본 것입니다.

희년법이 거래를 허용한 자본가격

레위기 25장 3절에서 다스린 것은 다스린 자가 거두라고 합니다. 이 말은 생산된 가치물은 다스린 자가 자유롭게 소유하라는 뜻이므로 생산된 가치물은 자유롭게 팔고 살 수도 있습니다. 농부가 생산한 쌀과 어부가 잡은 고기, 교사의 교육 서비스와 가수의 노래가 시장을 통하여 유통되어야 먹고, 배우고, 즐기며, 자유를 누릴 수가 있습니다. [표 12-2]는 성경 희년법이 거래를 허용한 쌀과 같은 실물자본과 실물을 대리하는 예금과 같은 자본 원금의 가격과 수익에 대한 성질을 나타낸 것입니다.

그리고 희년법이 금융거래는 금하고 있는 것처럼 보이지만, 그것은 생활이 궁핍한 자에게 구제성 생활비를 빌려준 경우의 이자를 말합니다(레 25:35, 6). 그러나 궁핍에 대한 대여가 아니고, 사업상 필요한 실물대여와 이자 거래는 얼마든지 가능하다고 보아야 합니다. 그것은 타인의 기계나 도구를 빌려 쓰고 사용료를 내듯이 남의 실물자본을 빌려서 사용하면 사용료를 내어야 하기 때문입니다.

종류	초기원금	적용 이자율	기말수익	변동
쌀:	○○○○○ … ○○○○○ … 쌀 100말	5% (100×0.05) ⇒ 1년 지나 ⇒ 5%	○○○○○ 이자 쌀 5말	시간 흐름 이자 쌀 5말
	○○○○○ … ○○○○○ … 쌀 100말	3% (100×0.03) ⇒ 1년 지나 ⇒	○○○ 이자쌀 3말	이자율 ⇓ 시간 흐름 이자 쌀 3말
예금:	₩₩₩₩₩ … ₩₩₩₩₩ … 현금 100원	5% (100×0.05) ⇒ 1년 지나 ⇒	₩₩₩₩₩ 이자 현금 5원	시간 흐름 이자 돈 5원
	₩₩₩₩₩ … ₩₩₩₩₩ … 현금 100원	3% (100×0.03) ⇒ 1년 지나 ⇒	₩₩₩ 이자 3원	이자율 ⇓ 시간 흐름 이자 돈 3원

① 쌀과 예금은 이자율이 변하면(하락하면) 수익(이자)은 시간이 지나야 변한다(줄어든다).
② 쌀과 예금은 이자율이 변하면(하락하면) 수익(이자)이 줄어든다.
③ 쌀과 예금은 원금도 수익도 쌀(실물)이 존재한다.

[표 12-2] 이자율의 변화와 원금·수익의 크기 변동(1)

[표 12-2]를 보면 쌀과 예금을 대여한 경우 이자의 크기가 같습니다. 이자율이 5%이면 원금 100말에 이자(수익)가 5말입니다. 이자율이 3%이면 수익은 3말입니다. 그리고 이러한 수익의 변화는 1년이 지나야 변합니다. 균형상태를 가정하면 자기의 자본을 사용하여 생산해도 같은 기간의 수익률은 이자율과 같습니다. 그런데 우리가 유념할 것은 실물자본은 이자율이 변하여도 원금은 변하지 않습니다. 그러므로 희년법은 이런 금융거래는 제한 없이 허용하고 있다고 보아야 합니다.

희년법이 거래를 제한한 자본가격

희년법은 레위기 25장 15, 16절에서 토지의 거래를 시한부 사글세 가격과 무르기 조건부로 거래를 허용하고 있습니다. [표 12-3]은 희년법이 거래를 제한하거나 금지한 자본가격과 수익의 변동을 그림의 크기로 나타낸 것입니다.

그런데 토지를 희년까지 생산될 열매를 따라 기간계산을 해야 할 경우는 반드시 이자가 계산되어야 합니다. 희년까지 생산될 총량을 지금 거래할 때는 생산물에 대한 기간 차이로 인하여 가치를 이자율로 평가하여 배분하지 않으면 균등한 가치 거래를 할 수가 없습니다. 50년 후 쌀 100말과 지금 쌀 100말은 같은 크기의 가치물이 아니기 때문입니다. 50년 후 쌀 100말은 이자율만큼 낮추어야 같은 가치이고, 가격이라고 할 수 있습니다.

그래서 성경 희년법은 궁극적으로 실물을 교환하는 자본거래는 금융을 허용하고 있습니다. 그러나 이런 금융거래에도 현재에 실물이 없는 거래는 기간을 제한하거나 무르기를 두어서 값의 크기를 줄이고, 그 값을 무르기로 없애도록 하고 있습니다. [표 12-3]에 전세가격이 그러하고 희년법이 팔고 사게 되어 있는 토지의 사글세 가격이 그렇습니다. 이에 대해서는 앞에서 설명했으므로 생략합니다.

희년법이 거래를 금지한 자본가격과 서울 집값의 급등 원인

희년법은 레위기 25장 23절에서 토지의 가격과 거래를 원천적으로 금하고 있습니다. 이것은 토지의 영구가격인 땅값의 발생 자체를

❶ 희년과 포도원 천국

금지한 것입니다. 2020년 전후 서울을 비롯하여 전국에 아파트를 중심으로 부동산 가격이 크게 오른 이유가 바로 땅값 때문입니다. 더 확실하게는 땅값이 거래되고 있어서 문제의 소지를 많이 갖고 있는데, 이에 이자율마저 턱없이 낮아지니 부동산 가격이 저이자율을 따라서 급등을 해버린 것입니다.

[표 12-2]와 [표 12-3]에서 희년법이 거래를 자유롭게 한 것과 거래를 제한하거나 금지한 것은 이자율이 변할 때 그 차이를 분명하게 보여 줍니다. 이를 좀 더 정리하여 설명하면 A, B, C와 같습니다.

A: [표 12-2]는 이자율이 내려가는 경우 쌀값과 실물금융의 자본가격은 몸통(원금)이 변하지 않고, 수익만 작아진다. 수익은 시간이 지나서 이자율만큼 작아진다. 사회에서 실물(가치물)이 있다.

B: [표 12-3]은 미래에 생산될 쌀의 청구권에 불과한 땅값과 주식의 자본가격은 A와 정반대로 이자율이 변하면, 수익은 변하지 않고 몸통(원금)만 커진다. 그리고 자본가격은 이자율보다 더 크게 몸통(원금)부터 커지고, 시간까지 당겨서 미리 커진다. 이렇게 커지고 변하는 몸통 가격은 사회에서 영원히 실물(가치물)도 없다.

토지와 주식의 가격은 원금이 실물이 아니거나 없으므로 이자율이나 성장률 변동에서 ㉠ 먼저 커지고, ㉡ 더 크게 커지며, ㉢ 불규칙적(불균형적)으로 커진다. 급등한 거품가격bubble price은 꺼지거나 장기로 침체한다.

C: 그래서 성경 희년법은 A는 거래를 허용하고, B는 거래를 금지한다.

그런데 이런 거래 방식을 지키지 않기 때문에 2020년 전후 서울 집값은 이렇게 모두가 놀랄 정도로 크게 올랐습니다.

[표 12-3]의 (다)를 예를 들면, 대출 이자율 3%, 집값 성장률 2%

로 본 연간 임대료 2400만 원(월 200만×12개월)의 경우, 아파트 이론 가격은 24억 원입니다. 그리고 이런 집값에서 1년 후 원리금은 이렇게 구성되고 계산됩니다. 이 현상은 앞으로 계속됩니다 물론 서울 집값의 실제가격은 불규칙적으로 발생하겠지만, 이론가격은 이러한 불규칙한 가격 변동의 평균가격이라고 보시면 되겠습니다.

아파트 이론가격: 24억 원 = 2400만 원/(0.03-0.02)

1년 후 집값 원리금: 24.72억 원 = 24억(1+0.03)

= (임대수익 0.24억 + 집값 상승 0.48억 + 집값 원금 24억)

그리고 2020년 전후 전세가격 많이 올랐는데 그 이유 역시 이자율 하락 때문입니다. 그 값은 알아보기 위해 값을 계산해 보면 이렇습니다. 전세가격에 적용한 이자율은 대출 이자율보다 낮은 예금 금리를 감안하여 1.5%를 적용합니다. 그러면 연간 임대료 2400만 원인 아파트 전세가격은 16억 원입니다. 그런데 이자율을 0.5%만 올려 2%로 잡아도 전세가격은 12억 원으로 떨어집니다.

아파트 전세가격: 16억 원 = 2400만 원/0.015 (예금 실질 금리 1.5% 적용)

아파트 전세가격: 12억 원 = 2400만 원/0.02 (예금 실질 금리 2% 적용)

그러므로 부동산문제와 시장경제의 고질적 문제는 바로 자본(원금)의 이런 성질 때문에 발생하고 있습니다. 그런데 성경 희년법은 땅을 만든 자가 가르쳐 준 구약시대의 토지사용 설명서이고, 예수님이 가르쳐 준 포도원 천국 비유는 상속자가 알려 주는 신약시대의 토지사용 설명서에 해당합니다.

회년법은 시장에 대하여 자유시장, 제한시장, 금지시장으로 구분하여 거래 방식을 알려 주고 있습니다. 이 거래 방식은 물질이 가진 고유한 성질을 따라, 창조질서를 따라, 성경이 제시한 방법입니다. 그래서 사람은 시장에서 이 세 가지 거래 방식을 신호등을 지키듯이 지켜야 했습니다. 물론 회년법을 율법적으로 지키자는 뜻이 아니고, 복음적으로 지키자는 것입니다.

종류		초기원금	이자율(수익률)	기말수익	변동
전세:	가	₩₩₩₩₩ … ₩₩₩₩₩ … 가격 100원	5% (5원/0.05) ⇐시간 당김 ⇐ *화살표 바뀜	₩₩₩₩₩ 수익 5원	이자율 일정 수익 5원
	나	₩₩₩₩₩ … ₩₩₩₩₩ … ₩₩₩₩₩ … 가격 167원	3% (5원/0.03) ⇐시간 당김 ⇐ *화살표 바뀜	₩₩₩₩₩ 수익 5원	이자율 ⇓ 시간 당김 원금 커짐
땅값: 집값:	가	* 쌀 = 없음(0) 가격 200말	5%, 성장률 2.5% 5원/(0.05-0.025) ⇐시간 당김 ⇐	○○○○○ 쌀 5말=수익 5원	이자율일정 성장률 有 시간 당김 원금 커짐 *원금쌀 없음
	나	** 쌀 = 없음(0) 가격 250말	5%, 성장률 3% 쌀 5말/(0.05-0.03) ⇐시간 당김 ⇐ *화살표 바뀜	○○○○○ 쌀 5말=수익 5원	이자율일정 성장률 ⇑ 시간 당김 원금 더 크게 커짐 **원금쌀 없음
	다	*** 쌀 = 없음(0) 가격 500말	3%, 성장률 2% 쌀5말/(0.03-0.02) ⇐시간 당김 ⇐ *화살표 바뀜	○○○○○ 쌀 5말= 수익 5원	이자율 ⇓ 성장률 이자율 하락 성장률 상승 시간 당김 원금은 더 크게 커짐 *** 영원히 원금쌀 없음

〈전세〉: (가)이자 일정, (나)이자 하락, 〈땅값〉: (가)농지, (나)지방 도시, (다)서울 강남

① 땅값은 수익이 일정해도 이자율이 변하면(하락하면) 초기원금이 변하고(커진다), 시간도 당겨서 커진다.
② 땅값은 수익이 일정해도 이자율과 성장률로 인해 가격이 크게 변하고 커지며 시간도 당겨진다.
③ 땅값은 커지든 작아지든 쌀이 없다. 땅은 쌀(수익)만 내면서 커지는 성질을 가지며, 영구적이다.

[표 12-3] 이자율의 변화와 원금·수익의 크기 변동(2)

제13장
땅값이 채무은 오해와 투지시장의 패러다임

사람은 토지에 대하여 토지의 경제활동과 자생력을 쉽게 인정하지 않으며, 땅값이 영구 미래가격이라서 가치로 실현되지 않는 허구가격이 되는 것을 모릅니다. 그래서 경제에서 일어나는 여러 현상에 대하여 무지하거나 알아도 사실과 다르게 오해하고 있습니다. 이런 오해가 어림잡아도 10여 가지 정도는 되는데 이를 정리해 보면 다음과 같습니다.

수요공급의 원리와 성장성 자본의 가격법칙

A: 차車는 사용하면 사용할수록 가치가 줄어듭니다(절구는 찧으면 찧을수록 마모가 됩니다).

B: 땅地은 사용하면 사용할수록 가치가 커집니다(절구 밑의 땅은 찧으면 찧을수록 가치가 커집니다).

C: A와 B의 가치 변화에 따른 가격 성질을 수요공급의 원리로 생각하는 것은 인간의 무지입니다.

부동산에 대해서는 정부가 2020년 기준으로 20여 회 이상의 대책을 내어놓아도 문제를 해결하지 못했습니다. 이뿐 아니라 1968년 이래 지난 50여 년 동안 200회를 넘는 부동산정책을 내어도 문제를 해결하지는 못했다고 했습니다. 이것은 땅을 보는 우리의 시각이 근본에서 잘못되어 있기 때문입니다.

수요공급의 원리는 팔고 사는 상품의 가격을 결정하는 원리입니다. 어느 상품에 대한 수요가 공급보다 많으면 가격이 오르고, 수요(공급)가 공급(수요)보다 적으면(많으면) 가격이 내려서 결국은 수요와 공급이 일치하는 점에서 가격이 결정되는 시장원리입니다. 이것은 누구도 부인하지 못하는 시장의 불문율이며, 경제학에서 하나의 법칙이라고도 부릅니다.

그러나 수요공급의 원리로도 설명하기 어렵고, 또 그렇게 설명을 해서는 시장을 제대로 이해하지 못한 부분이 땅값입니다. 이것은 수요공급의 원리보다 더 먼저 있고 본질적인 가격 결정의 원리인 성장자본의 물리적 성질부터 알아야 합니다.

경제성장을 따라 사람의 임금이 커지듯이 땅도 경제성장을 따라 토지가치가 커집니다. 토지가치가 커지면 토지가치의 자본가격도 커집니다. 이것은 자동차가 사용하면 가치가 소모하여 가치가 떨어지는 것과 같이 자본재가 가진 자본 고유의 물리적 성질입니다. 이처럼 자본의 가격 커짐과 작아짐은 수요공급의 원리로 설명을 할 수 없는 부분입니다.

땅값은 땅이 가진 성장자본의 물리적 성질이 시장의 가격 특성으로 나타납니다. 그래서 땅값은 이자율의 하락이나 경제성장률을 변동에 대하여 먼저 커지고, 더 크게 커지고, 별개로(불규칙적으로) 커지는 시장 특성을 가진다고 했습니다. 한 예로 미래에 토지개발이 예상

되면 땅값은 지금 커져 버립니다. 미래에 토지가치가 성장하는 예상만 하여도 땅값은 자본가격이라서 미리 당겨져서 올라 버립니다.

예를 들어서 이자율이 변하면, 식목자본은 원금 크기가 변하지 않고 그대로 있고, 수익은 기간이 지나서야 이자율에 따른 수익이 변합니다. 그러나 땅은 이자율이 떨어지면 수익이 일정해도 원금 크기가 커지고, 그것도 수익을 얻는 시기보다 먼저 커집니다. 토지의 이러한 가격 변화는 토지의 물리적 성질과 자본가격의 특성으로 인하여 발생하는 현상입니다.

그런데도 땅값의 커짐 현상을 수요공급의 틀 안에서 이해하고 분석하는 기존의 경제학 체계와 사회의 일반적 사고는 매우 잘못되어 있습니다. 이런 잘못이 부동산문제를 해결하는 정책 수립에서도 편이 갈려집니다. 수요 측면을 강조하면 집값 상승의 원인이 과수요 때문이므로 수요를 줄여야 한다면서 거래의 규제와 세금을 높이려고 합니다. 그리고 공급 측면에서 보면 주택이 부족하여 문제가 발생하는 것으로 보여서 주택 공급을 늘리려고 합니다. 그러나 이런 양쪽의 주장은 모두 토지의 시장 특성을 몰라서 낸 해결책이므로 문제를 풀어낼 수가 없고, 논쟁과 잘못된 정책으로 인한 사회비용을 증대시키고 있습니다.

수요공급의 원리로 풀지 못하는 땅의 물리적 성질과 자본의 가격법칙

수요공급의 원리: 시장가격의 결정원리, 인간 욕구와 심리적 경쟁에 따른 균형 작용으로 가격이 결정된다. 물질의 양이 가격을 결정한다.

자본의 물리적 성질: 사용하면 할수록 가치가 줄어드는 자동차와 사용하면 할수록 가치가 커지는 땅은 물질이 가진 기본 성질이다(자본의 감가 현상과 성장 현상은 수요공급의 원리와는 별개다).

자본의 가격법칙: 자본재의 가격 성질, 토지가 가진 물리적 성질과 시장 특성이 결합하여 가격이 결정된다.

물질의 기본 성질에 기초하므로 수요공급의 원리와는 별개의 성질을 가진다. 물질이 가진 수익력과 외부 변수(이자율과 성장률)가 가격을 결정한다.

땅값과 집값에 대한 오해

A: 성장경제에서 집값은 시간 흐름으로 가격이 작아진다.

B: 성장경제에서 땅값은 시간 흐름으로 가격이 커진다.

C: 부동산 가격이 오르면, 집값이 아닌 땅값이 오르는 것이다.

(집값은 감가로 작아져도 땅값이 더 크게 커지므로 복합자산인 부동산 가격은 커진다.)

10년간 사용을 한 자동차의 가격은 구입할 당시의 차보다 값이 작습니다. 그런데 집을 사서 50년을 넘게 살아온 집은 가격이 구입할 때보다 커져 있습니다. 심지어 사람이 살지 못할 만큼 낡아서 철거에 비용을 들여야 할 건물인데 그 헌 집의 가격이 50년 전 가격보다 높습니다. 왜 그럴까요? 인플레이션 때문인가요? 헌 자동차에는 인플레이션이 없었나요?

이것은 집값에 땅값이 포함되어 있기 때문입니다. 사람이 투자하여 지은 집의 값이 아니고, 투자하지 않아도 있는 땅값이 그렇게 커져 있기 때문입니다. 이를 이해하기 위하여 실험을 해 보기 바랍니다. 공장에서 아파트와 규모(약 30평, 100㎡)와 질(수명과 주거 효용)이 같은 조립식 주택을 지어 파는 경우를 생각해 봅니다. 조립식 주택의 수명은 50년이고, 이 수명은 건축회사가 가치를 보증합니다.

이런 조립식 주택을 자동차처럼 현장에서 판다면 그 주택은 가격이 같습니다. 그 주택이 어디로 팔려가든 수송비를 제외한 공장도 가격은 같습니다.

그러면 이제 한 동은 서울 강남에 두고, 다른 한 동은 대구에 두고 그 조립식 주택을 팔아 보세요. 조립식 주택은 캠핑카와 같아서 어디에 두든, 장소는 문제가 되지 않습니다. 그러면 그 조립식 주택은 수송비나 설치비 정도의 가격 차이만 나고 같을 것입니다.

그런데 조립식 주택은 설치하는 장소에 따라 그 장소의 토지임료가 다릅니다. 두 주택 모두 토지의 가치만큼 임료가 징수됩니다. 그러면 강남은 대구보다 위치가 달라서 임료가 훨씬 더 높을 것입니다. 그래도 장소에 따라 토지의 사용가치를 내어야 하므로 설치된 조립식 주택은 캠핑카 가격처럼 비슷한 성질을 가지게 됩니다. 수명도 50년이면 다하여 주택 사용이 끝이 납니다. 가격이나 가치는 수명을 다한 캠핑카와 같을 것입니다.

이제 위와 같은 조립식 주택을 그 주택을 설치한 땅도 같이 팔아 보세요. 조립식 주택을 소유한 사람이 그곳의 땅도 함께 소유하게 됩니다. 그러면 땅값이 포함된 조립식 주택은 서울 강남과 대구에서 값이 다르게 매겨집니다. 대구는 약 5억~6억 원이면, 서울 강남은 20억~25억 원이나 하게 될 것입니다. 그리고 조립식 주택은 50년이 지나서 폐기할 건물이면서 가격은 더 커져 있습니다. 이것은 집값이 아니고, 땅값입니다.

그러므로 우리가 지금 팔고 사는 아파트 가격은 건물을 짓는 데 들어가는 신축가격(토지 개량비 포함) 이외에는 모두 땅값입니다. 그리고 지은 지 오래되어 헌 집인데 재건축을 기대하며 값이 커진 것도 모두 땅값 때문입니다. 재건축에 대한 권리, 역시 땅이 있어서 가능하므로 땅값입니다. 그러나 우리는 아파트는 땅이 차지하는 면적이 얼마 되지 않으므로 가격 대부분을 집값이라고 오해합니다. 더구나 철거 대상인 아파트나 건물마저도 그 값을 집값으로 오해하고 있습니다.

> 헌 집의 높은 가격: 오랫동안 살아온 낡은 주택의 집값은 거의 모두 땅값이다.
>
> 새집 아파트 가격: 용적률이 높아서 토지의 단위 면적 비중이 낮은 아파트 가격은 땅값 비중이 더 높아지다.
>
> 3억 원 들여 지은 강남 아파트의 가격이 20억 원이면, 땅값은 17억 원이다(17억 원 = 20억 원 – 3억 원).

양도차익과 실물소득의 오해

(A) 노다지 매매차익: 가치물이다. GDP 구성물이다.

(B) 토지의 양도차익: 가치물이 아니다. GDP 구성물이 아니다. 영구 허구가격이다.

(C) 사람은 학자라도 (A)는 가치물, (B)는 허구물이라는 것을 식별하지 못하고 있다.

양도차익은 땅을 팔 때 발생하는 매매차익을 말합니다. 토지와 같은 성장성 자본에서 발생하는 것으로 '자본이득capital gain'이라고도 합니다. 그런데 이것은 소득물income이 아닙니다. 이것은 현재 실물이 아니고 미래에 그 자본을 사용하여 얻을 소득에 대한 청구권 가격일 뿐입니다. 현재의 실물이 아니므로 소득이 아닌 것은 분명합니다. 그러나 모든 사람은 땅을 팔고 사면 발생하는 매매차익을 지금 존재하는 소득물이라고 생각합니다.

심지어 학자들마저도 이 값을 소득이라고 생각하여 이를 불로소득으로 간주하고는 부당한 소득이므로 세금을 거두라고 합니다. 정부도 이런 주장을 따라 토지양도 차익을 소득으로 보고 소득세를 거두고 있습니다. 양도소득세는 1968년부터 땅값이 급등하여 토지투기가 성행하니 어떻게 막을 방법이 없었습니다. 그래서 부득이 '부동산투기억제세'를 신설했는데, 그 뒤에 '양도차액'을 "양도소득"이라고 부르면서 양도소득세를 징수하고 있습니다.

그러나 토지양도차익은 소득이 아니고, 실물이나 가치물도 아닙니다. 회사는 운영해야 가치가 나오고, 공장은 가동해야 생산물이 있습니다. 토지는 사용해야 가치물이 있습니다. 회사나 공장도 곧 투자한 실물자본을 초과한 주식을 팔고 사는 곳에는 소득(이익)이 생길 수가 없습니다. 땅을 팔고 사는 것에는 생산물이 없습니다.

한 예로 상품은 팔고 사서 이윤을 남기고 팔아서 그 이윤을 제하고도 같은 상품을 원가로 다시 구입할 수가 있습니다. 그러나 토지는 양도차익을 남기고 팔면 같은 가치의 토지를 원가로 구입을 할 수가 없습니다. 상품매매차익은 부가가치이나 토지양도차익은 아닙니다.

그리고 기업의 이익은 자본과 소득을 분리하여 사람이 취할 수가 있고 쓸 수가 있으나 토지양도차익은 땅과 소득을 분리하여 사람이 취할 수가 없습니다. 이것이 소득이면 모든 국민이 토지를 매년 서로서로 팔고 사서 양도차익을 소득에 추가하면 국민소득GNP이 크게 늘어날 것입니다. 그러나 이렇게 할 수가 없습니다.

이러한 이유는 토지가 상품이나 가치물이 아닌 근본 성질 때문이며, 토지양도차익은 국민소득이 아니라는 것이 입증되는 것입니다. 그래서 토지양도차익에 세금을 징수하면 자본과세가 됩니다.

그런데도 학자는 토지양도차익을 소득이라고 부르고 있고, 정부는 세금을 거두며, 사람들은 땅을 팔아 큰돈을 벌었다고 생각합니다. 모두가 토지에 대한 가치의 착각 현상입니다.

> 상품 매매차익: 생산된 가치물로 인간의 효용을 충족시킬 가치물이고, 부가가치이며, 국민소득(GDP)이다.
>
> 토지 양도차익: 실물 없는 금융물, 현재 없는 소득물, 인간의 효용을 영원히 충족시킬 수 없는 미래물(미래 청구권)일뿐이다. 현실 경제계 내에서는 항상 허구 가격으로 존재한다.

개발이익에 대한 가치 혼동과 분배 갈등

> 아파트를 지을 경우
>
> A: 토지개발로 발생하는 지대 성장물은 실물이고, 가치물이다.
>
> B: 토지개발로 발생하는 개발이익(자본차익)은 없고, 가치물이 아니다.
>
> C: 사람은 현재 A와 B를 식별하지 못하며, B를 서로 가지려고 다투고 있다.

토시를 재개발하거나 아파트를 지을 때 흔히 보는 바와 같이 사업자와 조합, 그리고 현 건축주, 토지소유자 등 이해관계자들 간에 분쟁이 자주 발생합니다. 이것은 우리가 알고 있는 토지개발이익의 발생과 이에 대한 오해 때문에 생깁니다.

토지는 개발하거나 건축을 하면 가치가 커집니다. 토지는 임야가 농지가 되는 경우, 농지가 상가나 아파트 지구가 되어도 가치가 커집니다. 여기에서 발생하는 초과가치가 바로 개발이익입니다. 예를 들어 1원의 임대수익을 내는 농지에 아파트를 지을 때 지은 후 토지가 치가 치는 5배로 커지므로 임대수익은 최소한 5원이 될 것입니다. 여기서 2원은 토지원가와 건축비(토지개발비 포함)라고 합시다. 그러면 커진 임대수익 중 3원은 개발이익이 됩니다.

그런데 우리는 여기서 토지개발이익을 두고 서로 다투게 됩니다. 그러나 다투기 전에 2~3가지 사실을 분명하게, 그리고, 먼저 알고 있어야 할 것이 있습니다.

첫째, 토지를 개발하는 경우 발생하는 개발이익은 개발이나 건축에 기여한 사업자의 투자비와 사업이윤 등을 모두 제하고 남은(남게 될) 크기입니다. 사업자의 투자비에는 토지개발이나 건축에 투입된 노동자의 임금이 포함되어 있습니다. 그래서 건축 후 토지사용 또는 임대에서 나오는 수익 중에 토지가치는 이러한 비용들을 모두 차감한 잔여가 됩니다.

둘째, 토지개발과 건축으로 커진 가치 3원은 토지가 낸 것입니다. 앞에서 임대수익 5원 중 토지개발에 투입한 비용은 다 제하고 남은 것이 토지가치이기 때문입니다. 이것이 실제로 개발이익이라고 할 수 있는데 우리는 이것을 개발이익이라고 하지 않습니다.

셋째, 토지의 개발이익은 토지 임대수익 3원에 대한 자본가격을 말합니다. 개발 후 초기 임대수익 3원을 자본가격으로 환산하면, 이 자율 5%에 임대수익 성장률을 3%로 잡으면 이에 따른 개발이익은 150원이 됩니다.

토지개발이익: 150원 = 3원/(0.05-0.03)

토지개발이익 150원은 실제 지대수익 3원보다 월등하게 큰 값이고, 시간상으로도 먼저 커진 가격입니다. 그런데 이런 개발이익 150원을 두고 사업자와 참여자, 이해관계자들이 대립하거나 분쟁하는 경우를 자주 보아 오고 있습니다.

① 그런데 이러한 개발이익에 대한 우리의 보편적 인식은 세 가지 정도의 오류를 갖고 있습니다. 토지임대수익 3원은 사람이 낸 것이 아니고 토지가 낸 것입니다. 그러므로 토지개발에서 추가로 발생한 임대수익 3원은 누구도 자기 소유를 주장할 수 없습니다. 곧 토지개발에 나온 이익은 토지 자신이 주인이고, 사람이 아닙니다.

② 그다음 개발이익 150원은 앞에서 설명한 바와 같이 가치물이 없습니다. 임대수익 3원과 앞으로 3%씩 커질 수익에 대한 청구권일 뿐입니다. 150원은 지금은 실물이 없는 가격입니다. 여기에 토지는 영구재이므로 미래 수익에 대한 청구권은 영원합니다. 그래서 개발이익은 현재는 항상 수익 없는 영구 허구물입니다.

③ 그런데도 이렇게 임대수익 3원에 비해 일시에 거액으로 발생하는 허구적 숫자 150원을 두고 서로 많이 가지려고 합니다. 그래서 이해관계가 얽히고설키면서 서로 다투게 되는 것입니다. 이것이 우리의 무지이고, 비극입니다. 우리가 가치물로 생각하는 숫자 150원은 실물도 없고, 주인도 없는 것인데 말입니다. 상세한 설명은 뒤에 다시 다룹니다.

토지개발이익의 세 가지 오해

① 토지개발로 발생한 지대 성장액은 토지개발에 투입된 비용이나 사업이윤과

별개로 존재한다. 그런데 사람은 이것을 투자비와 연계시켜, 소유자의 것이나 투자자의 대가로 생각한다.

② 토지개발로 발생한 지대는 모두 토지가 낸 가치물로 주인이 없다

③ 토지개발로 발생한 성장지대의 자본가격, 곧 지금의 개발이익은 존재하지 않는 허구가격이다.

토지 소유와 불로소득의 오해

토지를 사용목적으로 소유하는 90~97%의 토지소유자는

A: 토지 소유로 돈 이자도 내지 못하는 적자를 보고 있다.

B: 토지 소유는 지대수익도 내고, 땅값이 오르면 불로소득도 생긴다(조지스트들의 주장).

C: B는 잘못 알고 있다. 3~10%의 예외적 현상을 제외하면 모두가 적자다.

결론

토지는 수익도 내고, 땅값도 커진다. 맞다.

그러므로(수익도 내고, 땅값도 커지므로) 토지 소유는 사용에서 늘 적자만 보게 된다.

자동차는 사용하면 수익을 내면서 자신의 값(원금)은 감가(감가상각)로 작아집니다. 예금은 원금이 이자수익을 내면서 자신의 값이 변하지 않습니다.

그런데 성장경제에서 토지는 지대수익을 내면서 자신의 값도 경제성장을 따라 커집니다. 그래서 사람들은 토지소유자는 지대로 수익을 얻고, 땅값이 커져서 추가수익까지 얻는다고 생각합니다. 그래서

● 희년과 포도원 천국

추가로 얻는 수익은 토지소유자의 불로소득이라고 합니다.

그러나 이러한 보편적 인식은 가치에 대한 하나의 착각 현상이고, 오해입니다. 토지는 지대수익도 내고 땅값이 커져서 숫자상 이중적인 추가가격(수익)을 내는 것은 맞습니다. 그러나 바로 이러한 토지의 성질 때문에 소유자는 토지사용에서 수익은 늘 적자가 납니다. 그리고 그 적자는 토지를 파는 경우에만 양도소득으로 보상을 받습니다. 토지 소유와 소득은 이렇게 이해를 할 수 있어야 비로소 땅값에 대한 초보적 수준이라도 이해를 하는 것입니다.

불로소득이란 공짜로 발생한 소득 또는 정상적 이자나 비용(주로 기회비용)을 초과한 소득을 말합니다. 그런데 원금이 감소하는 자동차는 수익이 그 자동차의 이자(비용)보다 큽니다(많습니다). 이렇게 이자보다 큰 수익은 감가하는 자본가격의 보상분입니다. 이것은 불로소득이 아닙니다. 그러나 원금이 커지는 토지는 수익의 가치 흐름이 자동차와는 반대의 성질을 가집니다. 균형상태를 가정하면 원금이 커지는 토지는 그 원금이 커지는 크기만큼 수익이 이자(비용)보다 작게(적게) 나옵니다. 그래서 토지소유자의 사용수익은 늘 소유비용보다 작아서 적자가 납니다. 이것이 토지의 성질이고, 가격과 가치의 흐름입니다.

토지의 소유비용에 대한 수익 적자는 몇 가지 예외가 있습니다. 이것 역시 토지가 가진 물리적 성질과 토지의 시장 특성으로 발생합니다. 이런 특성 때문에 토지소유자가 불로소득을 누린다는 오해를 하게 됩니다. 물론, 토지의 소유에는 불로소득의 기회도 생깁니다. 그러나 토지 불로소득은 어디까지나 예외적 현상입니다. 이러한 예외적 현상으로 발생하는 불로소득은 다음과 같은 4~5가지로 요약할 수 있습니다.

토지에 불로소득이 발생하는 경우는(소수에 국한된 예외적 현상)

① 토지의 선점으로 인한 불로소득

땅은 천연적으로 주어진 것입니다. 땅은 하나님이 지어서 사람에게 공짜로 주어 값을 치르며 살게 했습니다. 그러므로 땅을 처음 자기 소유로 점유한 사람은 큰 횡재를 하게 됩니다. 공짜인 땅을 공짜로 자기 소유물이 되었기 때문입니다.

물론 여기에는 전쟁에서 전공을 세운 신하가 왕에게 하사받은 땅도 있습니다. 하천 부지와 같이 주인이 없고 쓸모도 없어 보이는 땅을 누가 먼저 점유하여 개간·개발하여 사유지가 된 땅도 있습니다. 그러나 이렇게 나의 희생과 노력으로 나의 소유지가 되었어도 그 땅을 처음 소유한 자는 희생보다 더 큰 대가를 받을 수 있으므로 횡재를 했다고 보아야 합니다.

홍해를 건넌 백성들이 가나안 땅을 얻은 것은 횡재에 속합니다. 그런데도 그들은 하나님이 이런 횡재를 안겨 주어도 그 땅을 얻으려면 발생하는 위험과 희생이 두려워서 주는 땅을 불신하고 혹평하다가 광야에서 죽어야 했습니다.

② 고율의 지대징수로 인한 불로소득(농경시대·절대 빈곤 시대의 고율지대)

유럽에서 봉건시대는 땅을 가진 영주가 농노를 부리며 부당한 이익을 취했습니다. 한국에서도 농경시대나 절대 빈곤의 시대에는 지주가 소작인들에게 고율의 지대를 받아 부당한 이익을 취했습니다. 필자도 1970년대에는 타인의 농지를 경작하고 지대를 납부한 경험이 있습니다. 그때는 타인의 농지에 농사를 지으면, 주인과 경작자가 수확량의 절반을 서로 나누었습니다. 수확 장소인 논에서 볏단을 서로 반반씩 나누었으므로 "단 가름(볏단 나누기)"이라고 했습니다. 서로 절반씩 나누었으므로 지대인 토지임료가 생산물의 50%인 셈입니다.

이 당시도 50%의 토지임료를 받은 사람은 지주가 아닙니다. 이웃 농가에서 남의 임야를 관리하는 대가로 경작하던 농지를 저에게 임대하고 받는 대가입니다. 이렇게 길게 말하는 이유는 그 당시 50%의 지대 징수가 지금 보면 상당한 고율이지만, 이것은 지주가 아닌 중간(2차) 임대자도 그렇게 받아갈 만큼 높은 임료가 사회적 추세였음을 말하고 있습니다.

토지는 이렇게 처음 소유를 한 자나 헐값으로 불하받은 자는 횡재를 하였고, 농경시대에는 지대 징수가 토지의 생산성을 초과한 고율이어서 토지의 소유는 불로소득을 취해 온 것이 맞습니다. 그래서 고전학파들은 지주는 "심지도 않고 거둔다."라고 하면서 지주를 부도덕한 사람으로 여겼습니다.

그러나 오늘날 선진국 경제는 절대 빈곤을 벗어났고, 지대는 시장에서 경쟁으로 결정되는 성질을 가집니다. 그러므로 지금 사회는 토지 소유에서 과거와 같은 불로소득은 어렵다고 보아야 합니다. 지금의 사회는 취업의 기회가 많아져서 지대가 높으면 토지를 빌려 사업을 하지 않습니다. 토지 구입자금은 예금하고, 임금 노동자로 가는 것이 낫기 때문입니다. 그래서 지금의 토지임료는 노동의 임금과 별반 다름이 없이 시장의 경쟁가격으로 결정이 되는 것이 원칙입니다.

③ 외부효과와 용도변경 등으로 인한 불로소득

땅은 영구재입니다. 그래서 특별한 개량을 하거나 용도가 변경되면 가치가 갑자기 커집니다. 정부가 공공투자로 도시를 개발하거나 도로, 항만, 공단, 관광지 등 지역개발을 하게 되면 사유토지는 투자하지 않아도 가치가 커집니다. 이것을 외부효과external effect라고 하는데 이런 경우 커지는 가치는 불로소득입니다.

그리고 토지수유자가 토지를 개량하거나 용도를 변경해도 가치가 대폭 커집니다. 임야가 농지가 되고, 농지가 대지로 바뀌면 가치가 커진다고 했습니다. 이런 경우 최소 3~5배는 커집니다. 그런데 이것은 개발이익 설명에서 본 대로 토지소유자의 개간·개발에 따른 투자비용과는 별개입니다. 곧 토지의 용도변경에 따른 가치 증대는 토지가 스스로 가치를 창조하는 것이기에 외부효과와 비슷한 성질을 가집니다. 그래서 이것 역시 투입비용을 초과한 소득이므로 불로소득이 맞습니다. 이때 생긴 땅값 상승액은 존재하지 않는 허구가격입니다.

④ 저점 매입, 고점 매각의 행운(가격의 시간 차이로 인한 불로소득)

땅값의 커짐은 외부의 제약 요인(高가격, 高세금, 高규제) 때문에 주기적으로 커지고, 한 번 커질 때는 불규칙적이고 급등하는 성질을 가집니다. 그래서 땅값은 장기로 보면 일정한 반복성 주기(10년, 15~18년)를 따라 한 번씩 크게 오릅니다. 땅값은 이자율이 떨어져도 커집니다. 그래서 이런 경우 토지를 저점기에 매입하여 고점기에 팔고 토지 토지시장을 탈퇴하면 행운을 잡습니다. 다시 말하여 토지 사용자가 토지를 팔고 토지사용을 그만두면 불로소득이 맞습니다.

그런데 토지는 인간의 생존과 생업의 필수재이므로 토지를 팔고 토지시장을 떠날 수가 없습니다. 이것은 내가 사는 집을 팔면 다른 집을 다시 사야 하고, 이때 집을 팔아 남긴 양도차익은 다른 집을 사는 경우 다시 지불해야 하는 가격(원가, 비용)에 불과합니다. 집을 지어놓은 땅도 그렇습니다. 기업은 사업용 토지를, 농사는 농지를, 공장은 공장부지가 반드시 필요합니다. 그러므로 토지와 주택의 소유에서 저점 매입, 고점 매각의 행운을 잡은 사람은 토지시장의 장기추세와 소유자 전체 수에 비하면, 미미하다고 할 만큼 소수에 불과합니다.

⑤ 토지 소유는 90~97%의 적자, 3~10%의 불로소득의 근거

그리고 토지 소유는 90~97%는 항상 적자이고, 불로소득은 10~3% 이하라는 분석은 이렇습니다. 주택이나 토지의 거래량이 연간 10~12% 안팎입니다. 토지의 이론가격은 '소유는 항상 적자, 팔면 본전(원리금) 보상'이기 때문에 그나마 팔아야 불로소득을 얻게 되는 것에서 출발합니다. 연간 거래 비율이 10% 정도이면, 매각자 모두가 불로소득을 누린다고 해도 그 기회는 소유자 전체의 10% 정도입니다. 그래서 토지는 주기적 가격 급등기를 따라 매매와 개발이 급증하는 시기에 행운을 잡을 기회가 가장 높습니다. 이때를 10% 정도로 높게 잡아 주어도 장기로 보면 가격 안정기는 급등기보다 기간이 더 깁니다. 그래서 가격 안정기는 불로소득의 기회가 3%까지도 줄어들 수 있는 것입니다. 그래서 토지 소유에서 불로소득의 기회는 3~10%의 예외적 현상에서만 가능하고, 소유자의 90~97% 이상은 늘 적자를 보고 있다고 해야 합니다. 소유가격은 불로소득이 문제라기보다, 가격이 너무 높아서 발생하는 적자소득이 문제입니다.

토지의 소유 적자와 부자가 되는 이유(성장자본에 대한 오해)

토지 소유는 늘 적자를 보는 것이 원칙이지만, 그래도 토지소유자는 부자로 보이게 됩니다. 그 이유는 이러합니다. 균형상태를 가정하면 성장성 토지를 소유한 자의 사용수익은 성장자본의 원금 성장 액만큼 늘 적자를 보고 있습니다.

그러나 그 누적적인 적자 크기만큼 토지는 원금 자체가 커지고 있습니다. 이 적자액은 그 크기만큼 땅값을 키우고 있고, 그만큼 수익이 아니기에 매년 쓰지를 못합니다. 그래서 그 적자 크기의 땅값 성장액은 값을 그냥 땅에다 묻어 두는(저축하는) 것과 같습니다. 그래서 시간이 지나면 이렇게 숫자가 커진 땅값으로 인하여 큰 부자가 되어 가는 것입니다.

이것은 은행에 장기저축을 하여 은행 이자는 절반만 받고 나머지 절반은 계속하여 저축만 해 보셔요. 오랜 기간 뒤에는 그 이자가 복리로 불어나서 엄청나게 커진 이자 총액을 일시로 받을 수 있을 것입니다. 흔히 보게 되는 부동산 부자는 이런 원리로 생기게 됩니다. 여기에 예외적 현상인 개발이익, 외부효과, 용도변경, 저점 매입과 고점 매각의 행운 등이 더욱 그렇게 보이게 됩니다.

또 이렇게 커지는 성장자본에서는 우리가 숫자의 함정에 빠져들 수 있음을 알아야 합니다. 자본은 초기의 원금이 수익보다 엄청나게 크게 보입니다. 그러나 시간이 지나고 보면 커지는 수익은 계속 커지고, 원금은 정지해 있거나 토지의 원금처럼 커져도 비율적으로는 수익률보다 작게 커집니다. 그래서 토지수익의 절대값(연금 총계)은 그 원금보다 훨씬 커지게 됩니다. 그래서 초기의 원금은 원리금 총액에 비하여 매우 작은 숫자로 보이고, 몇 푼 안 되는 것 같고, 상대적으로 지금의 수익은 매우 크게 보이게 됩니다.

예를 들어 이자율 5%에 1억 원의 원금 성장률이 3%인 경우 땅값만 24년이면, 원금보다 2배 정도 커지며, 수익 총액도 같은 비율로 커지므로 원금의 크기만큼 커져 있습니다. 원금 1억 원은 1.97억 원

제4편 땅값, 집값 반값에 세금까지 없는 나라

제4편
땅값, 집값 반값에 세금까지 없는 나라

으로 커져 있고, 연금총액은 1,098억 원입니다. 50년이면, 원금은 4.4배로 커지고 수익은 7배로 커집니다. 그래서 원금은 이런 숫자에 비해 매우 작아 보이게 됩니다.

토지는 과거에 높은 값을 지불하고 구입을 했더라도 지금 보면, 구입시의 땅값은 아주 작은 값으로 보입니다. 지금 땅값은 상대적으로 아주 크게 보여서 토지의 소유에서 큰 불로소득자가 된 것처럼 오해하게 됩니다. 이것이 커지는 숫자에 대한 인간의 보편적 오해입니다.

그러므로 오늘날 정상시장에서의 토지 소유는 늘 적자만 보고 있습니다. 사람들은 토지의 정상적 소유가 늘 적자만 내고 있음을 알아야 비로소 땅값이 보이기 시작합니다. 그래서 부동산문제의 속성을 이해하고 풀어내는 방법을 찾을 수가 있습니다.

토지에 대한 세금(자본과세)의 오해

A: 양도소득세는 소득에서 내는 세금이 아니고, 자본(원본)을 내는 세금이다.

B: 양도소득세도 소득에서 내는 세금으로 알고 있다.

C: 고립된 섬(땅)에서 양도소득세를 부과하면 그 섬은 세금을 낼 생산물이 없다

(양도소득세만큼 섬의 일부 면적을 토막으로 잘라서 세금을 물납으로 할 수밖에 없음.)

원래 세금은 소득에 부과해야 합니다. 세금은 정부가 재정 목적을 필요로 개인에게 보상 없이 강제로 징수하는 것입니다. 세금은 없으면 좋겠으나 시장이 제 기능을 다하지 못하기 때문에 어쩔 수 없이 징수를 해야 하는 필요악입니다. 그러면 그런 세금도 소득에 부과해

야 합니다. 그래서 "소득이 없으면 과세도 없다."라는 말이 생겼습니다. 곧 자본은 소득이 아니므로 세금을 부과하지 말아야 합니다.

그러나 토지의 양도(매매)에 대한 세금은 소득이 아닌 자본과세입니다. 자본과세란 세금을 자본에 부과하는 것을 말합니다. 과세의 표준이 토지가 낸 수익이 아니라 이를 자본화한 가격인 재산에 부과하는 세금입니다. 토지에 대한 자본과세는 양도소득세, 종합부동산세, 재산세, 취득세 등이며, 더 넓게는 상속세나 증여세도 재산세의 일종입니다. 지대에 대한 소득세 외에는 모두 자본과세 또는 자본가격에 근거하여 매기는 세금입니다. 양도소득세는 자본잠식효과, 시장동결효과로 악세, 종합부동산세는 세금의 부담이 추가하여 세금의 자본효과로 인해 사유재산 손실효과라는 이중 부담을 초래합니다.

① 양도소득세의 맹점

우선 양도소득세는 소득이 아니라고 했으므로 이에 대한 세금은 여러 가지 부작용이 따라서 옵니다. 양도소득세는 자본잠식효과와 시장동결효과를 가져옵니다.

자본잠식이란 세금이 세금의 원천인 자본을 갉아먹는다는 뜻입니다. 그래서 토지의 양도소득세는 악세 중의 악세에 해당합니다. 상품매매차익에 부과한 세금은 세금을 내고도 그 상품을 다시 구입할 수 있습니다. 이것은 상품 매매차익이 소득물이기 때문에 세금이 원금을 줄이지 않기 때문입니다. 그러나 토지는 양도차익에 세금을 내고 나면 동질의 토지를 다시 구입할 수가 없습니다. 이것은 양도차익이 그냥 원금의 성격만 가지고 있고, 소득물이 아니므로 발생하는 현상입니다.

양도소득세는 자본과세이기 때문에 세금이 세금을 낼 원천(몸통, 자본)을 갉아먹어서 고갈시키므로 악세라고 합니다. 조세 저항도 강할 수밖에 없습니다. 그래서 양도소득세는 1세대 1주택과 같이 세금을 부과할 수가 없는 경우가 많습니다. 농장, 공장, 기업의 업무용 토지도 모두 그렇습니다. 그래서 양도소득세는 예외 규정도 아주 많습니다.

양도소득세는 시장동결효과도 있습니다. 세금을 내고 나면 원금이 줄어드는 성질 때문에 이 토지 양도가 어렵거나 거래가 위축됩니다. 이것은 세금이 시장거래에 잠금효과rock in effect를 준다는 것입니다. 그래서 양도소득세는 투기를 근절하는 효과는 있지만, 평상시는 이 세금이 시장거래를 위축시켜 득보다 실이 큰 세금입니다.

② 종합부동산세의 약점

부동산보유세 역시 형평성의 문제를 가집니다. 이것은 양도소득세를 포함한 재산에 부과하는 모든 자본과세가 가지는 근본적 결함입니다. 땅값은 미래가치에 대한 자본가격입니다. 농지를 예로 들면 농촌 토지와 도시 근교 토지에서 단위당 지대수익은 같아도 땅값은 다르므로 세금이 다르게 계산됩니다. 수익이 같은 지방 토지와 서울 토지에서도 그렇게 세금은 다르게 나옵니다. 수익이 세금을 내는 것인데 이렇게 수익이 같아도 세금이 다른 것은 근본에서 문제가 있습니다.

종합부동산세는 건물에도 세금을 부과하여 세금이 임차자에게 전가되고, 시장을 위축시킵니다. 부동산보유세가 높은 OECD 국가들은 주택가격은 낮은데 주거비 비중은 우리보다 높습니다. 한국은 GDP 대비 주거비 비중이 20% 미만(16~18%)인데 OECD 국가들은

20%가 넘습니다. OECD 국가는 보유세가 높아서 세금이 임대료에 전가되기 때문입니다.

또한, 부동산보유세는 수유자의 재산가격을 낮추는 성질을 가집니다. 이것은 '세금의 자본화효과'라고 합니다. 토지에 대해 일정률의 세금을 부과하면 토지소유자는 세금을 부담해야 합니다. 그런데 세금이 부과되어 지대의 실수익이 줄어든 만큼 같은 비율의 자본가격이 줄어듭니다. 예를 들어 지대수익이 10원이고 이자율이 5%이면, 이론적 자본가격은 200원입니다. 그러나 자본가격 200원에 보유세 1%를 부과하면 세금은 2원입니다. 그런데 이 세금으로 토지의 재산가격에 100% 영향을 끼친다고 보면, 이론상 이에 따른 세금의 자본가격은 40원이 됩니다. 그러면 재산가격은 세금 때문에 160원으로 줄어듭니다.

> 자본가격 200원 = 지대수익 10/0.05
>
> 토지보유세 2원 = 200원×세율 0.01
>
> 세금 자본손실효과 40원 = 2원/0.05, ⇒ 세금 후 자본가격 160 = (10-2)/0.05
>
> 토지소유자의 총 부담 42원 = 세금 부담 2원 + 재산손실 40원

그러므로 토지소유자의 세금 부담은 2원이지만 토지보유세로 인한 자본손실이 세금보다 더 커져서 40원이 발생하고 있습니다. 이것은 부과된 초년도 세금 2원보다 20배나 더 큰 소유자의 원본에 손실을 초래했으므로 이것은 사유재산 침해라고 볼 수가 있겠습니다.

그런데 토지보유세는 이것만의 문제가 아닙니다. 토지보유세는 매긴 세금을 신매입자가 무담하지 않는 문제가 다시 등장합니다. 세금의 자본화효과로 신매입자는 재산가격에 낮추어 구입하기 때문입니

다. 그러면 신매입자는 부과된 세금을 내는 것이 아니라 가격을 낮추어 사고, 납부하는 세금은 임대료를 내는 성격을 가집니다. 그래서 부과된 세금으로 토지가격을 낮추는 작용은 바람직하지만, 신매입자와 구 매입자 간의 형평성 문제와 구 매입자의 사유재산 침해 문제는 그대로 남습니다. 신매입자는 다시 매매차익이 발생하고, 허구가격인 땅값은 소멸은커녕 커져서 문제의 뿌리를 없애지 못합니다.

보유세가 높은 OECD 국가들도 우리처럼 부동산 가격이 주기적으로 올라서 경제를 불안하게 합니다. 2008년 세계의 금융위기는 부동산 가격 급등의 파장이 일으킨 문제입니다. 이것은 종합부동산세나 토지보유세가 부동산문제의 근본 해법이 되지는 못한다는 것을 확인해 주고 있습니다.

③ 재산세와 취득세의 문제

모든 사유토지는 재산세를 부과하고 있습니다. 이 역시 재산에 부과한 세금이라 소유자별, 과세물건별 세금이 서로 달라서 세금의 형평성 문제를 가집니다. 극단적인 예로 수익 한 푼 없는 임야나 나대지에도 재산세는 부과되며, 주택이나 공장을 건축 중이라서 수익이 0인 토지에도 재산세를 부과합니다.

그리고 취득세 역시 소득도 아니고, 더구나 거액의 구입자금을 목돈으로 지출하고 있는 시점에 세금을 부과하고 있습니다. 사업자에게 부과하는 부가가치세는 매입세액을 공제해 줍니다. 그러나 토지와 주택의 거래에 대해 더구나 거액의 구입자금을 지출하고 있는 시점에 세금까지 부과하는 것은 명분도 없고 무자비하다고 보아야 할 것입니다.

그리고 증여세와 상속세도 역시 자본과세이므로 부의 사회적 형평성 목적으로 징수하고 있지만, 좋은 세제는 아닙니다. 공장을 상속받으면 상속세를 내어야 하는데 상속세도 소득 아닌 자본과세이기 때문에 상속받은 공장을 일부라도 팔아야 세금을 낼 수가 있습니다. 이런 세금은 소에 비유하면, 일하는 소의 몸통을 잘라서 세금을 내어야 하는 꼴입니다.

이처럼 양도소득세, 토지보유세, 재산세, 취득세, 상속세, 증여세 등 모든 재산과세는 근본적으로 소득과세보다 더 큰 문제를 안고 있습니다. 그러나 자본과세의 문제점을 우리는 잘 모르고 있고, 학자나 전문가들마저 간과하고 있습니다. 특히 부동산문제는 높은 세금으로 해결하려는 집단에서 이런 실수가 잦습니다.

1주택과 다주택에 대한 오해

A: 1주택 소유는 선하고 다주택 소유는 악하다.

B: 다주택 소유는 임대주택시장에서 주택의 공급자다.

C: 1주택 소유는 투기(매매차익 추구)를 해도 선하고, 다주택 소유는 적자만 보고 있어도 악하다.

2020년 전후로 아파트를 비롯한 집값이 크게 올랐습니다. 서울을 기준으로 보면 집값은 2020년 한 해만 20% 이상 올랐으며, 최근 3~4년 안에 집값이 거의 두 배 가까이 올랐습니다. 집값의 상승 정도를 10년 정도의 기간을 잡아서 비교를 해 보아도 2020년 집값의 상승률이 다른 시기보다 두드러지게 크게 나타납니다. 한국의 부동산시장은 1968년 이래 5회에 걸쳐 가격 파동을 겪습니다(1968년부터

❶ 회년과 포도원 천국

70년 전후, 80년 전후, 90년 전후, 그리고 2002년 전후, 2020년 전후).

그래서 이 원인을 두고 일부에서는 정부의 부동산정책이 잘못되어 그렇다고 합니다. 그래서 일부는 부동산 공급을 늘려야 한다고 하고, 또 다른 의견은 가수요가 원인이라고 하여 다주택 소유를 주요 원인자로 지목합니다. 주택을 많이 가진 자가 주택의 수요를 늘려서 집값이 올랐다는 것인데 여기에는 절차적인 오해가 따라붙습니다.

우선 집값이 오른 것은 주택가격에 포함된 땅값이 커져서 오르는 것인데 집값이 올랐다고 잘못 이해합니다. ㉠ 땅값 커짐을 집값 상승으로 잘못 이해하니 ㉡ 집값 오르면 수요가 늘거나 공급이 부족해서라고 말합니다. 그래서 ㉢ 주택의 수요가 느는 것은 불로소득을 노린 다주택자나 투기 때문이라면서 이들을 규제하려고 합니다. 이에 ㉣ 흔히 쓰는 정책은 소유 규제, 거래 규제, 대출 규제, 고율의 세금 부과 등입니다. ㉤ 아니면 급조한 공급책으로 집을 많이 짓게 합니다. 그런데 이런 진단과 정책은 늘 시행착오를 겪습니다.

최근 국토교통부 통계를 보면 우리나라 주택보급률은 100%가 넘었습니다. 서울과 수도권이 100%에 조금 미치지 못하지만, 이것은 인구 유입과 세대수 쪼개기, 곧 1인 세대가 급격하게 늘어난 탓입니다.[28] 또한, 통계청 전국의 주택 통계를 보면 2019년 기준 개인 주택은 1145만 6,000세대인데 1주택 소유는 828만 8,000세대이며, 다주택 소유는 27.7%인 316만 8,000세대입니다.

첫째, 주택보급률 100%가 넘거나 이를 거의 충족한 사회에서 1주

---

28) 행정안전부 발표 2020년 세대수는 2309만 3,108세대로 2019년 대비 61만 1,642세대가 늘어났다. 이것은 평소보다 두세 배 커진 증가율이며, 이 중 1인 세대는 57만 4,741세대(93.9%)로 거의 절대적이다. 그런데 이에 대한 원인 분석도 없이 주택보급률이 낮다고 하거나 주택 공급을 늘려야 한다는 주장을 하고 있다.

택 소유만 선하고 다주택 소유는 악하다고 보는 정부나 사회의 인식 자체가 잘못입니다. 누구나 살 집이 필요하기는 하지만, 반드시 주택을 소유해서 살아야만 하는 것은 아닙니다. 사회는 소유주택 못지않게 임대주택도 필요하다는 뜻입니다.

주거자의 기호에 따라 소유보다 임대를 원하는 자도 있고, 직장, 학업, 이주 대비 등 임시 거주가 필요한 자는 소유보다 임대주택이 꼭 필요합니다. 최근에는 1인 거주자가 늘면서 소수 주거가 꼭 주택을 소유해야 할 이유도 빈약합니다. 주거의 안전만 보장된다면 말입니다.

그래서 이런 사회적 필요에 의한 필수적 임대주택 수요가 총 수요의 20~30%는 된다고 보면 이런 임대주택을 1세대 1주택만 고집하고 다주택 소유를 억제하면 지은 주택을 어떻게 거래하고 배분하느냐 말입니다. 최근 통계를 보더라도 주택보급률 100%가 넘은(넘어갈) 사회에서 다주택자 비율 15~25% 안팎은 정상적이라고 보아야지, 이것이 주택문제의 원인으로 보기는 매우 어렵습니다.[29] 곧 다주택 소유가 문제를 일으키는 것이 아니고, 오히려 시장에서 주택의 공급과 거주를 원활하게 하여 주는 윤활유 역할을 하고 있다는 뜻입니다. 이것은 자본시장에서 재정거래에 해당합니다.

둘째, 주택은 쌀과 상품처럼 가격이 오를 것으로 보고 주택을 구입하여 창고에 넣어 두는 물질이 아닙니다. 이 말은 집값이 오른다고 1세대가 여러 주택을 구입하여 주거의 독점을 하지 못한다는 뜻입니다. 누가 필요에 의하여 자동차를 여러 대 소유한다고 이것이

---

29) 주택산업연구원은 2020년 12월 지난 10년간 주택가격 분석을 통하여 다주택비율이 높았던 시기(2013, 2014년)에 집값이 안정되어 있음을 보고한 바가 있다(주택산업연구원, 주택정책연구실, 21년 주택시장 전망 보고서).

❶ 희년과 포도원 천국

가격을 올리는 원인 행위이고, 부도덕한 것으로 보는 것과 같은 오류입니다.

셋째, 다주택 소유자는 주택의 수요자 역할만 하는 것이 아니고, 시장에서 주택의 공급자 역할을 합니다. 다주택자는 가진 주택을 모두 임대시장에 내어놓고 임대를 하고 있습니다. 이것은 주택의 수요가 아니고 공급입니다.

넷째, 주택가격이 급등할 경우 다주택자가 급격하게 늘어나는 통계적 추세가 있었나요? 지금은 다주택에 대하여 정부의 고규제와 고세금으로 주택 구입이 어렵습니다.

다섯째, 집값이 오르는 시기는 다주택 수요가 늘어날 요인은 있습니다. 그러나 다주택 소유 비율로 보아 그 영향력은 미미합니다. 그러므로 다주택자가 집값을 오르게 하는 것이라기보다 땅값이 올라서 집값이 오르니 다주택 수요 요인이 증대하는 것입니다. 다주택자가 집값을 올린다고 보는 것은 원인과 결과를 뒤집어 놓은 분석입니다.

여섯째, 주택의 수요를 증대시키는 것은 다주택자보다 1세대 1주택 소유자가 훨씬 더 많을 것으로 추정됩니다. 집값 상승기에는 1세대 1주택자의 주택 거래량이 다주택 거래보다 더 많이 늘어납니다. 이것은 주택의 정상거래가 아니고 가수요 현상이거나 과거래 현상입니다. 집값 상승기에는 분양가가 시가보다 낮기 때문에 시세차익을 노리고 살던 집을 팔고 분양시장에 뛰어듭니다. 더구나 1세대 1주택자는 다주택 소유에 비하여 규제가 없고 세금도 없어서 무임승차를 할 수 있습니다. 그래서 의무 주거기간(2~3년)을 채우면 주택의 가격 파동 주기를 맞춰가며, 이사 가기를 반복하며 주택거래로 시세차익을 남기고 있습니다. 그래도 1주택의 경우는 투기자라고 하지 않고, 다주택자는 장기 임대자도 투기자로 봅니다.

일곱째, 다주택 소유나 수요의 증대가 가격 상승의 원인이라고 보는 진단은 결국 공급을 증대시키는 부동산정책을 펴게 됩니다. 그래서 가격 파동기 막다름에는 공급책을 쓰게 됩니다. 그러나 지은 주택이 공급되는 시기에는 벌써 가격이 안정기로 접어들어 수요가 줄어들고, 지은 주택은 분양이 어렵습니다. 이것은 주택의 과잉공급입니다. 그러면 이번에는 다주택 규제를 풀어서 문제를 해결해야 합니다. 주택 정책은 이렇게 악순환을 반복합니다.

지금 정부가 20년 기준 20회 이상 정책을 내어도 집값이 잡히지 않으니 21년 초에 '2.4 특별공급정책'을 내고 있지만, 3, 4년 후에는 주택 공급이 많아져서 미분양 사태를 맞을 수 있습니다. 부동산정책은 땅값과 집값에 대한 오해로 자원을 낭비하고 있습니다.

토지임료는 커지고, 땅값(투자비용)은 일정하다는 오류

A: 경제가 성장하면 토지임료는 커지고, 이에 따른 땅값도 커진다.

B: 토지임료는 가치물이고, 땅값 성장액은 가치물이 아니다.

C: 토지임료가 커지면 이에 따른 땅값 비용도 동반하여 커진다.

"땅값 원금은 일정하나 임료는 커진다."라는 사회적 통념이 있습니다. 이것은 한국의 조지스트들을 비롯한 상당수 경제학자들도 그렇게 보고 있습니다. 그러나 이런 사회 통념과 학자들의 판단은 오류에 속합니다.

이 말은 토지에 투입한 비용은 예금 이자처럼 일정하나 수익은 커진다는 오해입니다. 성장경제에서 토지는 수익이 커집니다. 토지는 경제성장을 따라 수익이 계속 커지는 성장성 자본이기 때문입니다. 그러나 수익이 커지는 자본이 은행의 예금처럼 원금이나 비용(원금이자)이 일정하다고 본 것은 큰 잘못입니다.

기계나 자동차와 같이 시간 흐름으로 수익이 작아지는 것은 그 자본가격인 원금도 같이 작아집니다. 이것은 기계나 자동차라는 물질이 가진 고유한 성질입니다. 이처럼 시간 흐름으로 수익이 커지는 물질인 토지는 그 자본가격인 원금도 같이 커집니다. 이것 역시 기계나 자동차와 같이 물질이 가진 기본 성질입니다.

균형상태에서 감가성 자본은 원금이 작아지는 크기만큼 수익이 커집니다. 그러면 그 커진 수익이 감가상각 된 자본의 원금입니다. 그러면 성장성 자본은 감가성 자본과 수익 흐름이 반대의 성질을 갖습니다. 토지는 원금이 커지는 크기만큼 수익이 작아집니다. 작아진 수익의 크기가 바로 원금의 성장액입니다. 감가성 자본은 매기 수익 비율이 이자율보다 크고, 그 커진 값은 원금의 감가상각비입니다. 이처럼 성장성 자본인 토지는 매기 수익 비율이 이자율보다 작고, 그 작아진 값은 원금의 성장분이 됩니다.

그러나 사람은 토지에 대해서는 이런 물질의 기본 성질과 성장성 자본의 시장 특성을 이해하지 못합니다. 그래서 토지나 주식의 양도차익이 소득 물로만 보이고, 투자에 대한 정상적 대가인 비용(투자이자)의 보상일 뿐인데 이를 초과한 불로소득으로 보입니다.

땅값 성장액과 거시균형의 이해

성장경제에서 땅값의 투자비용은 원금이 커지는 만큼 토지수익이 항상 작습니다. 그래서 토지의 근본가격은 개별 토지시장에서 [토지비용 > 토지수익]이라는 불균형 현상이 발생합니다. 그런데 미시경제에서 원금이 커지는 땅값 성장액도 토지소유자의 근본가격의 범주(범위) 안에 들어 있다고 보면, 개별경제주체의 소득 크기는 균형소득의 구조 안에 들어 있습니다. 그런데 아래 식에서 땅값 성장액 Pg은 사회에서 영구적 미실현가치입니다.

균형소득: 토지비용(Pi) = 토지수익(R) + 땅값 성장액(Pg)

그러므로 땅값의 초기원금과 땅값 성장액은 실물이 없으므로 거시경제에는 실물 공급을 할 수가 없습니다. 그러므로 경제의 거시적 측면에서 보면 땅값 성장액은 실물경제에 지속적 불균형 현상을 일으키며, 고통을 안겨 주게 됩니다.

이 관계는 거시경제의 국민소득모형에서 구체적으로 나타낼 수 있습니다. 국민소득계정에서 국민 총생산[30]은 Y, 분배국민소득은 생산의 3요소인 토지, 노동, 자본의 각 소득별 임금을 W, 이자를 K, 지대를 R이라고 하겠습니다. 그리고 지출국민소득은 소비를 C, 투자를 I라고 합니다. 그러면 국민소득의 3면 등가의 법칙에 따른 등식은 아래와 같습니다.

생산국민소득(Y) = 분배국민소득(W+K+R) = 지출국민소득(C+I)

---

30) 국민소득계정에서 국민 총생산은 감가상각비를 포함한 GNP 개념이지만, 여기서는 감가상각비가 자본의 충당분이므로 이를 제외한 국민순생산(NNP)의 개념이다.

그런데 이 플로우 가격인 국민소득계정에서 스톡 가격, 곧 소득물이 아닌 땅값 성장액과 이와 유사한 자본의 원금 성장액이 구매력을 행사하게 되면, 그 크기의 가격이 거시경제 구조 안으로 들어옵니다. 이것이 [토지비용 > 토지수익]의 원인자인 땅값 성장액 또는 자본이득capital gain이라고 부릅니다. 부호는 'Pg'입니다. 물론 국민소득계정이 미치는 Pg는 전국의 땅값 성장액 모두(총액)를 말하는 것은 아니고, 이 금액 중 실제로 생산과 분배에 미치는 크기입니다. 이를 전체 Pg와 분리하여 'Pg′'라고 하겠습니다.

그러면 분배국민소득과 지출국민소득은 장기적으로 생산국민소득 Y보다 Pg′만큼 크게 됩니다. 그래서 토지소유자에게 궁극적으로 분배되는 몫은 R과 Pg′라고 해야 합니다. 따라서 각 요소소득의 분배되는 실질 소득은 Pg′/Y만큼 작아지고, 명목상의 분배소득과 지출국민소득은 상대적으로 커집니다. 그래서 Pg′가 국민소득계정은 부등식으로 나타나고 그만큼 불균형 상태가 됩니다.[31]

생산국민소득(Y) < 분배국민소득(W+K+R+Pg′) = 지출국민소득(C+I+Pg′)

예를 들어서 국민 총생산 Y는 100이고, 이의 구성요소인 임금 W는 70, 이자 K는 10, 지대 R은 20이라고 합시다. 그런데 R의 분배자인 토지소유자의 균형 분배액은 R이 아니고, P의 기회비용이나 수익인 Pg′를 포함해야 합니다. 여기서 Pg′를 5라고 보면, 토지 소유자(성장성 자본재 소유자 포함)에게는 국민 뭉쳐나기 산물 Y를 자본이득 Pg′만큼 초

---

[31] 자본이득 Pg는 시장 속성상 땅값과 주가가 안정적일 때는 잠재하거나 소폭 상승하다가 기회가 오면 일시적으로 대폭 커진다(주가는 대폭 하락하기도 하고). 자본이득은 거시경제에 주기적, 간헐적, 불규칙적으로 값이 변하면서 영향을 미친다. 이러한 속성을 가진 자본이득을 장기 평균한 값이 여기서 말하는 이론상의 Pg 또는 Pg′에 해당한다.

과하여 분배해야 합니다. 따라서 각 생산요소에 분배되는 실질 분배율은 각 요소의 실질생산물의 비율과는 다르게 나타납니다.

① 요소소득의 정상 분배율 = 요소소득/생산국민소득 = (W+K+R)/Y

　국민소득의 정상 분배율 = (70+10+20)/100 = 100%

② 요소소득의 실질 분배율 = (요소소득 + 자본이득)/생산국민소득

　= {(W+K+R)+Pg′}/(Y+Pg′)

　국민소득의 실질 분배율 = {(70+10+20)+5}/(100+5) ⇒ (70+10+20)/105

　따라서 임금을 비롯하여 요소소득은 자본이득을 분배하는 비율만큼 실질 분배액이 줄어듭니다. 물론 임금과 요소소득에 줄어든 금액이 가시적으로 드러나는 것이' 아니고 간접적으로 나타날 수밖에 없는데 이것이 바로 물가상승입니다. 그래서 명목소득은 변하지 않지만, 매년 Pg′만큼 초과 구매력이 발생하여 물가상승 요인이 생기고 그만큼 개인별 실질 가처분소득이 줄어든다고 보아야 합니다. 위의 예에서 노동자의 실질임금은 70%(70 = 70/100)에서 66.7%(66.7 = 70/105)로 줄어듭니다. 그러나 여기서 유념할 것은 이러한 경우에도 토지소유자가 구매력을 행사하여 가져가는 Pg′는 불로소득이 아닙니다. 이 Pg′의 크기 5는 소유자의 투자(지출)에 대한 정당한 대가(기회비용)이고, 그동안의 소유에서 입은 손실에 대한 보상분이기 때문입니다.

　이것이 거시경제에서 발생하는 경제의 불균형과 이에 따른 만성적인 초과수요와 인플레이션 현상으로 나타납니다. 또 불균형 가격이 갑자기 커져서 실물경제가 감당을 못하면, 금융위기나 공황이 오게 되고, 아니면 경기가 위축하여 장기 불황이 오게 됩니다.

소유가격의 영구 적자에 대한 실제적 근거

◎ 땅값의 실제적 근거

성장하는 성질을 가진 땅과 집의 소유가격은 자신의 성장가격과 수익의 미실현성으로 인하여 영구적인 적자를 계속합니다. 위의 정리에 대한 이해를 위해 실제 자료로 검증을 해 보겠습니다. [그림 13-1]은 필자의 1장의 '기업 이야기'에 나온 임야와 '790만 원이 1억 원이 된 주택지'의 가격에 대한 실제 자료입니다. 1990년부터 2020년까지 30년간 커진 ㎡당 공시지가와 이 값을 기하평균으로 이론가격을 산출하여 서로 비교를 했습니다.

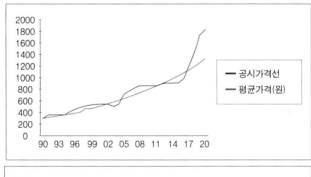

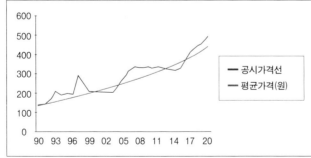

[그림 13-1] 연도별 공시지가와 평균가격의 비교

(상: 임야, 하: 택지, 단위: ㎡, 원)

주) 기하평균 = {(말기가격/초기가격)$^{1/n}$-1}, 평균가격 = 기하평균×조화평균/산술평균

[그림 13-1]이 보여 주는 공시지가는 정부가 발표하는 것이라 시장 가격을 정확하게 반영하지는 못합니다. 그렇지만, 공시지가는 정부가 시장의 현실가격을 조사해서 결정하고, 실제로 지방세 징수에도 기준치로 적용하고 있습니다. 또 토지시장은 토지의 현실가격보다 장기적 가격 흐름에 대한 일반적 추세와 성질을 이해하는 것이 중요합니다. 그러므로 특정 토지가 보여 주는 공시지가의 가격 추세는 모든 토지가 가진 시장의 일반적 특성을 그대로 보여 주고 있습니다. 부동산 가격 추세에 대한 실제 자료는 아래에 나올 [그림 13-2]를 참고하기 바랍니다.

그러므로 제시한 자료를 가지고도 토지시장의 성질, 곧 땅값이 가진 시장 특성을 정리할 수 있겠습니다. [그림 13-1]에서 공시가격을 현실(실제)가격으로 보고, 평균가격은 이론가격으로 보아서 토지시장의 일반적 가격 특성을 요약하면 이렇습니다.

① 현실가격은 평균가격을 오르락내리락하면서 시간 흐름으로 상승(성장)하고 있습니다. 우리는 땅값이 현실시장에서 등락을 반복하지만, 평균가격(이론가격)은 예금의 원금처럼 일정한 성질을 가져야 정상이라고 생각합니다. 산술급수와 기하급수에 대한 오해입니다.

② 현실가격이 평균가격보다 높을 경우는 토지의 매각자가, 낮을 경우는 매입자가 이득을 봅니다. 불로소득은 이론(평균)가격보다 현실가격이 높을 때만 발생합니다.

③ ②에서도 실수요자는 토지시장을 떠날 수 없으므로 매각자와 매입자의 이해득실은 소유자 간의 '제로섬 게임'에 불과합니다. 복권과 도박 참가자의 이해득실은 공간적인 제로섬 게임이고,

❶ 희년과 포도원 천국

토지와 성장주식의 이해득실은 시간적인 제로섬 게임에 해당합니다.

④ 토지 불로소득은 평균가격을 넘어서는 시점에 땅을 팔고 시장을 탈퇴하면 가능하지만, 그렇지 않으면 불가능합니다. ②의 불로소득은 토지시장을 탈퇴한 자만 가능합니다.

⑤ 모든 토지의 이론가격(평균가격)은 장기로 경제성장률을 따라 커지고 있습니다.

⑥ 이렇게 커지는 값은 지대수익이 아니므로 소득이 아니고 가치물이 아닙니다. 이 값이 커지는 비율만큼 지대수익은 적게 나옵니다.

⑦ 필자의 임야(주위 농지 포함)는 지대수익이 30년간 0입니다. 30년간 수익 한 푼 없는 임야의 땅값이 6배나 커졌습니다. 소액이라도 임료가 발생하는 택지마저도 30년간 토지비용은 돈이자 총액보다 (월등하게) 작습니다.

임야: [토지비용 = 땅값 성장액], [토지비용 > 지대수익 0]

택지: [토지비용 = (토지임료 + 땅값 성장액)], [토지비용 > 토지임료]

이런 등식은 30년간 예금한 이자를 예상 이자율로 추산해도 그 성질을 확인할 수가 있습니다. 지난 30년간의 이자율은 1991~2000년은 10%, 2001년~2010년은 7%, 2010~2020년은 5%로 잡아보겠습니다. 그러면 각 이자율에 따른 시기별 복리 이자의 크기를 원금 1원에 대한 종가율로 계산하면, 30년 후 원리금 총액은 8.3212원입니다.

10년 종가율: 10% ⇒ 2.5937, 7% ⇒ 1.9672, 5% ⇒ 1.6289

30년 종가율 = 2.5937×1.9672,×1.6289 = 8.3112

여기서 30년 종가율 8.3112원은 30년 전 토지 원금을 은행에 예금했으면, 30년 후 원리금이 8.3배가 커진다는 뜻입니다. 그러나 공시지가로 본 임야는 30년간 6.1배, 택지는 3.5배 커진 것에 불과합니다. 수익 한 푼 없는 임야가 30년간 6.1배 커진 것도 수수께끼 같지만, 그렇게 올라도 예금이자보다는 2.2배 작습니다. 택지는 소액의 임료 수익이 있었지만, 땅값 상승액은 예금이자 4.8배 작은 크기입니다. 그동안의 임료수익을 감안하여도 실제로는 예금이자보다 작을 것이고, 이론가격은 예금이자와 같은 크기라고 해야 합니다.

혹시 독자들이 공시지가는 시세 반영률이 60% 정도로 낮아서 그렇다고 오해할 수 있습니다. 하지만, 시세 반영률이 낮아도 30년간 시세 반영률이 일정하다면, 그 변동 추세는 양쪽 모두 같습니다. 1이 6이 되나 0.6이 3.6(6배)으로 커지나 커지는 비율은 같습니다. 이 비교는 금액이 아니고 비율로 비교한 것입니다.

그러므로 필자가 소유하는 임야와 과거에 소유했던 택지를 비교하여 보면, 위의 등식이나 이론이 실제 자료에서도 성립하는 것을 확인할 수가 있습니다. 그리고 이 등식이 실제로 성립하지 않았더라도 땅값 성장액은 크든 작든 소득물 실현이 없는 허구가격입니다.

땅값이나 성장주식의 커진 값은 영원히 실물 생산이 없는 숫자만의 커진 것입니다. 이에 대한 거래는 실물 없는 금융거래이며, 가치의 이전 행위이지 가치의 발생이나 교환이 아닙니다. 그래서 거래 당사자들은 상호 제로섬 게임만을 하고 있으며, 이 거래로 이득을 보는 자는 양도소득세 등 재산과세의 수입이 커지는 정부, 담보가치의 파이를 키워 이자수익이 커지는 금융기관, 거래 수수료가 커지는 거래소나 중개 기관들뿐입니다.

◎ 아파트 가격의 실제적 근거

이런 사례는 주택의 경우, 특히 아파트는 더 심각한 양상을 보입니다. [그림 13-2]는 한국부동산원이 발표한 2006년 12월부터 2021년 6월 말까지 전국 지역별 아파트 중위가격에 대한 지수 변동 자료입니다.

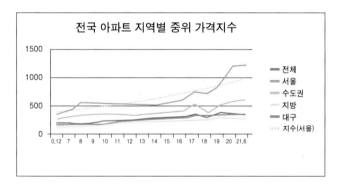

[그림 13-2] 지역별 아파트 매매 중위가격의 변동(2006년 12월~2021년 6월)

[그림 13-2]를 보면 아파트 실거래가격은 06년 12월 기준으로 21년 6월 현재 지방이 265.2, 전체로는 353.5이지만, 수도권은 622.1, 서울은 1,223.7로 나타납니다. 같은 기간에 상승률은 지방이 4.87%, 전체는 4.26%(일반지수는 4.01%), 수도권은 5.96%, 서울은 8.67%입니다. 현재의 이자율을 감안하면 전반적으로 높은 상승률입니다. 서울은 전체 평균치의 두 배나 높은 가격이므로 지나치게 높다고 할 만큼 이상(초급등) 현상을 보입니다. 이러한 서울과 수도

권 지역의 아파트 가격은 이자율로 평가하는 이론가격선(점선, 지수)을 이탈해 버린 거품가격bubble price입니다. 그러므로 서울의 아파트 가격거품은 어느 날이 정상으로 돌아오면 하락하거나 10년 이상은 장기 보합세로 갑니다. 이론가격이 계속 성장하여 거품가격을 따라잡으면, 그때 정상가격으로 회복(일치, 균형 성립)하게 됩니다.

[그림 13-3]은 지역별 구분 없이 전국 평균가격의 성격을 가지는 아파트 전체(전국) 가격에 대한 기하평균지수를 이론가격으로 보고 실거래가격을 비교하여 봅니다.

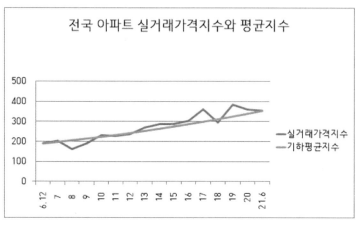

[그림 13-3] 전국 아파트 전체 실거래가격지수와 평균지수
주) 기준지수: 한국부동산원, 06년 12월 말 189.0, 21년 6월 말 353.5(기하평균: 4.26%)

[그림 13-3]에서 전국의 아파트 중위가격은 지난 15년간 연평균 4.26%의 성장률이며, 실거래가격은 이론가격인 기하평균가격선을 오르락내리락하고 있습니다. 이론가격이란 집값 상승액이 소유비용 내에 있는 크기를 말하므로 [그림 13-3]의 평균가격선이 성장자본의 실제 비용선이 됩니다. 실거래가격이 커지더라도 가격이 이론가격선 아래에 있거나 근접해 있으면 불로소득을 낼 수가 없습니다. 그러나 우

　❶ 희년과 포도원 천국

리는 집값이 오르면 그 값을 불로소득으로 보기가 쉽습니다. 소유비용은 임료수익이 전액 보상을 하고 있다고 생각하기 때문입니다.

[그림 13-3]에서 2007~2012년은 저점기로 실거래가격은 이론가격선 아래에 있습니다. 2010~2016년은 근접기로 실거래가격이 이론가격선에 근접합니다. 그리고 2017년에서 최근 2021년 6월까지가 고점기인데 18년 말은 이론가격선보다 떨어지기도 했습니다. 강도 높은 8·2대책에 따른 일시적 현상입니다. 그런데 주택의 장기 소유자와 거주자에게는 이런 가격의 등락이 주거가치의 득실과는 아무런 관련이 없습니다. 주거가치의 평가나 변화는 임대료의 크기에 달렸지 임대료의 자본가격과는 직접 관련이 없다는 뜻입니다. 집값의 상승률은 소유자가 부담할 소유비용의 크기에만 영향을 줍니다.

여기서 이론가격인 평균가격은 소유비용 범위 내에 있으므로 저점기에 아파트를 팔면 소유비용을 보상받지 못하며(적자기), 근접기에는 수지가 균형이며, 고점기에 팔면 소유비용을 초과하는 이득(불로소득)을 낼 수가 있습니다. 그런데 고점기에 아파트를 팔아서 초과이득을 실현해도 주택은 주거가 목적이므로 다른 아파트를 재구입해야 합니다. 따라서 고점기 주택 매매로 얻은 초과이득은 재구입비에 들어가므로 실현수익은 없다고 보아야 합니다.

물론 주택이 다주택자이거나 1주택자라도 소유주택에서 임대주택으로 갈아타기를 한다면 소유자는 고점기 판매로 불로소득을 실현할 수 있습니다. 그러나 고점기에 주택을 구입한 신규 매입자는 고가격 소유비용을 부담해야 하고, 그 가격이 사회적으로 실현된 수익(주거가치)은 0입니다. 곧 주택가격의 커지고 작아짐은 주거가치의 실현과는 관련이 없으며, 소유자 간의 이득과 손실을 서로 '주고받기'만 하는 '제로섬 게임'만 하게 됩니다.

[그림 13-3]에서 15년 아파트 중위가격 평균 상승률 4.26%는 편의상 동 기간의 일반 매매가격지수 상승률인 4%(4.01%)로 하여 비교했습니다. 여기서 이자율을 5~7%로 잡아 주면 아파트 소유가격에 대한 이자율 비중은 57.1%에서 80%입니다. 다시 말하면 평균가격을 이론가격으로 보고, 이를 시장 이자율에 적용하면 소유가격에 대한 이자비용과 사용수익(주거가치, 아파트 임료수익)의 균형 등식은 다음과 같습니다(편의상 매매가격지수는 4%로).

이자율 7%: 소유가격 이자비용 7% = 사용수익 3% + 아파트 가격 상승률 4%

이자율 6%: 소유가격 이자비용 6% = 사용수익 2% + 아파트 가격 상승률 4%

이자율 5%: 소유가격 이자비용 5% = 사용수익 1% + 아파트 가격 상승률 4%

독자들은 이런 분석을 보고 이자율 5%에서 사용수익률이 1%, 6%에서는 2%이므로 이자율에 비교하여 수익률이 너무 낮다고 볼 수 있습니다. 그래서 사용수익률을 이론가격보다 높게 잡으면 소유자 총수익률은 아파트 가격 상승분을 합쳐서 이자비용보다 높아져서 초과수익이 난다고 볼 수 있습니다. 그러면 이때 아파트를 팔면 불로소득이 생깁니다.

그러나 15년간 매년 4%씩 커진 아파트 가격 상승액은 아파트를 팔지 않는 한 소득으로 실현할 수 없는 숫자입니다. 그리고 아파트를 장기로 소유하면 거주 또는 소유기간 동안 실제 가격은 평균가격선(이론가격선)을 오르락내리락하면서 접근하는 성질을 가집니다. 그래서 아파트 가격이 급등하면 겉보기는 큰 폭의 불로소득을 내는 것으로 보이지만, 매매가 없는 한 상승액 전액이 미실현소득일 뿐입니다.

또한 평균보다 높은 가격은 장기로 두면 평균가격에 접근·수렴하

● 희년과 포도원 천국

여 불로소득이 사라지므로 아파트 성장가격 4%는 항상 적자 상태라고 보아야 하며, 사용수익(주거가치)과도 별개로 존재하므로 허수입니다. 성장자본의 이런 허수가격과 적자 상태는 성장성 주식에서 더 분명하게 나타납니다.[32]

그리고 혹자는 아파트는 건물의 감가상각비 때문에 땅값과는 다르다고 할 것입니다. 그러나 통계 자료는 건물의 이런 특성이 모두 반영된 시장의 실제 가격 자료입니다. 아파트는 건물만 계산하면 감가상각비로 인하여 임료수익은 이자비용보다 더 크게 나타납니다.

건물의 소유비용 = 사용수익 - 건물의 감가상각비

∴ [소유비용 < 사용수익]

따라서 주택은 감가상각비 보상 때문에 소유비용보다 수익이 더 크게 납니다. 하지만, 주택은 토지와 함께 거래되는 복합자산이므로 성장하는 땅값 성장률이 집값의 감가상각률을 상쇄하고 남은 잔여 비율입니다. 그런데도 아파트 가격 상승률은 이렇게 큰 비중을 차지하고 있습니다. 곧 아파트의 가격에서 순수 상승액은 인플레이션 효과를 제외하면 전액이 땅값 상승액이며, 이 값은 주거가치로 실현되지 않는 미실현가격이므로 매년 소유비용에서 적자만 발생하는 허구가격입니다. 물론 아파트를 팔고 주택시장을 떠날 수 있다면, 이 적자는 집값 매매차익(소유기간 상승 총액)으로 보상을 받습니다. 그러나 주택은 필수재입니다.

---

32) 문자통신 서비스를 주업으로 하는 ㅋㅌ주식은 2021년 6월 말 주가수익률(PER)이 400이면, 이 회사가 1년간 생산물로 실현할 수 있는 주당 실수익률(배당률)은 0.25%(1/400)에 불과하다. 이자율이 5%일 경우, ㅋㅌ주식의 주당 [소유비용 20원(400×0.05) = 실수익 1원(실현) + 주식가격 상승액 29원(영구 미실현)].

주식과 선물 등 토지 유사품에 대한 시장 오해

땅값은 사용권을 보장하는 숫자만 있고, 실물은 영원히 없으므로 허구가격(영구 미실현가격)입니다. 그런데 이러한 허구가격의 성질을 가진 시장 거래물은 토지 외에도 더 있습니다. 바로 성장기업의 주식을 비롯하여 물가 변동에 연계하여 거래하는 선물과 그 파생상품들을 말합니다. 여기에는 최근 출시된 가상화폐도 포함합니다.

① 땅값: 100% 실물이 없는 영구 허구가격입니다.
② 주식: 성장기업에서 실물 투자액을 초과한 가격물을 말하며, 이것은 땅값과 같이 가치가 영구적으로 실현될 성질이 없으므로 허구가격입니다.
③ 선물: 실물 가격에서 기생한 선물先物, futures은 선도거래for-ward transaction와 전혀 다른 거래물입니다. 선도거래는 만기에 실물거래로 실현이 되기 때문에 허구가격이 아닙니다. 그러나 선물은 미래의 인도가격을 지금 매겨 놓고, 지금 팔고 사서 가격차액을 일일정산으로 결제합니다. 선물은 만기에도 거래액 98% 정도는 실물수수가 없습니다. 선물은 한 개의 상품에 동시에 여러 개의 복수거래가 가능하며, 원금元物 투자 없이 가격차액從物을 발생시키므로 숫자상의 값만 있는 허수거래입니다. 금융만 있고 실물은 없습니다.
④ 옵션: 선물에서 파생된 거래물로 거래 선택권에 대한 권리가격을 말합니다. 하나의 가격물에 두 가지 복수거래와 복수가격이 발생하는데 매입 선택권을 '콜 옵션'이라고 하고, 매각 선택권을 '풋 옵션'이라고 합니다. 선물처럼 만기에 실물거래 수수 여

부는 선물과 비슷하며, 하나의 거래물에 복수가격이 생겨나서 실물은 없이 가격만 있는 금융거래입니다.

⑤ 가상화폐: 미래가치에 대한 청구권으로 주식과 같은 성질을 가집니다. 화폐라는 말은 투자를 끌어내기 위한 용어이고, 잘못 사용하는 단어입니다. 팔고 사는 단위가격(코인)은 그냥 주식이라고 하든지 가치 청구권이라고 해야 합니다. 화폐는 물가가 오르면 교환가치가 떨어지지만, 가상화폐는 주식처럼 물가가 오르면 동반하여 커지는 성질을 갖고 있습니다.

⑥ 외환: 화폐는 원래 현재 실물을 대리하는 가치 청구권으로 허구가격은 아닙니다. 그러나 돈이 실물거래의 결제(수단)로 쓰이지 않고, 팔고 사는 상품의 역할을 하면, 이런 경우의 거래가격은 허구가격입니다. 세계 외환시장에서 하루 거래액은 어림잡아도 우리나라 1년 GDP의 4배 정도 크기입니다. 이 중 98%는 실물 결제수단이 아니고 환차익을 추구하며, 거래만 하는 투기성 상품입니다. 외환 거래액 중에서 기업의 매수나 실물 자본 자산의 직접 매입을 위한 자본거래액을 포함해도 실제 결제용 외환은 10% 미만이므로, 90% 정도는 실물 없는 금융거래로 허구적 거래입니다. 외환거래가 환차익을 추구하는 투기 상품이 된 것은 성전에서 시작되었고, 중세 유럽에서 유대인들이 세계 금융을 지배하는 계기가 되었습니다. 예수님은 성전에서의 환거래를 "강도의 소굴"이라고 질타를 합니다(마 21:12, 13).

⑦ 기타: 이외에도 달月과 같은 천체의 거래가격, 가상 공간의 메타버스, 각종 엔에스디 상품도 현재 실물(가상 서비스) 없이 매겨진 영구 자본가격은 허구가격입니다.

허구가격에 대한 최종정리

창조질서에서 생산 없는 부가 창조와 수비(사용) 없는 가치의 실현은 존재하지
않는다.

산삼과 노다지를 취득한 불로소득은 생산과 소비의 활동이 있다. 그러나 자본과
금융의 거래에서 원금이 스스로 커지는 가격은 생산한 부가 없고, 소비할 가치
물이 없다. 이 현상은 생산과 소비가 영원히 없으므로 허구다.

지금까지 설명하고 논의한 성경 희년법의 핵심은 경제에서 고질적
문제를 발생시키는 땅값은 발생하지 않게 하라는 것입니다. 땅값이
발생했으면 무르기로 없애라는 것입니다. 이것은 토지를 임대로 거
래해야 한다는 뜻이 됩니다. 그 이유는 땅값이 영원히 실물이 없는
허구가격이기 때문입니다. 지금까지 설명해 온 허구가격에 대하여
정리를 하겠습니다.

이 책에서 중점적으로 언급한 허구가격은

① 현재 없는 미래물, ② 실물 없는 금융물, ③ 실현 없는 가격물,
④실체 없는 거래물, ⑤ 원물 없는 차익물, ⑥ 시간 없는 숫자물(추
상물)

이렇게 6가지의 현상으로 정리할 수 있습니다.

① 현재 없는 미래물: 5% 이자율 사회에서 1년 후 생산될 쌀 10말
을 지금 100말 가격{100말 = 105/(1 + 0.05)}으로 구입하면 그
가격 100말 값은 현재 쌀이 없고, 가격만 존재합니다. 이것이
지금 없는 미래물입니다. 그런데 이것이 영구적 현상이면 허구
가격이 됩니다.

② 실물 없는 금융물: 일을 하고 받은 수익을 예금하면 그것은 실물 있는 금융물입니다. 창고증권, 선화증권, 상품성 증권은 모두 실물 있는 금융물이며, 차용증서나 어음도 이에 속한다고 보아야 합니다. 그러나 토지와 주식(성장주식 실물 초과분), 선물先物 등은 이러한 실물이 없고 거래에 필요한 가격과 숫자만 있습니다. 그래서 허구가격입니다.

③ 실현 없는 거래물: 실현이란 가치의 매매가 아니라 그 가치의 물리적 생산과 사용, 그리고 소비로 사람이 가치를 누리는 것을 말합니다. 새로운 가치(효용)를 위하여 재료가 소비·소멸되거나 기계가 감가·마모·소멸되어서 원금이 새로운 가치물로 물리적 변형을 일으키거나 이전이 되는 성질을 말합니다. 이러한 감가나 소멸이 없는 물질이 커지는 성질을 가지면 그 값은 가치로 실현할 수가 없어서 영구적 미실현이 되는 허구가격입니다.

④ 실체 없는 가격물(추상물): 거래되는 가격은 있으나 그 가격을 대신할 재화나 서비스를 특정할 수가 없습니다. 땅은 가치물을 내기는 하나 땅 자신은 가치물의 실체로 변하지 않습니다. 기계는 생산물에 기계 물리적 가치가 이전되어 있으나 땅은 그런 성질이 없습니다. 쌀은 물질을 해체하여 먹고 쓸 수가 있으나 땅은 물질을 해체하여 쓸 수가 없습니다.

⑤ 원물 없는 차익물: 처음부터 화폐나 숫자만 투입하고 원물의 투입이나 노력의 대가 없이 가격만 존재하는 것을 말합니다. 땅은 가치를 투입하여 만들 수가 없고, 그 원금을 가치물로 빼낼 수도 없습니다. 땅은 원금의 투입이나 소비가 없이, 투입이 있어도 투입과는 별개(노동과 기계처럼)로 가치물을 내고 있습니

다. 시한부 자동차는 원물이나 이 자동차를 기한 없는 영구주식으로 값을 매겨 팔고 사면 그 초과액은 원물(자동차)과는 별개로 투입이 없는 가격물이 됩니다. 선물은 원금 거래 없이 거래 차익이 발생합니다. 원물이나 원금의 투입 없이 생산이나 차익이 발생하는 것은 창조질서에서 존재하지 않습니다. 가치의 생산과 소비는 무無에서 유有가 나올(있을) 수가 없습니다.

⑥ 시간 (필요) 없는 숫자물: 거래되는 대상물이 만기 없거나 만기가 있어도 의미가 없는 것을 말합니다. 토지는 만기가 없는 영구재입니다. 선물先物은 만기가 있고 가격도 있지만, 만기에도 가격만 있으면 되고, 98% 정도는 실물 없는 거래이므로 실물이 필요 없습니다. 이것은 허구가격입니다.

열거한 여섯 가지 거래물에 대하여 허구가격을 없애거나 최소화하는 방법은 ㉠ 땅은 임대, ㉡ 주식은 한시주식(한시적 이익배당권), ㉢ 선물거래는 선도거래, ㉣ 가상화폐는 블록체인 기술에 대한 요금제나 특허권, ㉤ 기타 거래물은 실물과 연계된 거래만 해야 합니다.

물론 허구가격의 특성 ①~⑥에서도 예외는 있습니다. ①~⑥의 특성이 있기는 하지만, 지금 투자된 실물(재화나 서비스)이 있는 것(실물 투자분 주식), 미래에 실물과 교환이 되는 것(선도거래), 지속적 성장성이 없이 일정한 정액성 자본(영구채권, 무이자 채권)은 비용과 수익이 일치하거나 실물로 실현이 되므로 허구가격에서 제외해야 합니다. 이런 것은 시장에서 팔고 살 수 있습니다.

토지시장론의 세 가지 패러다임

토지시장을 보는 관점에서 성장성 자본의 성질을 가진 토지시장에 대한 기존의 학설은 3가지로 나눌 수 있습니다. 주류 경제학의 주장으로 토지시장의 근본가격(이론가격)은 비용(수요)과 수익(공급)이 균형을 이룬다고 봅니다. 주류 경제학은 땅값과 원금 성장액이 실제 실물이거나 미래에 실물자본처럼 물리적 실현이 되는(또는 실현될) 것으로 오해하기 때문입니다.

다른 하나는 조지스트들의 주장으로 토지시장은 토지의 성장성으로 인하여 토지소유자는 지속적인 불로소득을 가져다준다고 봅니다. 근본가격 구조에서 비용(구입가격 이자)은 일정하다고 보고, 수익은 매년 커지기 때문에 이자보다 큰 수익이 나며, 현실가격은 매입비용보다 커서 불로소득이 난다고 합니다. 아니면 이론가격(근본가격)은 [토지비용 > 토지수익] 현상이지만, 시장의 현실가격은 [토지비용 < 토지수익] 현상이라고 이론가격을 뒤집는 억지 주장을 합니다.

이것은 근본가격론에서 토지의 성장성을 가정하여 놓고서 수익 구조에서 땅값과 비용은 고정되어 있다고 하는 자기모순입니다. 그러나 필자는 성장성 토지의 근본가격은 원금과 수익의 성장 성질로 인하여 원금이 커지는 만큼은 영구적 미실현가격이 되기 때문에 실제 수익은 항상 적자가 난다고 합니다. 이 세 가지 견해는 각각 예외가 있지만, 각자의 주장이 시장의 일반적 현상이라고 봅니다. 이를 수식으로 정리하면 다음과 같습니다.

① 영구 적자론(필자): 소유적자 ⇒ [땅값이자(토지비용) > 토지수익]

② 시장균형론(주류 경제학): 시장균형 ⇒ [땅값이자(토지비용) = 토지수익]

③ 블로쇼득론(쥬지스트)·불로소득 ⇒ [땅값이자(토지비용) < 토지수익]

근본가격: 땅값 = 미래 토지수익의 현재가격 + 미래 땅값의 현재가격

근본가격: ㉠ 땅값이자(토지비용) = [㉡ 토지수익 + ㉢ 땅값 성장액(영구 미실현가격)]

㉢은 ∞ 기간이 되어도 땅값은 ∞ 가격으로 남아 있다. 곧 [㉠ 토지비용 > ㉡ 토지수익]이 일반 현상이다. ㉢은 초기가격이나 말기가격이 모두 실물이 없다.

근본가격(론)에서 땅값은 성장성 자본이기 때문에 원금에는 이자율 i 외 성장률 g가 들어 있어야 함

∴ ①은 등식이 근본가격과 맞고 ②와 ③은 등식이 맞지 않는다. ②와 ③은 모두 미실현가격인 "㉢"에 무지하거나 오해하고 있다.

자본 물질의 세 가지 성질별 원금과 수익을 계산하는 공식은 간단하게 정리하면 다음과 같습니다. ※ 자본가격 = 영구미래수익의 할인합계 = 소유가격

(P: 원금, R: 수익, i: 이자율, g: 성장률, d: 감가율)

〈자본가격stock〉

정액자본 원금(쌀과 예금): $[P = R/i] \Rightarrow [P = R \cdot \{1-(1+i)^{-n}\}/(i-g) + P \cdot (1+i)^{-n}]$

성장자본 원금(차車와 기계): $[P = R/(i-g)] \Rightarrow [P = R \cdot \{1-(1+g)^n(1+i)^{-n}\}/(i-g) + P \cdot (1+g)^n(1+i)^{-n}]$

감가자본 원금(토지와 주식): $[P = R/(i+d)] \Rightarrow [P = R \cdot \{1-(1-d)^n(1+i)^{-n}\}/(i+d)$

$+P \cdot (1-d)^n (1+i)^{-n}$]

〈수익가격flow〉

정액자본 수익(쌀과 예금): [$Pi = R$] $\Rightarrow$ 소유비용(Pi) = 소유수익(R)

성장자본 수익(토지와 주식): [$Pi = (R+Pg)$] $\Rightarrow$ [소유비용(Pi) = 수익(R) + 원금

성장액(Pg)]

감가자본 수익(車와 기계): [$Pi = (R-Pd)$] $\Rightarrow$ [소유비용(Pi) = 수익(R) - 원금감소

액(Pd)]

단, 성장자본의 P와 R은 매년 정률(g)로 커지고, 감가자본의 P와 R은 매년 정률

(d)로 작아짐, 성장자본 P는 영원히 R로 변하는 성질이 없음

헨리 조지의 토지가치세론

◎ 헨리 조지와 조지스트

헨리 조지Henry George는 1879년 저서 『진보와 빈곤Progress and Poverty』에서 토지 지대에 대한 전액 토지가치세 징수를 제창하여 그를 '토지단일세론자' 또는 '토지가치세론자'라고 부릅니다.

그는 토지가 하나님의 창조물이므로 토지 사유가 부당하며, 토지에서 나오는 수익은 모두 공적환수를 통하여 경제문제를 해결하려고 했습니다. 그는 독실한 그리스도인으로 감리교 신자이기도 했습니다. 그의 경제이론을 적극적으로 신봉하는 자들을 '조지스트'라고 합니다.

그래서 세간에서는 헨리 조지의 경제이론을 두고 성경의 희년법,

곧 토지 경제법과 동일시 하는 경우가 있습니다. 주로 한국에서 조지스트를 중심으로 그런 풍조가 강합니다. 저도 그의 이론에 심취한 적이 있었고, 헨리 조지의 이론 체계를 잘 알고 있습니다. 필자의 학위논문도 그의 지대공수론을 기초로 했습니다.

그러나 그의 이론과 주장은 성경 토지 경제법과 유사한 점도 있지만, 차이점이 있습니다. 같은 점은 토지가 다른 물질과 달리 개인 소유물이 아니고, 하나님의 창조물로 본 것, 그래서 토지수익을 전액을 공경비로 해야 한다는 주장입니다. 그리고 헨리 조지는 경제에서 부wealth와 부가 아닌 것을 구분하여 실물과 비실물을 구분한 사람이기도 합니다. 땅을 소유하지 않고, 토지수익 전액을 공경비로 하면 근본 해법이 되는 것도 알았습니다.

그런데 성경 희년법과 헨리 조지의 주장이 근본적으로 다른 점은 땅의 경제적 활동에서 나타나는 토지가치의 인정 여부에서 시각 차이가 있고, 토지문제를 해결하는 방법론에서 희년법의 토지 무르기가 없고, 무보상 원칙을 고수하는 것이 다릅니다.

한국 조지스트들 중에는 기독인들이 상당수 있는데 이들은 헨리 조지의 토지단일세론이 성경 희년법과 같은 것으로 오해합니다. 이들은 헨리 조지의 이론과 정책을 성경이 말하는 토지법이라고 하면서 희년 운동을 펼치고 있습니다.

한국 조지스트들은 현실적으로 적용하기 어려운 헨리 조지의 주장, 곧 지대수익 전액을 무상으로 공수하자는 주장을 신봉하며, 늘 부동산 세금을 대폭 올리는 운동을 주도합니다. 토지보유세의 대폭적인 강화를 주장하는 것이 그 대표적입니다. 이 주장은 앞에서 본 바와 같이 토지에 투자한 개인의 사유재산을 몰수하는 효과를 주어서 비현실적이며, 시장의 부작용(자본잠식, 자본손실효과, 시장동결)

까지 초래하게 하는 주장들입니다.

◎ 희년법과 조지스트 토지가치세론의 차이

헨리 조지 이론, 그리고 한국 조지스트들이 가진 토지세 이론은 성경 희년법과 비교하면 토지가치의 인정 여부와 문제의 해결 방식인 토지 무르기 등에서 근본적 차이가 있는데 그 요지만 살펴보면 다음과 같습니다.

① 희년법의 무지와 인식 부족

헨리 조지는 토지가 하나님의 창조물이므로 이를 사유화하는 것은 부당하다고 했습니다. 이는 희년법이 땅은 하나님의 것으로 매매하지 말라는 것과 같은 시각을 가졌다고 볼 수 있습니다. 그러나 헨리 조지는 토지의 거래 방식을 알려 준 레위기 토지 규례, 곧 성경 희년법을 몰랐습니다. 그 근거로 그의 저서 『진보와 빈곤』에서 레위기 25장 희년법을 소개하거나 인용한 흔적이 없습니다. 그의 다른 문헌들과 어록에서도 발견되지 않고 있습니다. 그래서 헨리 조지가 토지는 희년까지 시한부 임대를 하도록 거래를 허용한 것을 몰랐고, 이에 더하여 토지문제를 시장원리로 해결하는 토지 무르기를 전혀 몰랐습니다.

② 토지가치와 토지 생산성의 부정

헨리 조지는 경제에서 토지를 중시하고, 토지를 중심으로 경제이론을 펼치고 있습니다. 그러함에도 그는 성경이 말하는 토지의 자가 생산성을 몰랐거나 인정하지 않았습니다. 그는 리카도의 차액지대론에 근거하여 토지가치를 인식합니다.

차액지대론은 총생산물 중 토지 사용비용을 차감한 잔여가 지대라고 합니다. 이 말은 틀린 말은 아닙니다. 토지가치는 토지 사용비용인 임금이나 투자비용을 제외한 크기가 많기 때문입니다. 그러나 차액지대론은 지대의 크기를 결정하는 원리로는 맞으나 토지의 자가 생산성을 인정한 것은 아닙니다. 그래서 차액지대론은 토지가치의 크기를 결정하는 이론은 될 수 있으나 토지가치의 본질과 주체를 규명하지는 못했습니다.

차액지대론은 지대는 토지의 자가 생산물이 아니고, 토지 사유제로 인하여 소유자가 취하는 몫이므로 사유제가 아니면 이 가치는 노동자나 투자가의 몫으로 돌아가는 것으로 봅니다. 곧 토지가치는 노동가치나 자본가치라고 봅니다. 그래서 고전학파는 "지주가 심지도 않고 거두기만 한다."라고 하며, 토지소유자를 비난했습니다. 그런데 토지가치는 토지가 생산한 것이므로 사유화가 되기 전에는 소유자의 사유물도 아니며, 그렇다고 노동자나 자본가의 몫도 아니었습니다. 그래서 지대는 생산비를 초과한 가치이기 때문에 원래는 잔여residual이고, 잉여surplus입니다. 그래서 토지가치는 생산자가 토지 그 자체이며, 토지 자신의 몫입니다. 토지가치는 토지별 비옥도(생산성)가 모두 같더라도 임대시장에서 결정된 지대는 토지가 낸 것입니다. 이것은 차액지대론과는 별개인 토지생산(비)설로 보아야 합니다.

헨리 조지는 이렇게 토지의 생산성을 인정하지 않았을 뿐 아니라 자본의 생산성도 인정하지 않았습니다. 그가 자본과 이자를 설명하기 위해 든 대패의 예를 보면 대패는 원금의 감가상각비만 인정하고 있습니다. 그러함에도 대패가 거래되는 것은 자본재의 원활한 유통과 사용을 위해서 거래를 허용하는 것으로만 봅니다.

그러므로 헨리 조지의 토지가치론이나 이자론은 토지나 도구의 생산성을 인정하지 않는 마르크스주의와 크게 다르지 않습니다. 토지가치가 노동가치라고 보는 주장이 공산주의의 사상적 기초가 되었고, 토지가치가 자본가치라고 보는 생각이 자본주의의 이론적 바탕이 되었습니다.[33] 그런데 두 주장은 아직도 경제에서 우파와 좌파, 정부론과 시장론으로 나뉘어져 서로 대립하고 있습니다.

③ 토지 무르기의 무지와 토지가치의 몰수

성경의 회년법은 토지의 영구거래를 금하고, 시한부로만 거래하게 합니다. 그리고 시한부 거래에서 발생한 빚과 불균형 문제는 값을 없애는 방법인 무르기로 해결합니다. 이 무르기가 어려운 경우에도 회년까지 기다리면 토지가 자기의 독자적인 생산물로 무르기를 대신하여 주어서 이 문제가 해결됩니다. 그러므로 성경의 회년법은 토지거래에 투입한 개인의 사유재산을 조금도 훼손하지 않고 문제를 해결합니다.

그러나 헨리 조지는 토지문제의 해결책으로 제시한 성경의 무르기와 회년제도를 거의 몰랐습니다. 그래서 그는 토지거래로 생긴 경제문제를 지대 전액을 환수하는 토지가치세(토지단일세)로 해결하려고 했습니다. 이것은 지대 전액을 환수하는 지대 몰수입니다. 이렇게 하면 토지거래에 투입한 개인의 재산이 0이 되어 사실상 사유재산의 몰수 효과를 가집니다.

따라서 헨리 조지의 토지가치를 부인하고 노동가치 중심으로 토

---

33) 고전학파의 차액지대론에서 한계토지marginal land는 신고전학파의 한계생산이론의 한계와 개념이 같다. 가치의 크기도 같다. 그러나 이 차액지대론이 갈라져서 잉여가치설은 공산주의의 사상적인 근거가 되고, 한계가치론은 자본주의의 이론적인 토대가 되었다.

지를 이해하고, 토지에 투입한 개인 사유재산도 전액 인정을 하지 않고 경제문제를 해결하려고 한 점에서 오해가 많았고, 사회적 저항도 컸습니다. 이것만 보면 사회주의자들의 주장과 거의 비슷하기 때문입니다. 지금 조지스트들에게는 이러한 인식과 처방이 가장 큰 약점이고, 한계입니다.

④ 요금과 세금의 혼동

토지를 사용하고 토지의 시장가치만큼 지대를 내는 것은 토지 사용료입니다. 전기를 사용하거나 수도를 사용하고 사용료를 내면, 그것은 요금이지 세금이 아닙니다. 그러나 헨리 조지와 조지스트들은 토지수익 전액환수를 세금이라고 주장합니다.

물론 조지스트들은 토지거래에 투입한 사유재산의 보상을 전면 부정하고, 사유분 수익을 강제로 환수하려는 것이므로 강제성을 가진 세금의 성격을 가지기는 합니다.

그러나 지대는 원래 토지가 낸 것을 토지에게 주어야 할 몫이며, 사람에게는 토지를 사용한 대가이며, 사용료입니다. 다만, 토지가치는 주인이 없으므로 자동으로 구성원 전체의 공경비가 되는 성질을 갖게 되는 것뿐입니다.

지대징수를 세금이라고 하면, 지대징수로 토지가격이 0이 된 토지의 시장 배분을 무엇으로 하느냐는 질문에 답을 내지 못합니다. 시장기능은 바로 그 지대가 하는 것인데 말입니다.

⑤ 불로소득론의 오류

조지스트들은 토지소유자를 부도덕한 것으로 봅니다. 그리고 토지에 투자한 비용은 일정하고 수익인 지대는 경제성장을 따라 커진다고 봅니다. 그래서 초기는 토지수익이 토지비용보다 작더라도 시간이 지나면 일정한 토지비용을 초과하여 수익을 내고 있고, 이것은 불로소득으로 간주합니다. 이런 오류는 조지스트들은 물론 모든 경제학자들이 가진 이론적 오류이며, 잘못된 사회적 통념입니다. 이에 대한 것은 앞에서 설명했습니다.

⑥ 지대와 땅값의 혼동에 따른 자본과세의 주장

헨리 조지의 토지가치세는 지대수익 전액을 세금으로 징수하는 것이지, 그 자본가격인 땅값에 대하여 세금을 거두자는 주장은 아니었습니다. 그러나 조지스트들은 토지 소유를 부당하다고만 보기 때문에 토지에 대해서는 조건 없는 세금 징수를 강조합니다. 그래서 토지수익인 지대세 전액 징수와는 별개로 자본가격인 땅값에 세금을 매기는 토지보유세를 토지가치세와 구분하지 않고 고율의 세금 징수를 강조합니다.

지대는 수익이지만 땅값은 수익이 아니고 허구가격이라서 땅값에 매기는 세금은 불합리하고 불공평한 징수가 됩니다. 특히 땅값에 매긴 보유세는 세금의 자본효과로 사유재산의 손실을 끼쳐서 토지에 투자한 사유재산을 침해합니다. 그러나 조지스트들은 이에 대해서는 아무 반응이 없습니다.

조지스트들은 토지의 사유는 도둑의 장물臟物처럼, 지대의 수취는 고전학파의 주장대로 부도덕하다고 비난합니다. 그러나 진작 힘든 노동과 자본의 결과물을 토지 구입에 투입한 사유재산과 지대수익의 몰수(공적환수)에 대한 도덕성 문제는 말하지 않습니다.

⑦ 주식과 금융에 대한 인식 결여

부동산문제는 땅값이 일으키는 것입니다. 땅값은 미래가치 청구권이고 가치로 실현되는 성질이 없습니다. 그래서 땅값과 같이 실현되는 선진이 없는 거래물이나 금융물은 모두 시장의 균형을 깨트려 문제를 일으키는 상품입니다. 이것이 주식, 선물, 옵션, 외환 등이며 이에 대한 설명은 앞에서 했으므로 생략합니다. 다만, 조지스트들은 토지의 사유만 문제를 제기하고, 토지와 같은 성질의 문제를 가진 주식과 금융거래는 관심이 거의 없습니다.

제14장
성경 토지시장론(토지 반값론, 무세국가론)
—땅의 물리적 성질에 따른 지대시장론

땅은 하나님의 창조물입니다

성경에서 특히 레위기 토지법에서 땅은 단수로, 주어로, 그리고 매매에는 수동형으로 표현하고 있다고 했습니다. 여기서 단수나 주어, 그리고 수동형 등은 단순한 문법상의 표현을 뛰어넘어 특별한 의미를 가집니다. 땅은 하나님이 직접 만든 창조물입니다. 성경에서 땅은 하나님이 직접 만든 물질로서 땅이 내는 생명체나 부속 물질과는 차원이 다르고, 물리적 특성도 다르므로, 이러한 특성을 강조하여 격이 다른 단수로만 표현한 것으로 보입니다.

땅은 히브리어로 '에레쯔אֶרֶץ'이며, 영어로 '어스earth'입니다. 땅은 곧 지구입니다. 땅은 사람이 만들지 못하는 물질이며, 지구에서 존재하는 다른 어떤 물체와도 비교할 수 없는 특성을 가진다는 의미를 담고 있습니다.

첫째, 땅은 하나님이 손수 창조하였고, 직접 소유하고 있습니다. 하나님은 땅의 물리적 특성을 통하여 하나님의 고유한 존재임을 나타내고 있습니다. 하나님이 만든 땅은 사람과 비교하여 경제적 생산 능력이 다르며, 땅이 가진 다른 어떤 물질과도 차원이 다르며, 성질도 다릅니다. 이를 쉽게 표현하면 "지구는 하나뿐"이라는 말로 대변할 수 있습니다.

지구는 단 하나뿐인 특수 물질로, 그 안에 작고, 여러 개체이 물질들, 곧 지구의 부속물들을 가지고 있습니다. 땅은 자신도 물질이면서 땅 자체와는 분리되는 다른 물질들을 계속하여 내고 있습니다. 이를 개념적으로 구분하면, 전자는 주물主物이고, 후자는 땅의 부속물附屬物 또는 종속물從屬物입니다.

둘째, 하나님이 만든 땅은 생명체를 내고 있습니다. 과학이 발달하면서 우주는 지구 외에도 생명체가 있다는 주장들이 있습니다. 그렇다고 하더라도 땅은 생명체를 내는 고유하고 특수한 성질을 가집니다. 우주 다른 곳, 곧 달이나 화성에 생명체가 있다고 해도 지구는 지구만의 독특한 성질로 생명체를 내고 있고, 갖고 있으며, 부양하고 있습니다.

셋째, 성경은 땅과 사람의 위상 관계를 분명하게 밝혀놓고 있습니다. 성경에서 사람의 몸은 땅이 가진 원료로 창조가 되었습니다. 첫 사람 아담은 흙으로 지음을 받았습니다. 그러므로 사람의 몸은 땅에 비하면, 한 줌의 흙으로서 원료에 불과합니다. 그러면서도 하나님은 사람에게 영과 사물에 대한 분별력을 주어 땅을 정복하고 다스리며, 관리하라고 권한을 주었습니다. 그래서 사람은 땅을 지배하고, 관리할 권한이 있습니다. "사람이 만물의 영장"이라는 말은 이에 합당한 표현일 것입니다.

넷째, 하나님은 사람에게 땅의 소유권을 주지는 않았습니다. 땅을 정복하고 다스리기는 하지만, 그 땅을 그냥 점유하여 사용만 해야 합니다. 사람은 땅을 만들거나 없애지를 못합니다. 그래서 땅은 물리적으로 소유할 수 없고, 소유 자체가 무의미한 물질입니다.

다섯째, 땅은 하나님의 소유물이기 때문에 성경에서 땅은 팔리지 못하게 합니다. 사람은 땅이라는 물질 자체를 직접 소비할 수 없습니다. 이처럼 땅은 팔고 사지 못하며, 주도적으로 관리하며, 사용만 할 수 있습니다. 땅의 소유와 매매의 금지는 우리가 교회에서만 인정하는 신앙고백의 차원이 아니고, 경제 시스템 안에서 구체적으로 시인하고 지켜야 할 실정법이었습니다.

여섯째, 땅을 정복하고 관리할 수는 있지만, 그것은 하나님의 위임조건에 합당해야 합니다. 땅을 주도적으로 다스리되 훼손하지는 말아야 했습니다. 그 이유는 땅을 훼손하면 위임의 조건에 맞지 않습니다. 땅을 훼손하게 되면 그 피해가 사람에게 되돌아오기 때문입니다. 사람과 토지의 안식제도는 그래서 필요한 것입니다. 우리가 이에 대해서는 환경보호 의식을 공유하고 있어서 설명이 필요 없는 것 같습니다.

성경은 토지의 이런 특성이 있으므로 땅이라는 단어를 다른 물질과 분리하여 복수가 아닌 단수로, 그리고 목적어보다 주어로, 매매에는 능동형보다 수동형으로 쓰고 있습니다.

땅은 스스로 생산물을 냅니다

땅이 풀과 각기 종류대로 씨 맺는 채소와 각기 종류대로 씨 가진 열매 맺는 나무를 내니 하나님이 보시기에 좋았더라(창 1:12)

…스스로 난 것을 거두지 말며…(레25:11)

안식년의 소출은 너희가 먹을 것이니…(레 25:6)

땅이 스스로 열매를 맺되…(마 4:28)

성경은 땅이 스스로 생산물을 낸다고 합니다. 천지를 창조한 셋째 날 하나님은 땅에게 열매를 내라고 지시를 하며, 땅은 그 지시를 따라 가종 씨 맺는 열매와 나무를 냅니다. 다섯째 날은 해양 동물, 여섯째 날은 육지 동물을 내었습니다. 따라서 성경 본문은 땅이 동식물은 물론 사람이 먹는 각종 양식과 가치물을 직접 생산하고 있음을 밝히고 있습니다.

성경 희년법에서 (토지는) 열매의 다소를 따라 값을 매겨 팔고 사라고 합니다. 이 경우도 팔고 사는 가치는 순수한 토지생산물을 말합니다. 열매의 다소를 따라 매겨지는 값은 토지를 경작하는 사람의 노동가치를 제외한 가격입니다. 노동가치는 사람의 몸값이나 임금으로 따로 계산되고 있습니다. 사람이 투자한 자본가치도 물론 아닙니다. 팔고 사는 가치는 토지만이 생산한 순수하고도 고유한 토지 자신의 가치만을 뜻합니다.

레위기 토지법에서 안식년은 사람이 생산활동을 멈추고 쉬는 해입니다. 그런데 사람이 쉬는 해에도 땅은 스스로 생산물을 낸다고 합니다. 그리고 이 안식년 토지 산물은 토지 사용자가 거두지 말고, 그대로 두어서 모두가 먹을 수 있게 하라고 합니다. 안식년 산물은 들짐승들도 먹을 수 있도록 배려해야 합니다(레 25:7)

이에 대해 예수님은 하나님 나라를 설명하면서 땅은 스스로 열매를 낸다고 하십니다. 씨 뿌리는 비유는 땅이 열매를 내는 성질(길가, 돌밭, 가시밭, 옥토)을 따라 사람들의 믿음을 설명하고 있습니다. 땅은 이렇게 스스로 생산활동을 합니다. 사람은 교회의 종교활동, 사회의 경제활동, 그리고 시장의 매매 활동(가치 교환)에서 먼저 알고 있어야 할 자연의 고유한 성질이고 법칙입니다. 먼저 종교활동을 하는 교회가 이것을 알아야 합니다.

우리는 교회나 신앙생활에서 모든 가치는 하나님이 직접 내고 주는 것으로 알고 있습니다. 그러면서 모든 것은 하나님의 소유이고, 선물이라고 신앙고백도 합니다. 이런 신앙고백이 틀린 것은 아닙니다. 그러나 이러한 신앙고백만 하고 있지만, 경제생활에서는 땅이 내는 가치를 모르거나 인정하지 않는 우를 범하는 것이 문제입니다. 지금 우리가 교회에서 보는 신앙은 거의 대부분이 이런 정도에 머물러 있습니다.

이러한 오류는 성경 번역에서도 나타납니다. 최근에 번역하는 성경을 보면 레위기 25장 6절에서 땅이 "스스로 난 것"을 "거둔 후에 난 것"이라고 의역을 했습니다. 이런 번역은 가치물 생산의 중심을 사람에게 둔 번역입니다. 경작년에 땅(갑)과 사람(을)이 협동으로 생산활동을 하다가 안식년은 사람(을)이 쉬는 해가 되니 땅(갑)이 생산한 산물을 "사람(을)이 거둔 후에 난 것"라고 생각하는 번역입니다 (갑을 제외한 번역). 갑의 생산을 갑의 공헌으로 인정하기보다 을의 활동과 결부시켜놓은 번역입니다. 해당 본문은 히브리어로 "세피아"이며, 말 그대로 "스스로 난 것"이지, 지금의 번역처럼 "거둔 후에 난 것"이 아닙니다.

이러한 성경의 번역은 레위기 경제법을 땅의 주인이신 하나님이나 생산의 주체인 땅을 중심에 두지 않고, 생산활동을 멈추고 쉬고 있는 사람이 경제의 중심이 되어 있습니다. 이것은 경제활동에서 땅이 가진 자가 생산성(정체성)을 인정하지 않거나 식별하지 못하게 하는 번역입니다.[34]

---

34) 킹제임스성경은 성경을 원문대로 번역하는 것을 원칙으로 한다. 하지만, 레위기 25장 24, 25절의 "토지 무르기",에 대해서 "가알יָאַל, redeem"와 "게울라יָאַל, redemption"를 "무르기", "되찾다", "되사다", "구속하다"로 번역하지 않고, "다시 사는 것(재구입)"으로 의역하였고, 룻기 4장 3절의 "기업 무를 자"도 "친척"으로 번역하여 속량의 경제법을 이해하기 어렵게 되어 있다.

우리의 경제활동에서도 사람이 토지의 자가 생산성을 인정하지 않으므로 문제가 생겼습니다. 바로 공산주의나 자본주의를 발생시킨 이념이 주는 경제적 혼란을 말합니다. 마르크스를 비롯한 공산주의자들은 토지의 자가 생산성을 부정합니다. 그래서 토지가 생산한 가치를 노동가치나 잉여가치라고 하면서 공산주의 혁명을 일으켰습니다.

그리고 자본주의도 토지의 생산성을 인정하지 않고 토지가 낸 생산물을 노동의 대가로 보거나 자본의 대가로 오해합니다. 부동산 투자에서 흔히 보는 것으로 철거해야 할 헌 집의 터를 사면서도 그 값을 "땅값"이 아니라 "집값"이라고 합니다. 또 토지개발에서 생기는 개발이익을 토지가 내는 이익으로 보지 않고, 사람이 투자한 대가로만 생각합니다. 이러한 생각은 땅에 대해 가지는 인간의 보편적인 편견이며, 인간의 이기심이 작용한 오해입니다.

그리고 시장에서 매매 활동을 하면서도 땅이 낸 가치를 노동이나 자본이 낸 것으로 보기 때문에 가격산정에 혼란을 주고 있습니다. 땅을 팔고 사거나 임대를 하면서 가치물인 토지생산물(임료)과 토지생산물이 없는(0) 땅값을 식별하지 못합니다. 더 큰 혼선은 토지개발이익을 거래(계산, 분배)하면서 천연 토지분과 인공 투자분, 생산물과 비생산물(허구가격)을 구분하지 못합니다. 땅을 팔고 사서 생긴 매매차익을 존재하는 생산물(가치물, 소득물)로 오해(착각)하고 있습니다.

경제학은 땅값이 생산물 가치인지 허구가격인지 식별하지 못할 뿐 아니라, 땅이 낸 가치를 두고서 이것이 비용expense인지 잉여surplus인지를 두고 논쟁을 합니다. 주로 고전학파들이 그렇게 했습니다. 물론 이 논쟁은 아직도 계속 중입니다. 아파트와 같은 토지개발에서 기존의 소유자와 사업자, 참여자들이 개발로 인하여 발생하는 이익의 분배를 두고 서로 다투는 현상이 그렇습니다. 경제학자들과 토론을 해 보아도 대부분이 토지가치는 토지의 생산물로 보지 않고, 노동가치나 자본투자의 결과물로 오해합니다.

땅이 낸 생산물에 대하여 레위기 토지법대로 값을 지급하면 지급자에게는 그 값이 비용입니다. 토지 임차자가 사용료(임료, 지료, 貰)를 내면 그것은 명백한 비용입니다. 그러나 토지생산물은 사람이 낸 임대료와는 별개로 땅이 스스로 낸 것입니다. 그래서 토지생산물은 사회적으로 보면 그 값은 투입한 비용이 아니고 비용을 초과하거나 비용과는 별개인 잉여입니다.

땅은 사람보다 먼저 있으며 사람의 노동과 자본보다 먼저 생산물을 내고 있습니다. 이것은 태초의 창조 시점에 하나님이 땅에 부여한(명령한) 과학적 현상이며, 레위기 토지 경제법이 구체적으로 지적을 하고 있습니다.

땅은 생존의 필수재이며, 영원한 물질입니다

땅은 스스로 생산을 하는 물질입니다. 땅은 여러 가지 자원을 가진 복합 물질입니다. 땅은 공간을 말하지만, 텅 빈 것을 말하지 않습니다. 텅 빈 것은 땅이 아니고 허공space입니다. 땅은 흙이 포함되지만, 경제에서 흙을 땅이라고 하지는 않습니다. 흙은 운반이 가능하지만 땅은 운반이 불가능합니다. 땅은 공기를 가지고 있고, 햇볕은 생명에 필요한 에너지나 경제적으로 필요한 에너지로 바꾸어 줍니다. 땅은 모든 자원을 넣어둔 창고이며, 인간 생존에 꼭 필요한 생활필수품입니다. 땅은 사람이 생산할 수 없고 면적을 늘릴 수도 없습니다.

땅은 가치를 생산하면서 자신의 가치는 소모되지 않습니다. 그래서 경제에서 땅은 영구성 재화입니다. 이것은 태양이 빛과 에너지를 내면서도 자신은 영원한 것과 비슷합니다. 물론 태양의 수명은 50억 년쯤으로 추정을 하므로 땅(지구)의 수명도 그렇게 봐야 할 것입니다. 그러나 땅의 수명이 50억 년이라면, 경제에서 이런 연수는 수명이 한정된 일반 재화에 비하면 거의 무한대이므로 인간이 통제할 수 없는 기간으로 봐야 합니다. 우리가 경제에서 사용하는 재화의 수명은 길어야 1년, 2년, 내구재인 자동차나 기계는 10년 정도입니다. 수명이 긴 건물은 100여 년, 가장 오래된 유물이나 문화재도 수천 년에 불과합니다.

땅은 영구재이므로 이에 따른 경제적 특성이 발생합니다. 땅은 경제에서 가장 오랜 기간 안정적으로 사용할 수가 있습니다. 땅은 인간과 생명체의 생존, 그리고 사람의 경제활동에서 필수물이지만, 이것이 영구적 존재물이기 때문에 사람은 땅이 사라질 걱정을 하지 않고 살고 있습니다. 이것만 해도 얼마나 고마운 일입니까?

그러나 땅은 이렇게 영구적인 물질이기 때문에 우리가 경제활동에서 일반 상품과는 다르게 취급을 해야 합니다. 땅은 사람이 값을 매겨 팔고 사면 경제적으로 그 값을 감당하지 못합니다. 그 값을 영원히 1원도 사용하지 못한다는 뜻입니다(이에 대해서는 이미 설명을 하였음). 그러나 땅이 낸 생산물 가치는 값을 매겨 팔고 사야 시장에서 가치의 크기를 정할 수가 있고 자원이 합리적으로 배분되는 기능을 합니다. 그래서 땅은 팔고 사지 말아야 할 값과 팔고 사야 할 값이 있어서 이를 구분해야 하는데 우리는 이런 것을 구분하지 못하고 있습니다. 사람은 땅을 시장 바구니에 담을 수가 없습니다.

❶ 희년과 포도원 천국

땅은 감가상각이 없습니다
—그래서 땅은 원금을 영원히 쓸 수가 없습니다

땅의 경제적 성질을 알려면 땅의 물리적 성질부터 알아야 합니다. 땅은 사용해도 감가상각이 없다는 것이 학계의 정설입니다. 땅은 경제활동으로 인하여 닳거나 소모되지 않는다는 것도 사회의 통념입니다. 땅은 중고품이 없고, 매년 신품이 나옵니다. 곧 땅은 영원합니다.

땅은 이와 같은 특성으로 인하여 사람이 소유할 수가 없고, 가치를 쓸 수가 없으며, 영구적으로 팔고 살 수도 없는 물질입니다. 이제 땅이 경제활동에서 과연 그러한 성질을 가졌는지를 밝혀내야 합니다.

이를 위하여 우선 물질이 가지는 물리적 변화의 성질부터 보겠습니다. 물질이 사람의 욕구를 충족시키는 가치물이 되기 위해서는 그 물질이 물리적, 화학적, 그리고 가치적 변화나 소비가 있어야 합니다.

① 물리적 변화(소비): 쌀이 떡이 되거나 나무가 의자 되는 것이 물리적 변화이고 소비입니다. 땅은 쌀을 내거나 물건을 만드는 데 기여는 하지만, 자신의 몸통 가치를 소비하여 새로 만든 물질로 이전시키지 않습니다.

② 화학적 변화(소비): 쌀이 단술이 되거나 포도가 포도주로 변하는 것이 화학적 변화입니다. 땅은 단술을 담그는 곳에 공기를 넣어주고, 포도가 발효되어 포도주가 되는 데 기여는 하고 있지만, 자신은 단술이나 포도주로 변하는 성질이 없습니다.

③ 가치적 변화(소비): 쌀농사를 짓는 데 쟁기나 경운기는 유용한 도구이므로 그만큼 생산활동에 기여를 합니다. 그러면서 쟁기

나 경운기는 자신의 가치를 소모합니다. 그러나 땅은 쌀농사를 짓는 데 필수적 도구로 기여하지만, 자신은 가치를 소모하지 않습니다.

　땅은 이렇게 ①물리적, ②화학적, ③가치적 변화나 소비가 없이 가치물을 생산하기 때문에 사람이 그 몸통을 바로 쓸 수가 없습니다. 땅은 사람의 욕구를 채울 수 있는 재화나 서비스를 생산은 하지만, 자신은 가치물로 변하지 않습니다.

　땅 위에(안에) 사는 모든 생명체의 개체수를 l개라고 합시다. 그러면 땅은 l개의 생명체를 내는 물질이며(창 1:12, 24), 그 l개의 생명체가 살아가는 활동 무대로서 생존에 필요한 양식과 에너지를 공급하는 필수적 존재물입니다. 그러나 땅 자신은 그 l개의 생명체로 바뀌는 성질이 없습니다.

　땅을 구성하고 있는 모든 물질의 종류를 m개라고 하면, 땅은 그러한 m개의 물질을 생산하거나 모두 가지고 있지만, 땅 자신은 m개에 속하지 않은 특수 물질입니다. 이 세상에서 팔고 사는 모든 상품이 n개라고 하겠습니다. 그러면 땅은 그 n개의 상품을 생산하는 데 꼭 필요한 물질이지만, 땅 자신은 n개의 상품에 들어가지 않습니다. 생명체, 생산물, 상품이 3차원 물질이면, 땅은 4차원의 물질입니다.

　땅은 l개의 생명체, m개의 물질, n개의 상품을 지속해서 보관하거나 생산하며, 생산에 필수적인 기여를 하고 있습니다. 그러나 땅은 l, m, n개의 물질로 바뀌는 성질이 없습니다.

물질의 기본 성질과 가치의 변화

토지를 이해하려면 감가성 자본이나 성장성 자본에 대한 가치 흐름의 성질을 알아야 합니다. 우선 정액성 자본의 성질부터 알아보겠습니다. 아래 그림은 쌀 2,000을 1년간 5%의 이자율로 예금을 하거나 빌려주면 1년 후 이자로 100을 받는 크기라고 이해하면 되겠습니다. 그림에서 원금의 변화는 생략하며, 편의상 단위(원)도 생략합니다.

〈0년도 실물대여 및 은행 예금〉 쌀 투자 2,000 = 대여금(쌀의 부채 또는 자본) 2,000

〈1년 후 자본의 생산물 5%〉 사용 및 시간 흐름 → 이자 생산 100(부채 이자, 자본 이윤)

이자 100 = 원금 2,000×이자율 0.05

생산재화(수익) = 100	=	이자 100 + 원금감가 0 + 원금성장 0 = 100

이 그림은 은행에 예금할 경우 발생하는 이자의 크기와 성질입니다. 그런데 우변에 있는 원금의 감가와 성장은 좀 생소하게 느껴질 것입니다. 이제 물질의 가치 변화를 알아봐야 합니다. 물질의 물리적, 화학적, 그리고 가치적 변화는 시간의 흐름이 필요합니다. 물리적 화학적 변화는 시간이 짧고, 가치적 변화는 시간이 깁니다. 바로 가치 계산에서 시간 흐름에 따른 감가상각을 해야 하는 기계나 건물 같은 고정자산을 말합니다.

고정자산은 시간 흐름으로 두 가지 성질의 가치를 냅니다. 하나는 가치를 내면서 자신의 몸통을 소비하는 것입니다. 고정자산은 자신의 가치를 소비하면서 새로운 묵직을 생산하여 새로우 생산물에 이전시 킵니다. 이런 가치 이전을 원료는 소비라고 하고, 자본은 감가상각이 라고 합니다. 이것은 자본의 생산성을 인정하지 않는 공산주의 이론 가 마르크스도 "불변자본"이라고 하면서 인정한 가치입니다.

그런데 고정자산은 다른 하나의 가치가 더 추가됩니다. 고정자산 은 자신의 감가상각비만 재생산하는 것이 아니고 시간 흐름으로 소 모된 몸통보다 큰 추가적 가치를 생산합니다. 만약에 마르크스의 주장처럼 기계나 건물이 시간이 흐르면서 감가상각비 크기만 재생 산하고 추가 생산은 없다면, 어떻게 되겠습니까? 굳이 제작비를 들 이고 투자기간도 긴 도구를 만들어 사용할 이유가 없습니다. 공장 과 기계는 자신의 감가상각비보다 큰 가치를 내기 때문에 만들어서 생산활동을 합니다. 그래서 이런 자본재가 생산에 투입되면 그 기 간 비용을 보상하는 추가가치를 생산하게 됩니다. 이것이 이자가 존 재하는 이유이고, 기능(역할)입니다.

그러므로 기계나 건물은 시간 흐름에서 두 가지 성질의 가치를 냅 니다. 하나는 은행의 예금 이자와 같은 수익물이고, 다른 하나는 감 가하는 자본의 원금을 보상(충당)하여 주는 감가상각비 크기의 수익 입니다. 그래서 감가성 자본은 은행 예금보다 감가상각비만큼 수익 을 더 많이 냅니다. 이에 대한 설명은 쌀농사가 이해하기 쉬울 것이 므로 쌀 생산에 필요한 기계와 건물(농업용 창고)을 예로 들어 보겠 습니다. 쌀의 생산에 투입한 기계와 건물의 감가상각비는 1년 후 30 입니다.

〈0년도 고정자산 투자〉: 기계, 건물 2,000 = 고정자본 2,000

〈1년 후 고정자산〉: 기계 건물 1,970 ⇒ 감가상각 30

〈일반 산업〉: 고정자산(기계, 건물) ⇒ 사용 ⇒ 생산재화(수익)

생산재화(수익) = 130	=	이자 100 + 감가상각비 30 = 130

〈농업〉: 고정자산(기계, 건물) ⇒ 쌀농사 ⇒ 쌀의 생산

쌀 생산(수익) = 130	=	이자 100 + 감가상각비 30 = 130

∴ 기계나 건물은 가치 흐름에서 감가상각비 크기만큼 쌀로 변하고 있음

* 감가상각비는 자본 소모액으로 원금이 쌀로 변한 것이고, 이자는 원금이 생산

한 이자에 해당함

1년 후 이자 100 = 쌀 생산 130 - 감가상각비 30

그런데 땅은 어떨까요? 땅은 가치 소모가 없어서 감가상각이 없습니다. 오히려 경제성장을 따라 자기값이 커집니다. 그리고 땅의 수명은 기계나 건물보다 월등하게 긴 영구성 자산입니다. 그래서 땅은 감가상각비가 없으므로 위의 고정자산에 비하면 생산과 수익의 크기가 작습니다. 감가성 자본과 성장성 자본은 원금의 크기나 성질이 반대 현상입니다.

땅은 원금이 커지는 값만큼 생산이나 수익은 작게 나옵니다. 그렇게 되어야 자본의 시간 흐름에 따른 원금과 돈 이자의 크기와 맞게 계산이 된다는 뜻입니다. 시장이 숫자상으로 균형을 이룬다고 보겠습니다. 땅은 그런 성질을 보이면서 재화와 용역을 생산하고 있습니

다. 예를 들어 땅은 1년간 수익을 내면서 자신의 값, 토지자본이 20이 커졌다면 생산이나 수익은 20만큼 작게 나옵니다.

〈0년도 토지의 투자〉: 토지 투자 2,000 = 토지자본 2,000

〈1년 후 땅값 원금〉: 토지자본 2,020 ⇒ 땅값 성장 20

〈1년 후 일반 산업〉: 땅 ⇒ 사용 ⇒ 생산재화(수익) 80

생산재화(수익) = 80	=	이자 100 - 땅값 성장액 20 = 80

〈1년 후 농업〉: 땅 ⇒ 쌀농사 ⇒ 쌀 생산(수익)

쌀 생산(수익) = 80	=	이자 100 - 땅값 성장액 20 = 80

∴ ① 땅은 가치 흐름에서 쌀이 되지 않음, ② 땅은 자기값이 커지는 만큼 생산물을 적게 냄

1년 후 이자 100 = 쌀 생산 80 + 땅값 성장액 20

그림에서 보는 바와 같이 땅은 자신의 몸이 쌀로 변하는(줄어드는) 성질이 없으므로 땅값은 먹을 수가 없고 가치를 쓸 수가 없는 것입니다. 그러면서 땅은 영구재이고 필수재이기 때문에 경제성장을 따라 땅이 내는 생산물이 커집니다. 경제의 성장이란 단위당 토지(또는 사람)의 생산물이 커지는 것을 말합니다. 그래서 땅의 생산물이 커지면 그 생산력의 자본가격인 땅(땅값)도 커질 수밖에 없습니다. 그러면 위의 등식은 커진 땅의 성장액을 포함하여 이렇게 변합니다.

〈농업〉: 땅 ⇒ 쌀농사 ⇒ [쌀 생산(수익) < 생산물(쌀) + 땅값 성장액]

| 생산재화(수익) = 80 | < | 생산물 80 + 땅값 성장액 20 = 100 |

〈사회적 수요와 공급〉: 땅 ⇒ [쌀의 공급 < 쌀의 수요]

| 생산재화(수익) = 공급 80 | < | 소비수요 80 + 초과수요(성장액 α) |

* 땅값 성장액 전액을 총수요로 보면 20의 크기지만, α는 성장액 중 초과수요에
미치는 실제 크기를 뜻함

　이 그림에서 땅값 성장액 20은 생산된 쌀이 아닙니다. 위 고정자산 등식에서 기계나 건물은 몸통의 소모가치인 감가상각비가 쌀이 되었지만, 땅값이나 땅값 성장액은 쌀이 아닙니다. 오히려 성장액이 자기가 커진 값만큼 쌀의 생산 크기를 줄여 버렸습니다. 또 앞으로도 땅은 기계나 건물처럼 감가상각비처럼 쌀이 될 성질도 없습니다.

　그래서 경제에서 땅은 팔고 사면 쌀 시장에 허구가격만 생기게 됩니다. 이것이 사회적 초과수요 현상입니다. 이것은 시장에서 균형을 깨트려 온갖 시장문제를 초래합니다. 빈부격차를 일으키고, 시장이 불균형을 초래합니다. 균형을 얻으려면 이 값은 허구가격이기 때문에 이 값의 크기(비율)만큼 결제할 돈이 더 필요해서 화폐가 추가로 공급되어야 합니다. 그래서 땅값 허구가격과 같은 족보에 속하는 인플레이션이 발생합니다. 때로는 주기적으로 가격 불안정과 투기가 발생하고, 때로는 과열로 거품가격bubble price이 생겨서 경제가 혼란에 빠집니다.

땅값: 가격으로 거래되고 지불은 하지만, 이에 해당하는 실물가치는 없음

곧 땅을 판고 사면 문제가 발생하는 물질입니다. 그러므로 성경은 땅을 영구가격으로는 거래하지 말라는 것이며(레 25:23), 시한부 가격이라도 발생한 땅값은 없애 버리는 토지 무르기가 필요하다는 것입니다(레 25:24). 이것이 성경의 희년법이고, 구원의 속량법이며, 땅이 가진 고유 성질의 토지법입니다.

땅값은 선불금융입니다

앞에서 설명한 것처럼 땅값은 미래에 나올 가치를 현재 시점에서 값을 매긴 가격에 불과합니다. 토지생산물을 보통 "지대地代, rent"라고 합니다. 땅값을 P라고 하고, 땅이 내는 지대를 R이라고 합시다. 그러면 땅값 P는 미래에 나올 소득 R을 자본으로 환산한(할인한 총계) 값입니다. 미래가치이기 때문에 값을 매길 때 이자율이 적용되어야 합니다. 이자율을 i라고 하겠습니다. 그러면 땅값의 이론가격은 소유 기간의 구분 없이 이렇게 계산됩니다.

$P = R/i \Rightarrow$ 원금 = 수익/이자율

이 식은 학계에서 일반화된 소득자본화 공식으로 은행에 예금할 경우나 채권의 가격을 정할 때 사용합니다. P는 원금, R은 이자, i는 이자율이라고 보면 이해하기 쉽겠지요. 이 식은 미래에 나올 쌀의 가격을 지금 정하는 데도 같은 식이 적용됩니다. 이 식을 이용하여 현재의 쌀과 미래의 쌀을 값을 매겨 그 차이를 비교하여 보겠습니다.

현재에 존재하는 쌀이 1천 원입니다. 그런데 미래에 토지에서 생산되어야 할 쌀이 지금의 가격으로 1천 원의 값이 매겨지려면 5%의 이자율로 할인을 해야 합니다. 매년 생산될 쌀이 50원이라고 하면, 그 자본(땅값)은 1천 원의 값이 매겨집니다.

쌀값 P = 미래 쌀 R/이자율 i ⇒ 쌀값 1,000 = 50/0.05

그런데 이렇게 계산된 가격 1천 원은 지금 존재하는 쌀이 없습니다. 그냥 미래에 나올 쌀에 대한 가치에 대한 청구권입니다. 지금 시점에서 그 값을 산술적으로 계산한 숫자에 불과합니다. 그런데 이러한 가격을 실제로 값을 매겨 팔고 사는 것이 지금의 토지거래입니다. 아니면 일반 금융에서도 선불로 시간가격을 매겨서 팔고 사면 이런 방법으로 계산을 하게 됩니다. 그러면 이 거래에 생긴 가격과 실제로 있는 쌀에 대한 가격은 숫자가 같지만, 그 값이 가진 가치의 본질과 성질은 전혀 다릅니다. 쌀의 생산과 가격에는 노동가치도 들어가고, 생산비도 투입했고, 생산된 쌀 1,000원은 사용가치도 존재합니다. 그러나 땅값 1,000원에는 이런 것들이 들어 있지 않습니다. 땅값에는 아무것도 없습니다.

X: 현재에 존재하는 쌀값 P, 1,000원 = [쌀(有) = 쌀 생산비(有)] = [쌀 사용가치(有)]

Y: 미래에 존재하는 쌀값 P, 1,000원 ≠ [쌀(無) = 쌀 생산비(無)] = [쌀 사용가치(無)]

X: 현재 쌀값(P) 1,000원 ≠ Y: 미래 쌀값(P) 1,000원

있는 쌀의 가격(X) ≠ 없는 쌀의 가격(Y) ⇒ X는 있고, Y는 없다.

이 그림을 보면 X는 쌀이지만, Y는 쌀이 아닙니다. 그러나 수리적 크기로는 X(1,000) = Y(1,000)로 가격이 서로 일치합니다. 실물경제에

서는 "X ≠ Y"로 등식이 성립하지 않습니다. 토지거래는 이렇게 처음부터 수리적 등식만 성립하고, 경제적 실물 등식은 성립하지 않는 거래로 시작합니다.

그냥 미래에 생산될 쌀을 현재의 시점 가치로 수리적으로 가격을 매긴 것 외에는 아무것도 없습니다. 이것은 현실에 존재하는 쌀이 아닙니다. 그러나 우리 눈에는 땅값에 해당하는 가격 P가 실제로 존재하는 가치로 보이게 됩니다. 이런 땅과 땅값에 대해 인간이 가진 해묵은 오해이며, '가치의 착각 현상'입니다. 부동산 토지문제, 곧 시장경제에서 풀지 못하는 수수께끼의 역사는 이렇게 시작이 되었습니다.

땅값은 커집니다

시장에서 경제는 성장합니다. 경제가 성장하면 사회는 사람의 소득도 커지고, 토지의 단위당 소득도 커지기 마련입니다. 다시 말하여 생산 단위당 임금과 소득이 커지는 것을 경제의 성장이라고 합니다.

이렇게 임금이 커지면 사람값도 커집니다. 그러나 사람값은 시장에서 매겨 놓은 값이 없습니다. 신약시대, 곧 지금의 시대는 사람의 몸은 값을 매겨서 팔고 사지 않기 때문입니다. 그래서 임금이 커져도 사람의 자본가격은 0이므로 커지지 않습니다. 물론 레위기 희년법에서는 노동력도 노동의 자본가격인 사람의 몸값으로 정해져 있었기에 경제성장을 따라 몸값은 커집니다. 하지만, 지금 시대는 몸값 자체를 거래하지 않기 때문에 경제가 성장해도 몸값은 항상 0입니다(보증금을 걸고 전속계약을 하는 유명 선수나 연예인들의 몸값을 제외하면).

그러면 이제 땅을 보겠습니다. 토지의 단위당 소득이 커지면 토지 생산물 가격인 지대가 커집니다. 지대가 커지면 땅값도 동반하여 커집니다. 위의 땅값 계산식에서 지대 R이 커지면, 땅값 P는 따라서 커집니다. 이때 커지는 성질은 더 크게 커질 수 있습니다. 그 이유는 이자율에 지대 성장률이 g만큼 추가로 반영되기 때문입니다. 곧 지대의 수익 기간을 영구로 보면 지대의 성장률이 이자율을 g만큼 낮추어 주는 효과를 가집니다. 그래서 계산식은 이렇게 변합니다.

$$P = R/(i-g) \Rightarrow * \text{전세가격 } J = R/i, \text{ (g가 없으므로 “P > J”)}$$

위의 예에서 5%의 이자율에서 초기 생산될 쌀이 50원이고, 이 쌀은 매년 3%의 성장률로 생산량이 커진다면 그 자본(땅값)은 2,500원의 값이 매겨집니다. 초기수익으로 같은 50원의 수익을 내면서도 성장률 3%가 미치면 자본 원금은 1,000원보다 커진 2,500원입니다.

$$\text{땅값 } P = \text{미래 쌀 } R/(i-g) \Rightarrow \text{땅값 } 2,500 = 50/(0.05-0.03)$$

초기수익 50원이 매년 일정하다면 땅값은 1,000원이지만, 초기수익이 매년 3%로 성장하면 땅값은 2,500원이 됩니다. 그런데 이렇게 계산된 가격 2,500원은 지금 존재하는 쌀이 아닙니다. 그냥 미래에 3%씩 커지면서 생산될 쌀에 대한 청구권입니다. 미래에 나올 쌀을 지금 시점의 값을 계산한 숫자에 불과합니다. 그리고 그 값은 자꾸 커집니다. 성장하는 경제는 지대가 계속 커지고 있으므로 만기가 없는 땅값은 계속하여 커지기만 합니다.

앞에서 생산량이 일정하면 그 값에 해당하는 가격 변동(상승 또는 성장)은 한 번 발생으로 끝이라고 했습니다. 곧 가치물 없는 선불가 격의 발생과 거래는 한 번으로 그칩니다. 그런데 이렇게 매년 수익 이 커지는 땅은 땅값도 계속하여 커지므로 가치물이 없는 선불가격 은 매년 커지면서 문제가 발생합니다.

이렇게 가치물이 없는 자본가격을 실제로 값을 매겨 팔고 사는 것 이 토지거래입니다. 그러면 이 거래에 생긴 가격과 실제로 있는 쌀 에 대한 성질은 전혀 다릅니다.

현재에 존재하는 쌀값 P, 2,500원 = [쌀(有) = 쌀 생산비(有)] = [쌀 사용가치(有)]

미래에 존재하는 쌀값(땅값) P, 2,500원 ≠ [쌀(無) = 생산비(無)] = [쌀 사용가치(無)]

X: 현재 쌀값(P) 2,500원 ≠ Y: 미래 쌀값(P) 2,500원 있는 쌀(X) ≠ 없는 쌀(Y)

땅값은 벌금罰金이고, 임료는 선물膳物, gift입니다

그러면 이 커진 값은 시간 흐름으로 어떻게 될까요? 가치의 시간 흐름은 생산된 쌀로 투자된 비용을 회수하지 못합니다. 현재의 땅 값이 2,500원이면, 1년 후 5%의 이자율로 생산한 쌀은 125원이어야 합니다. 그런데 초년도 쌀의 실제 생산은 50원뿐입니다. 75원이 부 족합니다. 그 부족한 값은 1차 연도에 땅값에서 75원이 커져 있습 니다. 그래서 오른 땅값 75원이 부족한 쌀 생산 50원을 대신하여 줍니다.

초년도 땅값 이자 > 초년도 쌀 생산물

[2,500×0.05 = 125원] > [1차 연도 쌀 생산물 50원], 수익 적자 75원

초년도 땅값 이자 = 초년도 쌀 생산물 + 초년도 땅값 성장액 ⇒ 숫자적인 균형

[2,500×0.05 = 125원] = [초년도 쌀 생산 50원 + 초년도 땅값 성장 75원]

X: 현재 쌀 50원 ≠ Y: 미래 쌀 75원 , X+Y= 125

있는 쌀(X) ≠ 없는 쌀(Y)

이 현상은 영구적입니다. 다만, 이러한 부등식은 커지는 생산물이 성장연금의 합이 계속 커지는 성질로 인하여 무한대로 가면 수리적으로 수렴하게 됩니다. 그러나 이것은 초기가격이 숫자로만 존재하듯이 무한대에서 가서도 숫자로만 수렴하거나 실현이 되는 값이고, 현실 경제는 항상 부등식으로 있습니다. 그래서 땅값은 영원히 실물이 아니므로 허구가격이 됩니다.

이 허구가격 때문에 토지를 사용하면 영원히 소유비용을 모두 보상받지는 못하고 적자를 당하고 살아야 합니다. 그래서 땅값은 벌금罰金입니다. 여기에 시장 불균형으로 세금도 내야 하므로 벌금 중의 벌금입니다. 땅값은 이처럼 미시적으로 영구 적자를, 거시적으로 시장 불균형과 세금을 강제로 내게 하므로 시장에서 가격 폭군의 역할을 하고 있습니다. 여기서 가격 폭군이란 토지소유자를 말하는 것이 아니고 대다수 토지소유자가 피해를 보고 있는 영구 적자를 말하고 있습니다.

하지만, 지대는 실제로 존재하는 가치입니다. 지대는 땅의 자연력에서 나오는 가치물이기 때문에 사람의 노동력 가치물인 임금보다 먼저 존재합니다. 지대는 임금이나 자본이자를 제외한 가격이기 때문에 비용도 아닙니다. 지대는 땅이 생산물을 내어 사람에게 주는 공짜(잉여)입니다. 지대는 공경비를 대신할 수 있어서 세금도 필요 없

거나 사라지게 할 수 있습니다. 그러므로 토지가치인 지대는 하나님이 사람에게 주는 선물膳物, gift입니다.

땅값은 없애고, 임료만 남겨야 합니다

그러나 땅도 사람의 노동거래처럼 자본가격 거래를 하지 않으면 이 값이 발생하지 않습니다. 임금이 커져도 노동의 자본거래를 하지 않기 때문에 이렇게 실물 없는 가격이 발생하지 않습니다. 또 노동은 한시적 자본이기 때문에 실물 없는 가격이 발생하여도 만기에 소멸합니다. 성경 레위기 토지법이 토지를 시한부 거래로 허용한 것은 바로 이런 성질입니다.

그래서 토지시장은 구약시대의 노동거래나 토지의 사글세 거래처럼 시한부로 하거나, 지금의 신약시대 곧 현대의 노동시장은 임금만 거래하듯이 토지도 지대만 거래하면 여기서 발생한 모든 문제가 0으로 사라집니다. 그래서 지대만 거래하면 토지문제를 노동시장처럼 근본에서 해결하는 제도입니다. 그러나 지대는 임금보다 더 착합니다. 노동임금은 노동자의 비용이고, 노동자의 생활비이므로 노동자 개인에 돌아갑니다. 그러나 지대는 지대의 생산체인 토지가 그 값을 받을 이유가 없습니다. 토지는 감가도 없고, 토지가 지대를 내면서 아무런 비용 투입을 하지 않고, 자연 생산력으로 생산한 것이기 때문입니다. 땅값이 흔들고 있는 시장 불균형도 지대가 지탱하고 있습니다.

그래서 지대만 거래하면 주인 없는 지대가 스스로 사회적 공경비가 됩니다. 그래서 지대만 거래하면 사회는 공경비를 위해 강제로 거두는 세금도 지대만큼 필요가 없게 됩니다. 이처럼 지대만 거래하면, 허구가격인 땅값을 없애주어 사용가격은 반값(시장 전세가격)으로 낮아지고, 나의 사유재산으로 내어야 할 세금까지 필요가 없게 됩니다. 지대는 이처럼 나와 사회에 대하여 착한 기능만 하게 됩니다.

"땅을 영영 팔지 말라 내 것이다"(레 25:23)라는 말은 교회에서 필요한 신앙고백이 아니고, 삶의 현장에서 지켜야 할 경제 신호등이었습니다. 사람은 이 경제 신호등을 지키면서 예수님이 소개한 포도원 천국 경제법을 시행하면, 땅값은 반값으로 낮아지고 세금마저 필요가 없는 큰 혜택을 누리며 살 수가 있습니다.

제15장
성경은 지대시장제를 해결책으로 제시합니다

토지는 주인을 알고,

주인에게 땅세(임료)를 내면 경제 천국이 옵니다

요셉의 토지 경제법, 땅값을 없애고 임료만 두는 방법

요셉이 애굽 토지법을 세우매 그 오분의 일이…(창 47:26)

땅값을 없애고 임료만 두는 시장경제 시스템은 구약시대에도 있었습니다. 요셉은 야곱의 아들로, 형제들을 기근에서 구한 인물입니다. 그는 총리로서 이집트를 비롯하여 이방 나라들도 기근에서 구했습니다. 그는 하나님의 신에 감동한 사람이었고, 풍년의 때에 흉년을 내다보고 대비할 줄 아는 준비된 지도자입니다.

그리고 요셉은 이 기근을 이용하여 토지법을 개혁하였습니다. 흉년이 들어 궁핍에 처한 백성들에게 양식을 주면서 토지를 매입하였습니다(창 47:20). 그리고 매입한 토지는 백성들에게 다시 분배하여 주고 토지임료를 받습니다. 토지는 소유제도 아니고 그렇다고 공동경작제도 아닌 사적(개별생산체제) 임대제로 운영을 했습니다. 요셉은 3,500년 전에 이처럼 그 시대의 다른 나라들보다 탁월한 경제 시스템을 운용할 줄 알았습니다.

그 시대는 보통 왕이 가진 토지를 신하나 전공을 세운 자들에게 하사하는 형태로 분배를 합니다. 그러면 그 토지는 왕의 토지이지만, 사실상 분배받은 신하의 사유물이었습니다. 그리고 신하는 분배받은 토지를 소유하면서 종들을 고용하여 엄히 부리고, 토지에서 생산한 부를 독점합니다. 그래서 빈부격차가 심해지고 사회가 피폐해집니다. 이것이 왕조시대에 가진 토지제도의 모순이었습니다. 그 대표적인 예가 중세시대에 유럽에서 있었던 왕과 영주, 영주와 농노 간의 경제구조입니다. 우리나라에도 조선시대 후기에는 빗나간 왕토사상과 양반 관료들이 토지를 독점하였기 때문에 실학자들이 이를 개혁하려는 운동이 활발했습니다.

그러나 요셉은 고대에 이미 중세시대보다 더 시장제도에 가까운 토지제도를 운영하였던 것입니다. 고대에 이집트가 강성했던 이유 중에는 토지 임대제가 큰 기여를 했을 것입니다.

요셉의 토지법은 정부가 토지를 강제로 몰수한 것이 아니고, 흉년이 들어 굶주린 백성들에게 값을 주고 매입을 하였습니다. 토지의 사용도 공동경작이 아니고, 임대료를 중심으로 개별생산체제로 임대제를 운용하였습니다. 그러나 임대료가 균일하여서 토지의 비옥도와 생산성에 따른 시장가치를 제대로 반영하지 못하는 약점과 한계는 있습니다. 그래도 요셉의 토지법은 고대에 이미 토지를 임대제로 운영할 줄 알았고, 개별생산체제를 기반으로 한 시장기능을 원칙으로 경제를 운용했다는 점에서 높이 평가할 만한 정책이었습니다.

희년법의 토지시장은 사글세 임대시장

성경 희년법은 토지를 사글세로 값을 정하는 임대제도입니다. 성경 희년법은 토지의 소유와 영구 매매를 금지합니다. 이에 대한 설명은 앞에서 많이 했으므로 생략합니다.

희년법은 토지시장을 땅값 대신 임류로 거래하기 위하여 생산된 생산물(실물)과 생산이 없는 미래물을 분류하고 있으며, 이러한 거래를 효율적으로 운영하기 위해 시장을 세 가지로 분류하여 다루고 있습니다.

그 핵심은 생산된 실물은 자유롭게 소유하고 거래하며, 미래물은 제한적으로 거래를 하거나 아예 거래하지 못하게 합니다. 이것은 성경이 물질의 물리적 성질을 따라 내린 과학적 처방전이기 때문에 우리가 시장에서 거래하는 상품은 이 세 가지 유형을 따라서 거래를 해야 했습니다. 이렇게 물질의 성질에 따른 거래 방식은 사람과 자동차가 교차로에서 신호등을 지키듯이 지켜야 했습니다. 여기서 지킴이란 문자적, 율법적 순종(맹종)을 말하는 것이 아니고, 복음적, 내용적, 창조질서(과학적)의 순종을 뜻합니다.

레위기가 말하는 땅값 없는 시장 3유형

레위기 희년법은 하나님의 창조물인 땅을 중심으로 경제의 근본 문제를 해결하기 위하여 여러 가지 해법을 제시합니다. 레위기 희년법의 골격은 시장에서 ㉠ 자유롭게 팔고 살 수 있는 것, ㉡ 조건부로만 팔고 살 수 있는 것, 그리고 ㉢ 영원히 팔고 살 수 없는 것, 이렇게 세 가지로 구분하여 다루고 있습니다. 저는 이것을 "레위기 시장의 3유형"이라고 합니다. 이 시장의 3유형은 세상의 모든 상품을 팔고 살 때 적용해야 할 거래의 준칙이며, '근본적 시장원리'라고 봅니다. 상세한 내용은 필자의 논문을 참고하시고,[35] 여기서는 요지만 소개하겠습니다.

① 현재물과 자유시장

현재물은 레위기 25장 3절에서 7절까지에 있는 "다스려 거둔 것"과 "스스로 난 것"을 말합니다. 다스려 거둔 것은 노동생산물(노동가치)로 경제학적 임금에 해당하고, 스스로 난 것은 토지생산물(토지가치)로 경제학적으로 지대에 해당합니다. 투자한 자본의 대가는 사업이윤이나 이자입니다. 이 생산물은 모두 현재가치이기 때문에 희년법에서 사적으로 거두거나 공적 용도로 사용하라고 합니다. 여기서 노동과 자본을 투자하여 다스려 거둔 것은 다스린 자가 개인적으로 거두라고 하여 사유재산제와 시장경제를 허용하고 있습니다. 즉 현재물은 시장에서 자유롭게 팔고 사게 하였습니다. 이것은 현재에 존재하는 모든 가치물(재화와 서비스)에 적용되는 시장원리입니다.

② 한시 미래물과 제한시장

미래물은 레위기 25장 13절에서 17절까지 언급한 미래의 토지생산물을 말합니다. 이것은 교환법칙이 작용하지 않는 일방 거래로 금융거래이며, 그것도 사회에서 실물이 없는 금융거래입니다. 그래서 이 미래의 토지생산물은 거래를 허용하기는 하되 제한적으로만 허용하고 있습니다. 미래물은 미래에 생산 수취 될 가치에 대해 선지급한 부채이므로 기간을 한정하여 거래하며, 그것도 무르기를 하여

---

35) "웨하에레쯔 로 티마케르 레짜미투드(레 25:23a)"의 증명(레위기 시장 3유형과 땅값 헛값의 과학적 이해), 통합연구, 통합연구학회, 2001년 9~108쪽.

거래를 원점으로 회복시키는 제도입니다.

그러므로 성경의 취지는 미래물 거래는 없을수록 좋지만, 자금의 융통이 분가피한 경우에는 신용거래를 허용하여야 한다는 뜻입니다. 자본 축적이 적었던 시대에 일시불 가격인 사글세 제도는 긴급한 자금조달을 위한 금융과 보험의 기능을 했습니다. 그러나 그 허용의 범위는 어디까지나 제한적이었는데 그 이유는 앞에서 설명을 많이 했습니다.

희년법에는 한시적으로 발생하는 몸값과 땅값이 이에 해당하며, 현대 경제에서는 특허권, 광업권, 여러 가지 지적재산권과 같이 미래에 생산하거나 수익될 가치물에 대한 한시적 소유권이 포함된다. 미래 수익의 배당권 가격인 성장주식도 시장 성질과 원리는 같습니다. 그러므로 주식도 거래는 할 수 있지만, 희년법이 말하는 제한시장의 질서를 따라서 거래를 해야 합니다. 그러면 주식의 장점은 살리고 단점은 없앨(줄일) 수 있습니다.

③ 영구물과 금지시장

영구물은 레위기 25장 23절에 있는 땅을 말합니다. 성경 본문에서 "땅은 영영(아주) 팔리지 않는다('않을 것이다' 또는 '않아야 한다')."라고 했습니다. 당면 경제문제를 해결하기 위해서 땅은 시한부나 무르기 조건부로 거래를 허용하지만, 그래도 영구거래는 금지했습니다. 이것이 바로 땅값을 없애야 하는 성경적 근거입니다. 땅값을 없애야하는 이론적 근거는 앞에서 충분하게 설명을 했습니다.

현대 경제에서는 성장성 주식이 이에 포함되며, 선물先物, futures은 만기가 있으므로 외형상 영구물이 아닙니다. 그러나 만기에도 실물교환이 필요 없고 가격만 거래하는 것이 대부분이므로 영구물과 같은 성격의 실물 없는 거래물입니다. 성경 희년법대로 하려면 성장성 주식은 시한부 이익배당권만 가진 한시주식으로 바꾸고, 선물은 이전부터 해오던 선도거래나 가격보험으로 되돌려야 합니다.

이 외에도 희년법은 ④ 무르기 시장으로 미래물 금융거래를 없애버리는(빚을 사하는) 시장원리가 하나 더 있습니다. 그리고 신약에서는 ⑤ 씨 뿌리는 비유, ⑥ 품꾼의 비유, ⑦ 경작자 비유 등에서 토지가치의 성질과 무르기가 필요 없는 시장원리를 찾아낼 수 있습니다.

예수님의 비유에 나타나는 토지가치

> 하나님의 나라는 사람이 땅에 씨를 뿌림과 같으니… 땅이 스스로 열매를 내되…(막 4:26~28)

예수님의 비유는 실제적인 예시를 통하여 복음과 진리, 보이지 않는 천국의 신비(mystery, 수수께끼)를 쉽게 설명하고 있습니다. 어떤 주제에 대하여 이해하기 쉽고, 검증이 가능한 현실적 사례를 들어가며 쉽게 설명하는 것이 비유입니다. 대상은 주로 검증이 어려운 복음의 세계 또는 미래의 있을 사건을 비교 풀이로 보여 줍니다. 그러므로 예수님의 비유는 현실의 경제적 주제나 현상을 비유로 들어서 천국의 삶을 설명하는 경우도 있습니다. 여기서는 예수님의 여러 비유 중에서 ㉠씨 뿌리는 비유, ㉡품꾼의 비유, ㉢경작자(농부, 소작인)의 비유에서 발견되는 토지의 물리적 성질과 시장원리, 그리고 이에 대한 경제 행위에 대해서만 다루고자 합니다.[36] 이러한 비유의 복음적 내용과 구속사적 의미는 제2권에서 다룹니다.

씨 뿌림이 비유는 만씀이 사람이 마음 밭에 뿌려져 씨앗처럼 싹이 나고 결실하는 과정을 땅의 천연적 성질에 비교하여 설명하고 있습니다. 여기서 땅의 천연적 성질이 바로 희년법이 말하는 토지가치의 존재와 경제적 기능을 말합니다. 그 요지는 다음과 같습니다.

① 경제적 생산활동에서 땅은 사람보다 먼저 있고, 더 큰 기여를 하고 있습니다. 예수님은 사람이 씨를 뿌리기는 하지만, 열매는 땅이 스스로 내고 있다고 합니다. 그리고 사람은 자고 깨고 하는 사이에 어떻게 되는지를 모르고 있다가 열매가 익으면 거둔다면서 사람의 노동보다 땅의 생산 기여도를 우선적 순위에 두고 있습니다.

② 땅은 사람의 노력(노동)보다 땅의 천연 성질에 따라 생산물의 차이가 있다고 합니다. 땅은 길가, 돌밭, 가시밭, 옥토로 등급을 구분할 수 있고, 구분된 토지별로 생산물은 차이가 있습니다. 그중 옥토는 다시 30배, 60배, 100배로 수확물의 차이를 보입니다. 이것은 경제학적으로 말하면 토지가치론, 곧 지대론의 기본 전제가 될 수 있습니다.

③ ①과 ②를 근거로 생산된 가치물에 대한 지분을 계산하면, 사람의 노동이나 투자가치를 제외한 모든 생산물은 땅이 생산한 토지가치가 됩니다. 이것이 유명한 리카도의 차액지대론을 성

---

36) 씨 뿌림의 비유는 ㄱ. 토지의 생산성인 토지의 비옥도를 따라 ㄴ. 사람의 마음 밭에 전해진 ㄷ. 천국 복음이 결실하는 정도를 설명하고 있다. 이처럼 포도원 품꾼의 비유와 경작자의 비유도 ㄱ. 포도원 토지, ㄴ. 토지의 주인과 토지 사용자(노동자와 경작자), ㄷ. 천국의 소유와 가치물 분배 등을 설명하고 있는데 여기서는 토지와 관련된 경제 부분만을 언급하고 있다.

경으로 설명할 수 있는 근거이기도 합니다. 토지임료는 토지가 낸 생산물입니다.

④ 땅의 천연 성질은 가시밭과 같은 곳은 뿌려진 씨앗이 제대로 결실을 하지 못합니다. 이것은 사람이 세상의 염려와 재물의 유혹으로 전해진 말씀이 열매를 얻지 못하게 됨을 말합니다. 이 비유를 성경의 경제법에 비추어 보면, 사람은 희년법이나 천국 경제법을 전해 주어도 세상의 염려와 재물의 욕심으로 이를 거부하여 결실하지 못하는 경우를 뜻합니다.

⑤ 길가나 돌밭에 뿌린 씨앗은 생산이 더 적어서 생산비를 건지지 못합니다. 미련한 사람이나 낭비적인 경제활동을 한 경우가 이에 해당한다고 볼 수 있겠습니다.

씨 뿌리는 비유와 토지가치가 결정되는 시장원리

이렇게 씨 뿌리는 비유에 나타난 ①~⑤의 경제활동을 근거로 토지가치인 지대의 결정원리를 나타내면 [표 15-1]과 같습니다. 경제학적으로 말하면 쌀 생산이 30일 경우 생산비도 같은 30이라고 하면, 30을 생산하는 토지가 한계토지marginal land입니다. 30 이하의 생산을 내는 토지는 생산비를 회수할 수 없으므로 생산을 하면 손해를 봅니다. 물론 현실 경제는 실업과 유휴 노동력이 있어서 한계토지 이하에도 생산활동이 있을 수 있습니다. 식량이 부족했던 절대빈곤 시대는 한계토지 이하에서도 생산활동이 이루어졌습니다. 그러나 식량 문제나 실업이 없는 균형상태를 가정하면 한계토지 이하는 생산활동이 없다고 보아야 합니다. 이것이 고전학파 경제학자 리카도의 지대론입니다. 그리고 현대 경제학에서는 시장 경쟁으로 결정되는 토지가치에 대한 이론입니다(이 외 토지의 기회비용, 전용지대, ㅇㅇ미 ㅇㅇ 등이 있지만 비슷함).

씨 뿌리는 비유가 말하는 토지가치에 대한 생산과 분배에 대한 시장원리는 포도원 품꾼의 비유와 경작자의 비유에서 구체적으로 나타나고 있습니다.

토지의 비옥도		볍씨 1단위 생산량	쌀 생산비 (임금+이윤)	토지지대 (토지생산물)
옥토	1등급	**100배**	30	70
	2	90	30	60
	3	80	30	50
	4	70	30	40
	5	**60배**	30	30
	6	50	30	20
	7	40	30	10
	8	**30배**	30	0
가시밭		25	30	-5
돌밭		20	30	-10
길가		10	30	-20
경제적 평가		생산 = 땅+사람	사람의 노동	지대=총생산-생산비

[표 15-1] 씨 뿌림의 비유와 토지가치의 결정(마 13:3~8)

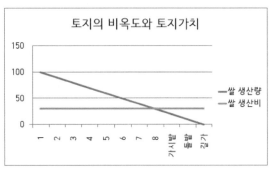

[그림 15-1] 토지의 비옥도별 생산량과 토지가치

(토지지대 = 쌀 생산량 - 쌀 생산비)

포도원 품꾼의 비유와 천국 경제법의 노동시장

◎ 구약시대의 노동시장

너와 함께 있는 네 형제가 가난하게 되어 네게 몸이 팔리거든…(레 25:39)

이스라엘 공동체는 원래 구성원들이 각자 자기 기업을 가진 자들입니다. 약속의 땅에 들어가서는 토지를 지파별, 가족별로 공평하게 분배를 했기 때문입니다. 그래서 구약시대에 이스라엘 백성들은 값을 받고 몸을 팔아야 하는 처지이거나 남에게 고용된 노동자가 없는 것이 원칙입니다.

그런데 자기 토지 경작자가 형편에 따라 생활이 어렵거나 목돈이 필요할 때가 있습니다. 이런 경우는 분배받은 토지의 사용권을 희년까지 남에게 넘겨주고(팔고), 자금을 융통하여 당면한 경제문제를 해결합니다. 그러면 기업을 남에게 넘긴 자는 기업이 없으므로 남에게 근로를 제공하고 생계를 이어 가야 하는 노동자가 될 수밖에 없습니다. 이런 때를 위하여 성경 희년법은 몸이 팔리는 경우 지켜야 할 규례를 두고 있습니다. 동족이 가난하여 몸이 팔리면 그를 엄하게 부리지 말고 품꾼처럼 여겨 희년까지 두게 되어 있습니다(레 25:40). 이때 발생하는 가격이 몸값입니다. 그리고 이방인에게 몸이 팔렸으면 희년을 기준으로 값을 치러 주고 무르기를 하라고 합니다(레 25:50).

그리고 신명기에는 노동계약은 안식년을 기준으로 최장 6년을 하게 하고, 안식년에는 자유롭게 해야 합니다(신 15:12). 그리고 이런 경우도 엄하게 부리지 못하고 동거인 같이 함께 살아야 하고, 친족은 무르기를 하여 자유를 찾아 주는 것이 원칙입니다. 이것이 구약의 노동시장입니다.

구약의 노동시장은 원래 있던 기업이 없어서 생계가 어려울 때 해야 할 구제의 수단으로 운용되고 있습니다. 동족이 어려우면 6년 또는 희년까지의 품삯을 미리 계산하여 일시불로 지급하고 그를 동거인처럼 여기면서 생활도 함께해야 합니다. 아니면 친족이 빚으로 잡혀 있는 몸값을 무르기로 자유롭게 하고, 팔린(빚에 저당을 잡힌) 토지도 무르기로 정상 생활을 하도록 해 주어야 합니다. 이것이 안되면 희년까지 기다려야 합니다(레 25:28).

그런데 희년이 오면 팔린(저당 잡힌) 토지가 풀리게 되는 것은 토지가 무르기를 대신해 주기 때문입니다. 여기서 우리기 중요한 시사점 하나를 찾아낼 수 있습니다. 무르기의 재원은 땅과 토지가치가 대신해 준다는 사실입니다. 친족이 무르기를 대신하려면 목돈이 필요한데 사람이 일한 노동가치는 생활비로 쓰이기 때문에 저축(저장)이 어렵고, 목돈 마련이 쉽지 않습니다. 이런 경우 땅을 공짜로 분배받은 백성들에게 목돈이 가능하다면, 그 저축은 노동가치와 별개로 존재하는(노동가치를 초과하는) 토지가치라고 보아야 합니다.

그래서 가난하여 몸이 팔린 친족이나 이웃에게 값을 치러 자유롭게 하고, 땅까지 무르기를 하여서 일자리를 회복시켜 주어야 했습니다. 그러므로 땅이 내는 토지가치는 내 것으로 두기보다 친족이나 이웃을 위해 사용해야 합니다. 성경의 무르기는 궁극적으로 땅이 생산한 토지가치가 무르기를 해 주는 것입니다(레 25:19, 28).

◎ 신약시대의 노동시장

천국은 마치 품꾼을 얻어 포도원 들여보내려고 이른 아침에 나간 집 주인과 같으니(마 20:1)

예수님은 이러한 구약의 노동시장과 토지시장을 현실적 근거를 가지고, 지금 또는 미래에 있을 노동시장과 천국 경제를 소개하고 있습니다. 예수님은 노동의 자본가격인 몸값을 없애고 현재가치만 거래하는 임금(품삯)으로 노동시장을 설명하고 있습니다. 구약시대 노동시장은 보수가 일시불이고 선불이지만, 예수님의 보수 지급 방식은 후불제 임금으로 날품이었습니다. 날품은 임금을 매일 지급하는 것을 말하고, 달마다 지급하면 월급이 되고, 연간 임금으로 계산하면 연봉이라고 합니다. 여기서 날품, 월급, 연봉은 자본가격인 몸값이 없다는 점에서 같은 것입니다. 예수님은 이렇게 몸값이 발생하지 않는 노동시장을 제일 알기 쉬운 날품을 예로 들어서 보여 주고 있습니다.

포도원 주인은 아침에 일찍 장터로 나가서 일자리가 없어서 일자리를 구하는 사람들을 포도원으로 불러들이고 있습니다. 아침 일찍부터 일자리를 얻은 정상 노동자에게는 정상임금 1데나리온을 계약하고, 그렇지 못한 사람들에게는 합당한 임금을 주겠다고 말하고, 모두 포도원으로 불러들여 일을 시킵니다. 이렇게 하면 희년법에서 기업 무르기를 하거나 몸값에 팔리어 고용이 되어야만 가능하던 일자리가 바로 돌아오게 됩니다.

저녁에 품삯을 주면서 늦게 온 사람에게 노동시간과 관계없이 1일 품삯을 쳐 주고, 정상 노동자에게도 계약대로 같은 1일 품삯인 1데

나리온을 지급하고 있습니다. 지급하는 절차도 늦게 와서 적게 일한 사람부터 먼저 지급합니다. 그런데 이러한 분배 방법이 정상 노동기가 볼 경우는 붙만이었습니다. 정상 노동자들은 품삯 지급이 불공평하다고 원망을 합니다. 이런 지급 방식은 우리가 보기에도 불공평하게 보입니다. 그래서 지금도 혹자는 이 비유에 대하여 공산주의와 다를 바가 없어서 현실 경제에서는 적용하기 어렵다고 합니다.

그런데 희년법을 제대로 이해하면, 그렇게 말을 할 수가 없습니다. 이스라엘 공동체는 모두가 하나님의 토지를 평등하게 분배를 받았습니다. 그리고 가난하게 되어 몸이 팔렸어도 동거인처럼 여겨야 했고, 친족이 무르기를 해서 자유롭게 해 주어야 합니다. 이에 더하여 목돈이 들어가는 기업까지 무르기를 하여서 일자리를 회복시켜 주어야 합니다. 그러면 이스라엘 공동체는 실업자가 없고, 일자리가 없어서 생업에 위협을 받을 이유도 없습니다.

그러므로 포도원 품꾼의 비유처럼 주인이 실업자를 찾아서 장터로 나가지 않았고, 늦게 일한 사람에게 같은 임금을 지급할 이유도 없습니다. 예수님은 지금 희년법이 말하는 노동자의 생존 문제와 이를 해결할 일터인 기업을 노동시장을 통하여 바로 실현할 방법을 보여 주고 있습니다.

더구나 우리가 평소에 땅과 토지가치를 알면 이런 불평이 있을 수 없습니다. 포도원 토지가치는 토지주인의 몫으로 사람의 노동이나 투자와는 별개로 나온 수익입니다. 토지가치는 총생산물 중 토지임료 상당액이므로 그 분배 비율은 그다지 크지 않습니다.

지금 주인은 토지임료의 크기인 자기 몫을 가지고, 희년법 원리대로 기업인 일터가 없어서 생존하기 어려운 자들을 돕고 있습니다.

그런데 정상 노동자는 땅과 토지가치, 주인과 노동자의 계약관계, 그리고 구약의 희년법을 잊어버리고(모르고) 주인에게 불평을 합니다. 그래서 예수님은 이들에게 이렇게 말합니다. 이 말에는 값을 치르는 시장원리와 토지가치를 가지고 사회복지를 위해 사용해야 할 구제의 수단이 함께 들어 있습니다.

> "너에게 계약대로 다 주었다. 잘못이 없다, 네 것이나 받아가라(시장의 운영원리)"

> "네 것으로 네 뜻대로 하는 것이다. 내가 선하므로 네가 악하게 보느냐?(복지의 수단)"

포도원 경작자의 비유와 천국 경제법의 토지시장

> …한 집 주인이 포도원을 만들어 산울타리로 두르고 거기에 즙 짜는 틀을 만들고 망대를 짓고 농부들에게 세貰로 주고 타국에 갔더니(마 21:33)

예수님은 이제 포도원 품꾼의 비유에 이어서 또 다른 경제적 비유 하나를 더 들고 있습니다. 바로 포도원 경작자의 비유로 구약의 토지법에 따른 토지시장을 설명하고 있습니다.

희년법에서 반복적인 무르기가 필요했던 땅값을 영구적으로 없애버리는 방법인 포도원의 세貰, 곧 포도원 임료 중심으로 시장경제를 설명하고 있습니다. 그리고 사람들이 토지 임대시장에서 세의 납부를 거부함으로 생기는 주인과 경작자의 경제 관계를 실감 나게 보여주고 있습니다. 땅과 토지주인에 대해서 백성들은 구약시대에도 불순종하였고, 앞으로 신약시대에도 구약시대에 못지않게 강한 저항을 하게 될 것을 비유로 알려 주고 있습니다.

이 비유를 보면 주인은 포도원을 만들어 농부(경작자)들에게 세를 주고 요래(눅 20:9) 있다가 때가 되어 세를 받으러 오면서 일을 벌어지고 있습니다. 그런데 주인이 경작자에게 임대하였지만, 오랜 기간 기다려서 세를 받으려고 합니다. 여기서 오랜 기간은 구약시대를 말하는 것으로 보입니다. 주인은 오랜 기간 백성들에게 포도원을 임대료 없이 공짜로 주었습니다. 이 비유에서 포도원의 주인은 하나님이시고, 상속자는 예수님 자신입니다.

그런데 구약시대는 포도원을 경작하면 세를 내지는 않지만, 그 대신 희년법을 지키며 살아야 했습니다. 이스라엘 백성들이 가나안 땅에 들어가서 포도원을 하나님으로부터 공짜로 분배를 받았습니다. 그리고 포도원 주인은 토지임료를 받지 않고 그 대신에 경작자들에게 희년법의 준수 의무를 주었습니다. 주인은 포도원 토지가치를 너희들이 가지되, 그것으로 가난한 자를 구제하고, 동족에게는 토지 무르기로 생존권을 회복시켜 온전한 삶을 살도록 하여 주라고 말입니다. 희년법을 통하여 몸값과 땅값은 금융거래로 무르기가 필요한 빚이 되는 것을 가르쳐 주었고, 자본거래와 금융거래는 발생한 빚을 없애 주어야 하고, 그때가 희년이 되는 것도 가르쳐 주었습니다.

그러나 토지주인이 그런 경제 규례를 알려 주고, 경제 규례의 순종을 기다려도 이스라엘 백성들은 희년법을 지키지 않습니다. 그래서 토지주인은 계속하여 자기의 종들을 보내어 희년법을 지키라고 합니다. 이것은 구약시대에 선지자들이 이스라엘 지도자와 백성들에게 희년법을 지키라는 요청과 경고를 말합니다.

그 예로 이사야는 포도원 노래(사 5:1~7)로 백성들이 여호와의 법을 어기므로 포도원을 황폐하게 하겠다고 경고를 하십니다. 구체적

● 희년과 포도원 천국

으로 가옥에 가옥을, 전토에 전토를 더하여서 홀로 살기를 도모하는 자는 화가 있다고 했습니다(사 5:8). 이것은 백성들이 희년법을 지키지 않았음을 말해 주고 있습니다.[37]

이처럼 포도원 경작자들은 선지자의 말을 듣지 않습니다. 하나님은 종들을 또 보냅니다. 그래도 듣지 않습니다(렘 7:25). 오히려 때리고 상처를 내며, 심지어 죽이기까지 합니다. 이러한 선지자들은 느헤미야, 이사야, 예레미야, 미가, 아모스, 특히 바알법 순종자와 강하게 대립했던 엘리야가 그 대표적입니다. 백성의 대표로는 바알법으로 포도원을 강탈했던 아합왕과 왕비 이세벨에게 저항하다가 죽임을 당한 나봇의 경우입니다.

이제 마지막으로 하나님은 자신의 독생자요, 상속자인 예수님을 직접 보냅니다. 토지의 주인으로 토지임료를 받아서 품꾼의 비유처럼 필요한 곳에 직접 쓰려고 합니다. 그런데 경작자들은 이 사람이 포도원 주인의 상속자인 것으로 알아보고 강한 반감을 품습니다. 경작자들은 상속자에게 세만 내지 않는 차원을 넘어서 포도원 자체를 강탈하려고 합니다. 그래서 상속자를 포도원에서 내어쫓고 죽입니다. 나봇의 포도원 강탈사건은 한 사람에 대한 부도덕한 행위로 소수에게 벌어진 사례입니다. 그러나 포도원 비유에 등장하는 경작자는 복수인 것을 보아 백성들, 특히 사회 지배 계층이 거의 모두 그런 상태였다고 보아야 할 것입니다.

그래서 포도원 주인은 그들을 진멸하고 포도원은 제 때에 세를 낼 만 한 다른 경작자에게 줄 것이라고 합니다. 포도원 주인이신 예수

---

37) 신학자 다드나 예레미아스는 경작자 비유를 갈릴리 지역의 부재지주와 임대자들의 갈등을 묘사하는 것이라고 본다(허혁 역, 예수의 비유, 분도출판사, 70쪽). 그러나 필자는 선지자들이 토지 독점을 강하게 비판하는 것(사 5:8, 미 2:2)으로 보아 지도자들에게 희년법의 순종과 불순종을 지적하고, 경고하는 비유로 본다.

님은 이렇게 세를 직접 받아서 필요한 공익 목적으로 사용하고자 합니다. 더 중요한 것은 경작자의 비유가 토지의 소유자와 사용자의 비뚤어진 경계 관계를 바로잡고, 허구가격으로 시장을 흔들고 있는 땅값까지 없애 버리는 비책이 들어 있습니다.

포도원 비유로 본 천국 경제법의 평가
―땅과 토지가치에 대한 탐욕과 강한 저항

포도원 비유에서 포도원의 품꾼이나 소작인은 포도원을 소유하거나 거래하지는 못하며, 포도원에 노동과 자본을 투자하여 투자의 대가만 받는 것이 원칙입니다. 이것이 노동에는 임금, 투자한 자본에는 사업이윤입니다. 그 나머지는 모두 포도원 주인의 몫으로 돌아갑니다. 포도원 주인의 몫은 경작자가 세貰, rent를 내어 공경비로 사용합니다. 이처럼 포도원 천국의 비유는 사적인 시장원리와 공적인 재정원리가 하나로 융합되어 있습니다.

여기서 투자가치는 품꾼의 비유에서 계약된 임금(순수 노동가치)이며, 소작인의 비유에서는 포도원에 투입한 경작비용입니다. 이 계약 임금과 경작비용은 포도원 품꾼과 소작인 개인의 사유재산에 해당합니다. 그러나 이 투자가치를 제외한 가치, 즉 포도원과 포도원의 토지가치는 품꾼이나 경작자가 자기 몫이라는 주장을 하지 못합니다.

그러나 이 두 가지 비유를 보면 사람들은 토지가치인 지대의 배분에 대해서 탐욕을 품고 있고, 강한 어조로 저항을 합니다. 품꾼의 비유에서는 노동자가 주는 임금에 대하여 토지가치의 분배와 관련

❶ 희년과 포도원 천국

된 불평을 합니다. 지금도 노동시장은 이런 갈등 요소가 남아 있습니다. 특히 토지의 개발 현장에서 흔히 볼 수 있는 사업자와 토지 소유자(실제는 경작자) 간의 갈등이 그렇습니다. 경작자의 비유는 토지가치인 지대를 내지 않으려고 사람을 살상까지 하며, 포도원 소유욕을 강하게 보입니다. 결국은 토지의 주인인 상속자를 죽이기까지 하면서 저항을 합니다.

토지개발에서 드러나는 개발이익과 인간의 토지 탐욕

사람은 예전이나 지금이나 땅과 토지가치에 대해서는 탐욕이 강하게 발동합니다. 그래서 토지가 생산한 가치물을 제대로 보지 못합니다. 이의 설명을 위해 농지를 아파트 지구로 개발되는 경우의 예를 들어 보겠습니다. 농지에 아파트를 지으면 땅값이나 토지가치가 5배 정도는 커집니다.

개발 전 농지에는 토지 1,000원, 자본재(시설투자) 1,000원의 자본 투자가 있었다고 가정을 합니다. 여기에 합당한 자가 노동 투입도 있습니다. 토지는 원금이 1,000원입니다. 그래서 토지에서 농사로 얻은 수익은 토지분 수익 20원, 자본수익 20원, 노동수익 20원, 합계 60원입니다. 사업자는 토지 초기 구입비로 1,000원이고, 농지에 투입한 시설비 보상과 철거비로 1,000원, 아파트 신축을 위한 토지 조성비, 건축 재료비 등 실건축비 등이 1,000원으로 건축에 실제로 투입한 가격이 모두 포함됩니다. 농지의 시설 투자비 1,000원은 개발 시 철거되어 소멸하고, 신규 개발비에 보상비로 대체(상계)되었습니다.

실건축비에는 아파트를 짓기 위한 토지개량비(토지 조성비), 건설기간의 이자, 건설업자의 창의적 노력이나 브랜드 가치도 모두 포함된 가격입니다. 그리고 1,000의 자본 투입에는 구입한 노동력 투입도 추가 자본에 비례하여 별도로 투입합니다. 이런 조건에서 공사가 완료되면 아파트의 토지가치는 5배가 커집니다. 이것을 소위 '개발이익'이라고 합니다. 이에 따른 투자자의 자본가치도 따라서 5배가 커진다고 봅니다. 노동의 임금 총액도 물론 5배 커집니다. 이를 근거로 개발 전과 개발 후의 가치나 가격 변화를 비교하면 [표 15-2]와 같습니다.

투입·생산 요소	A: 개발전 자본과 수익		B: 개발 후 자본과 수익			
	초기자본	말기 수익	추가투입	추가생산	개발후자본	비고
토지	1,000	20	0	㉠100	㉡5,000	㉡은 허구
자본	1,000	20	1,000	100	2,000	초기+투자
노동	0	20	1,000	100	1,000	노동원가
계	2,000	60	2,000	300	8,000	실물+허구
평가	노동자본은 0 (값을 매기지 않으므로)		토지는 추가투입 없이 생산증가 노동은 생산과 동시에 소비 ㉠: 존재하는 가치, ㉡: 가치물 없는 가격			㉠은 주인 몫 ㉡은 무르기 대상이다.

[표 15-2] X: 사유토지 개발과 가치 변화(농지가 아파트 부지로 개발될 경우)

자본(재) 가격 = 토지 개발비 + 정상이윤(기간이자) + 창의적 가치 및 브랜드 가치.

토지개발비는 '토지조성비'라고 하여 땅값에 포함시키지만, 감가상각 대상인 인공투자이므로 자본(재)에 포함.

개발 후 자본가격 2,000원 = 실물 투입가격 = 투입비용

투입비용 = 초기자본 1,000(보상비) + 추가투입 1,000원(건축비와 기타 제비용)

[표 15-2]의 X를 보면 1,000원의 토지에 1,000원의 추가 투자로 아파트를 지었더니 토지의 추가생산은 20에서 100으로 5배, 자본의 추가생산도 5배로 커졌습니다. 사업자 노동임금 역시 토지가치가 커지는 덕분에 개발 전 20에서 개발 후 100으로 커졌습니다. 구입한 노동임금은 받아서 전액을 생활비로 소비했습니다. 이렇게 토지개발로 인하여 모두가 큰 수익을 누렸습니다.

그런데도 토지 사유제 시장에서는 아파트를 지으면 흔히 토지소유자와 사업자들, 조합원 상호 간에 개발이익을 두고 갈등이 생깁니다. 이로 인해 아파트 공사는 늦어지고 비용도 커집니다. ㉠ 개발 후 추가생산을 보면 자본 투자자와 사업자 노동임금이 각각 5배(100/20)로 커졌습니다. 토지 사유제로 인해 매겨져 있는 토지 구입비 1,000원도 지급했습니다. 이것이 정상적 시장가치이고 정상적인 시장분배입니다.

그런데 왜 갈등이 생깁니까? 바로 토지개발로 인하여 토지가 자신의 가치나 값으로 키워 놓은 ㉠의 100원과 ㉡의 5,000원에 대한 지분의 오해와 탐욕 때문입니다. 더구나 5배 커진 토지가치의 자본가격인 땅값 5,000원은 가치물이 이 세상에 존재하지 않습니다. 처음부터 토지비 1,000원은 없는 가치물 가격이지만 이를 보상해야 했으므로 이 가격을 기간 이자를 감안하여 1,500원 정도를 건축업자에게 건설원가로 인정을 해도 그 초과액 3,500원(3,500 = 5,000 - 1,500)은 주인이 없습니다. 가치도 없고 그 가치에 대한 권리를 주장할 주인도 없습니다. 그러므로 이렇게 주인도 없고, 실물도 없는 허구가격을 두고 서로 그 허구가격을 차지하려고 다투게 됩니다.

사람들은 학자나 부동산 전문가들마저 토지를 개발하면 발생하는 이러한 가치증식과 허구가격의 발생, 배분의 미스터리를 감지하지 못합니다. 자본 투자가는 ㉠과 ㉡을 자기가 투자한 몫으로, 일터에서 일한 노동자는 자기가 땀을 흘린 대가로 오해합니다. 자본가와 노동자 모두 ㉡을 없는 가치물임에도 이를 모르고 있습니다. 토론을 해 보면 정말 전혀 모르고 있습니다.[38]

그래서 포도원 비유처럼 ㉠의 토지가치인 지대는 토지주인에게 돌려주고(세를 내고), ㉡의 허구가격, 곧 땅값은 허구 숫자이므로 무르기로 없애 버려야 합니다. 이렇게 하면 토지의 개발 전과 개발 후의 가치와 분배를 [표 15-3]의 Y와 같이 됩니다.

투입·생산 요소	A: 개발전 자본과 수익		B: 개발 후 자본과 수익			
	초기자본	말기 수익	추가투입	추가생산	개발후자본	비고
토지	0	지대 20	0	㉠100	㉡0	㉡은 0
자본	1,000	이익 20	1,000	100	2,000	초기+추가
노동	0	임금 20	1,000	100	1,000	노동원가
계	1,000	총소득 60	1,000	300	3,000	실물만 존재
평가	자본만 가격 = 가치 有 지대 = 貰 = 공경비		토지는 투자 없이 추가적 생산을 함 노동은 생산=소비, 자본재는 가격이 있고, 토지와 노동은 자본가격이 0이다.			허구가격이 소멸함

[표 15-3] Y: 동일 토지의 시장임대부 개발과 가치 변화(농지가 아파트부지로 개발)

[표 15-3] Y는 토지임대제에 따른 토지개발이므로 투입된 모든 가치와 생산물이 투자자 자신의 몫을 따라 정상으로 계산되어 분배되고 있습니다. 시장에서 거래되는 가격의 크기도 자본가격이 8,000원에서 3,000원으로 줄었습니다. X와 Y는 가치물 크기가 같은데 자본

---

38) 아파트 건축과 같은 토지개발에서 신규로 발생한 가격에 대하여 사람은 a. 토지의 지분(네 것 내 것의 구분), b. 현재가치와 미래가격, c. 실현가치와 영구 미실현 허구가격을 식별하지 못한다.

가격은 X의 경우 Y보다 3.5배나 큽니다. 그만큼 아파트 분양가격이 높아져서 집을 사는 사람은 부담도 커지고, 앞으로도 값이 자꾸 커지는 성질을 가지므로 가격 웃돈(프리미엄)으로 투기가 생깁니다. 이 값을 두고 아파트를 짓기도 전에 서로 많이 가지려고 다툼을 하고, 내 것 아닌 ㉠을 공짜로 가지려다가 ㉠보다 더 큰 땅값을 벌금(소유비용의 적자)으로 지불하고, ㉠을 두고도 세금까지 추가 부담을 하며 살아야 합니다.

지금의 세상은 사람이 토지와 토지가치에 대한 그릇된 인식으로 ㉠과 ㉡을 식별하지 못합니다. 그래서 잘못된 시장 시스템(X)으로 고통 속에 살고 있지만, 그 해법으로 소개하는 시장 시스템(Y)은 모르고 있는 상태입니다. 알아도 대수롭지 않게 여깁니다.

모두 인간의 탐욕을 노리는 바알법이 만든 토지제도(X)로 인하여 사람의 판단력이 흐려져 있기 때문입니다. 그래서 우리는 경제 시스템을 토지사유제(X)에서 토지임대제(Y)로 바꾸어야 합니다. 이렇게 하면 토지는 소유자에서 사용자에게 돌아갑니다.

토지시장은 포도원 천국 경제법으로 가야 합니다

예수님이 가르쳐 준 포도원 비유를 '천국 경제법'이라고 하였습니다. 이 포도원 경제법은 필자가 토지시장의 근본적 해결책이라고 말하는 토지의 시장임대제입니다. 다르게 표현하면 '지대시장제'이며, 땅의 주인에게 세를 내는 것이므로 '땅세賃제도'라고 하겠습니다.

이 중에 특히 포도원 품꾼의 비유에서 소개하는 노동시장과 경작자의 비유에서 나타나는 토지시장은 자본가격이 없어서 개념적으로 일치하고, 구조적인 운영방법에서도 서로 맞습니다. 경작자는 포도원을 직접 경작하며, 품꾼은 노동자가 포도원에 고용되어 고용 경자을 하고 있습니다. 규형상태에서 두 비유의 생산량이 같다면 요소별 가치의 분류(토지, 노동, 자본), 크기, 지분이 모두 같습니다. 다만, 포도원 운영방법이 경작자가 직접 경영을 하는 것(자가 경작)과 주인 또는 경작자가 노동자를 채용하여 포도원을 경작하는 것(임대 경작)에 차이가 있을 뿐입니다.

그리고 레위기 회년 경제법과 포도원 천국 경제법 역시 주체와 객체, 가치의 지분과 크기 등 여러 가지로 일치합니다. 토지가치와 노동가치의 구분, 소유 가능물과 소유 불가능물의 구분, 팔고 살 것과 팔고 사지 말아야 할 것의 구분이 모두 같습니다. 경제법에서 "땅은 영영 팔리지 말라, 땅은 하나님의 것이고 너희는 소작인에 불과하다"(레 25:23)라고 합니다. 포도원 경제법에서 "주인은 포도원을 세로 주었으며, 소작인은 포도원을 소유하려 하지 말고 세를 내라"고 합니다(마 21:33~43). 포도원은 세를 내는 사람에게 맡긴다고 합니다.

레위기 경제법과 포도원 경제법이 다 같이 땅(포도원)은 너희의 것이 아니고, 하나님의 것이므로 소유하거나 매매하지 못한다는 뜻이 함축되어 있습니다. 구약은 땅에 대해서 "…하지 말아라"라는 소극적 금지 규정이 많고, 신약은 "…이렇게 하라"라는 적극적 가르침이 많습니다. 그리고 신약의 포도원 경제법은 그 해결책으로 땅을 거래하지 않고도 시장을 통하여 배분하는 방법이 비유로 소개되어 있습니다. 그래서 포도원 경제법은 쉽고도 과학적입니다. 또 사회주의의 폐단인 집산체제와 자본주의의 허구(허구가격)인 포도원의 자본거래를 동시에 없애고, 세금까지 필요 없는 시장경제 제도는 포도원 경제법 하나뿐입니다.

이토록 성경은 경제적 내용도 구약과 신약이 짝이 맞습니다. 구약과 신약이 개념적으로 일치하며, 방법은 획기적으로 개선된 신약이 훨씬 낫습니다. 레위기 경제법은 과학적이며, 포도원 경제법은 완전한 시장이론(시장균형)입니다. 그러므로 우리가 레위기 희년법과 포도원의 비유를 종교적 측면만 보지 않고, 경제적 측면까지 볼 수 있었다면, 세계의 경제문제는 쉽게 풀었을 것입니다. 그리고 사람은 자기 몸을 직접 팔고 사는 구약의 노동시장은 신약에서 임금(품꾼)시장으로 성취가 되었으나, 땅을 직접 팔고 사는 구약의 토지시장은 아직 땅貰, 곧 임대(경작자)시장으로 성취가 되지 못하고 있습니다. 포도원 비유의 다른 내용은 2권에서 다루려고 합니다.

레위기 희년법과 포도원 천국 경제법의 비유를 비교하고, 토지가치와 노동가치, 그리고 사유물과 공유물을 구분하여 시장원리를 요약하면 [표 15-4]와 같습니다.

구 분			레위기 희년 경제법(구약시장)				포도원 천국 경제법(신약시장)		
생산 주체	생산 가치	소비 용도	현재물 시장	미래물 시장	영구물 시장	무르기 시장	노동시장 (항구적)	지대시장 (항구적)	완전시장
땅 (天賦)	토지 가치 地代 賃料	공 경비	스스로 난 것, 땅이 생산한 것	희년까지 생산될 미래의 열매 (토지가치 일시불· 선불)	팔리지 않으니 팔리지 말라 (거래 불가능)	stock 중심의 반복적 무르기로 회복	지대=내것 (포도원 생산물 - 정상임금)	貰(Rent) =임료 (포도원 생산물 - 경작비용)	flow 중심의 영구 무르기로 회복 (미성취)
사람 (人工) 자본 포함	노동 가치 賃金 利子	사유 재산	사람이 다스려 거둔 것	안식· 희년까지 품삯의 선불 (노동가치 일시불· 선불)	한시적 생명체로 영구거래 불가능	stock 중심의 반복적 무르기로 회복	네것=임금 (포도원 계약임금) 생산물 -지대	포도원 경작 비용 (노동+자본)	flow 중심의 영구 무르기로 회복 (성취)
주체와 가치의 식별			과학적 토지시장(레 25장)				세금 없는 완전 자유시장 (마 20, 21장)		

[표 15-4] 희년법과 천국경제의 시장원리

세 가지 경제 비유와 천국경제의 구조

[그림 15-2]는 씨 뿌리는 비유와 포도원 품꾼과 경작지의 비유를 종합하여 하나의 표로 나타낸 것입니다. 먼저 씨 뿌리는 비유대로 토지를 등급별로 분류하여 각 등급별 생산물의 크기를 비교하고 전체를 총생산량으로 나타낸 것입니다. 그림에서 포도원 생산 조직은 비유대로 개별 토지별 구성으로 보아도 되고, 한 사회나 국가의 생산 구조, 나아가서 지구촌 전체를 하나의 생산 구조(생산 체제)로 볼 수도 있습니다.

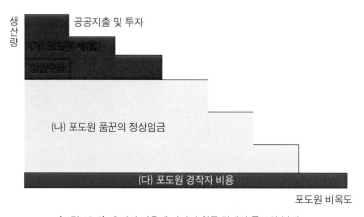

[그림 15-2] 세 가지 비유에 나타난 천국 경제의 구조와 분배

〈포도원 생산 참여와 요소소득〉

주인(토지) : 지대(토지가치), 노동(품꾼) : 임금(노동소득)

자본(경작자) : 이자·이윤(자본소득)·감가상각비

실업수당 : 늦게 온 품꾼들의 실업수당(생계비 지원)

생산 조직과 참여자는 포도원을 제공한 토지 주인, 포도원을 경작·관리하는 경작자, 그리고 포도원에서 일을 하는 노동자로 구성됩니다. 경작자는 기업의 운영자에 해당하며, 토지 경작에 필요한 비용을 부담하고, 그에 따른 대가를 받습니다. 이를 이자나 이윤이라고 하고, 경작자의 생활비나 재투자에 사용합니다. 노동자는 일터인 포도원에서 일하고, 임금을 받아서 생활합니다. 노동자는 기업의 종업원, 경작자의 자가노동도 여기에 포함됩니다. 포도원 주인은 토지를 제공하고 그에 따른 세貰를 받습니다. 포도원 주인이 받는 세는 한 사회의 공경비가 되어서 실업수당, 사회복지, 공공지출과 투자로 사용합니다.

그런데 일터가 없어서 늦게 고용된 자도 정상 노동자와 같은 품삯을 받는데 이것은 실업수당에 속하며, 주인은 자기 몫인 지대로 충당합니다(마 20:1~16). 그리고 포도원 주인은 토지수익 전액을 포도원 노동자나 경작자, 곧 사회 구성원 전체가 필요한 공경비로 되돌려 줍니다. 그럼에도 비유를 보면, 두 비유 모두 이런 제도에 대하여 불만과 저항을 보입니다. 경작자는 강한 저항으로 인하여 포도원 경작권을 잃게 됩니다(마 21:43).

우리가 포도원 비유대로 토지를 사용하고 주인에게 세를 내면, 세금이 필요 없게 됩니다. 만약에 공경비가 더 필요하면 노동임금과 경작자 소득에서 세금을 거두면 됩니다. 물론, 땅값과 성장주식에 발생하는 자본가격, 곧 허구가격도 0으로 소멸합니다.

제5편

희년법의
적용 방안과
지대시장제

제16장
공공토지는 지대시장제, 사유토지는 토지주식제로

원인은 밝혀졌고, 해법을 찾았습니다

토지는 하나님의 것이고, 사람의 것이 아닙니다(레 25:23). 포도원 토지는 세를 내는 자에게 돌아가야 합니다(마 21:33). 토지는 소유자의 것이 아니며, 사용자의 것입니다. 진정한 가치는 소유가 아니고 사용입니다. 토지의 소유가격은 영구적으로 실물이 없는 숫자에 불과하므로 가짜(허구)이며, 실현되는 사용가격이 진짜입니다. 토지를 하나님의 것으로 인정하는 것은 신앙고백에서부터 생활경제에서도 지켜야 할 실정 법규이고, 실무적 절차였습니다.

모든 문제는 해결에 앞서 문제의 원인부터 찾아내어야 합니다. 부동산문제는 토지문제로 귀착되며, 토지문제는 성경이 거래를 금지하고 있는 레위기 25장 23절의 땅값 때문이었습니다. 그래서 이 문제는 땅값을 없애 버리고, 땅값 대신 토지가치만 거래를 하는 것입니다. 이것이 토지의 시장임대제이며, 토지임대부 또는 땅세貰제도인 '지대시장제'입니다.

오늘날 기업에서는 기계, 시설, 기구 등에도 리스lease제도가 도입되어 활용되고 있습니다. 기업은 거액의 자금이 들어갈 고정자산을

● 희년과 포도원 천국

구입하고, 소유하는 대신 임대하여 사용료만 지불하고, 그 자산을 내 것처럼 장기로 사용합니다. 지대시장제는 바로 기업의 고정자산 차용에서 일반화되어 있는 리스제도를 토지에도 도입하자는 것입니다. 기존의 고정자산 리스제도를 토지에도 확대하여 시행한다는 뜻입니다.

그런데 토지의 시장임대제를 실시하려면, 사유토지의 전액을 보상하고 시행을 해야 합니다. 그런데 전국에 사유토지 가격이 2020년 기준으로 1경 원이 될 만큼 거액인데 이를 모두 보상하는 것은 불가능합니다.

공공토지는 땅값 보상이 필요가 없으므로 지대시장제를 바로 실시할 수가 있습니다. 그러나 사유토지는 거액의 땅값을 보상할 수가 없으므로 그 차선책을 찾아내어야 합니다. 이에 대한 차선책이 바로 "토지주식제도"입니다. 토지주식제도는 토지거래소를 통하여 토지를 시장가격과 시장가치대로 거래를 하도록 하는 것입니다. 토지주식제도는 땅에 대하여 소유와 사용을 분리하여 토지문제를 줄이고, 시장을 활성화하는 정책입니다.

그러므로 공공토지는 토지문제의 근본 해법인 지대시장제를 실시하고, 사유토지는 토지주식제도를 도입하는 방안을 검토해 보겠습니다.

온전한 토지 경제법은 지대시장으로(땅값은 지대로)

요셉의 토지법은 땅값이라는 소유가격, 곧 자본가격을 없애기는 했으나 토지의 시장가치를 제대로 반영하지는 못했습니다. 요셉의 토지법대로 하면 토지는 토지별 생산성(비옥도fertility)을 반영하지 못하여 토지별 임료 징수가 불공정하여 소득 격차가 발생합니다. 또 생산성이 떨어지는 한계토지marginal land는 수익이 아닌 생산비에도 임료를 부과하게 되어 토지 경작자가 사용에서 적자가 발생합니다. 그래서 이런 임대제는 부과된 임료는 불공평하며, 부당한 징수가 되고 한계토지는 경작 회피로 시장은 효율성이 떨어집니다.

북한도 공산주의 초기에는 토지의 개별 분배로 생산성이 커졌으나 토지별 생산물 차이로 인한 빈부격차가 발생하자 집산체제로 바꾸었습니다. 그래서 경제가 실패했습니다. 요셉의 토지법이나 북한 경제는 토지의 생산성과 지대의 인식이 부족하여 이런 실수를 합니다.

그래서 일시불 거래를 금지한 토지에 대한 시장 해결방안은 시장 원리대로 징수하는 지대시장제입니다. 이것은 예수님이 비유로 제시한 포도원 천국 경제법에서 찾을 수 있습니다.

공공토지의 땅값은 지대로(토지임료로)

땅을 팔고 사지 않고, 시장에서 땅을 자유롭게 용도 배분하는 방법은 토지가치만 거래하는 방법입니다. 필자는 토지가치만 거래하는 시장을 쉬운 말로 "땅세貰시장", 이러한 경제제도를 "땅세제도"라고 할 것입니다. 이론적으로는 토지의 시장 배분에서 '땅값'을 없애고, '지대'로 바꾸는 '지대시장제'입니다. 지대시장제는 노동시장에서 사람을 팔고 사지 않고, 노동가치만 팔고 사는 방법과 똑같습니다. 바다 양식장의 예를 든다면 바다 양식장은 시설물과 생산물만 팔고 사고, 바다는 사용료만 내게 하는 방식입니다. 지대시장은 전기를 사용하고 전기 요금을 내듯이 토지를 사용하고, 사용료를 내는 것입니다.

사람을 고용한 사용자는 고용인에 노동용역을 제공받고, 제공받은 노동용역에 대해서 사용료를 지급합니다. 이를 임금wage이라고 합니다. 이처럼 토지를 사용(또는 임대, 임차)한 사용자는 사용 토지의 용역만큼 사용료를 내면 됩니다. 이것을 지대rent라고 합니다.

노동시장과 토지시장이 다른 것은 용역을 제공하는 주체가 전자는 사람인데 후자는 땅이 되는 점이 다릅니다. 자본가격이 사라지면, 임금은 사람(노동자)에게 직접 지급하고, 지대는 사회적 잉여가 되어 사회 구성원 전체가 수혜자가 됩니다. 그래서 주인이 없는 토지임료는 '토지의 시장대리기관'인 '토지거래소'나 '토지조합'을 통하여 거래해야 합니다. 이 경우 토지거래소는 주식을 팔고 사는 증권거래소와 비슷한 기능을 가집니다. 토지조합은 토지 사용자가 조직하는 자율적 협력기관입니다. 이렇게 하여 양식어업에서 양식장 사용료를 지역 어촌계에 내듯이 토지임료를 조합에 납부하면 되는 것입니다.

땅세는 사람에게 임금을 주는 것과 같이 그 서비스 가치만큼 지대를 내면 됩니다. 이렇게 하면 땅값은 시장에서 0이 됩니다. 이는 사람을 고용하여 임금을 지급하면 사람의 몸값이 0이 되는 것과 같습니다. 사람에게 붙어 있는 몸값이 0이 되면 가격에 잡혀 있는 노예제가 소멸하듯이, 땅값도 0이 되면 땅값에 묶여서 자유를 제약받는 소유제가 사라집니다. 사람의 몸값을 일시 선불로 지급하지 않아도 노동용역이 배분되듯이, 토지도 땅값을 일시 선불로 내지 않고도 자신의 가치대로 토지 용역이 시장에서 배분되게 됩니다.

그래서 토지 사용자가 땅을 사용하고 땅세를 내면 세금이 사라집니다. 한 나라의 지대수익 총계로 그 나라의 공경비가 충당된다는 조건에서 그 사회는 다른 세금이 필요 없다는 뜻입니다. 임금은 노동 사용료이지 세금이 아닙니다 이처럼 지대는 토지 사용료charge, fee이고, 세금tax이 아닙니다. 그러나 대다수 학자가 토지임료를 세금(토지가치세land value tax)이라고 합니다. 토지가치세론자 헨리 조지Henry George를 비롯한 조지스트들과 그 추종자들(단일세론자)도 마찬가지입니다.

지대시장제를 실시하면 시장에서 발생하는 주식의 허구가격도 상당수 소멸합니다. 토지임료를 내게 되면 주식가격에 포함된 땅값이 0이 되기 때문이지요. 또 땅값 허구가격이 사라지면 통화증발 요인이 줄어들어 물가가 안정되며, 가격 변동에 따른 헷지와 이익을 추구하는 선물先物시장의 기능도 크게 줄어들 것입니다. 그래서 지대시장만 성공적으로 정착하면 지금의 구조적 시장문제는 상당한(예를 들어 90%) 정도가 해결될 것입니다.

사유토지의 땅값은 토지주식으로(가격과 사용의 분리)

땅을 팔고 사지 않고, 지대로, 곧 예수님이 비유로 제시하는 땅세貰만 내면 경제문제는 '땅세' 하나로 거의 모두 해결이 됩니다. 그러나 이런 지대시장제를 어떻게 실시하느냐 하는 방법론이 문제입니다. 토지의 소유에서 지대를 납부하면 지대의 자본가격인 기존의 땅값이 0으로 떨어집니다. 그래서 현재 땅을 가지고 있는 토지소유자가 손실을 보게 되어서 지대시장제를 실시하려면, 토지소유자의 땅값을 보상하여야 합니다. 그러나 사회가 땅값을 모두 보상할 재원이 없는 것이 현실적 문제입니다.

① 사유토지에 대한 땅값의 보상 문제

땅값을 보상하는 문제는 일찍부터 상반된 견해가 있었습니다. 땅은 원래 사유물이 아니므로 기존의 소유자에게는 사용권만 주고 땅값은 보상하지 않아도 된다는 주장인데 주로 토지가치세론자 헨리 조지Henry George[39]와 그 추종자들의 견해입니다. 진보 단체에서도 이런 주장에 가세하여 토지 소유에는 고율의 세금 징수를 강조하기도 합니다. 땅값을 보상하지 않아도 된다는 것은 결국 사유토지를 필요에 의해서 무상으로 몰수하는 것과 같습니다.

그러므로 헨리 조지의 주장인 토지 무보상론이나 지대 몰수론은 정당하지 못하며, 현실성이 없다고 보고 있습니다. 그 이유는 다음과 같습니다.

첫째, 토지 무보상이나 몰수는 그 방법이 성경적 시장원리에 부합하지 않습니다. 희년법은 값을 치르게 되어 있습니다. 땅이 본래의 사용자에게 돌아가려면 값을 치른 "토지 무르기"가 있어야 합니다. 다시 말하여 토지의 개혁에는 시장원리에 따라서 반드시 값을 치르고 땅을 되찾게 되어 있습니다. 땅은 본인이 값을 치르지 못하면 형제가 대신하여 그 값을 치르고 회복합니다. 종(노예)의 원상회복도 마찬가지로 값을 치르고 해방합니다. 아니면 주인이 자원하여 종을 해방합니다.

물론 구약의 희년법은 적용 대상이 이스라엘 민족에게 한정되어

---

39) George, H., Progress and Poverty, New York: Robert Schalkenbach Foundation, 1992. PP. 358-367.

있었고, 백성들에게 땅은 공짜로, 평등하게 분배한 것을 전제로 한 것이므로, 지금의 사유토지 소유와는 다른 점이 있습니다. 그런데도 토지에서 발생한 가격과 이로 인한 경제문제는 무르기를 통하여 값을 없애어서 해결하는 희년법이 정당하고, 과학적이며, 합리적이기 때문에 지금의 사유토지에도 그대로 적용될 수 있는 방식입니다.

이처럼 레위기 경제법을 비롯한 성경적 경제제도는 사유재산제와 시장경제를 원칙으로 하고, 그 질서를 존중합니다. 요셉도 이집트에서 토지법을 세울 때, 개인의 자유의사에 따라 매매 형식을 취하였지요. 더구나 예수님의 십자가 사건도 시장원리에 따라 우리가 치러야 할 죗값을 대신 치러 주는 절차를 밟습니다. 예수 그리스도가 값을 대신 치러 주었기에 그 대가(구원)가 공짜이지, 거래가 없으므로 공짜인 것이 아닙니다. 이처럼 성경은 죄의 문제나 영적인 문제의 해결까지도 경제적인 시장원리를 따라서 해결하고 있습니다.

둘째, 토지 무보상론은 법적 정당성과 경제적 형평성에서 맞지 않습니다. 사회가 토지 사유화를 사회적 제도로 정당화하여 놓고, 현재 토지소유자는 그 제도에 따라 땅을 구입하였다고 볼 수 있습니다. 그런데 사회제도가 바뀐다고 하여 기존의 제도를 믿고 이에 순응한 사람들에게 피해를 줄 수는 없습니다. 같은 저축으로 1억 원을 주고 구입한 자동차는 두면서 구입한 토지는 몰수를 하거나 값을 0으로 없애 버리는 것은 정당하지 못합니다.

사회가 자동차를 적법하게 소유한 사람에게 자동차를 몰수할 수가 없고, 땅을 적법하게 소유한 사람에게 땅을 몰수할 수가 없습니다. 자동차가 공공 필요로 수용할 수 있다면 그 수용에 따른 피해는 보상하고 하여야 합니다. 땅도 이와 같습니다.

셋째, 토지의 무보상론은 그 실천적 방법에서 현실적으로 불가능합니다. 시장경제 시대에 누가 고가격의 땅을 무료로 내어놓겠으며, 소유권자의 저항을 설득할 방법이 있는가 하는 것입니다. 아니면 현대사회에서 과거의 공산 혁명처럼 강제집행을 할 수도 없습니다.

넷째, 이 외에 땅값을 보상하는 대신에 토지보유세를 점차적으로 높이는 점진적 실시론, 땅세를 제도화한 후 일정 기간 집행을 유보하는 실시 유예론 등이 있는데 이 방법도 제도 개혁에 대한 일시적 충격을 줄일 수는 있으나 땅값을 보상하지 못하는 단점은 그대로입니다. 그래서 제도의 시행에는 소유자의 저항을 피할 수가 없고, 성공하기도 어려울 것입니다. 전면적인 지대시장제는 사회적 합의를 거쳐야 시행할 수 있습니다.

② 땅값 보상과 토지주식제도

검토한 바와 같이 지대시장제는 땅값을 보상하고 시행하여야 합니다. 그런데 보상을 하려면 그 재원과 방법이 문제이지요. 땅값은 원래 인공물이 아니므로 사회에서 땅값을 보상할 재원은 처음부터 존재하지 않습니다. 아무리 부자인 나라도 그 나라의 땅값을 보상할 재원은 가지고 있지 않습니다.

땅값의 보상은 재원이 없으므로 직접적인 보상은 불가능합니다. 따라서 그 보상은 간접적인 방법으로 할 수밖에 없습니다. 그런데 땅값을 간접적으로 보상하는 방법에는 바로 토지증권을 발행하여 보상하는 방법이 있습니다.

우리나라는 1949년 토지개혁을 할 당시 지가증권을 발행한 경험이 있습니다. 그러나 이 지가증권은 시장가격이 아니고, 소유자가 손해를 보는 저가격 지가증권이었습니다. 가격은 시한부 지대의 자본가격에 불과하였고, 저율의 이자에 발행의 강제성 등이 있어서 필자가 말하는 정상적 시장기능을 가진 토지증권과는 다른 점이 많습니다. 지가증권은 원금이 일정한 채권이고, 토지주식은 원금이 변하는 일반주식과 같습니다. 그래서 저는 토지증권을 과거의 지가증권과는 분리하여 "토지주식"으로 부릅니다. 토지주식은 토지를 필지별로 나누어 시장가격을 100% 반영하는 것을 원칙으로 하기 때문입니다.

아무튼, 지대시장제를 실시하려면 우선 토지를 대신하는 주식을 발행하여 토지와 주식을 분리부터 시킵니다. 그다음에 주식소유자에는 주식 매매와 지대의 수취를 허용하고, 실물인 토지에는 지대를 징수하는 것입니다. 즉 땅과 주식을 분리해서 기존의 소유자에게는 땅값만큼의 주식만 교부합니다. 이것이 주식을 통한 사유토지의 보상책이며, 지대시장제를 위한 절차입니다.

③ 토지주식의 거래 및 임대

발행한 토지주식은 채권처럼 되면 좋겠지만, 원금이 커지므로 채권과는 성질이 다릅니다. 땅은 성장성 자본이므로 가격이 [토지비용 〉 토지수익]의 부등식이 기본 구조이기에 지대로는 주식가격(땅값)의 이자를 보상하지 못하는 한계를 가집니다. 그래서 이 문제를 해결하려면 토지주식은 시장가격인 시가대로 발행을 하되 채권처럼 이자를 지급하는 것이 아니고, 주식처럼 해당 토지가 생산한 지대수익을 주식소유자에게 지급하는 방식이어야 합니다. 이것은 기업의 이익을 배당하는 현행 주식과 같습니다.

그러면 토지주식은 땅값이 시가로 평가되고, 거래되어 현 소유자가 이를 거부할 이유가 없습니다(적습니다). 그다음 현 토지소유자에게 그 땅의 사용권을 우선적으로 주고, 그 땅값의 생산력에 따라 임료를 받으면 됩니다. 그러면 현 토지소유자는 토지의 사용자로 토지임료를 내는 입장이 되든지, 아니면 토지 실물은 내어놓고 주식만 소유하면서 배당을 받든지 양자택일을 하게 됩니다. 물론 시행 초기에는 소유자와 사용자가 일치할 경우는 토지주식만 발행하여 교부하고, 소유권 등기는 그대로 두는 것이 좋습니다. 이것도 소유자가 정서적 거부감으로 싫어하면 주식 발행과 교부를 하지 않아도 됩니다.

다만, 소유한 땅을 파는 경우는 토지거래를 주식거래로 전환하게 합니다. 토지를 팔고 사는 것이 아니라 토지거래소에서 토지주식을 팔고 사는 것입니다. 토지의 신매입자는 토지의 실물 시장가격이 매겨진 주식을 사게 되거나 주식을 가지지 않고(주식은 타인이 매입하고), 임료만 내는 토지 사용자가 됩니다. 그리고 토지를 매각하는 자는 땅을 토지거래소에 내어놓고, 주식을 구입한 자가 지불하는 주식가격을 현금으로 받습니다.

그러면 이 땅의 시장가격과 주식가격, 그리고 지대가 시장기능에 따라 자동적으로 산출되게 됩니다. 정부나 토지거래소는 토지 필지별 실물과 주식, 그리고 지대의 거래에 개입은 하지 말고, 거래의 중개와 알선, 시장의 질서나 사무적 편의만 제공합니다. 이런 원칙만 고수하면 되고, 토지 사용자와 토지주식 소유자는 각자 별개로 시장기능을 따라 지대와 주식가격이 정해집니다. 곧 토지는 공개경쟁을 통하여 자동적으로 값이 매겨지도록 시장기능에 맡겨 둡니다.

다만, 토지거래소는 토지임대에 대한 중간 역할과 사무는 필요합니다. 임대의 조건과 가격의 평가, 임대료 산정 기준과 징수 방법 등을 객관적 입장에서 만들어 주어야 합니다. 이런 조건을 따라 토지주식과 임대료가 경쟁적으로 가격이 정해지게 됩니다.

그러면 토지는 소유와 사용이 분리되어 사용자가 안정적으로 토지를 사용할 수 있습니다. 토지주식제에서 토지 사용자는 임료만 내기 때문에 가격이 소유가격의 반값(전세가격)으로 낮아집니다. 그리고 토지주식제도가 어느 정도 정착되고 시간이 지나서 정부나 토지거래소의 재정 능력에 따라 토지주식을 매입할 여유도 생깁니다. 그러면 재정 형편을 따라 토지주식을 조금씩 매입 소각하게 되면 땅값도 점차적으로 소멸합니다.

그래서 토지주식 매입 소각으로 땅값이 소멸하면 그때부터 지대가 세금을 대신하게 됩니다. 그러므로 우선 주식이 소각되는 만큼 세금의 부담이 줄어들 수 있습니다. 세금 감면은 지대가 공경비의 재원으로 충당될 때부터 조금씩 진행되어 갑니다. 일정 기간 경과 후 정부가 토지나 주식을 모두 매입, 소각하게 되면 자동적으로 완전한 지대시장제가 완성되어 세금이 필요 없는 무세경제의 사회가 도래하게 됩니다. 그러나 지대시장제는 완전한 지대시장제가 도래하지 않은 실시 초기에도 상당한 효과를 기대할 수가 있을 것입니다. 토지주식은 토지와 증권을 분리만 하여도 경제는 상당한 효과가 있다는 뜻입니다.

다시 말하여 토지주식제도가 소유와 사용을 분리하기 때문에 소유와 경영이 분리된 주식회사처럼 활력을 얻습니다.[40] 지금은 토지의 소유권이 사용권을 독점하거나 간섭, 배제하는 경제 시스템입니다. 그러나 토지주식제의 실시로 소유와 사용이 분리되어 토지는 사실상 사용자의 지배로 들어갑니다(사용의 자유보장).

지금은 미래가격인 소유가격이 현재의 사용가격보다 시장 우위에

---

40) 토지증권제도에 대한 상세한 내용은 필자의 1996년 논문 "성경적 토지법과 땅세경제", 통합연구 제27·28권(통합연구학회)을 참조.

있어서 사용자 가격이 시장을 방해하고 있습니다. 그러나 토지주식제는 시장에서 가격 경쟁에도 소유가격이 사용가격을 방해하지 못합니다(가격의 자유보장). 그래서 지대시장제가 정착되지 않은 상태에서도 토지주식제는 토지사용의 자유와 가격의 시장 효율성이 현저하게 커질 것입니다.

이 제도의 시행에서 예상되는 가장 큰 관심은 토지 사용자와 증권 소유자가 경쟁적 시장에서 매겨지는 가격(임대료와 증권가격)일 것입니다. 이 가격은 각각의 토지별 생산력과 그 토지를 사용하는 사용자의 능력에 따라 매겨집니다.

그 외에도 이 제도의 시행에는 내재한 문제점이 있을 수도 있습니다. 토지에 대한 인식의 부족, 개혁에 대한 저항, 시행 초기에 겪을 수 있는 사무적 시행착오 등이 있을 수 있습니다. 그러나 이러한 문제는 개혁에 따른 부득이한 것으로 설득과 이해를 통하여 사회적 합의를 도출해야 할 과제입니다. 우선 토지주식제도는 소유자와 사용자, 실물과 증권을 분리하는 방안 그 자체가 개혁에 대한 저항을 줄이고 사회적 부담을 줄여갈 수 있을 것입니다. 그러므로 토지주식제도가 완전한 방법은 아니라고 하더라도 지대시장제를 도입하는 데 있어서 가장 좋은 대체 수단은 될 것으로 보입니다.

공공토지에 대한 지대시장제의 운영방안

공공토지는 땅을 매매하지 않고 임대를 합니다. 임대제도는 임료를 내는 방식에 따라 월세, 연세年貰, 사글세, 전세專貰 등이 있습니다. 사글세는 성경 희년법에서 허용한 토지의 거래 방식입니다. 그러나 무르기를 반복해야 하는 번거로움이 있어서 예수님은 매년 발생하는 가치인 임료만으로 거래하는 방식을 소개하고 있습니다. 사용료인 임료의 거래는 무르기가 필요 없는 완전 시장임대제(월세나 연세)입니다.

그리고 전세제도는 우리가 잘 알고 있고 익숙한 제도인데 전세금으로 토지를 임대하는 방식입니다. 전세금이 자본가격이므로 월세나 연세에 비하면 목돈이 들기는 하지만, 소유가격보다는 거래액이 작고, 땅값처럼 값이 커지지도 않습니다. 그래서 매년 발생하는 적자(소유비용 > 사용수익)가 없어 토지를 안정적으로 사용할 수 있는 장점이 있습니다. 전세금은 만기까지 원금이 보장되어 투자자의 재산담보와 거래의 안정성, 실무적 편이성도 도모할 수 있습니다.

또한, 지대시장제는 아파트나 주택용 토지에도 시행해야 하는데 이런 경우는 우리가 알고 있는 토지임대부 주택이 되어야 합니다. 땅은 임대, 건물은 소유로 하는 것입니다.

어느 방법을 하던 토지는 주인이 없으므로 시장을 통한 거래를 하려면 시장을 대리할 시장대리기관이 필요합니다. 바로 토지거래소나 토지조합, 토지은행과 같은 기능을 할 수 있는 기관입니다. 원래 금융물이나 금융거래처럼 거래 당사자를 특정 지울 수 없는 경우는 직접 거래보다 은행이나 증권거래소처럼 대리기관을 통하는 것이 더 편리하기 때문입니다. 평소에도 주식은 주식 거래소, 금융은 은행, 보험은 보험회사를 통하여 거래하고 있습니다. 도시에서도 도시개발이나 재건축을 하게 되면 재건축조합을 구성하여 문제를 해결하는데 이런 역할과 비슷합니다.

● 희년과 포도원 천국

지대시장제(토지임대부, 토지의 시장임대제)의 시행방안

전국의 모든 공공토지는 지대시장제로 시행합니다. 지대 사장제는 말 그대로 시장에서 토지의 임대시장만을 운영하는 것입니다. 토지거래소를 통하여 매년 토지에서 발생하는 시장 임료 전액을 징수하는 것입니다. 이렇게 하면 이론상 땅값이 0이 되고 다시 발생하지 않습니다. 이는 사람의 노동력 가치를 임금으로 거래하면 몸값이 발생하지 않는 것과 같은 이치입니다. 이에 대한 구체적 시행방안은 다음과 같습니다.

① 토지를 거래하고 지대를 징수할 토지거래소를 설립합니다. 토지거래소는 토지시장을 대리하여 토지 및 토지주식의 거래와 지대징수, 그리고 토지 실물관리와 사용에 필요한 법률 사무를 대행하는 기관입니다.

② 토지를 분양하는 데 필요한 토지를 필지별로 거래소에 내어놓고, 시장에 공개경쟁을 통하여 가격을 결정합니다.

③ 지대시장제는 반드시 시장가격을 원칙으로 합니다. 지대시장제는 토지임료의 최고가격 제시자에게 토지를 분양합니다.

④ 토지거래소는 임대료 징수의 편의와 담보를 위하여 일정액의 보증금(1년분 임대료의 크기)을 받습니다. 이 보증금은 계약이 해지되면 임차자에게 반환합니다.

⑤ 토지거래소는 미래에 발생할 토지임료 징수와 납부에 대한 필요한 조건(가격조건, 거래조건, 지대납부 조건 등)을 구체적으로 명시하고, 제시한 조건을 수락하는 최고가격 제시자에 분양해야 합니다.

⑥ 가격조건에는 임대료가 초기가격에서 매년 경제 여건을 따라 공시지가처럼 커진다는 것을 알려 줍니다. 그리고 임대료의 상승액은 공시지가의 평가처럼 일정 지수를 따라 평가를 한다는 것입니다. 여기서 일정 지수는 이자율, 경제성장률, 지역별 토지가치 성장률, 물가상승률, 임금상승률, 지역경제 성장률 등을 감안한 객관적 평가지수를 뜻합니다.

⑦ 토지 사용자는 토지거래소에 사용에 대한 지대 납부의무만 있고, 다른 의무는 없습니다. 토지사용을 그만하려면 토지거래소를 통해 임대계약을 해지하면 됩니다.

⑧ 토지 사용자는 토지사용에서 토지거래소의 거래나 사용의 간섭을 받지 않습니다. 이 말은 토지사용에 대한 국토관리법, 건축법, 환경보존 등을 위해 필요한 제반 법규들은 지켜야 하지만, 사유토지의 임대처럼 토지소유자가 임대자에게 붙이는 거래 규제가 필요 없다는 뜻입니다.

⑨ 계약 기간이 만기가 되면 시장임대료의 계속 징수의 조건을 따라 재임대를 할 수 있고, 이때도 토지임료에 대한 최고가격만 제시하면 기존의 사용자가 우선권을 가집니다.

⑩ 지대시장제는 토지 사용자가 사실상 토지의 주인 역할을 하게 됩니다. 시장가치에 따른 임료 납부의무 외에는 지금의 토지소유자처럼 사용에 아무런 간섭도 받지 않습니다.

토지임대부 주택의 시행과 공급

토지임대부 주택은 '땅은 임대, 집은 소유'로 하는 제도입니다. 주택을 지어 건물은 시장가격으로 분양을 하고, 땅은 시장가격으로 임대를 하는 제도입니다. '토지임대부'란 주택을 비롯한 상가, 빌딩 등 건축물에 적용하는 '지대시장제'를 말합니다.

　주택이나 건물, 곧 인공물은 투자자가 있고, 투자한 가치물이 있으니 사유재산이고, 투자한 자가 소유를 하게 합니다. 그러나 땅은 만들 수도 없고, 투자한 자가 없으니 소유할 자가 없습니다. 그리고 소유가격은 가치물이 없어서 허구가격만 발생시키고, 성장성 자본가격으로 인하여 소유에서는 늘 적자가 나므로 임대를 할 수밖에 없습니다. 이에 대한 시행방식을 주요 사항만 골라서 제시하면 대체로 이렇습니다.

① 토지거래소를 신설하여 토지를 이용하여 주택을 짓습니다. 주택의 건축 방법, 분양의 방식들이 지금의 아파트 분양 방식과 거의 유사합니다. 다만, 그 분양과 거래를 토지의 시장대리기관인 토지거래소가 주관하며, 토지는 임대 방식인 것이 다를 뿐입니다.

② 토지거래소는 토지와 분리한 주택은 시장가격으로 분양합니다. 가격은 공개적으로 결정되는 시장의 경쟁가격이 원칙입니다.

③ 토지거래소는 토지 임대료에 대한 상세한 정보를 제공하고 앞의 지대시장제처럼 임대료의 가격조건, 임대료 징수 조건, 보증금 등을 사전에 제시합니다. 그리고 미래에 토지임료의 상승에 대한 정보와 상승률, 징수 조건(가격의 기준지표)도 분명하게 공지하고, 이 조건을 수락하는 자 중에서 최고가격 제시자에게 주택을 분양합니다.

④ 토지거래소는 주택의 소유와 사용, 매매 등에 임대료 징수 외에는 일체의 간섭이 없습니다. 사용기간이 장기 또는 건물의 ~~존속~~기간까지 계속될 수 있습니다. 다만, 미래에 재건축이나 재개발이 필요할 경우를 대비하여 미리 임대기간을 50년 정도로 한정을 해 두는 것도 좋습니다. 물론 50년 후에도 임료만 내면 사용권은 계속 유지할 수 있습니다.

⑤ 매년 징수하는 토지 임대료는 주택(건물)의 소유자에게만 부과합니다. 예를 들어서 상가나 빌딩이 토지임대부일 경우 상가의 수가 여러 개이고, 세입자들이 여러 명이라도 토지임료는 건축주에게만 징수하면 됩니다. 건물에 대한 세입자 임대료는 건축물 소유자가 개별적으로 징수를 하게 되며, 이 경우 건축주가 건축물 임대료에서 토지분 임료를 포함하여 받게 됩니다. 이러한 건축물 임대료 징수는 토지거래소가 개입할 이유가 없습니다. 물론 토지임료의 평가를 위해 건축물 임대료에 대한 정보를 파악 정도는 해 두어야 할 것입니다.

⑥ 계약기간이 만기가 되면 임대료를 시장가치대로 납부하는 조건에서 얼마든지 연장할 수 있고, 자기 토지나 다름이 없이 재건축·재개발이 항상 가능합니다. 오히려 개발에서 발생하는 개발이익, 곧 땅값 허구가격이 발생하지 않기 때문에 건축물 소유자와 사업자, 그리고 이해관계자들 다툼이 사라져서 재건축이 훨씬 쉬워집니다.

⑦ 토지임대부 주택은 주택의 소유자가 사실상 토지의 주인입니다. 임대료 납부의무 외에는 어떠한 제약 조건도 필요가 없기 때문입니다.

⑧ 토지임대부 주택은 1세대 1주택을 고집할 이유도 없습니다. 주

택 소유자는 주택을 소유만 하는 것이 아니고, 주택을 임대시장에 공급하는 공급자이기 때문입니다.

토지임대부 주택의 실패 사례

토지임대부나 토지임대부 주택은 부동산문제를 근본에서 해결하는 하나의 비책입니다. 그러나 이런 비책이라도 시장기능과 시장가격을 따라 하지 않으면, 부작용이 발생하고 실패할 수 있습니다. 이에 대하여 지금까지 정부 주도하여 토지임대부 주택을 공급하였으나 실패한 사례를 들어 보겠습니다. 대한주택공사가 시행한 김포시 부곡지구와 서초동 LH5단지 아파트를 말합니다.

(1) 김포 부곡지구 분양 실패

2003년 전후 부동산 가격이 급등하여 문제가 발생하자 세간에서는 '땅은 임대, 집은 소유'로 하는 '토지임대부 주택'을 공급하였습니다. 토지임대부 주택은 집값이 반값으로 떨어진다고 해서 이른바 '반값 아파트'라는 용어가 생겼습니다.

이러한 여론에 따라 대한주택공사가 2007년 토지임대부 주택을 김포시 부곡지구에 시범사업으로 시행하였습니다. 그러나 토지임대부 주택은 수요자의 외면으로 분양이 되지 않아서 실패하였습니다. 그 이유는 크게 세 가지로 요약할 수 있습니다.

① 토지임료가 시장가격보다 너무 높았습니다. 사업자가 토지임료 책정에 적용한 이자율이 4%(3.96%)인데 이것이 시장 이자율

에 비하여 턱없이 높았습니다. 그 당시 정기예금 이자율이 5%이므로 적용 이율 4%는 시장 이자율보다 낮게 적용한 것 같지만, 실상은 그렇지 않습니다. 토지는 성장성 자본이기 때문에 원금이 커지고 있어서 이 커지는 비율을 적용 이자율에서 차감해야 합니다. 그러면 원금 성장률을 2%로 잡아도 이를 차감한 지료 요율에 적용하는 실질 이자율은 2%(1.96%) 이하입니다. 그런데 실제로 적용한 이자율 3.96%는 2배 정도 높은 요율입니다. 그만큼 토지임료가 시장임대료보다 높았고, 입주자의 부담이 컸습니다.

② 건물의 용적률이 너무 낮아서 임대료가 부담이 높았습니다. 보통 아파트의 용적률은 200%~250%, 300%에 가까운 곳도 있습니다. 그런데 김포 토지임대부 주택은 용적률이 150%이고, 33평 아파트 기준으로 토지 면적은 22.6평이었습니다. 여기에 평당 500만 원이 넘는 토지조성원가를 적용하여 토지 임대료를 부과했습니다. 이것은 정상 용적률을 200%로 보면 30%(33.3% = 50%/150%)의 지료 인상 요인이 발생합니다.

③ 토지임대부 주택 구입자가 가장 불안하게 생각하는 미래에 재산가치의 하락에 대한 고려가 없었습니다. 토지임대부 주택은 만기가 되면 주택은 감가상각으로 가치가 떨어지고, 토지는 소유하지 않으므로 권리가 없습니다. 그래서 주택을 재산으로 생각하는 사회 통념을 생각하면 이에 대한 사전 안내나 홍보, 그리고 대비가 있어야 합니다. 그러나 사업자는 이에 대한 인식이 없었습니다. 인식이 있었더라도 그 당시 건물 분양가격이 사유토지 아파트에 비교하여 낮아지지 않았고, 임대료마저 너무 높았기 때문에 이를 수치로 보여 줄 수 없는 처지였습니다.

대한주택공사가 이해하지 못할 ① 고이율과 ② 저용적률 적용으로 토지임료를 올려서 토지임대부 주택이 토지소유주택보다 훨씬 더 높았기 때문입니다.

토지임대부 주택은 토지소유주택의 땅값 비용보다 실제 주거비가 낮으므로 사용기간에 걸쳐 얻을 수 있는 이득을 수치로 보여 주어야 합니다. 만기에는 재건축을 할 수 있고, 이때 현 토지사용권자, 곧 주택 소유자에게 시장가격 임대료를 조건으로 우선권을 보장해 주어야 합니다. 이것은 앞으로 어떤 사업자가 토지임대부 주택을 공급하더라도 반드시 고려해야 할 사안입니다. 김포시 부곡지구 토지임대부 주택의 분양 실패에 대한 상세한 분석은 필자의 책을 참고하시기 바랍니다.[41]

(2) 서초구 LH5단지 토지임대부 주택의 문제점

한국토지주택공사가 2013년 시행한 서초 LH5단지에 토지임대부 주택을 공급하였습니다. 여기에는 분양 후 전매제한 5년, 거주의무 5년, 임대기간 40년입니다. 만기에도 주택 소유자 75% 이상이 계약갱신을 청구하면 갱신할 수 있으며, 토지소유자의 동의를 받아 토지임대주택으로 재건축도 가능합니다. 가격은 전용면적 59~84㎡에서 분양가 1.447억~2.046억 원이었습니다.

그런데 이 토지임대부 주택은 지금은 토지사유주택처럼 값이 올랐습니다. 토지임대부 주택은 허구가격인 집값이 키지지 않아야 성공할 수 있습니다. 그런데 이렇게 집값이 커진 이유는 임대료가 낮

41) 이대환, 『토지전세주택』, 수원대학교 국토미래연구소, 2009년, 99~152쪽.

아서 웃돈premium인 땅값이 발생하여 집값에 포함되었기 때문입니다.

서초 LH5단지 토지임대부 주택 35평형 기준 연가 임대료가 500만~600만 원(월 45.2만~50만 원) 내외입니다(2020년 12월 12일, '부동산 114' 검색 기준). 이는 시장임대료에 비하여 반값이 안 될 정도로 낮은 가격입니다. 2020년 기준으로 이 아파트 전세가격은 6~8억 원, 매매가격은 11억 원 정도입니다.

국토부가 임대주택에 적용하는 표준건축비는 2020년 기준 ㎡당 200만 원이므로 35평형은 2.3억 원 정도입니다. 토지임대부 주택은 주택을 매입했으므로 건물분 임대료는 제외한 것이지만, 그래도 토지임료가 너무 낮습니다. 현재 서초 LH5단지 토지임대부 주택과 유사한 지역의 동일 규모 아파트는 월세가 180만~200만 원인 것을 비교하면, 임대료가 시장가격의 25~30% 수준에 불과합니다. 분양가격 2억 원 아파트가 11억 원으로 커진 것은 실물 없는 허구가격이 9억 원이나 발생한 것이기 때문에 사실상 실패라고 해야 합니다.

(3) 토지임대부 주택은 시장가격이어야 합니다.

김포 토지임대부와 서초 LH5단지 토지임대부 주택을 보면 그 성공 여부는 토지 임대료 책정에 달려 있습니다. 군포 토지임대부는 임대료가 시장가격보다 너무 높아서 분양되지 않았고, 서초 LH5단지 토지임대부는 임대료가 너무 낮아서 집값이 오르고, 허구가격인 시세차익이 발생했습니다. 두 곳 모두 형식은 토지임대부 주택이었지만, 가격이 시장임대료가 아니고 정부가 정책적으로 결정한 가격이었습니다. 이렇게 시범사업으로 공급한 토지임대부 주택은 임대료 산정에서 문제가 있어서 실패를 경험한 사례들입니다.

❶ 희년과 포도원 천국

토지임대부 주택은 반드시 시장가격으로

토지임대부 주택은 정부가 주도하여 가격을 섣불리 정하여 시행하면 실패합니다. 특히 주택의 공공성을 강조하면서 토지는 공유 상태로 두고 공공주택을 공급할 경우 두드러지게 나타납니다. 흔히 보듯이 공공주택을 공급하면서 낮은 임대료로 인한 폐단은 세계에서 어느 나라에서나 제도에 관계없이 발생하고 있습니다.

그 가장 대표적인 예가 이웃 중국입니다. 중국은 개혁 개방을 단행하면서 토지는 국유로 두고 주택을 사유로 했습니다. 그런데 중국은 누구나 알고 있듯이 집값이 크게 올랐습니다. 그만큼 투기도 많았습니다. 이런 사례는 유럽을 비롯하여 공유지로 운영하는 이스라엘도 마찬가지입니다. 북한도 공산주의 초기는 토지를 개인에게 무상으로 분배했는데 이로 인해 경작지별로 생산물 차이가 나서 빈부격차가 생겼습니다. 이처럼 토지사용에 대한 임료는 무료이거나 시장가격보다 낮게 받으면, 허구가격인 땅값이 발생하여 빈부격차가 생깁니다. 또 임료를 높게 받으면 분양이 되지 않거나 초과부담으로 세금처럼 시장을 위축시킵니다.

그러므로 앞으로 추진하려는 토지임대부 주택은 토지임료를 사장가치대로 징수하는 것을 원칙으로 해야 합니다. 주식거래처럼 토지거래소를 통하여 토지임료는 공개경쟁을 통한 시장가격이 매겨지게 합니다. 주택가격은 지금과 같은 방법으로 분양을 하더라도 토지임료는 시장의 경쟁가격에 맡겨야 성공할 수 있습니다. 다만, 토지의 임대기간과 임대료의 변동 조건, 임대 보증금 등을 명시합니다. 임대료는 매년 기준지수(이자율, 경제성장률, 지가변동률, 물가상승률)를 따라 공시지가처럼 올리는 조건을 제시하고 공개경쟁을 붙여야 합니다.

토지임대부 주택 공급에서 임대료를 시장가격대로 징수하면 분양 아파트에 대한 가격규제, 거래규제, 대출규제를 할 이유가 없습니다. 기근(2020년 12월 기준) 정부가 하는 것처럼 아파트를 팔 때 시행사에게 팔아야 하는 "환매조건부"가 필요 없고, 의무적 주거기간도 필요 없습니다. 내가 구입한 내 집인데 왜? 자유롭게 팔 수도 없고, 의무 기간을 지켜서 이사를 하는 고통을 겪습니까? 분양가격이 시장가격이면, 시장에 맡기면 되는 것입니다.

토지전세주택의 시행 방안—전세가격으로 주택 소유

토지임대부 주택은 토지전세주택으로 공급하는 것도 하나의 방법입니다. 토지전세주택은 주택 구입자가 일반 전세가격으로 집은 소유 땅은 임대하는 것입니다. 전세가격은 매매가격에 통상적으로 50~60% 수준이었습니다. 요즈음은 이자율이 워낙 저율이고, 이에 전세나 임료에 부과하는 세금이 높아져서 전세가격이 매매가격에 70%까지 높아져 있습니다. 그러나 이런 외부 요인이 없으면, 전세의 이론가격은 이자율에 땅값 상승률(또는 임대료 성장률)만큼 낮아집니다. 예를 들어서 이자율이 5%이고, 땅값 또는 임대료 성장률 3%이면, 이론 전세가격은 적용(실질) 이자율 2%(이자율-성장률)의 자본가격 크기입니다.[42]

이 조건에서 이론상의 전세가격은 매매가 대비 40%{(5~3%)/5%}에

---

42) 주택이 토지와 건물의 복합자산이고, 하나의 임대료 체계이면, 이자비용에 대한 임대료는 건물분 감가상각률만큼 커지고, 땅값 성장률만큼 작아집니다. 그러나 현실시장에서 결정되는 임대료는 감가상각률과 성장률이 시장에서 자동적으로 반영된 가격이라고 보아야 합니다.

불과합니다. 성장률이 2%로 내려가거나 이자율이 4%로 떨어지면 전세가격은 60%가 됩니다. 그런데 지금의 주택 전세가격은 너무 낮은 이자율로 인하여 70%까지 올랐습니다. 다시 말하면 이자율이 시장 이자율로 환원하고, 전세수익에 붙어 있는 세금이 없으면, 시장 전세가격은 매매가의 거의 절반 수준, 아니면 60% 이하로 떨어지게 됩니다. 토지전세주택은 이렇게 매매가격보다 낮은 가격으로 내 집을 소유하고, 내 땅처럼 사용하며 살 수가 있습니다.

주택가격: ㉠ 매매가격 P = R/(i-g), ㉡ 전세가격 J = R/i, ∴ [㉠P > ㉡J]

매매가격 대비 전세가격비율 = J/P = J/P비율 = (i-g)/i

(매매가격: P, 전세가격: J, 토지임료: R, 이자율: i, 임료 성장률: g)

토지전세주택은 토지임대부 주택이 만기가 되면 건물이 감가상각이 되기 때문에 소유자가 재산권 행사를 할 수 없다는 우려를 합니다. 토지전세주택은 이에 대한 조치라고 할 수 있습니다. 전세보증금이 만기에 재산가격을 어느 정도 대신하기 때문입니다. 토지임대부 주택은 소유주택의 소유비용보다 낮은 토지임료로 인하여 더 큰 혜택을 보면서도 만기에 눈에 보이는 재산가격이 없으므로 그렇게 생각을 하게 됩니다. 토지소유주택은 P의 가격을 지급하고, 살기는 J의 가치로 살아서 손해를 보고 만기에 팔 때 P의 값을 키워 돌려받는 것뿐입니다.

그리고 토지전세주택은 전세보증금에 대한 이자액 크기로 토지임료가 낮아집니다. 원래 토지임료는 소유가격 이자보다 낮은데 이에 보증금의 일시 선불로 인하여 임대료가 더 낮아집니다. 그래서 매년 내는 추가 임료에 대한 부담도 줄어듭니다. 사업자는 전세금 수입이 건설비 충당에도 도움이 됩니다. 그래서 이러한 현실적 이유로 서 토지전세주택을 대안으로 제시해 봅니다.

토지임대부 주택을 전세로 분양하는 것은 토지만 전세로 하는 방안과 주택 전체를 전세로 하는 방안이 있습니다. 전자는 건물만 시장가격, 토지분은 토지만 전세 시장가격으로 분양하는 것입니다. 후자는 지금의 주택 전세시장처럼 주택과 토지를 구분하지 않고 복합자산으로 묶어서 전세가격으로 하는 것입니다. 우리는 후자가 익숙한 제도이므로 후자를 중심으로 시행방식을 소개하면 다음과 같습니다.

① 토지거래소를 통하여 전세계약에 필요한 계약조건을 명시합니다. 그리고 공개입찰로 가격과 분양자를 결정합니다. 그 내용과 절차는 위에서 소개한 지대시장제나 토지임대부 주택과 거의 같습니다.

② 토지전세주택은 매년 일정한 가격지수를 따라 임대료가 상승한다는 것을 알려 주고, 이 추가 임대료에 대한 조건을 명시해야 합니다. 토지는 임금처럼 경제성장률을 따라 임대료가 커지는 자본이기 때문입니다.

③ 전세가격에 건물은 분양자에게 소유권을 넘겨주고 등기도 합니다. 주택 소유자는 전세가격으로 내 집을 소유하게 되고, 토지는 전세 임대가 됩니다. 그러나 전세 토지는 토지임대부 주택처럼 사용에는 누구의 간섭도 없으므로 내 땅과 같은 권리를 가집니다.

④ 사용기간도 임대료의 납부 조건으로 주택의 소유기간 또는 무기한입니다. 만기는 입주자들의 다수 의견을 따라 재건축이 허

용됩니다.

⑤ 주거에서 발생하는 주택 수리는 건물 소유자가 하는 것이 원칙입니다. 다만, 명목상 임대이므로 수리는 입주자와 토지거래소가 계약으로 주체를 정하며, 그 비용은 주택의 입찰가격에서 간접적으로 반영되게 됩니다.

⑥ 전세가격으로 소유한 주택은 매매도 전세가격으로 자유롭게 거래합니다. 이사를 하려면 주택은 전세금을 받고 팔거나 토지거래소에 양도하고 전세금을 돌려받습니다.

다만, 토지전세주택이 일반 전세주택과 다른 것은 임대 보증금을 내었더라도 커지는 토지임료에 대한 추가 납부의무가 있습니다. 일반 전세는 단기 거주이지만, 토지전세주택은 장기 또는 영구 거주를 보장하므로 현재 100% 보증금을 내었더라도 미래에 임대료 상승분만큼은 추가 임료를 내어야 합니다. 그래야 주택가격에 웃돈이 붙지 않습니다. 그리고 전세주택은 남의 집이 아니고, 주거의 자유가 보장되는 내 집이며, 계약기간이나 사용기간도 단기(2년 또는 4년)가 아닌 영구적입니다. 그러면서 가격은 영구 시장 전세가격입니다. 토지도 토지임료 납부 의무 외에는 사실상 나의 소유와 다름이 없습니다.

전세가격과 소유(매매)가격에 대한 또 하나의 오해를 바로잡아야 합니다. 전세가격은 소유가격보다 낮지만, 소유가격은 고정되어 있고, 전세가격은 계속 커지므로 결국 같은 것 아니냐 하는 오해입니다. 물론 이 말은 틀린 말이라고는 할 수가 없습니다. 낮은 전세가격은 계속 커지고 있어서 연금의 크기와 격차는 줄고 있어서 이것이 무한대로 계속되면 이론가격이 소유(매매)가격과 같아집니다. 그러나 이것은 임대기간을 무한대를 가정했을 경우만 그렇게 됩니다. 그러나 유한기간이면 임료나 전세가격은 항상 소유가격보다 낮습니다.

자본가격은 소유(매매)가격이 전세가격보다 크고 이 현상이 영구적이면, 이에 따른 소유비용도 토지임료보다는 영구적으로 큽니다. 초기부터 갚지 못한 소유비용의 연체이자가 자본 원금에 계속 추가되기 때문입니다. 그래서 지금의 시장에서도 전세가격은 항상 소유가격보다 낮습니다. 그러므로 이것부터 알아야 성장성 자본이나 감가성 자본을 정액성 자본처럼 오해하는 '가격 함정'에서 빠져나올 수가 있습니다.

이러한 오해를 불식시키고, 도입 초기에 토지임대부 주택을 성공시키려면, 정부나 토지거래소가 토지임대부 주택이 소유주택에 비하여 손실이 아니고, 낮은 가격만큼 재산 축적으로 오히려 유리한 점을 보증하고, 시행하면 정착이 쉬울 수 있습니다.

여기에 지대시장제에 토지임료(전세금 이자)는 궁극적으로 공경비를 대신합니다. 그러므로 내가 내는 토지임료가 내가 부담할 세금까지 대신하는 것을 알면, 토지전세주택은 소유주택보다 유리하다는 것을 실감하게 될 것입니다. 지대시장제는 어차피 평생 부담해야 할 ㉠ 토지가격과 ㉡ 세금 중 어느 하나는 부담하지 않고, 공짜로 살아갈 수 있는 획기적 방법입니다.

제17장
지대시장제를 위한 토지주식제도

토지주식제도의 개요

토지주식제도는 토지의 소유와 거래를 주식처럼 하는 것입니다. 토지의 거래를 성경이 허용하는 시장 임대제도로 바꾸기 위한 시행상의 절차입니다. 성경이 말하는 토지의 시장임대부, 곧 지대시장제는 사유토지를 매입하거나 보상하고 시행해야 하므로 재정부담이 문제입니다. 따라서 필자는 지대시장제의 도입을 위한 전 단계 절차로 토지주식제의 실시를 제안합니다. 토지주식제는 토지시장 대리기관인 토지거래소가 토지 소유자에게 자유로운 의사결정과 계약을 따라 필지별로 토지주식을 발행 교부하고(매입 또는 보상하고), 실물 토지는 거래소에 귀속(또는 신탁)시키는 제도를 말합니다. 토지주식제도는 토지 사용자의 부담이 소유제보다 반값 정도로 낮아집니다. 이 제도의 장점을 구체적으로 열거하면 다음과 같다.

① 토지에 대한 소유와 사용의 분리(인적 분리)

토지주식제는 토지의 소유와 사용이 필지별로 분리되어 사용의 효율성이 커집니다. 기업에 투자는 주주가 하고, 운영은 경영자가

하듯이 토지 역시 소유는 주식 소유자이고, 사용은 실제 그 토지가 필요한 사용자가 하게 됩니다. 이렇게 되면 토지의 실체적 귀속은 사용자에게 돌아가며, 사용자는 소유자의 간섭이나 제약이 없이 자유롭게 토지를 사용할 수 있습니다. 그리고 토지 소유자는 발행 시점의 시장가격인 땅값을 그대로 인정받고, 그 가격의 주식을 소유하며, 소유한 주식으로 시장가치의 지대수익을 수취할 배당권도 가집니다. 토지주식은 매매도 자유롭고, 원칙상 세금과 규제도 거의 필요가 없게 됩니다.

② 실물과 증권(주식)의 분리(실물 분리)

토지주식은 토지라는 실물과 증권이 주식으로 분리됩니다. 이것은 가치의 분할과 유통의 편리를 뜻합니다. 예를 들어서 일하는 소의 다리를 그대로 두고도 소의 몸통을 나눌 수 있고, 일하는 소는 작업장에서 일을 하고 있는데 그 소가 시장에서 거래되고 있는 것이 증권제도입니다. 곧 토지주식제도는 땅이라는 실물을 시장에 내어놓지 않고도 땅을 팔 수 있으므로 토지주식 소유자는 매매하기가 토지 실물보다 더 쉽습니다. 토지주식은 거래가 사용자의 토지 사용에는 아무런 영향을 주지 않습니다.

③ 매매가격과 사용가치의 분리(가격 분리)

토지 소유제는 미래의 매매차익을 높게 평가하는 자가 토지를 가지려고 합니다. 토지임료는 사용가격이므로 지금 사용가치를 높게 평가하는 자가 원하는 가격입니다. 곧 토지 소유제는 지금의 사용가치를 지급할 의사가 있는 사용자 시장을 방해하는 구조입니다. 그러나 토지주식제는 소유가격이 사용가격을 방해하지 않아서 시장이 효율적으로 움직입니다. 한편, 주식 소유자는 규제가 필요 없고, 매매가 자유로운 토지를 가격으로 소유하게 됩니다. 주식 소유자는 사용자의 소유비용을 대신 부담해 주는 역할을 합니다.

④ 미래가치와 현재가치의 분리(시간 분리)

토지는 필수재이고, 주식은 필수재가 아닙니다. 토지의 소유가격은 영구 성장성 미래가치의 현재 자본가격입니다. 그러나 사용가격인 토지임료는 현재가치이므로 성장성 소유가격보다 값이 작습니다. 그래서 토지주식제는 토지 사용자가 토지를 소유할 필요가 없어서 소유비용의 적자를 보지 않고, 현재 사용한 가치만 지급합니다, 지급 시간도 분할된 금액을 후불로 지급합니다(전세는 한시적 선불). 그래서 토지 사용자는 "반값" 정도로 낮아진 가격으로 내 땅과 다름이 없는 토지를 사용하게 됩니다. 소유비용의 적자는 주식 소유자가 대신하여 주기 때문입니다. ③과 ④는 토지주식의 가장 큰 장점이라고 할 수 있습니다.

⑤ 토지개발과 토지수용에서 유리

토지주식의 장점으로 가장 먼저 내세울 수 있는 것은 현실적 문제로 토지를 매입할 경우 증권을 발행하여 지급하면, 보상비를 크게 절감할 수 있습니다. 토지주식제는 토지의 가격을 주식으로 대리 보상하기 때문에 이론상 토지 매입에 아무런 비용이 들지 않습니다. 토지주식은 원금이 현재의 시장가격이므로 소유자에게 손실이 없습니다.

⑥ 투자자금의 효율적 운영

유가증권이 가진 장점은 원래 가치의 분할성과 유통·(거래)의 편의

성입니다. 토지주식은 토지의 실물과 증권이 분리되어 거래가 편리하고, 지분 계산이 쉽습니다. 더구나 토지를 주식으로 거래하면 가격은 소액으로 분할되어 있어서 거액 고정자본을 현금화하기가 쉽고, 유동성이 증대합니다.

⑦ 투기예방과 가격 안정

토지주식도 매매차익이 발생하므로 이론상 투기 상품이 될 수는 있습니다. 그러나 땅값은 땅값의 가격 특성으로 불규칙적으로 변하고, 특히 주기적으로 돌아오는 가격 급등기에는 시장이 불안하고 투기가 극성을 부립니다. 그러나 토지의 지대수익은 이러한 불규칙한 땅값에 비하여 시장이 안정적이므로 토지주식도 땅값보다는 시장이 안정적으로 움직입니다. 가격이 변하는 것은 기업의 주식과 같은 성질이 있지만, 지대수익은 리스크가 있는 기업의 수익보다 훨씬 더 안정적이므로, 토지주식이 기업의 주식보다는 더 안정적으로 움직입니다. 가격의 안정도는 채권과 유사할 것입니다.

⑧ 허구가격의 합리적 소멸방식

토지주식은 장기적으로 땅값이 일으킨 고질적 문제, 곧 허구가격을 쉽게 소멸시키는 방식으로 유용합니다. 토지주식은 자금의 여력이 생기면 토지주식을 매입 소각하기가 수월해 집니다. 토지주식은 매매나 소각이 토지 사용자에게 영향을 주지 않기 때문입니다.

⑨ 농지 매입과 주택연금에 토지주식제 활용

현재 농지나 산지는 한계토지 또는 수익성이 낮은 토지가 많습니다. 한계토지marginal land는 토지의 총수익과 총비용이 일치하여 지대를 지불할 수 없는 토지를 말합니다. 이런 농지나 산지는 정부가 농지 매입을 위해 농지은행(농지금고)을 운영하고 있습니다. 이 제도 역시 토지주식을 활용하면 재정부담을 줄여가며, 사업을 활성화할 수 있을 것입니다. 주택연금에도 토지주식제를 활용하면 재정부담을 줄일 수 있습니다.

토지거래소의 설립

토지주식제를 실시하기 위해서는 우선 토지의 시장대리기구인 토지거래소를 신설해야 합니다. 토지거래소는 토지의 주식거래와 임대를 전담할 기구에 대하여 필자가 편의상 부르는 이름입니다. 이 기구의 형태와 운영 방식은 제도를 시행하는 경우 깊이 있는 검토와 논의를 통한 사회적 합의를 거쳐서 추진할 것입니다.

필자가 생각하는 토지거래소는 이 제도를 희망하는 공공의 출자자, 토지소유자, 사용자 등이 공동으로 조직하는 조합형 또는 회원제로 구성하고, 운영은 증권거래소처럼 시장원리를 따르는 기관입니다. 거래소는 농협처럼 전국의 단일 조직과 지역 단위 또는 특정 아파트지구별로 분할 조직으로 나누어 운영할 수도 있습니다. 토지거래소는 공신력을 높이기 위하여 정부나 공공기관이 출자하거나 정부가 거래의 위험에 대한 보장을 하고, 사무적 관리 감독을 해야 합니다. 단, 정부는 출자, 위험에 대한 보장 등 필요한 지원을 하지만, 거래소의 운영과 토지거래의 방법, 가격 결정 등에는 개입을 하지 않으며, 사무적 감독만 합니다. 토지거래소의 설립에 대한 정부의 입장은 지금의 주식거래를 위한 증권거래소와 유사하며, 공기업이거나 정부가 출자한 기업의 형태가 되어야 할 것입니다.

토지주식제도와 토지거래소의 기본 구조

토지주식제도는 토지를 소유와 사용, 증권과 실물, 그리고 가치(현재)와 가격(미래)을 분리하여 토지문제를 근본에서 줄여가는 제도입니다. 그래서 토지에 대한 의사결정의 주체도 현재의 소유자 1인 주체에서 주식 소유자, 토지 사용자, 그리고 토지거래소, 이렇게 3인 주체로 바뀌게 됩니다. 토지거래소는 토지의 소유자와 사용자 중간에서 필요한 거래와 사무의 일체를 대행하여 주는 기구입니다.

① 토지주식 소유자

토지주식 소유자는 원래 토지의 실물 소유자입니다. 그러나 토지주식제도에서는 소유자가 실물 토지는 거래소에 넘겨주고 주식을 교부 받아 소유하며, 토지의 수익에 대해서는 배당권을 가집니다. 토지주식은 매매도 자유입니다. 물론 토지 소유자가 현재 실물 토지를 직접 사용하고 있다면, 그 토지가 사용자에게 그대로 있어서 별다른 문제가 생기지 않습니다. 다만, 토지의 사용을 그만두거나 토지를 처분하는 경우 그 실물 토지를 토지거래소에 내어놓고 주식으로 거래를 할 수 있습니다. 이 경우에도 실물 토지에 대한 처분과 주식거래, 가격의 결정 등은 시장가격과 소유자의 자율적인 결정을 따르게 됩니다.

② 토지 사용자

토지 사용자는 실물 토지의 사용에 대한 지대의 납부의무를 가집니다. 납부할 지대 역시 시장가격이며, 사전 임대차계약을 원칙으로 합니다. 그 외에는 토지에 대한 전적인 지배권을 행사하며, 사실상 전세가격으로 자기 토지와 다름이 없는 자유 사용권을 가집니다.

③ 토지거래소(시장대리자)

토지의 시장대리기구이며, 소유자와 사용자의 중간에서 필요한 모든 사무를 대행하는 기구입니다. 토지거래는 토지의 실물에 대한 거래를 대행합니다. 토지 실물에 대한 행정 및 사무를 대행합니다. 토지거래소는 토지 소유자가 해오던 토지에 대한 등기와 법률 사무, 토지 실물의 관리에 필요한 사무를 모두 대행하게 됩니다. 그리고 토지거래소는 토지 사용자에게는 지대를 징수하고, 징수한 지대는 수수료를 제외한 전액을 토지주식 소유자에게 배당을 해야 합니다.

그리고 토지거래소는 한국토지주택공사와 같은 사업체를 두고 토지를 개발하거나 주택을 공급하거나 사업도 병행할 수 있습니다. 이 경우 주택 사업은 반드시 시장기능을 따라 사업을 한다는 점에서 지금 정부가 주도하는 공공주택의 공급과는 다릅니다.

토지거래소의 운영과 업무

토지거래소의 조직은 회원제나 조합형이며, 주식회사 형태로도 가능하며, 정부가 투자한 공공기관처럼 운영할 수도 있습니다. 그러나 운영은 지금의 증권거래소처럼 시장기능을 최고로 살려 주어야 합니다. 토지거래소가 해야 할 업무는 다음과 같습니다.

① 토지주식(증권)의 발행과 교부, 발행한 토지주식의 거래를 주선하고 사무를 대행합니다. 거래소 중심으로 주택을 공급하는 경우 주택의 분양 사무도 대행합니다

② 거래소에 귀속 또는 신탁한 토지를 관리하고, 법률 사무를 대행하며, 필요한 정책과 사무를 집행합니다. 토지주식은 필지별로 발행된 특정 토지증권이 특정 토지의 등기필증을 대신하므로 이에 대한 관리사무도 대행합니다.

③ 토지의 임대에 필요한 사무관리를 하며, 지대와 징수와 지급사무를 대행합니다. 토지주식 소유자는 계약된 지대를 배당금으로 지급합니다. 그러나 공공토지의 경우는 수입한 지대수익으로 기금을 조성하여 토지주식의 소각을 위한 자금으로 사용하거나 공경비로 충당하게 됩니다. 이런 역할을 전담할 토지은행과 같은 금융기관도 필요할 것입니다.

④ 토지, 토지주식, 임대료 등을 중립적 입장에서 평가하거나 평가 업무를 주선, 관리합니다. 주택 소유에 대한 토지증권 발행에는 건물에 대한 가격 평가도 병행합니다. 물론 거래소가 평가한 가격은 정부가 매년 발표하는 공시지가, 주택 공시가격, 표준건축비의 역할과 비슷한 것입니다. 평가액은 토지의 주식거래와 임료 징수에 기준치로 제시되는 가격이고, 실제 거래가격은 시장에서 매겨지는 자율적 경쟁가격입니다.

⑤ 토지거래소에서 발생하는 거래 수수료, 임대료 징수 대행 수수료, 자체의 토지임료 수입 등은 앞으로 토지주식을 매입하여 소각시키는 재원으로 사용하는 것이 우선이며, 공익을 위한 투자와 사업도 가능합니다.

⑥ 토지거래소는 부속기관을 두어 토지의 시장임대를 근거로 건축

업 등 부동산업을 시행할 수 있습니다. 경우에 따라서 농지은행
제 운영, 토지개발, 신도시 건설 등의 대형 사업도 병행하여 실시
할 수 있습니다. 이를 위해서는 거래소 산하에 한국토지주택공
사와 같은 공공사업을 전담하는 기관도 둘 수 있습니다.

⑦ 그리고 언제인가 토지주식이 소멸하는 시기가 되면, 지대수익
은 그때부터 사회의 공경비 충당을 하게 되어 지금의 세금을
대신하게 될 것입니다. 이런 경우 토지거래소의 역할은 국가의
공경비를 징수하는 국세청의 역할까지 대행할 수 있습니다.

토지주식제도의 도입 및 시행 방안

토지주식제도는 전국의 모든 사유토지가 대상입니다. 그러나 토
지주식제도를 이용하여 주택을 공급하는 방안부터 먼저 찾아보겠
습니다. 토지주식을 발행 유통하려면 이를 전담할 거래 기구가 필요
하며, 이것을 필자는 "토지거래소"라고 부릅니다. 토지거래소를 통
하여 사유토지에 대한 토지주식제 주택을 시행 방안은 그림으로 보
면 [표 17-1]과 같습니다.

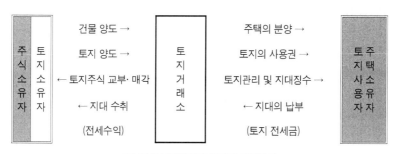

[표 17-1] 토지주식제 주택과 시행방안

[표 17-1]을 참고로 토지주식의 개념적 이해를 위하여 토지주식을 발행하고 유통시키는 절차를 소개하면 다음과 같습니다.

① 토지거래소는 주택을 지을 부지를 선정하고, 주택을 지어 분양하면 발생할 토지가치와 예상 임대료를 미리 공지합니다. 그리고 현재의 토지 소유자에게는 분양에서 주택 소유자와 결정된 임료를 지급한다는 조건으로 주식을 발행합니다.

이 제도 역시 거래 방식은 모두 참여자의 자율적 의사결정을 따르며, 가격은 시장가격을 원칙으로 합니다. 다만, 이 제도 초기에 토지 소유자가 땅값과 임료 수입에 대한 불신이 있어서 토지주식제도에 부정적이거나 소극적일 수가 있습니다. 그래서 이에 대한 사전 조치가 필요합니다. 토지거래소가 임대료 지급에 대한 하한선을 정하여 보증하고, 이에 따른 땅값에 대한 소유자의 손실에 대한 보장도 약속합니다. 토지거래소는 귀속한 토지 실물에 대한 지대 수입 징수권이 있으므로 거래소가 직접 보증을 할 수 있고, 정부나 보증기관을 세워서 할 수 있습니다. 무엇보다 토지거래소는 토지 실물이 있으므로 이것이 모든 거래와 가격의 담보물이 되어서 문제가 될 것이 없습니다. 토지거래소가 시행 초기는 발행된 주식에 대해 일정한 임료수익을 보장하고 있으므로 채권의 성격을 가질 수도 있습니다.

② 토지거래소는 주식을 발행하여 주택을 지을 토지를 매입합니다. 도입 초기에 혹시 있을 수 있는 불신으로 토지주식제도를 거부하는 소유자에게는 현금으로 매입을 합니다. 이것은 앞에서 소개한 토지임대부 주택의 경우와 같습니다. 다만, 토지주

식제를 운영하기 위해 보험회사처럼 정부가 출자한 담보금을 갖고 있어야 할 것입니다.

③ 토지거래소는 사업자를 선정하여(또는 거래소 자신) 주택을 지어 분양합니다. 그런데 토지주식제 주택은 분양에서 토지임대부 주택과 조금 다릅니다. 주택은 건물만 소유가격으로 분양을 하고, 토지는 토지주식으로 분양을 합니다. 토지임대부 주택은 '집은 소유, 땅은 임대'이지만, 토지주식제 주택은 '집은 소유, 땅은 토지주식'입니다. 발행한 토지주식은 이미 주식 소유자가 있습니다. 또 토지주식은 주택 소유자가 가질 수도 있고, 주택 소유와는 관련이 없는 제삼자가 가질 수도 있습니다.

④ 토지거래소는 토지임대부 주택의 분양처럼 토지를 임대하는 조건이며, 임료에 대한 명확한 조건 제시와 사전 임대계약이 필요합니다. 이것도 역시 토지임대부 주택과 방법이 같습니다. 토지임료의 조건은 초기 임료에 대한 미래 임료 성장액에 대한 기준(일정지수)을 명확하게 알려 주고 그 조건에 따라 매년 임료를 징수하게 됩니다. 임료를 징수하는 방식도 월세, 연세, 전세, 장기 사글세 등을 선택할 수도 있겠습니다. 주택 주거는 일반 전세시장과 같은 시장 전세가격으로 건물은 소유, 토지는 임대하는 방법이 익숙한 제도이기 때문에 실무에서 간편할 수 있습니다.

⑤ 주택 주거에서 발생하는 주택 수리에 대한 주체도 계약으로 정합니다. 토지주식제에서는 주식 소유자가 수리 주체가 되기 어렵습니다. 그래서 토지임대부 주택과 같이 수리는 입주자가 하는 것을 원칙으로 하지만, 토지거래소가 관리업체를 두고(또는 선정) 대행할 수도 있습니다. 어떻게 하든 수리 주체나 조건은

계약으로 하며, 비용은 주택 분양에서 주식가격과 토지임료에 대한 입찰가격으로 전액이 반영되게 됩니다.

⑥ 주택 소유자는 자기의 주택을 소유하고 토지는 약정된 조건을 따라 토지거래소에 임료를 납부합니다. 주택 소유자가 납부할 임료는 거래소가 합리적이고, 객관적인 기준을 따라 제시하는 조건에 따라 시장에서 공개경쟁을 통하여 매겨지는 가격입니다.

⑦ 주택 소유자는 주택의 거주, 주택의 매매와 처분에도 규제가 필요 없고, 자유입니다. 토지의 주인도 없어서 임료 납부 외에는 사용에도 간섭을 받지를 않습니다.

⑧ 토지주식 소유자는 유통성이 있어서 언제라도 주식의 처분이 가능하고, 현금화가 쉽습니다. 주택 소유자는 토지주식을 가지고 있을 수도 있고, 그 주식을 처분하여 자금을 융통하여도 주택의 주거에는 아무런 제약이 따르지 않습니다.

⑨ 주택 소유자(토지 사용자)는 토지 소유자의 간섭을 받을 필요가 없어서 토지사용의 자유가 보장되고 주거 효용이 커집니다. 이 단계에서 토지는 이미 소유 중심에서 사용 중심으로 인식이 바뀔 수 있습니다. 토지 실물에 대한 실체적 사용권은 주식 소유자에서 토지 사용자(주택 소유자)에게로 넘어가 있습니다.

⑩ 토지주식제도는 건물과 토지를 분리하지 않고 주식을 발행하고 운영할 수도 있습니다.

토지주식제도는 지대시장제를 도입하기 위해 한시적으로 운영합니다. 장기로는 토지거래소가 일정 자금을 조성하여 토지주식을 매입하거나 가격 보상 방법을 강구하여 주식을 소각시켜 나갑니다. 그러면 부동산시장은 땅값 허구가격이 소멸되고 지대시장만 남습니다.

토지의 평가와 평가기구의 역할

토지주식제와 지대시장제는 토지의 가치를 제값으로 평가하여 징수하고, 토지시장을 효율적으로 움직이게 하는 것이 하는 것이 첫 번째 목적입니다. 특히 지대는 임금처럼 경제성장을 따라 커지는 성질을 가지므로 이 성장률을 잘 반영하여 지대를 징수하는 것이 최대의 관건입니다. 지대의 평가와 징수가 제대로 되지 않으면 사유지와 같이 땅값이 발생하여 중국처럼 투기가 발생하기 때문입니다.

이러기 위해서는 매년 성장하는 토지가치에 대한 성장지수를 개발, 적용하는 것이 가장 중요합니다. 그리고 이 문제도 성장지수는 시장가치의 100%를 모두 반영하기보다 어느 정도 접근하는 수치만 찾아내면 됩니다. 왜냐하면, 사용자에게는 시장가치 이상의 지대를 징수하지 않고, 또 징수액이 너무 낮아서 사용자에게 땅값이 발생하지 않는 선에서 어느 정도 허용의 범위를 두고 평가기준을 설정하면, 그것으로 만족할 수 있기 때문입니다.

그래서 토지거래소는 그 산하에 지대 평가를 전담하는 전문기구를 두고 운영해야 합니다. 임료 책정에 필요하다면 주택의 분양과 거래소의 운영 등에서 땅값, 집값, 토지주식의 가격도 수시로 평가를 하는 것이 필요합니다.

토지가격, 증권가격, 지대를 평가하는 이 기구는 토지의 시장특성과 땅값과 지대의 가치 흐름을 과학적으로 이해하는 자들로 조직된 전문적 평가기구입니다. 이들은 토지 소유자, 사용자, 정부, 사회, 그리고 토지 실체에 대한 엄정한 중립을 지키는 것이 중요합니다. 이 기구의 주된 역할은 토지가치를 평가할 경우 시장가치를 적극적으로 반영하는 방향으로 하고, 이해관계자 중 어느 편에도 서지 않는 중립성을 확보할 수 있도록 독립적이어야 합니다.

아파트 지구에서 부동산시장 가격 실험을

지금까지 논의한 지대시장제와 토지주식제에 대한 진정성과 현실성을 실험을 통하여 확인하는 것이 좋겠습니다. 실험은 도시 근교에 아파트 부지를 선정하여 동일한 조건으로 아파트를 지어서 거래의 조건만 서로 다르게 하여 분양합니다. 그리고 아파트는 거래의 조건별 장기적 가격변동과 이해득실의 관계를 비교 검증을 통하여 확인합니다. 한 지구에 동질, 동일 규모의 아파트 네 동을 짓습니다. 그래서 각 동별로 지금과 같은 토지소유제 주택, 토지주식제 주택, 그리고 토지전세제 주택과 토지임대부 주택을 시장가격으로 분양하여 일정기간(50년) 실험을 통하여 비교 검증을 합니다.

① 토지소유제 주택(A동)

토지소유제 주택은 거래조건, 각종 규제, 세금 등이 지금과 같습니다. 다만, 분양 주체가 시장대리기구인 토지거래소가 담당하며, 가격은 사전 책정가격이 아니고, 아파트의 최저가를 명시한 공개입찰로 매겨지는 시장가격입니다. 건물과 토지지분은 소유권 등기도 합니다.

② 토지주식제 주택(B동)

토지주식제 주택은 소유제 주택과 같지만, 앞으로의 거래는 주식으로 하는 간접 거래 방식입니다. 토지주식제에서 토지거래소를 통한 주식거래에 아무런 규제가 붙지 않고, 매매차익은 세금도 없습니다. 단, 증권거래와 같이 거래세나 수수료는 있습니다. 토지거래소는 토지 사용자에게 시장가치대로 임대료를 징수하여 주식 소유자에게 수수료를 제하고 배당을 합니다. 주택 소유권의 등기는 사용자에게 이전됩니다. 주택 건물에 대한 수리 책임은 모두 주택 소유자나 사용자가 하게 되고 입찰 당시 계약으로 명시하고, 시장가격으로 반영되게 합니다. 건물 수리비는 수리기금이나 보험제도를 의무화하고 지속적으로 유지하게 합니다.

③ 토지전세제 주택(C동)

완전한 자유 소유와 시장가격으로 토지임대부 전세 아파트를 분양합니다. 주택의 전세시장처럼 토지와 건물을 모두 하나의 전세로 하되 주택 전체를 소유하게 하고, 자유롭게 팔고 사게 합니다.

④ 토지임대부 주택(D동)

주택을 지어 땅은 임대, 주택은 소유하는 제도입니다. 건물 소유는 토지주식제와 같이 사용자나 주거자가 합니다. 임대는 월세나 전세를 선택할 수 있으며, 가격은 공개경쟁과 시장가격이 됩니다. 다른 조건은 건물 등기, 건물 수리 책임 등이 토지주식제 주택과 같습니다. 다만, 토지임대부 주택은 사업자나 토지거래소가 사용자로부터 받는 토지임료만큼 수입이 생깁니다. 그래서 토지임료 납부자에 세금에 대한 면세 혜택을 주게 됩니다. ③과 ④는 시장 토지임료를 납부하는 조건에서 토지의 영구 사용권이 보장됩니다.

제18장
토지 무르기와 토지주식의 소멸 방안

※ 제18장 '토지 무르기와 토지주식의 소멸 방안'은 숫자 계산이 어려우므로 일반 독자들은 19장으로 넘어가도 됩니다. 다만, 이론 검증과 실무적(정책적) 적용을 위해서는 18장에 대한 내용 이해가 필요합니다.

지대시장제를 위한 토지주식의 소멸 전략

땅값은 허구가격이므로 없애어야 빚도 사라지고 경제가 균형이 성립하여 문제가 해결되고 회년이 돌아옵니다. 토지주식제는 토지의 증권화로 소유와 사용, 실물과 증권으로 분리되어 있어서 토지사유제가 일으키는 폐단을 상당수 줄일 수 있습니다.

그러나 토지주식은 주식에서 발생하는 허구가격, 곧 [땅값비용(주식이자) > 사용수익(지대수익)]의 고질적인 문제를 해결해 주지 못하는 한계가 있습니다. 이러한 한계를 그림으로 표시하면 [그림 18-1]과 같습니다.

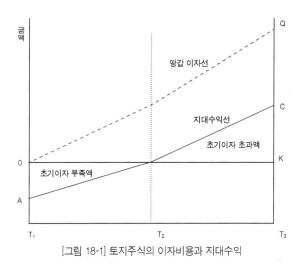

[그림 18-1] 토지주식의 이자비용과 지대수익

[그림 18-1]에서 지대수익(A)은 초기부터 이자비용(O)보다 작고, 비용(이자)이 누적되는 성질로 인하여 이 상태는 영구적입니다. 그래서 [소유비용 > 사용수익]이 영구적 현상인 것이 근본 문제입니다.

그런데도 토지주식제도는 토지를 실물과 주식, 소유와 사용으로 분리해 둔 제도이므로 문제 해결이 쉬워집니다. 토지주식은 실물과 분리된 유동자산이기 때문에 주식의 거래와 소유자의 이해관계가 실물 사용에 아무런 영향을 주지 않습니다. 그래서 토지주식제도가 정착된 이후는 거래소가 필요한 자금을 조성하여 토지주식을 매입하여 소각시키기 쉬워지고, 그러한 정책을 적극적으로 펼쳐야 합니다.

[그림 18-1]을 보면, 토지주식을 매입하기 전에 지대수익선이 토지주식 이자선을 따라잡는 것이 관건입니다. 물론 정상적 지대수익으로 이자비용을 보상하는 것은 불가능합니다. 그러나 [소유비용 > 지대수익]의 적자는 어차피 사회가 입는 공동 피해이므로 보상도 사회가 공동부담을 하는 방식을 찾을 수밖에 없습니다.

토지주식의 문제점[주식이자 > 지대수익]과 해결방안

토지주식은 앞에서 본 바와 같이 도입 초기부터 장점이 큽니다. 토지주식제는 이 제도 시행만으로도 소유와 사용이 분리되고, 사용자는 토지를 구입하지 않고 내 땅처럼 자유롭게 사용하며, 소유자는 규제도 없이 주식을 자유롭게 소유하고 거래할 수가 있습니다. 지대가 성장은 하지만, 안정적이기 때문에 불확실한 기업의 수익을 담보하는 주식보다는 가격이 훨씬 더 안정적으로 움직여서 투기도 상당수 줄일 수 있습니다. 투기가 있어도 사용이 분리되어 있어서 사용에 부작용을 끼치지 않으면서 규제나 세제를 강화할 수도 있습니다.

그래도 성장성 자본이 가진 [주식이자 > 지대수익]의 적자 구조를 탈피하고, 세금도 필요 없는 지대시장제로 가기 위해서는 토지주식을 매입, 소각하는 방식을 찾아보아야 합니다.

① 토지주식의 이자를 사업수익으로 보상

이 방식은 토지거래소가 토지를 매입하여 개발하거나 용도변경으로 토지가치를 증대시켜 수익성을 기대할 수 있을 경우에 이 방식을 강구합니다. 토지에서 택지 개발, 재건축, 신도시 건설, 공단 건설, 농지나 해안지대에서의 용도변경, 도로 개통으로 인한 효용 증대 등이 기대되는 지역에서 실시할 수 있는 방식입니다. 이런 경우 [소유이자 > 지대수익]의 적자는 개발 후 커지는 수익으로 쉽게 보전할 수 있으므로 토지주식을 쉽게 매입 소각할 수 있을 것입니다.

② 토지주식의 적자 보상을 고려한 부금식 상환

토지주식제에서 지대시장제로의 전환하려면 가장 큰 어려움은 적자분 땅값을 보상하는 방법이 ①의 수익을 증대하는 방법밖에 없어서 어려운 문제입니다. 그러나 이 문제도 완전하지는 않지만, 증권의 장점을 이용하여 일시에 해소하는 방식을 찾아볼 수가 있습니다. 이것이 주식 소유자에게 정상지대를 지급하면서 원금의 분할 상환도 고려하는 부금식 해결 방법을 찾는 것입니다.

③ 토지주식을 전세금으로 상환하는 방식

[증권이자 > 토지수익]의 적자를 수익증대로 일시에 보상할 수 없는 경우는 일단 토지수익으로 이자를 갚아 나가되 부족한 부분은 전세금으로 충당하는 방식입니다.

④ 정부의 재정지원으로 보상(적자를 사회가 분담하는 방식)

토지소유제는 토지의 [소유비용(Pi) > 전세이자($Ji=R$)]의 격차를 사회가 인플레이션으로 부담하는 것이므로, 정부가 이를 적극적으로 담당하여 이자 손실을 보전하는 방법입니다. 이것은 정부 재정으로 주식이자를 지급하거나 주식을 매입하는 것을 말합니다.

⑤ 증권이자와 지대수익의 연계방식

위의 방식에 병행하여 또 하나의 고려 사항은 증권이자와 지대수익에 대한 권리와 의무를 일정기간 연계시키는 계약 방식입니다. 방식은 [소유비용 > 지대수익]의 적자를 거래소만 감당하지 않고, 현재 토지소유자나 기타 관련자들에게도 분담시키는 방식입니다.

⑥ 기타 방식

이 방식은 현재 농지나 임야 등 유휴지에서 실시할 수 있는 방식

일 수 있습니다. 토지 소유자가 자금의 사정이 어렵거나 [소유비용 >
사용수익]의 적자 현실을 이해하고, 보상가격을 지대수익의 자본가격
(R/i) 수준으로 낮추어 매각을 원하는 경우에도 바로 지대시장제를 실
시할 수가 있습니다. 토지는 거액의 고정자산이기 때문에 물리적 또
는 경제적으로 매각이 쉽지 않습니다. 그러나 토지증권은 거액의 땅
값 원금을 소액으로 분할하고(가격 분할성), 실물 거래가 아닌 증권 자
체의 거래로 인한 편이성(유동성) 등으로 매각하기가 쉽습니다. 그래서
토지 소유자가 토지시장의 자금 흐름을 바로 이해하면, 보상가격을
낮추어서라도 토지와 주식의 맞교환을 희망하는 자가 있게 될 것입니
다. 이런 경우 가격은 전세가격(현재 임료의 자본가격)으로 낮아지므로
토지임료로 주식이자를 지급할 수 있습니다.

땅값 소멸을 위한 부금식 상환 방식

토지주식을 없애고 지대시장제로 이행하려면 주식을 매입하여 소
각하거나 주식 원금을 수익으로 보상해 주어야 합니다. 수익으로
보상하는 방법은 주식 매입에는 일시에 고액의 자금이 필요하므로
이를 기간 분산을 통하여 원금을 상환하는 방식입니다. 이것은 원
금 상환식(부금식) 토지주식이라고 해도 되겠습니다. 여기에도 몇 가
지 방법을 생각해 볼 수 있습니다.

① 토지 사용자 부담
먼저 토지주식의 원금상환을 토지 사용자에게 부담시키는 방법입
니다. 이렇게 하면 일정 기간 후 원금상환이 끝이 나면 토지주식 소

유자는 주식 원금이 소멸하여 지대수익 배당권이 사라집니다. 토지 사용자는 지대 납부의무가 소멸하고 토지를 무상으로 사용할 수가 있습니다. 이 정도만 진행이 되어도 허구가격인 땅값(주식가격)이 소멸하여 큰 성과입니다.

그러나 이것은 토지 소유가 주식 소유에서 사용자 소유로 바뀌게 되는 것입니다. 그래서 토지 사용자가 땅을 거래하면 다시 땅값과 토지사유제가 부활합니다. 그리고 토지 사용자는 국가가 필요한 공경비, 곧 세금을 계속하여 부담해야 합니다. 또 토지거래소는 토지주식 거래와 지대징수권이 소멸하여 기능을 상실합니다. 그래서 이 방법도 고려는 하지만, 궁극적 해결책은 되지 못합니다.

② 거래소 보상 방식

토지거래소가 정부를 대신하여 공공자금으로 조성하여 주식 원금을 소멸시키고, 주식 소유자에게 배당하는 지대를 거래소가 수익하여 보전하는 것입니다. 그런데 이것은 원금 보상 자금조달과 지대수익에 시차가 발생하는 것이 문제입니다. 그래도 정부는 미래의 지대수익이 확실한 담보력이 되고, 지대수익은 가장 든든한 공경비의 조달 수단이 되므로 미리 채권을 발행하여서라도 시행을 강구할 수는 있을 것입니다. 그리고 토지주식은 소유와 사용이 분리되어 있어서 이런 제도의 시행이 토지사용에 아무런 영향을 주지 않습니다. 그래서 정부와 거래소는 경제에 큰 충격 없이(가장 적게) 이 사업을 시행할 수가 있습니다.

③ 거래소와 사용자의 분담 방식

이것은 토지주식의 원금 보상을 토지거래소와 토지 사용자가 분담하는 방식입니다. 그렇게 되면 토지거래소는 부담할 주식 원금상환액 중 일부(예를 들어 절반)를 향후 발생할 세금 혜택과 연계시켜(조건부로 하여) 토지사용자에게 분담시켜야 합니다. 이렇게 하면 토지거래소는 원금상환 부담은 줄어들지만, 지대수익도 그만큼 줄어듭니다.

토지 사용자는 원금상환액만큼 부담은 있지만, 미래에 그만큼 세금 감면이나 지대납부에서 혜택을 보게 됩니다. 이것 역시 토지주식제가 정착되고 나면, 토지거래소와 토지 사용자가 자율적으로 추진하는 것이 원칙입니다.

토지주식의 비용과 수익, [초기이자 = 지대수익]의 기간

토지주식을 [이자비용 > 지대수익]의 현상 때문에 연체이자를 감안하면, 이 현상은 영구적입니다. 땅값 허구가격으로 인한 영구적자는 토지주식도 마찬가지입니다. 그러나 토지주식은 토지의 소유와 사용이 분리되어 있어서 이 적자가 주식소유자에게만 있고, 토지 사용자는 없습니다.

그래서 사용자가 소유적자로 인한 사용의 제약을 받지 않고, 토지거래소의 여유자금을 따라 토지주식을 매입 소각시키고, 지대시장제로 이행하기가 한결 쉬워집니다. 일단, 토지주식의 연체이자를 감안하지 않으면, 가격이 일정한 주식이자와 커지는 지대수익이 일치하는 기간의 이해가 주식을 소멸시키는 전략에 큰 의미를 갖습니다.

토지시장 또는 주택시장에서 매매가격 대비 전세가격 비율은 이론상으로 이자율에 대한 지대의 요율(실질지대/이자비용)과 일치합니다. 초기 지대(R)는 초기 전세(J)에 대한 전세이자(Ji)와 같으며, 이 크기는 고정된 매매가격(P)과 땅값에 해당하는 주식이자(Pi)보다 초기 값이 J/P의 비율만큼 낮습니다. 그러나 전세금과 전세수익은 g의 비율로 커지고 있으므로 고정된 주식이자와 지대수익이 일치하는 시기는 다음과 같은 식으로 나타낼 수 있습니다.

주식이자(Pi) = 지대수익 $R(1+g)^n$ = 전세가격 이자 $Ji(1+g)^n$

이 식을 우리가 이해하기 쉬운 매매가격(P)과 전세가격(J)의 관계로 바꾸어 보면, 매년 g의 비율로 성장하는 전세가격이 고정된 소유(매매)가격과 일치하는 연도와 같은 시기가 됩니다.

주식가격(P) = 전세가격 $J(1+g)^n$, ⇒ * P의 연체이자를 감안하면 이 등식(=)은 영구 불가함

시장에서 이론적 매매가격 대비 전세가격 비율(J/P)은 P와 R에 미치는 이자율과 성장률의 차이(i-g)로 결정됩니다. 그래서 이자율이 5%, 성장률이 2%이면, 수익률은 성장률 g(2%)에 대한 이자율 i(5%)이 보수 관계이므로 지대수익률은 3%입니다. 이를 자본가격인 매매가격(P) 대비 전세가격(J)으로 환원하면 비율(J/P)은 60%가 되고, 성장률이 3%이면 전세가격 비율은 40%가 됩니다. 그래서 토지주식의 가격과 전세가격의 관계는 성장률이 2%일 경우 전세가격 비율은 60%이므로 J는 0.6P가 되어서 두 값이 일치하는 시기는 다음 식에서 n의 기간이 됩니다.

$P = 0.6P(1+g)^n$ ⇒ $1.667 = (1+g)^n$

이 식에서 로그를 취해 n을 구해 보면 n은 25.64년이 됩니다. 주식이자의 60%에 불과한 지대수익이 커져서 고정된 초기의 주식이자와 일치하는 시기는 토지주식제 도입에서 약 25.6년 후가 된다는 의미입니다. 성장률이 3%이면, 전세가격 비율은 40%, n은 31.1년이 됩니다. 이 식을 이용하여 전세가격 비율(J/P)과 성장률(g)의 변동치를 따라 주식이자와 지대수익이 일치하는 시기 n을 구하여 보면 [표 18-1]과 같습니다.

J/P \ g	1%	1.5	2	2.5	3	3.5	4	5	6	비고
40%	92.5	62.2	46.3	37.2	**(31.1)**	26.7	23.4	18.8	15.7	
50%	70.0	47.0	35.0	**(28.1)**	23.5	20.2	17.7	14.2	11.9	P= J(1+g)ⁿ 의 n
60%	51.8	34.4	**(25.6)**	20.6	17.4	14.8	13.1	10.5	8.8	
70%	34.0	**(24.3)**	17.0	15.5	11.1	10.4	8.6	6.9	5.8	

[표 18-1] J/P로 본 [주식이자 = 지대수익]의 기간(i: 5%)
(기간계산에서 원금 P는 소득(P_i, R 또는 J_i)보다 n이 1기 빠름)

주식이자와 지대수익이 일치하는 기간 n은 이론상 전세가격 비율과 성장률의 크기에 따라 다양한 분포를 나타낼 수 있습니다. 그러나 [표 18-1]에서 보면 이론가격과 현실시장을 감안한 이자율과 성장률에 따른 전세가격이 매매가격에 접근하는 기간은 대체로 괄호 안의 기간으로 보면 될 것입니다. 이자율이 5%에서 g가 3%, 2.5%, 2%, 1.5%일 경우 매매가격 대비 전세가격 비율(J/P)은 각각 40%, 50%, 60%, 70%로 이론가격에 부합하며, 이 비율은 현실 전세시장의 가격과도 유사한 추세를 가지고 있습니다. 그래서 현실시장에서 J/P가 60%이면, P = $J(1+g)^n$의 n은 25.6년, 40%이면 31.1년, 50%이면 28.1년, 70%이면 24.3년이 소요되고 있습니다.

그리고 이 기간은 성장률(g)이 낮을수록 J/P에 의한 전세수익의 비율이 높아서 이자 손실의 기간도 짧아집니다. 그리고 이자율과 성장률 역시 절대값이 높을수록 이자 손실 기간도 그만큼 짧아집니다. 예를 들어서 i는 5%, g가 2%이면 이론상의 J/P는 60%이고, n은 25.6년이지만, 이자율과 성장률이 2배 높아져 i는 10%, g가 4%이면 J/P가 같은 60%이라도 n은 12.9년 정도로 대폭 줄어듭니다. 그러므로 토지증권제에서 시장의 전세가 비율을 60%라고 보면(장기 이자율 5%, 성장률을 2%) 비용 수익 일치기간(EP) n은 평균 26년(25.6년)입니다. 다만 강남과 같이 매매가격이 높아 J/P가 40%인 지역은 31년 정도가 걸립니다.

그리고 토지는 소유제이든 증권제이든 양자 모두 수익의 적자가 땅값 상승분 크기이며, 이에 대한 보상은 사회적 실물이 없으므로 궁극적으로 인플레이션이 될 수밖에 없습니다. 이는 토지소유제에서 발생하는 [Pi > R]의 적자는 사회가 부담하는 것입니다. 다만, 토지 소유시장은 이 부담이 토지소유자인 민간에게 맡겨져 있으나 토지주식제도에서는 토지거래소가 이 부담을 대행하거나 주도하여 주식을 매입하고 소각하는 것이 다릅니다.

토지주식의 소각과 원금의 소멸기간

토지주식의 원금상환을 기간 분산을 통하여 하려면 기간의 선택이 주요 관건입니다. 원금 부담을 적게 하려면 기간이 길게 잡아야 하고, 그 대신 지대시장제로 빠르게 이행하려면 기간을 단축해야 하므로 부담액이 커집니다.

이때 토지주식 원금상환액은 원금의 이자와 보상액까지 포함된 원금상환율, 곧 부금률의 크기로 결정되어야 합니다. 여기서 말하는 부금률이란 주식의 원금에 대한 기간 이자를 포함한 원리금 총액을 모두 상환하는 비율입니다. 이것은 이자율에 원금 상환비율이 포함된 것이므로 원금 상환율 크기는 기간에 따라 달라지는 부금률에서 이자율을 차감하면 됩니다.

> 원리금 상환을 위한 부금률 = 원금종가율/성장연금종가율
>
> 원금 보상을 원금 상환율 = 상환기간 계산에 따른 부금률 - 이자율

그리고 원금을 상환하는 기간은 원리금을 상환하는 부금의 총액이 등가를 이루는 시기입니다. 원리금을 모두 상환하는 크기는 이자율 i, 임대료의 성장률 g, 그리고 상환기간 n에 따라 다음과 같이 계산됩니다. 주식가격은 P, 부금액은 R'로 표기합니다.

> 토지주식의 n년간 원리금 = 원리금 상환을 위한 n년간의 성장 부금액[43]
>
> 토지주식의 n년간 원리금 = 초기 부금액×n년 성장연금종가율
>
> $P(1+i)n = R' \times$n년 성장장연금종가율

이제 위의 공식을 따라 사용자가 부담할 연간 부금률을 추적하여 보겠습니다. 부금률은 상환기간에 따라 또 전세금을 활용하는

---

43) 토지주식의 원리금과 원리금 상환을 위한 부금의 수식은 다음과 같다(P: 주식가격, R': 부금액, i: 이자율, g: 성장률, n: 기간). $P(1+i)^n = R'\{(1+i)^n - (1+g)^n\}/(i-g)$, $R' = P(1+i)^n/\{(1+i)^n - (1+g)^n\}$

기간과 방법에 따라 다음 ①, ②, ③으로 나누어 계산을 해 보기로 합니다.

① 상환기간이 50년인 경우

이자율 i와 성장률 g에 따라 결정되는 지료 요율은 원금에 대한 지대수익 비율을 말하며, 이 크기는 이자율과 보수관계입니다. 그래서 원금 P에 대한 지료 요율은 R/P이며, 이 경우 R은 (i-g)/P로 결정됩니다. 그러므로 이자율이 5%일 경우 초기원금 1원에 초기수익인 지료 요율과 원리금 총액을 상환하는 성장부금률의 크기는 다음과 같습니다.

g: 1.5% ⇒ 지료 요율 3.5%, 50년 부금률은 4.29%(초과 0.79)

g: 2% ⇒ 지료 요율 3%, 50년 부금률은 3.92%(초과 0.92%)

g: 2.5% ⇒ 지료 요율 2.5%, 50년 부금률은 3.57%(초과 1.07%)

g: 3% ⇒ 지료 요율 2%, 50년 부금률은 3.24%(초과 1.24%)

g: 3.5% ⇒ 지료 요율 1.5%, 50년 부금률은 1.98%(초과 0.48%)

이 비율의 크기를 이해하기 위해 주택의 매매가격(P)과 전세가격(J)의 비율을 먼저 알아 봅니다. 매매가격 대비 전세가격의 비율을 'J/P비율'이라고 하면, J/P비율(전세가격/매매가격)은 이자율과 실제 지대수익률인 지료 요율과 일치합니다. 예를 들어서 이자율이 5%이고 성장률이 3%이면, 그 계산은 (5%-3%)/5%이므로 J/P비율은 40%이며, 성장률이 2%이면 J/P비율은 60%가 됩니다.

이자율이 5%, 성장률이 2%이면 요율은 3%, 원리금 상환을 위한 부담의 크기인 부금률은 3.92%이므로 부금률이 지료 요율보다

0.92%, 약 1% 더 높게 나옵니다. 이것은 정상적으로 부담하는 지료보다 30.7%(0.92/3)가 높은 셈이 되므로 원금을 50년간 보상하는 조건은 다소 부담이 될 수 있습니다.

② 상환기간이 100년인 경우

토지주식의 원금을 50년간 보상하는 부금률은 사용자의 부담이 커서 원금 상환기간을 2배로 늘려 100년으로 잡으면 그 크기를 대폭 줄일 수 있습니다.

g: 0.02(J/P 60%) ⇒ 지료 요율 3%, 100년 부금률은 3.17%(초과 0.17%)

g: 0.25(J/P 50%) ⇒ 지료 요율 2.5%, 100년 부금률은 2.75%(초과 0.25%)

g: 0.03(J/P 40%) ⇒ 지료 요율 2%, 100년 부금률은 2.34%(초과 0.34%)

계산을 보면, 원금의 상환기간을 100년으로 잡을 경우 사용자의 초과부담은 현저하게 줄어들었습니다. J/P비율 60%의 경우 정상 부담은 3%이나 부금률은 3.17%로 0.17% 정도 초과하고 있습니다. 이 정도의 초과부담은 제도 개선으로 사용자가 누릴 이점을 감안하면 큰 부담이 되지 않는 요율이라고 할 수 있습니다. 그러므로 원금을 보상하고 토지주식을 소멸시키는 성장성 부금은 상환기간을 100년까지 늘리면, 사용자에게 큰 부담 없이 지대시장제를 실시할 수가 있을 것으로 보입니다. 그러나 원금 상환기간이 100년 정도 소요되는 것은 너무 길어서 현실성이 떨어집니다.

③ 성장부금과 전세금의 동시 활용

그러나 100년은 상환기간이 너무 길어서 문제일 수 있습니다. 그러면 빠른 시간에 지대시장제로 가는 방식을 찾는다면 앞에서 언급한 바와 같이 전세금을 원금상환에 대체하는 다음의 방식을 고려할 수가 있습니다. 토지증권의 원금을 전세금으로 돌려 보상하면, 원금 보상을 더 빨리할 수가 있습니다. 전세금으로 토지증권의 원금을 상환할 수 있는 기간은 원금의 원리금이 매년 부담한 부금총액과 연간 부금액의 자본가격인 전세금이 상호 일치하는 부금률과 시기를 찾으면 됩니다.[44]

n 기간 토지주식 원리금 = n 기간 성장부금 총액 + n기의 부금 전세금

여기서 기간은 50년으로 잡고, 전세금으로 토지주식 원리금을 보상할 수 있는 부금률을 계산해 보면 다음과 같습니다(i는 5%, 기간은 50년, 부금률은 지대 성장률 g에 따라).

g: 0.02(J/P 60%) ⇒ 지료 요율 3%, 50년 부금률은 3.31%(초과 0.31%)

g: 0.025(J/P 50%) ⇒ 지료 요율 2.5%, 50년 부금률은 2.88%(초과 0.38%)

g: 0.03(J/P 40%) ⇒ 지료 요율 2%, 50년 부금률은 2.60%(초과 0.6%)

이 부금률은 사용자에게 초과부담이 그다지 크지 않고도 50년 내에 토지증권의 원금을 상환할 수 있습니다. J/P비율 60% 기준에서 지료 요율은 3%지만, 원금상환을 위한 부금률은 3.31%로 약 10%의 초과부담이 발생합니다. 이 정도는 소유와 사용 분리의 이점, 원

44) 부금총액과 부금 전세금(J′)의 합계가 토지주식 원리금과 일치하는 상환기간을 구하는 식은 $P(1+i)^n = R'\{(1+i)^n-(1+g)^n\}/(i-g)+R'(1+g)^n/i$에서 n이다. 부금의 전셋값은 $R'(1+g)^n/i = J'(1+g)^n$가 된다.

금 보상 후 돌아오는 면세 혜택 등을 감안하면 사용자가 수용할 수 있을 것입니다. 그래서 위의 ①, ②, ③ 의 세 가지 방식 중 (3)의 전세금으로 원금을 보상하는 전세 포함 부금 방식이 가장 합리적일 것으로 보입니다.

그러나 이러한 방식들은 어느 하나를 고집하기보다 시행할 당시의 사회적 여건과 사용자의 기호 등을 감안하여 선택하고 적용해야 할 것입니다. 어느 방식을 시행하던 토지의 소유와 사용이 분리되어 이 제도가 토지사용에 제약을 주는 것이 아닙니다. 토지주식을 시행한 후 20~30년이 지나면, 토지주식의 원금도 부금 상환으로 대폭 줄어들기 때문에 제도의 정착은 한결 쉬워질 수 있습니다.

땅값(토지주식) 소멸은 토지 무르기의 실천으로

토지주식의 원금을 부금식으로 상환하는 방법은 성경의 토지 무르기 제도와 같이 시간이 갈수록 원금이 작아지게 하는 원리입니다. 또 시간 흐름으로 그동안 경제는 성장하여 사회적 재정과 여건은 좋아지게 되어 있어서 일정 기간 후는 재계약 등으로 원금을 일시에 보상하기도 쉽습니다. 따라서 토지주식이 도입 초기는 원금상환이 어려우나 20~30년이 지나면, 원금상환 여력이 나아져서 지대시장제로 이행도 쉬어질 것입니다.

아무튼, 토지주식은 땅값이 일으키는 부동산문제를 소유와 사용 분리, 실물과 주식의 분리, 소유가격과 사용가격의 분리 등으로 상당수 해결합니다. 그러나 토지주식은 100% 영구 미실현 허구가격인 땅값으로 구성되어 있으므로 이를 없애 버려야 시장경제가 온전하게 회복할 수 있습니다. 실물 없는 땅값을 없애 버려야 경제는 시장 균형을 회복합니다.

그러므로 사회는 성경이 말하는 희년법 토지 무르기가 경제구원의 유일한 방식임을 알고 이행하려는 인식의 공유가 중요합니다. 그러기 위해서는 국민들에게 토지 무르기를 알리는 홍보가 필요합니다. 성경 토지 무르기는 경제구원의 유일한 방법이며, 값을 치르는 이웃 사랑의 소중한 실천입니다. 각자 자기 소견대로 행하여 혼란을 겪은 사사 시대에도 룻과 보아스는 토지 무르기를 순종하여 가정과 사회가 구원을 받아서 회복되는 시장원리를 알아야 합니다.

제19장
지대시장제 사회를 생각하며

토지임료와 공경비의 관련성(정당성과 적절성)

토지는 시장임료만 거래하면 땅값이 사라집니다. 그리고 발생지대 또는 토지거래소가 수입한 지대는 토지가 스스로 생산한 가치에 해당하므로 공경비로 쓰이게 됩니다. 그래서 지대시장제는 땅값이 소멸하고 세금도 그만큼 작아질 수 있습니다. 여기서 지대가 공경비를 충당할 수 있다면, 사회는 세금이 필요 없는 시장경제가 성립할 수 있습니다.

그래서 지대가 그 나라의 공경비를 충당할 수 있느냐 하는 문제는 일찍이 지대수익 전액을 환수하려는 조지스트들(토지단일세론자)의 등장으로 상당한 논의가 있었던 주제입니다. 이는 지대수익 전액의 공적환수를 반대하는 주류 경제학이 제기한 해묵은 논쟁거리이기도 합니다. 이에 대한 필자의 생각은 이렇습니다.

지대수익에 대한 세입 충분성 문제는 한 사회의 지대수익 총액이 얼마나 되는지, 그리고 적정 재정 규모가 어느 정도인지를 먼저 알아야 할 문제입니다. 필자는 지대수익의 공경비 충당과 세입 충분성에 대한 논의는 한 나라의 재정수요와 관련되기 때문에 검토는 해 보아야 하지만, 이 주장이 지대시장제 도입에 걸림돌이 될 수는 없다고 봅니다.

첫째, 성경 희년법에 따르면 지대수익은 원래 땅이 스스로 내는 가치입니다. 지대수익은 사람의 노동가치나 투자와는 별개로 존재하는 가치입니다. 땅은 원래 사람이 인위적으로 투자된 가치물과는 인과관계도 없으므로 사유재산도 아닙니다. 그래서 토지의 사유화가 아닌 사회에서는 땅이 스스로 낸 가치물인 지대는 당연히 사회적 공유물이 되어야 합니다. 그래야만 시장에 가격이 존재하여 시장이 효율적으로 작동할 수 있습니다.

둘째, 희년법은 토지가치가 공경비임을 직접, 간접으로 알려 주고 있습니다. 희년법은 땅을 주기적으로 쉬게 해야 하고, 쉬는 해에도 평소에 땅이 낸 가치물이 있다고 합니다(레 25:19~21). 쉬는 해에도 땅은 산물을 내고 있으며, 이 산물은 사유물이 아니고, 가난한 자나 들짐승들에게 제공되고 있습니다(레 25:6, 7). 이것은 토지가치물이 공경비의 성격을 가지기 때문입니다. 그리고 경작년에도 해야 하는 토지 무르기는 당사자보다 친족이나 이웃이 대신하여 주는 것입니다. 그리고 이것도 안 되면 토지 무르기는 땅이 대신하여 줍니다(레 25:28). 그러므로 희년법은 토지가치로 가난한 자, 들짐승, 그리고 친족과 이웃에 대한 토지 무르기의 재원으로 사용하고 있습니다. 그러므로 지대수익은 공경비의 재원으로 가장 먼저 고려할 대상입니다.

셋째, 노동이 생산한 것과 노동의 축적물인 자본이 생산한 투자가치는 사유재산입니다. 그러므로 이러한 사유재산을 공경비로 충당하기보다 원래 사유재산이 될 수 없는 토지, 공익성을 가진 토지의 지대수익이 공경비가 되는 것은 너무나 당연합니다. 이것이 경제정의이기도 합니다.

넷째, 시장의 균형이론에 따르면 사유재산인 노동과 자본에는 세금이 부과되지 않아야 시장이 효율적으로 운용됩니다. 그러려면 공경비 부담은 토지의 시장가치인 지대수익이 담당할 때 시장이 가장 효율적으로 움직이게 됩니다.

지대수익으로 공경비가 가능할까?

지대수익이 한 나라의 공경비를 대신하는 것은 규범적으로 정당하고, 시장 효율성 측면에서도 지대의 크기가 적정 재정 규모에 속합니다. 이에 대하여 M. Goldberg와 P. Chinloy는 균형상태에서 한 사회의 적정 재정 규모는 총생산물에서 총임금(자본이윤 포함)을 제외한 지대소득이 된다는 연구도 있습니다.[45] 그런데도 지대수익을 공경비로 할 경우 염두에 두어야 할 세입 충분성 문제는 한 국가의 재정문제와 관련되는 것이므로 현실적으로 검토는 해 보아야 할 주제입니다.

그래서 이를 감안하여 한 나라의 지대수익의 크기나 비중을 검토하여 보면 한 나라의 지대수익이 GDP 총액으로 얼마나 되겠는가 하는 것입니다. 지대는 생산의 3요소인 토지, 노동, 자본이 생산한 GDP 총액 중 노동소득과 자본소득을 제외한 잔여 총액입니다. 그러나 지금의 국민소득 추계는 이렇게 생산의 3요소별 집계를 하는 것이 아니고 피용자 보수, 법인소득, 비법인 소득 등 생산 주체를 사

---

45) 이정전, 『토지경제론』, 박영사, 1988, 293쪽.

람에게만 설정하여 집계하므로 지대수익을 추정하기가 어렵습니다. 특히 토지를 자본의 부속물로 보는 인식과 추계로 지대수익이 자본수익으로 집계되어 버리기 때문에 감을 잡기가 어렵습니다.

그래서 땅값에 따른 지대수익을 추산해 보는 방안도 있습니다. 우선 매매가격 대비 전세가격 비율로 추산하는 방법입니다. 이 경우 전국토의 토지가격을 기준으로 적정지대의 크기를 계산하는 것입니다. 균형상태에서 땅값에 대한 지대수익률은 땅값의 이자율에 땅값의 성장률을 차감한 잔여 비율입니다. 그러므로 비용과 수익에서 균형이 성립하는 '이자율 = 지대 요율 + 땅값 성장률'의 공식을 이용하면, 이자율에서 지대 요율이 차지하는 비중이 바로 토지의 매매가격(P) 대비 전세가격(J)과 비율이 됩니다. 그러므로 이론상의 지대 요율은

지대 요율 = 이자율 - 땅값 성장률

지대 요율 = 이자율×토지의 전세가격비율

토지전세가격 비율(J/P) = 토지전세가격(J)/토지매매가격(P, 토지 시가)

지금 시장 이자율이 5%이고, 땅값 평균 성장률이 2%이면, 지대 요율은 3%입니다. 그리고 토지의 매매가격 대비 전세가격 비율(J/P)은 60%가 됩니다.

① 그래서 땅값에 대한 지대 요율을 3%로 가정하여 전국의 사유토지 시가를 1경 원으로 잡아보면, 지대수익은 300조원(300조 = 1경×3%) 정도가 됩니다. 사유토지 총액을 8,000조로 잡으면, 240조원입니다. 그런데 이런 추산에서의 사유토지에는 임야와

나대지, 휴경지와 같이 생산물이 없는 토지도 있고, 농지와 같이 생산은 있으나 지대수익은 0인 한계토지도 있으므로 지대 총액은 이보다 더 준어든 가능성이 있습니다.

② 한편, GDP 총액 중 토지, 노동, 자본의 3요소별 비중을 노동소득 60%, 자본이윤 10%로 잡으면 지대수익 비중은 30%입니다. 그래서 GDP 총액을 2,000조로 보면 지대수익 총액은 600조, 지대수익 비중을 20%로 낮추어 잡으면 400조 정도입니다. ①과 ②의 추산은 가정에 따른 것이므로 나라 전체의 실제 지대수익 총액은 아닙니다. 다만 이런 정도의 크기나 비율이 지대 총액이 되지 않겠나 하는 하나의 추정일뿐입니다.

③ 성경에서 보면 요셉의 토지법은 토지임료 총액, 곧 곡물의 20%가 공경비에 해당합니다. 성경 희년법은 10%(십일조)를 공경비로 사용합니다. 그 외에 사회복지의 성격을 가진 토지 무르기와 가난한 자에 대한 구제 의무가 별도로 있었습니다.

또 50년마다 있는 희년과 7년마다 있는 안식년은 휴경해야 하는데, 그러면 50년 희년 주기마다 8년은 토지경작이 없어서 생산물이 없습니다. 그러면 50년 중 8년은 경작년에 해당하는 42년간 생산한 생산물로 살아야 합니다. 그러면 토지 휴경에도 제공되는 양식은 42년간의 생산한 잉여물로 충당해야 합니다. 그러면 잉여물 크기는 8/50 정도라고 보아야 하고, 이때 잉여물은 노동과 자본투자를 초과하여 생산한 토지가치라고 할 수 있습니다.

④ 지대시장제에서는 지대수익이 지금보다 커지게 됩니다. 지대수익은 원래 땅이 생산한 가치물이어서 노동과 자본의 투자비를 차감한 잔여가치입니다. 만약에 지대시장제가 정착을 한다면,

지금의 임금과 자본에 부과되는 세금이 모두 면제되므로 그만큼 지대수익이 커질 수 있습니다. 또 세금이 없는 사회는 투자와 생산성이 증대하여 총생산도 커지므로 이에 따른 지대수익도 커집니다.

⑤ 지대시장제에서 재정수요는 줄어듭니다. 지대시장제는 땅값이 소멸하고 토지의 자유 사용이 일반화되면 실업도 줄어들고 사회적 궁핍과 문제, 갈등에 따른 사회비용이 경감되어 공경의 수요도 그만큼 줄어들 것입니다. 그래서 한 나라의 공경비 수요는 그 사회가 생산한 지대수익으로 가능하며, 또 그 정도가 가장 적절한 크기라고 할 수 있습니다.

⑥ 지대수익이 공경비를 충당하지 못해도 이를 이유로 지대시장제를 거부할 이유가 없습니다. 지대시장제는 시장기능과 자율적 의사결정으로 시행하여 사유재산을 침해하지 않으며, 징수에 강제성을 갖지도 않습니다.

⑦ 만약에 지대수익 외에 공경비가 더 필요하다면, 그것은 지금의 세제를 일부 남겨 두고 부족한 세금을 함께 징수하면 됩니다. 또 건강 증진을 위한 담배 소비세, 소비를 억제하는 특별세제, 수출입을 보호 규제하는 관세 등 세금이 가지는 사회정책적 목적이나 경제정책적 목적은 필요하다면 지대징수나 세금 징수의 방식으로도 정책을 펼 수가 있습니다. 지대시장제가 이러한 목적을 수행하는 데 부작용이 있거나 방해를 하지 않습니다.

북한 토지와 지대시장제

북한은 공산당 설립 초기에는 경제가 발전하였습니다. 북한은 1946년부터 사유토지는 몰수하는 토지개혁을 단행하여 그 토지를 개인에게 분할하여 자유 경작을 허용하였습니다. 그렇게 하니 토지의 생산성이 증대하여 경제가 발전하기 시작했습니다. 그래서 북한 경제는 해방 후 처음 10여 년간 남한보다 경제가 나았습니다.

그러나 이렇게 하니 문제 발생합니다. 분배된 토지에 생산성의 격차로 인하여 빈부격차가 생깁니다. 그들은 빈부격차가 생기는 것은 그들의 정치 이념에 맞지 않기 때문에 1958년부터 서둘러서 토지의 개별생산체제를 폐지하고 집단체제로 바꾸어 버렸습니다. 그러나 그 후로는 생산성이 둔화되어 경제가 어렵게 되었습니다. 집단 생산 체제는 유인책이 없어서 개별생산체제의 이점을 따라잡지 못했고, 아무리 생산을 독려해도 집산체제는 효율이 떨어져 생산이 둔화되고 이로 인해 북한 경제는 파탄 지경에 이르렀습니다.

그래서 북한은 1990년대 이후 중국처럼 토지를 개인에게 분할하여 개별생산체제로 이행을 하고 있습니다. 그러나 이것이 문제입니다. 바로 토지를 개인에게 분양하면, 중국처럼 경제가 발전하면서 투기가 발생하고, 북한 사회는 초기 경제처럼 빈부격차의 문제가 생기게 됩니다. 중국은 토지를 국가 소유로 두어도 지대를 사유로 한 실수로 부동산문제를 해결하지 못했고, 그래서 정책을 '선부론先富論'에서 '공동부유共同富裕'로 바꾸고 있지만, 토지가치를 모르면 성공하기 어렵습니다.

그러므로 지금 북한에서 당면한 경제문제나 토지문제의 해결은 바로인 땅세賣제도, 곧 전국토에 전면적인 토지임대제를 도입하는 것입니다. 현재 북한은 토지가 제도상 국유제입니다. 북한 사회는 땅값이 없는 것이 원칙입니다. 그래서 성경의 포도원 비유처럼 땅을 개인에게 분배하고, 분배된 토지에 시장가치대로 지대를 징수하면 됩니다. 그러면 북한 땅은 시장의 자유를 보장하면서 경제의 목적을 달성할 수 있습니다. 북한이 처음부터 그렇게 했으면 당면한 궁핍의 문제를 해결하고, 장기로는 세금도 필요 없는 사회가 될 수 있었을 것입니다.

그러나 북한도 토지가치에 대한 인식이 무지하여 토지를 중국처럼 거의 무상으로 개인에게 경작을 허용하고 있습니다. 그래서 북한은 이미 소폭이지만, 땅값이 발생하고 있다고 합니다. 지대를 시장가치대로 징수하면, 땅값이 0이 되어 이 문제가 발생하지 않는데 중국처럼 무상 또는 저가로 임대하므로 남한처럼 땅값이 생기고 있어서 안타까울 뿐입니다.

사실 유럽에서도 토지를 국유화 상태로 하여 공공임대로 하는 나라가 많고, 이스라엘에서도 토지를 그렇게 하고 있습니다. 다만, 공공임대의 치명적 약점인 저가 임대료로 인하여 사유지와 같이 땅값이 발생하여 빈부격차를 일으키는 것이 문제입니다. 이런 토지의 국유화와 저가 임대료에 따른 비효율성 문제를 F. Harrison도 지적한 바가 있습니다.[46]

---

46) 이정전, 『토지경제론』, 박영사, 1988, 365, 377쪽.

지대시장제와 희년 사회

토지의 전면적인 임대제도인 지대시장제 사회는 성경이 말하는 희년법의 완성입니다. 성경에서 희년은 50년마다 돌아옵니다. 주기적이고 반복적입니다. 희년은 죄가 속해지고, 토지 무르기를 종결짓는 때입니다. 그래서 희년은 죄가 사해지고, 빚이 사라지고, 토지 무르기가 완성되어 영적, 정신적, 경제적 자유가 최고조가 되는 시기입니다.

이러한 구약의 희년제도는 신약에서 반복적 무르기나 주기적 희년을 선포하는 절차가 없이도 저절로 성취될 수가 있습니다. 이것이 바로 노동시장은 임금으로 대신하면, 몸값이 사라지고, 토지시장은 임료로 대신하면, 땅값이 사라져서 구약에서 주기적으로 돌아오는 희년이 영구 희년으로 자동 성취가 되는 것입니다.

그런데 이 경제적 비책이 신약에서 예수님이 가르쳐 준 천국 경제, 곧 포도원 비유에서 구체적 형태로 나타납니다. 그것은 포도원 품꾼의 비유에서 품삯(임금)이며, 포도원 경작자의 비유에서는 경작자가 내는 세(토지임료)입니다. 품꾼의 비유에서 실업자에게도 생활비를 줄 수 있는 재원과 경작자의 비유에서 세를 낼 수 있는 수익은 모두 포도원이 생산한 토지가치가 있어야 재원조달이 가능합니다. 그리고 포도원 자신의 몫인 토지가치는 모두 토지의 주인이신 하나님의 것이며(레 25:23), 상속자 되시는 예수님의 몫입니다(마 20:25). 토지가치는 사회복지나 공동체가 쓰는 재원이 되어 오늘날의 공경비 역할을 하게 됩니다.

이것은 현실 경제에서 바로 적용할 수 있는 제도입니다. 또 이 지대시장제의 현실성은 과학적, 경제학적, 그리고 시장경제 원리로 증명을 할 수 있는 제도입니다. 구체적으로 땅값과 허구가격이 소멸하면, 경제학의 이념인 시장균형이 성립한다는 뜻입니다.

물론 포도원의 비유에 대한 전통 신학이나 사회의 일반적 관념은 경제문제가 아닌 영적인 문제나 정신적 주제를 다룬 것으로 보고, 이에 초점을 두고 있습니다. 그러나 예수님의 비유가 이러한 영적인 주제를 설명하고 있더라도, 그 비유의 원리가 경제에도 그대로 적용이 될 수 있고, 이것이 고질적인 경제문제를 뿌리에서 해결할 수 있다는 점이 더 중요합니다. 토지문제와 이에 따른 각종 경제문제는 구약에서 희년법, 신약에서 포도원 천국 경제법이 유일무이唯一無二한 해결책이라는 뜻입니다.

그러므로 다른 이유를 붙이기보다 그대로 적용하고 순종하면 그것으로 끝입니다. 구약의 희년법과 신약에서의 포도원 천국 경제법은 사람을 옥죄는 죄와 빚이 모두 사라져서 사회 구성원 모두가 온전한 자유를 보장받습니다.

토지 무르기를 통한 희년법의 신약적 완성

> 너희 기업의 온 땅에서 그 토지 무르기를 허락할지니(레 25:24)
> 우리가 우리에게 모든 빚(빚진 자)을 사하여 주듯이…(눅 11:4, 사역)

구약시대에 희년이 완성되려면 토지 무르기가 종료되어야 합니다. 신약시대에 구약시대의 희년이 신약시대에 성취되려면 토지 무르기로 땅값이 소멸되어야 합니다. 구약시대는 토지가 축구 선수의 몸값처럼 50년 사용권 가격으로 묶여 있어서 매년 무르기를 해야 합니다. 아니면 토지가 사람 대신 빚을 갚아 주어서 빚이 사라지면 희년이 옵니다. 그러나 신약시대는 이러한 번거로운 무르기 절차가 필요 없이 땅값이 바로 수멸하여서 희년의 상태가 됩니다. 이것이 예수님이 가르쳐 준 천국 경제법입니다.

그러나 이러한 천국의 경제법을 우리가 자력으로 성취시키려면 지금의 세속경제가 만들어 놓은 땅값과 허구가격은 없애주어야 합니다. 그런데 이 값을 너무 큰 금액이라 한 사회가 이 값을 감당하기 어렵습니다. 구약시대처럼 토지가치가 토지부채를 대신 갚아 준다고 해도 그 빚이 소멸하는 기간은 무한대가 되어야 가능합니다. 이론상 토지소유가격인 땅값은 빚을 영원히 갚지 못한다는 뜻입니다.

그러므로 우리는 토지에서 진 빚을 우리가 서로서로 없애주기를 해야 합니다. 예수님은 이를 위해서 주기도를 가르치면서 영구 희년의 방법을 가르쳐 주셨습니다. 예수님은 제자에게 이렇게 기도하라고 하십니다. "우리가 우리에게 진 모든 빚(또는 빚진 자)을 사하여 주듯이 우리의 죄들도 갚아 주옵소서"라는 기도입니다.

그러나 이 부분은 번역에서 "죄"나 "잘못"으로 잘못 번역하여 상세한 설명은 원어의 뜻부터 살펴보아야 하지만, 일단 원문이 "빚"을 말하고 있으므로, 필자는 당연히 빚을 없애 주는 희년법의 토지 무르기가 포함되는 것으로 봅니다. 구약시대는 몸값도 무르기를 해야 했었지만, 지금은 서로가 무르기를 한 것처럼 시장에서 몸값이 저절로 소멸해 버렸습니다. 십자가 희생과 복음의 능력으로 신체의 자유와 인권의 회복은 자발적 시행이 가능했기 때문입니다.

지구촌의 마지막 과제—땅과 집은 사용자가 가지는 세상

이제 이 사회에서 남은 것은 구약시대에도 시행하지 않아서 선지자들부터 강한 질책과 요청을 받아 온 '토지 무르기' 하나입니다. 토지 무르기는 허구가격을 발생시키는 주식과 선물 등도 한시주식이나 가격보험으로 바꾸는 것을 포함한다고 보아야 하겠습니다.

인류의 역사를 보면, 자연과학이 발달로 이루어진 큰 변혁이 농업혁명, 산업혁명, 그리고 21세기의 정보혁명이라 할 수 있습니다. 이에 비하여 사회과학의 진보로 종교, 정치, 문화 등에서 일어난 큰 변혁은 15, 16세기의 문예 부흥(르네상스)과 18, 19세의 시민혁명일 것입니다. 시민혁명을 전후하여 크게 신장된 사회는 노예제도와 군주제도를 폐지하는 혁명을 완성시켰습니다.

그러나 지구촌은 아직도 사회변혁의 큰 과제 하나가 남아 있습니다. 바로 토지혁명입니다. 땅에 대한 창조질서를 어겨서 혼란에 빠진 인류가 그 원인자인 지주제도를 대신하여 사용자의 시대로 돌리는 것입니다. 땅과 집의 가치는 소유가 아니라 사용에 있으며, 그래서 "땅과 집은 소유자가 가지는 것이 아니고, 사용자가 가지는 세상"이 돌아와야 합니다. 이렇게 하려면, 토지는 사용자가 토지를 사용하고, 토지가치인 토지임료를 주인에게 사용료로 내어야 합니다.

그러나 이러한 토지 무르기나 지대시장제는 강한 저항을 예상해야 합니다. 사람들은 이미 알고 있는 토지임대부 주택이 지대시장제이지만, 이를 사유재산제를 부정하는 공산주의나 사회주의라고 보거나 독재를 허용하는 국가주의라고 비난하기도 합니다. 또한, 지금의 기업 주식은 '자본주의의 꽃'으로 찬양하면서 같은 시장원리인 토지주식제도는 실현이 어려운 이상론으로 봅니다. 이런 저항은 약속의 땅을 거부한 광야시대, 선지자를 박해한 왕조시대, 그리고 예수님이 보여 주는 포도원의 비유 등에서 선명하게 드러나고 있습니다.

그래서 성경이 말하는 막바지 때가 언제인지는 모르지만, 그때는 종교와 경제에서 큰 변혁이 있을 것으로 보입니다. 그때는 음녀와 결탁한 상인들이 치부를 위해 사람의 영혼까지 팔고 사게 되는데, 그렇게 쌓은 부는 하루 동안에 망한다고 합니다(계 18장).

역사적으로 보면 이러한 경제적 재앙은 1929년 세계 대공황에서 시작하여 지금까지 특히 금융시장에서 종종 나타나는 징조들입니다. 우리는 눈덩이처럼 커지고 있는 가계 부채와 실물 없는 금융가격을 없애야 합니다. 그러나 우리가 이러한 무르기를 하지는 않고, 오히려 토지, 주식, 선물, 외환 등으로 치부를 위한 허구가격 키우기를 계속한다면, 이런 재앙은 언제인가 스스로 당할 수밖에 없을 것입니다.

그러나 우리가 희년법과 포도원 비유의 시장원리를 이해하고, 토지의 주인을 인정하여 주인이 보여 준 경제법을 실행한다면, 이런 경제적 재앙은 피할 수도 있겠습니다. 그리고 지금보다 더 풍성하고 자유로운 세상을 누릴 수 있는 유업과 나라를 선물로 받을 수 있을 것입니다.

여기서 말하는 우리의 마지막 과제는 희년법과 포도원 천국 경제법의 현실적 실현을 뜻하고 있습니다. 그러므로 종교계에서 말하는 미래에 있을 종말이나 영생구원, 그리고 사후 천국과 같은 종교적 진술과는 분리되는 내용입니다. 필자는 이 책에서 성경이 말하는 경제문제를 말하고, 종교계가 말하는 영혼과 정신계의 문제는 다루지 않았습니다.

토지 무르기와 자원적 천국 경제를 실행하는 방안

토지 무르기는 예수님이 주기도로 가르쳐 준 "우리가 우리에게 진 빚을 갚아 주는" 역할을 실제로 실행하는 것입니다. 희년법이 말하는 토지 무르기는 강제가 아니었습니다. 또 예수님의 천국 경제법도 비유로 제시하여 두었기 때문에 이 방법은 제시만 해 두고, 순종은 인간의 자발적 의지에 맡겨 둔 것으로 보입니다. 그래서 이러한 토지 무르기를 자발적으로 시행하도록 선도적으로 가르치고 감당해야 할 기구가 교회라고 봅니다.

지금 우리가 자발적 토지 무르기로 희년을 완성할 방법을 몇 가지 소개하고, 상세한 것은 2권에서 다루겠습니다.

① 초대교회처럼 재물을 내어놓고 주를 섬기는 신앙적 결단이 필요합니다. 성령의 가르침대로 초대교회를 따르려면 사유토지가 교회로 나오게 됩니다. 그러면 교회가 여호수아 시대처럼 받쳐 진 토지를 재분배하는 절차를 밟아야 합니다. 이것이 초대교회의 장점은 따르고, 약점은 해소하는 것입니다. 그러나 초대교회는 광야교회처럼 중간 명절인 오순절에 세워진 공동체라서 땅에 대한 약점을 고치기는 한계가 있습니다. 토지 무르기는 원래 마지막 명절인 초막절 5일 전 속량절에 하는 절차입니다. 교회보다 큰 조직이라고 할 수 있는 국가나 사회 공동체가 해야 하는 것입니다.

② 그래서 초대교회와 같은 신앙적 결단이 있어도 이 역할을 오순절 교회가 감당하지는 못한다면, 앞에서 제시한 토지의 시장대리기구인 토지거래소가 대행해야 합니다.

③ 사유토지 소유자가 자발적으로 실시할 수 있습니다. 사유토지의 일체를 천국 경제법의 비유와 같이 본래 토지의 상속자인 예수님께 돌려주고, 세를 내는 것입니다. 그러면 사회에서는 내는 세의 비율에 따라 세금 혜택을 주면서 독려를 해야 합니다.

④ 사유토지 소유자가 토지를 매매는 하지 말고 임대만 하는 것입니다. 이에는 구약시대처럼 시한부 사글세로 하거나 전세로 하는 것도 하나의 방법입니다. 저는 이 방법을 처음 '기업 이야기'에서 했었고, 지금도 이 방법의 적용을 두고 고심하고 있습니다. 그런데 이 방법은 후손이 대대로 희년법을 준수하는 것이 관건인데 실정법의 한계가 있습니다. 토지가 본의 아니게 빚 담보로 잡혀서 소유권이 타인에게 넘어갈 수 있는 제도상의 약점을 말합니다.

⑤ 앞에서 논의한 토지거래소를 통한 지대시장제를 실시하는 운동을 추진해야 합니다. 여기서 자발적이라는 것은 지대시장제를 위한 토지제도의 개선에 저항감을 가지거나 수동적 자세를 버리고, 앞장서서 빚 갚기와 토지 무르기로 지대시장제의 정착에 협력하는 것입니다.

⑥ 땅값 부채와 보상을 사회 공동체가 공동으로 부담하여 없애는 방법입니다. 이 방법은 사실상 통화를 증발하여 사유토지를 전부 매입하는 것을 뜻합니다. 그러나 이것은 사회가 그만큼 인플레이션을 감당해야 하므로 하나의 방법에 속할 뿐 실행은 어렵습니다.

⑦ 이러한 자발적 방법이 어려우면 사회적 합의를 끌어내는 방법을 찾을 수밖에 없습니다. 그 방법은 앞에서 충분한 논의와 검토를 했습니다.

그리고 이렇게 인간이 자발적으로 시행하지 못하는 경우는 결국 토지주인이 강제로 시행을 하는 방법밖에 없을 것입니다. 토지주인이 강권적으로 사유토지를 몰수하거나 지대시장제(포도원 세貰의 징수)를 명령하여 시행하게 하는 것입니다. 우리가 그때가 언제일지는 모릅니다.

다만, 천국 경제는 지금처럼 세속경제가 만들어 놓은 사회, 곧 땅값과 각종 허구가격이 존재하는 한 성립할 수 없습니다. 그래서 인간의 자발적 순종과 시행으로 이루어지든, 토지주인의 강제적 시행으로 이루어지든, 미래의 때를 남겨두고 있습니다.

제20장
지대시장제와 포 두 원 천국

세 가지 토지거래의 가격 비교

[세속법(금지시장) > 희년법(제한시장) > 포도원 천국 경제법(자유시장)]

우리는 천국 경제를 너무 이상적 현상 또는 초자연적 방법으로만 생각합니다. 필자가 말하는 천국 경제는 사람의 이성으로 실천하고, 경험이 가능한 현실 경제를 뜻합니다. 그래서 필자가 말하는 천국 경제는 그 근거를 모의실험으로 검증할 수 있습니다.

지금까지 살펴본 바와 같이 같은 수익을 내는 토지라도 거래하는 방식에 따라 가격이 서로 다릅니다. 그 가격의 크기는 기초가격 기준으로 [세속법(영구 소유가격) > 희년법(시한부 사글세 가격) > 포도원 천국 경제법(사용가격)]의 순서입니다. 이제 지대수익이 같은 토지에서 자본가격을 거래할 때, 세속법과 희년법의 가격 흐름이 어떻게 다른지 비교하여 봅니다. 초기 지대수익은 단위당 1원입니다. 이자율은 5%, 지대 성장률은 3%입니다. 이 조건으로 희년법을 따라 토지를 거래하면 초년도 사글세 가격은 약 31원(30.8854원)입니다. 그러나 레위기 25장 23절의 토지거래 금지법을 어기고, 세속법을 따르면 땅값은 50원입니다.

[그림 20-1]을 보면 세속 토지법은 거래가격이 0연도 기준으로 19원(38.2%)이 높습니다. 그리고 이 가격은 계속 커지고 있습니다. 그러나 희년법의 거래가격은 성장률로 인하여 초반부는 약간 커지지만, 그래도 가격은 세속법보다 19원 작습니다. 더구나 만기인 50년이면 가격이 0이 되어 사라집니다. 가격이 가치가 실현되고, 시장균형이 성립합니다. 그러나 세속 토지법은 같은 수익을 내는 토지임에도 가격은 희년법 가격을 이탈하면서 커지기만 하고, 시한부 사글세 가격처럼 0으로 소멸하지 않습니다. 미래가격이 현재가치로 실현되는 성질이 없습니다.

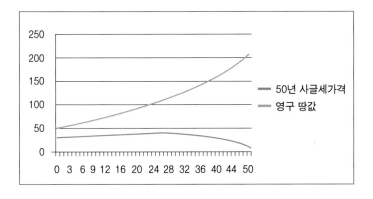

[그림 20-1] 사글세 토지가격(레 25:15, 16)과 영구가격(레 25:23)의 비교
(초기수익: 1원, i: 0.05, g: 0.03, n: 50년 또는 ∞)
* 성장연금현가율: 50년: 30.8854원, ∞: 50원 = {1원/(0.05-0.03)}

그러나 희년법도 자본가격이라서 수익이 없는 0연도부터 가격이 발생하고, 생산물 없는 거래물이므로 빚(금융거래)입니다. 빚은 매년 무르기를 하여 갚아야 문제가 해결됩니다.

그런데 신약시대에 예수님은 포도원 비유를 통하여 몸값과 땅값이 발생하지 않는 시장경제를 보여 줍니다. 그러면서 이것을 "천국"
이라고 합니다(마 20:1). [그림 20-1]에서 보면 초기가격은 세속법인
토지의 소유가격이 50인이고, 희년법은 31원, 포도원 천국 경제법은
[그림 20-2]에서 소유가격은 없고, 토지임료 1원뿐입니다. 세속법은
초년도에 이자만 2.5원(2.5 = 50×0.05)으로 지대수익 1원보다 1.5원이
크기 때문에 적자가 나고 있습니다.

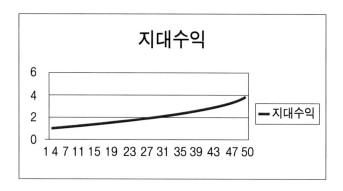

[그림 20-2] 포도원 천국 경제의 지대와 땅세賃
(초기수익: 1원, g: 0.03)

[그림 20-1]과 [그림 20-2]의 가격 비교

초기가격: [세속법 50원(세금 有) > 희년법 31원(세금 小) > 천국 경제법 1원
(세금 無)]

말기가격: [세속법 219원, 354원 > 희년법 0원 or 135원(재매입), 354원 >
천국 경제법 0원, 354원]

[그림 20-2]에서 보면 포도원 생산물은 초년도에 1원입니다. 그리
고 포도원 생산물은 경제성장률을 따라 매년 3%씩 커지고 있고,
포도원 경작자는 이 가격만 계속 지불하게 됩니다. 물론 포도원 경

작자의 생산물 수익도 같은 비례로 커진다고 보아야 하므로 그만큼 포도원 경작은 소득 수준이 높아지고 있습니다.

포도원 지대수익 1원은 한 나라의 공경비가 되어서 내가 내는 지대만큼 세금 부담이 줄어듭니다. 그러므로 지대납부는 그 가격만큼 세금 부담도 줄어서 사실상 공짜나 다름이 없습니다. 천국 경제법은 생산이 없는 0년도는 지불할 가격도 없으므로 0입니다.

말기가격은 수익 총액은 지대수익 연금합계인 354원으로 세속경제나 희년법, 천국 경제법이 모두 같습니다. 그런데도 세속법은 소유에 대한 자본가격은 초기 50원에서 219원으로 커져 있습니다. 희년법은 말기에 자본가격이 소멸하여 0이며, 다시 신규 매입을 시작한다면 135원입니다. 그러나 천국 경제법의 소유가격을 지불할 필요가 없으므로 자본가격은 항상 0입니다. 이를 그림으로 나타낸 것이 [그림 20-2]입니다.

포도원 천국 경제와 세속경제의 실험(천국天國과 세속국世俗國의 비교)

예수님이 포도원의 경제 비유로 소개한 천국 경제법을 실험으로 알아보겠습니다. 지대시장제 사회와 지금의 토지소유제(땅값시장제) 사회를 모의실험으로 차이를 비교해 봅니다. 예수님이 비유를 들어서 천국 경제를 소개하고 있으므로 필자도 비유와 유사한 모의실험으로 천국 경제와 바알Baal 제도에 속하는 세속경제의 가치 흐름을 비교하여 봅니다.

① 초기 여건 및 기초적 실험조건

사람이 살지 않은 무인도에 이미 조성해 놓은 포도원이 있고 갑, 을, 병, 세 가족이 처음 정착하여 살아갑니다. 갑은 예수님이 비유 주신 경작자의 비유대로 포도원을 임대하여 사용합니다(마 21:33). 그러나 을과 병은 세상 토지법과 같이 포도원을 소유하여 경작합니다. 섬은 세 지역을 균등하게 분할하여 경작하며, 입지조건은 세 지역 모두 같습니다. 가족은 한 가정에서 부부와 자녀 세 명으로 총 다섯 명이며, 갑, 을, 병은 가족들의 수와 구성 조건, 생산 능력, 생활 수준 등이 모두 같습니다.

갑은 1,000㎡ 면적을 가진 포도원을 임대하여 경작하며, 매년 주인에게 토지임료인 貰를 냅니다. 초기 임료는 토지 생산력에 따라 토지가 낸 가치인 200만 원입니다. 이 임료는 육지의 경제성장률을 따라 매년 3%씩 커집니다.

그러나 을과 병은 재산과 소유를 우선하기 때문에 같은 면적과 같은 생산력을 가진 포도원을 구입하여 포도 농사를 짓습니다. 구입 자금은 육지은행에 포도원을 담보로 잡히고, 전액 빚을 내어 지급했습니다. 육지은행의 이자율은 5%입니다. 그래서 5% 이자율에 3%의 성장률을 감안한 토지를 1억 원(1억 원 = 200만 원/(0.05-0.03)) 에 구입했습니다. 다만, 을과 병은 1억 원 차입에 대한 상환 조건이 조금 다릅니다. 을은 원금 1원의 이자를 지대 생산물로 지급하고, 나머지는 연체상태로 둡니다. 그래서 포도원을 매각할 때 발생하는 토지양도차익으로 일시에 상환합니다. 그러나 병은 연체하지 않고, 매년 발생하는 이자 부족액을 성장한 땅값만큼 토지 면적을 물납하는 방식으로 이자를 상환하기로 했습니다.

세 가족 모두 임금과 생활비는 초기 기준 700만 원이며, 생활비 전액은 포도원 총수익 900만 원 중에서 포도원 경작자의 자가임금으로 충당하게 됩니다. 그리고 700만 원의 초기임금과 생활비, 200만 원의 초기 지대수익은 모두 경제성장률을 따라 매년 3%씩 커집니다.

② 포도원 천국 비유의 경제(갑: 토지임대의 경우)

[표 20-1]을 보면 갑은 정착한 섬에서 생활에 필요한 경제적 고려 항목은 임금과 지대 2개의 요소뿐입니다(자본이 포함되면 3요소가 필요). 그러나 을은 토지의 소유로 인하여 고려 항목이 6~7개의 요소가 필요하고, 항목이 많아서 보기에도 복잡하게 느껴집니다.

[표 20-1]에서 갑은 초기에 포도원 생산물이 총 900만 원이며, 이 중 200만 원은 포도원 주인에게 세를 냅니다. 그리고 갑은 자기 노동으로 수익한 초기임금 700만 원을 생활비로 씁니다. 만약에 700만 원에서 생활비로 쓰고 남는 것이 있다면, 육지은행에 저축하고 포도원에 재투자하지는 않습니다. 임금 700만 원은 매년 경제성장률을 따라 커져서 그만큼 소득 수준이 높아지고 생활이 나아지고 있습니다.

연도	갑: 토지임대		을: 토지소유, 이자 연체						
	지대	임금	토지(억)	부채(억)	임금임금	이자지급		땅값성성장	세금
						현금납부	연체이자		
∩	∩	∩	1	1	0	0	0	0	有稅
1	200	700	1.03	1.03	700	200	300	300	有
2	206	721	1.06	1.06	721	206	600	600	有
3	212	743	1.09	1.09	743	212	900	900	有
10	261	913	1.34	1.34	913	261	3,400	3,400	有
20	351	1,228	1.81	1.81	1,228	351	8,100	8,100	有
30	471	1,650	2.43	2.43	1,650	471	14,300	14,300	有
40	652	2,283	3.26	3.26	2,283	652	22,600	22,600	有
50	861	2,979	4.38	4.38	2,979	861	34,800	34,800	有
비교	지대 성장에 동반하여 임금도 성장함		초기 이자 500만 = 1억×0.05, 초기 지대 200만 = 1억×(0.05-0.03) 초기 이자 연체 300만 = 땅값 성장 300만 = 1억×0.03 토지 및 부채: 초기 1억, 말기 4.38억, 각종 세금: 有						

[표 20-1] 포도원의 사용수익과 소유비용

(이자율 5%, 경제성장률 3%, 초기값: 토지 1억 원, 지대 200만 원, 임금 700만 원)

이 섬은 사람이 살기 위해 길도 닦고, 육지로 오가는 배가 정착할 수 있는 부두를 만들며, 육지 사람들이 관광할 수 있도록 각종 기반 시설을 갖추어야 합니다. 그러려면 공경비가 있어야 하고, 세금이 필요합니다. 그러나 갑은 포도원 주인에게 貰를 내고 있고, 주인은 받은 임료 수입으로 이런 사업과 비용 부담을 전액 대신하여 줍니다. 그래서 갑은 세금을 낼 필요가 없습니다.

경제적 생활 수준은 매년 3%씩 나아져서 외국에 여행도 다니고, 자녀들은 유학도 보냅니다. 토지주인은 세貰만 받고 포도원의 경작에 대해 아무런 제한과 간섭도 하지 않으므로, 이 포도원은 사실상 경작자의 자기 것이며, 이러한 경작권은 앞으로 자녀에게 상속되어 자손 대대로 경작할 수 있습니다. 섬에 정착한 가족들은 영구기업이 보장되어 일터를 구할 걱정이 없고, 빚을 낼 이유가 없으며, 세금

❶ 희년과 포도원 천국

마저 필요가 없습니다. 가히 천국이라고 할 만큼 자유와 풍요를 누리며 살 수 있습니다.

예수님이 가르쳐 주신 포도원 천국 경제법을 따라 경작자는 포도원을 소유하기보다 貰를 내면(마 21:33, 41), 포도원은 이렇게 소유가격보다 작은 값(반값 = 전세가격)을 치르고도 더 큰 이득과 경제적 자유를 누리며 살아갈 수가 있습니다. 포도원을 소유하고 지대수익을 갖는 대신 포도원 주인을 인정하고 貰를 내니 이렇게 큰 혜택이 되돌아오는 것입니다.

③ 포도원을 소유한 세속경제(을: 토지 소유의 경우)

그러나 을은 포도원의 경작 여건이 갑의 초기조건과 모두 같으면서도 경제생활은 크게 다릅니다. 을은 포도원을 소유하기 위해 포도원 매입자금으로 원금 1억 원의 빚을 낸 것부터 다릅니다. [표 20-1]에서 을은 원금 1억 원에 대한 이자가 초년도 기준 500만 원(500만 = 1억×0.05)이며, 이 금액을 매년 육지은행에 갚아야 합니다. 그런데 초기수익은 200만 원뿐이므로 300만 원이 부족합니다. 그런데 부족한 금액은 포도원 땅값에서 300만 원((300만 = 1억 원×0.03))커져 있습니다. [표 20-1]을 보면 매년 이자 부족액과 땅값이 커지는 금액은 크기가 같으며, 이 크기는 매년 3% 비율입니다. 이 부족한 이자는 은행에 연체상태로 두고, 포도원을 팔 때 토지양도차익으로 갚아야 합니다. 다른 방법이 없으므로 육지은행과 그렇게 계약을 하고 토지 구입에 필요한 자금을 빌렸습니다.

[표 20-1]에서 0연도 기준 포도원 땅값 1억 원은 초년도 성장액이 300만 원이고, 이 값은 가치로 실현된 것은 아닙니다. 그러면서 이 값은 매년 3%씩 커집니다. 그래서 0연도 1억 원의 원금이 20년 후

는 원금의 2배에 가까운 1.81억 원으로 커지고, 50년 후는 4.38억 원으로 커져 있습니다. 그러면서 이 값은 포도 생산으로 실현된 것이 아무것도 없습니다. 이 섬에서 실현된 가치, 사람이 사용할 수 있는 실물은 임금이나 지대뿐입니다. 이 현상 역시 영구적입니다. 그래서 포도원 땅값은 영구 허구가격이며, 이 섬에서 인플레이션을 일으키는 요인이 됩니다.

이 땅값과 땅값 성장액은 토지 소유로 인하여 매년 부득이하게 짊어져야 하는 빚입니다. 그런데 여기에 토지 소유나 매매로 인하여 추가 부담이 더 생기는데 이것이 바로 세금입니다. 포도원 토지를 구입할 때는 취득세, 팔 때는 양도소득세, 가지고 있으면 보유세, 상속하게 되면 세금이 자녀에게 넘어가서 상속세까지 물어야 합니다. 그리고 육지 사람들은 섬을 매입한 을에게 토지투기를 하려고 섬에 들어갔고, 포도원을 소유하여 땅값이 커진 만큼 불로소득까지 누린다고 생각하고 비난하기도 합니다. 혹자는 을에게 불로소득인 토지수익 전액을 세금을 매겨서 환수해 버리자고 합니다.

한편, 정부는 부과된 각종 세금이 너무 가혹한 면이 있어서 실수요와 투기수요(가수요)를 구분하여 면세조항을 다시 만들어야 합니다. 그래도 땅값은 커지므로 이제 투기를 한다고 거래규제, 대출규제 등이 필요하여 각종 규제가 자꾸자꾸 늘어납니다. 토지의 소유를 따라 세금과 규제는 약방의 감초처럼 따라붙어 다닙니다.

[표 20-1]에서 보듯이 빚이 커지고 있습니다. 섬의 거래 수가 많아지면 빚은 더 크게 커집니다. 물론 땅값이 커지는 비율을 따라 화폐가치도 지속적으로 떨어지고, 떨어지는 비율만큼 물가는 올라가야 합니다. 이렇게 커진 땅값에 물가가 커져야 시장은 균형이 성립하기 때문인데 이것이 가짜 균형입니다. 정부가 이자율과 금융시장을 조

● 희년과 포도원 천국

작하여 경기를 운영하는 것도 알고 보면 이러한 땅값이 커지기 때문에 가짜 균형을 맞추어 주는 과정에 불과합니다.

을은 꿈을 갖고 빚을 내어 포도원을 구입하여 섬으로 들어왔습니다. 그러나 을은 포도원 토지에서 땅값이 커지고 있기는 하지만, 그렇게 커진 값을 50년간 1원도 사용해 본 적이 없으며, 그 값의 크기만큼 빚만 짊어지고 살고 있습니다. 또 이러한 섬의 사회는 가족이 살아가는 데 필요한 도로와 부두 등 사회간접자본 시설도 투자해야 하므로 공경비가 있어야 하고, 세금도 필요하므로 포도원 소득(임금)에서 세금을 추가로 계속하여 내어야 합니다.

④ 포도원 소유와 연체이자, 그리고 토지 물납(병: 연체이자를 없애는 경우)

한편, 병은 포도원 구입자금 1억 원을 을보다 더 가혹한 조건으로 빌렸습니다. 섬이 개발되면 땅값이 크게 오를 것으로 보아 무리한 조건으로 돈을 빌렸습니다. 빌린 원금 1억 원의 이자는 매년 갚기로 되어 있어서 부득이하게 포도원을 땅값 성장액 300(3%)의 크기만큼 토지 소유권을 육지은행으로 직접 넘겨주게 됩니다.

그러면 [표 20-2]에서 1년말 포도원 면적은 커진 가격의 3%가 줄어듭니다(2.91% = 0.03%/1.03%). 남은 면적은 커진 가격의 3%, 곧 전체 비율로 매년 2.91%씩 줄어들어도 그 비율만큼 분할하여 넘겨주었기 때문에 남은 포도원의 생산력은 그대로 100%를 유지합니다. 그래서 1년 말, 2년 말 구분 없이 지대수익은 300만 원은 일정합니다. 3%의 토지가치 면적을 육지은행에 넘겨주지 않았으면, 2년말 수익은 갑의 포도원처럼 206만 원이 나올 것입니다. 그러나 부족한 이자 300만 원은 원금 토지를 은행에 직접 갚아가기 때문에 지대수익 200만 원은 커지지 않고 1차연도와 같습니다. 이 현상은 매년 계속

됩니다.

그래서 을은 포도원 면적이 매년 3%씩 줄어들고 생산력은 초기 주거 그대로 유지하게 됩니다. 경제성장률을 따라 토지 생산력이 매년 3씩 커져도 면적이 그만큼 줄어들기 때문에 지대수익은 매년 초기수익 크기 200만 원 그대로입니다. 이것은 매년 이자를 지급하는 은행 예금과 같습니다. 토지 수익력이 일정하므로 임금도 일정하다고 보아야 할 것입니다. 그러나 여기서는 비교를 위하여 임금과 생활비는 갑의 경우와 같이 매년 커진다고 보았습니다.

병은 부족한 이자를 언체하지 않기 위하여 매년 포도원(성장액) 면적의 일부를 떼어 주며 빚은 갚아야 했으므로 50년 후에 병의 포도원 면적은 22.8%만 남습니다. 이대로 계속하면 100년 후에는 0.05%만 남습니다. 그래도 포도원 구입에 들어간 빚은 이자만 갚고, 원금 1억 원은 잔여 땅값 크기만큼 남아 있습니다.

	갑: 토지임대		병: 토지소유, 이자 물납						
						이자지급		잔여 토지	세금
연도	지대	임금	토지	부채	임금	현금 납부	토지 물납		
0	0	0	1억	1억	0	0	0㎡	1,000㎡	취득세
1	200	700	1억	1억	700	200	29.1	971	有
2	206	721	1억	1억	721	200	28.3	943	有
3	212	743	1억	1억	743	200	28.0	915	有
10	261	913	1억	1억	913	200	21.7	744	有
20	351	1,228	1억	1억	1,228	200	16.2	555	有
30	471	1,650	1억	1억	1,650	200	12.0	412	有
40	652	2,283	1억	1억	2,283	200	8.9	307	有
50	861	2,979	1억	1억	2,979	200	6.7	228	有
비교	지대 성장에 동반하여 임금도 성장함		초기 이자 500만 = 1억×0.05, 초기 지대 200만 = 1억×(0.05-0.03) 초기 이자부족액 300만 = 토지 물납 300만 = 1억×0.03 토지 및 부채: 초기 1억, 말기 1억, 각종 세금: 有						

[표 20-2] 포도원 소유와 이자의 상환

(이자율 5%, 경제성장률 3%, 초기값: 토지 1억 원, 지대 200만 원, 임금 700만 원)

[표 20-1]의 경우는 포도원 땅값이 0년도 1억 원에서 50년 후 4.38 억 원 커져 있으나 [표 20-2]에서는 땅값은 초기가격 1억 원 그대로 입니다. 그 대신에 토지 면적이 0년도 1,000㎡에서 50년 후 228㎡로 줄어들었습니다.

그렇지만 50년 후에 빌린 돈으로 포도원을 구입한 을과 병의 잔존 가격 비율은 같습니다(갑: 1억/4.38억 = 을: 228㎡/1,000㎡). 가격이 커지 지만 같은 가격 크기인 면적이 줄어들어서 시간 흐름에서 가격 총계 는 같습니다. 전자는 연체된 빚을 만기 일시불로 갚는 조건이고, 후 자는 이자를 토지 물납으로 매년 갚는 조건이므로 만기에는 같은 결과가 나옵니다. 을은 연체이자를 갚지 않아서 빚이 4.38억 원으 로 커져 있고, 병은 연체이자를 갚았기 때문에 빚의 원금은 1억 원 이 남아 있는 것입니다.

독자들은 이런 현상이 가상적 예를 든 모의실험으로 볼 수 있겠지 만, 토지 소유제 섬(나라)에서는 실제로 이렇게밖에 될 수 없는 사회 입니다. 그러므로 이 예시는 가상이 아니고, 실제적 현상을 예시로 보여 주는 것입니다. 우리는 이러한 혼돈의 세상을 살고 있습니다.

그러나 [표 20-1]에서 갑은 포도원을 임대하여 사용하고 세貰를 냄으로써 이러한 어려움을 겪지 않고, 풍요와 자유를 누리며 살고 있습니다. 이것이 예수님이 우리에게 포도원 경제 비유로 가르쳐 준 천국 경제법입니다. 이에 비하면 지금의 포도원 소유 경제는 바알 Baal이 가르쳐 준 세속 경제법입니다.

모의실험에서 을과 병은 포도원을 소유하고 싶고 세를 내지 않으 려고 하니 이렇게 토지 구매에 지급한 땅값은 적자를 면하지 못하 고, 여기에 빚과 세금, 온갖 시장 불균형으로 인한 추가 부담과 고 통을 당하고 살아야 합니다. 그리고 더 중요한 것은 주인이 다시 오실 때에는 아마도(?) 세를 내지 않기 때문에 포도원을 빼앗기고, 천국 백성이 되지 못할 수도 있는 것입니다(마 21:41, 43). [표 20-2]를 보면 병우 실제로 포도원 구입자금에 대한 은행 빚의 연체이자를 포도원을 팔아서 갚아가고 있으므로 50년 후에는 면적이 초기에 비하여 22.8%만 남아 있습니다. 기업이요, 생업의 터전이어야 할 포도원을 이미 77.2%나 잃어버린 셈입니다.

지금까지 설명한 포도원 임대와 소유, 예수님이 가르쳐 준 천국 경제법과 세속 경제법을 요약하여 비교하면 [표 20-3]과 같습니다.

비교 항목	천국 경제(토지임대)	세속경제(토지소유)	비고
① 땅값	없다 (발생하지 않는다) 지대=善(자유세상)	있다 (소멸하지 않는다) 땅값=惡 (시장장벽, 가격폭군)	땅값은 문제의 근원 시장의 불균형과 충격
② 부채	無(小)	有(多)	있으면 커짐 현상
③ 이자거래	無(小)	有(多)	단순 신용거래 有
④ 비용적자	無	有	있으면 커짐
⑤ 세금	無	有	필요하면 과세
⑥ 근로소득세	無(임금 100% 사유)	有(몸값 無, 세금 有)	실소득=임금-세금
⑦ 기타(이론)	실업 無, 물가고 無	실업·물가고·고용불안 有	시장균형 접근·성립
⑧ 경제 요소	임금, 지대, (자본) 3요소 뿐	6~7개 항목 초과	규제조항 小와 多
⑨ 토지 및 유사품	한시주식, 선도거래 실물결제용 화폐만	땅값, 주식, 先物, 옵션, 외환, 가상화폐	가격위험은 헷지 대신 가격보험
거래물과 가격(가정)	㉠~㉡의 허구가격 無 실물과 실물을 대변하는 증권과 금융만 거래	㉠ 지금없는 미래물 ㉡ 실물없는 금융물 ㉢ 실현없는 거래물 ㉣ 실체없는 가격물 ㉤ 원물없는 차익물 ㉥ 만기없는 숫자물	선물은 만기가 있으나 실물수수가 없으므로 허구

[표 20-3] 토지의 임대와 소유, 천국 경제과 세속경제의 비교 요약

희년과 천국 경제의 생산과 분배

성경 희년법과 예수님의 천국 경제법은 몸값과 땅값이 없고, 빚과 세금도 필요 없는 경제 시스템이라고 했습니다. 구약시대 희년법은 사회적 공경비를 개인에게 직접 부담시킨 십일조로 합니다. 그리고 이 외에 간접적이고 자율적 부담인 토지 무르기를 권장하여 무르기에 대한 사회적 부담이 별도로 있습니다. 그런데 토지 무르기의 가격은 궁극적으로 토지가치가 부담한다고 보고 있습니다(레 25:19, 28). 그래서 무르기 가격도 넓은 의미로 보면 사회적 공경비의 성격입니다. 토지 무르기의 재원은 토지가치에서 나오고, 토지가치의 사용은 사회보장적 성격을 가집니다. 희년 주기인 50년 동안, 8년의 안식년과 토지 휴경도 땅이 주는 경제적 선물(잉여), 곧 토지생산물이 있어서 가능합니다.

그런데 예수님이 가르쳐 준 천국 경제법은 희년법보다 더 적극적인 경제 처방이고, 복음적 수단입니다. 천국 경제법은 몸값과 땅값이 아예 발생하지 않고, 빚과 세금까지 필요가 없는 경제 시스템을 소개하고 있습니다. 이것이 포도원 품꾼의 비유와 경작자의 비유입니다.

이제 성경 희년법과 예수님의 천국 경제법을 포도원 비유의 총생산물을 100%로 한 각 생산요소별 생산과 분배의 크기(비율)를 비교해 보겠습니다. 생산의 3요소 중 노동투자에 대한 임금을 60%, 자본을 투자한 자의 사업소득을 10%, 그리고 나머지는 포도원 토지가치인 지대를 30%로 가정합니다. 이에 대한 비교는 [표 20-4]와 같습니다.

비유	경제주체	생산요소	생산공헌	분배	희년법			천국 경제법			비고
					100%	공경비		네것	내것	공경비	
						십일조	무르기				
포도원	주이	토지(사본)	토지가치	지대	30	?	땅값몸값 속량 늑 27 (30-3)	0	30	30	지대전액
	경작자	자본	자본가치	이윤	10	1		10	0	1	이윤10%
	품꾼	노동	노동가치	임금	60	6		60	0	6	임금10%
계	3주체	3요소	총생산	국민소득	100	10	27	70	30	37	공경비37
평가	천지인(天地人) 하늘·땅·사람 = 주인(땅)+품꾼(사람)+경작자(자본, 물질)				① 희년법은 총생산의 십일조+무르기의 공경비 ② 포도원 천국 경제는 땅값·몸값 무르기 소멸 + 세금소멸 +십일조? ③ 포도원 천국 경제는 지대 전액 공경비 또는 지대외 십일조가 포함된 공경비						무세 국가 실현
성구	창 1:11, 26,29, 3:23 레 25:5, 15,16,19, 23, 24,28,51, 27:30				마 13:1이하, 막 4:28 마 20:1, 21:33 이하						막 4:26

[표 20-4] 포도원 비유로 본 희년법과 천국 경제의 생산과 분배Tax Heaven
(총생산 100% 중 요소별 소득은 임금 60%, 사업자 이윤 10, 지대 30%로 가정함)

[표 20-4]를 보면 시장경제에서 토지, 노동, 자본이 투자되어 경제활동을 하고, 생산된 가치물이 각 요소소득(토지, 노동, 자본)으로 분배되는 과정을 비율로 표시하고 있습니다. 국민소득은 감가상각비를 차감한 총생산물NNP은 100%입니다. 감가상각비는 투자한 자본의 소모분이므로 자본의 유지를 위해서는 분배를 할 수 없습니다. 각 요소소득은 임금 60%, 자본이윤 10%, 지대 30%로 생산하고 분배되고 있습니다. 희년법은 50년에 8년은 휴경기로 생산물이 없습니다. 여기서 휴경기 8년분 양식은 대부분 토지가 내는 지대로 잉여라고 보면 그 크기는 8/50입니다.

구약시대의 공경비는 각 요소소득에서 지불하는 10%(십일조)이므로 이에 따른 공경비는 임금 6%, 자본이윤 1%, 지대 3%로 총 10%

입니다. 그리고 몸값이나 땅값을 속량하는 무르기 의무가 부여되어 있어서 사회복지를 위한 간접적 공경비가 사경제에서 충당되어야 합니다. 그런데 이 공경비는 궁극적으로 개인에게 분배된 토지가치에서 충당한다고 보면 지대가 총 30%입니다. 하지만, 30%에는 십일조 부담 3%가 중복되기 때문에 3%를 제외하면 순수 지대 부담액은 27%입니다. 그래서 공경비 총액은 총생산의 37%가 됩니다(37% = 십일조 10% + 순수 토지가치 27%).

신약시대 천국 경제는 무르기를 하지 않기 위해 지대를 사유화하지 않으므로 30%인 지대 전액이 공경비가 됩니다. 그리고 이에 구약시대처럼 십일조가 필요하다고 보면, 7%가 추가됩니다(임금 6% + 자본이윤 1%). 그래서 신약시대의 천국 경제법에서도 공경비 총액은 구약시대 희년법과 같은 비율의 37%입니다.

그러나 [표 20-4]에 공경비 비중 37%는 사전 이해가 필요합니다. 구약시대는 십일조가 주요 공경비입니다. 예를 든 지대의 비중은 국민소득의 30%입니다. 그런데 이 비율에서 구약 공동체에서 필요한 십일조를 추가하면 국민소득 중 공경비 총 비중은 37%로 커집니다. 그러나 [표 20-4]에서 예로 든 공경비 37%는 실제 지대시장제 사회가 부담하게 될 공경비 총액이 아니고, 십일조까지 들어간 개념적인 설명이므로 오해가 없으면 좋겠습니다.

이처럼 [표 20-4]는 지대시장제는 사람의 자유와 생존권을 제약하는 몸값과 땅값, 빚과 세금이 모두 사라지고 경제는 시장균형이 성립하여 실업과 물가 상승도 없는(적은) 경제사회를 보여 주고 있습니다. 경제적으로만 보면 주기도문이 말하는 "하늘의 뜻이 이 땅에서도 이루어지는 경제법"입니다. 이것이 예수님이 우리에게 비유로 가르쳐 주신 "포도원 천국 경제Tax Heaven"입니다.

지대시장제와 속량절 무르기의 완성

구약에서 희년은 7월 10일 속량절에 도래하거나 선포됩니다. 이날은 백성들이 죄를 속하는 날로 1년에 한 번 돌아오는 거룩한 날이고, 큰 날입니다. 그래서 이날은 "속죄일"이라고 합니다.

그리고 이날은 토지를 무르는 날이며, 토지 무르기가 종결되는 날입니다. 그런데 토지 무르기는 희년이 되어서 오기도 하지만, 토지를 무르기로 값이 소멸해도 희년이 옵니다. 7월 10일은 죄를 사하거나 빚을 속하는 날이므로 필자는 "속량절"이라고 부릅니다. 희년은 50년 주기마다 전국민에게 돌아오는 것이지만, 개인별 토지 무르기는 매년 이때 할 수 있습니다.

다시 말하면 우리가 토지 무르기를 제때 할 수 있다면 희년은 매년 올 수 있습니다. 개인별, 친족별 토지 무르기를 하면, 그 가족과 친지들은 희년이 아니지만 사실상 희년의 상태가 됩니다. 땅과 사람을 예속하고 있는 빚이 사라지고, 실업과 경제적 궁핍도 사라져서 온전한 자유가 보장되므로 경제적으로는 사실상 희년의 상태입니다 (땅과 사람이 쉬는 안식제도를 제외하면).

또한, 경작년에도 토지거래는 속량절을 기준일로 정하여 값을 매기고 거래합니다. 그 이유는 거래의 기한이 희년까지이고, 희년의 도래일(선포일)이 이날이기 때문입니다. 이때가 가을이며, 일 년 중 추수를 다 마친 시기입니다. 그래서 토지를 거래하거나 무르기가 가장 적합한 시기입니다. 그리고 무르기가 완성된 토지는 다시 씨를 뿌리게 됩니다. 밀과 보리는 가을에 씨를 뿌립니다. 농업시대에 이렇게 토지 무르기로 토지가 정리되어 경작자가 분명하여지면, 그 땅에 씨를 뿌리는 농사를 시작합니다.

그런데 이 시기가 예수님이 비유로 제시한 포도원 수확기와 일치합니다. 이때는 포도원은 수확기이므로 포도원 주인이 일꾼이 필요합니다. 그래서 품꾼의 비유에서 주인은 아침부터 품꾼들을 일터로 불러들여 일을 시키고 있습니다. 그리고 주인은 일을 한 자 모두에게 합당한 임금을 지급하여 생활하도록 합니다.

그리고 이 시기는 가을이고, 추수기입니다. 땅이 낸 토지가치를 분배하고, 결산하는 날입니다. 그래서 경작자의 비유에는 주인이 토지사용료인 임료를 받아야 하는 시기입니다. 예수님이 비유로 가르쳐 준 천국 경제법은 구약시대부터 초림의 시기까지도 거부한 사람이 많아서 실현이 어려웠습니다. 오히려 포도원 주인이자, 상속자이신 예수님은 이 제도를 거부하는 자들에 의하여 십자가형을 당합니다.

그러나 때가 되면, 이 천국 경제법을 사회 구성원들이 받아드릴 때가 있을 것입니다(눅 4:19). 아니면 포도원 주인이 강권적으로 받아드리게 할지도 모르겠습니다. 아무튼, 이때가 바로 희년이 선포되고, 토지 무르기가 완성되는 속량절입니다.

그런데 7월 10일 속량절은 7월 1일 나팔절과 함께 이런 희년의 완성을 위한 경제적 절차를 행하고, 희년의 천국 잔치를 준비하는 날입니다. 희년의 잔칫날이 바로 5일 후에 있는 초막절입니다. 초막절은 7월 15일이며, 큰 잔칫날로 구약의 3대 명절 중 마지막 명절입니다. 더구나 이날은 다른 축제일과 달리 죄만 사해지는 것이 아니고, 빚의 원천인 몸과 땅의 값들이 모두 사라져서 경제적 자유까지 회복하고, 온전한 자유를 보장받는 날입니다. 그래서 초막절은 삼대 명절 중 다른 명절보다 더 기쁘고 의미가 있는 축제일입니다.

그러므로 성경의 초막절은 구약에서 토지 무르기가 완성되어 희년을 맞는 축제일이고, 신약에서 비유로 가르쳐 준 천국 경제법이 실현되어 토지 무르기가 필요 없는 영구 회년을 맞아서 즐기는 잔 칫날입니다. 이 잔칫날이 지나면 모두가 자유와 평등이 보장된 가운데 밀과 보리를 다시 파종하며, 농사를 시작합니다. 그러면 하나님은 하늘에서는 이른 비를 내려 주십니다(신 1:4, 약 5:7).

하늘·땅·사람天地人의 조화

하나님은 시간의 시작인 태초에 천지를 창조했습니다(창 1:1). 하나님은 천지를 창조하기보다 먼저 계셨습니다(요 1:1). 사람은 여섯째의 날, 곧 천지창조에서 마지막 날, 피조물 중 제일 늦게 지음을 받았습니다. 그리고 사람은 먼저 지은 땅을 다스리도록 위임을 받습니다. 이것이 하늘(하나님)에서 땅을 내고, 땅에서 사람이 난 창조질서의 순서입니다.

하나님은 하늘에 계십니다. 하늘은 하나님의 처소입니다. 그래서 하늘天은 하나님 자신을 말하기도 합니다(눅 15:18). 땅은 하나님이 사람보다 먼저 창조하였습니다. 땅은 온갖 씨 맺는 풀과 열매, 동물들을 내고 있고, 사람이 살아갈 공기와 물과 각종 서비스 자원을 갖고 있고, 생산도 하고 있습니다. 그러나 땅은 사람에게 관리를 받는 위치에 있습니다.

사람은 땅을 관리하며, 그 대가로 땅이 가진 먹거리(양식)를 비롯하여 온갖 자원과 서비스를 받아서 살고 있습니다. 우리의 일용할 양식은 땅을 관리해 준 대가를 땅으로부터 받는 몫입니다. 그러나 하나님은 그 땅을 팔거나 거래하지는 못하게 했습니다. 사람은 땅보다 훨씬 뒤에 출현하였고, 땅을 만들지 못하며, 땅을 떠나서는 생존

할 수도 없기 때문입니다.

그래서 하나님은 경제 규례로 땅을 팔거나 거래하지는 못하게 했고, 땅은 하나님 자신의 것(내 것)이라고 분명하게 밝혀 두고 있습니다(레 25:23). 땅을 하나님이 자신이 만들었고, 사람은 땅을 만들지도 못하며, 팔고 사서 가치를 실현하지도 못한다는 것입니다. 이것은 경제 시스템 안에 들어 있는 구체적 규례이므로 우리가 흔히 교회에서 말하는 "내가 소유하며 팔고 사는 땅은 하나님의 것이다"라는 경제적 신앙고백과는 차원이 다릅니다. 이것이 창조질서이고 희년법과 천국 경제법이 말하는 시장질서이고, 경제원칙입니다. 다시 말하지만, 이 규례는 단순한 종교적 선언이나 정서적 표현이 아니고, 희년법 경제 시스템 안에서 구체적으로 순종하도록, 성경이 제시해 놓은 생활 규례입니다.

그런데 지금의 사회는 이 희년법 경제 시스템을 무시하고 어겼기 때문에 창조질서와 경제질서 전체가 혼란에 빠져 있습니다. 그래서 이제는 경제를 창조의 질서대로 시장의 원래 성질대로 되돌려야 합니다. 땅은 하나님의 소유물로 인정하고, 내 것처럼 값을 매겨 거래하지 말고 사용만 해야 합니다. 그리고 토지사용에는 주인에게 세貰를 내어야 합니다. 그러면 포도원 주인은 지금보다 두 배나 높게 소유비용을 부담하고 있는 땅값을 없애주고, 여기에 세금까지 면제하여 줍니다. 이것이 경제구원의 유일한 수단인 토지 무르기이며, 값을 치르는 이웃 사랑의 실천입니다.

예수님은 하나님의 독생자이므로 포도원의 상속자이고, 이 세상 모든 토지에 대한 주인이십니다. 그래서 우리가 다시 오실(이미 초림으로 오신) 예수님을 주인으로 인정하고, 세를 내면 토지주인은 경제생활에서 땅값도 사라지고 세금도 필요 없는 사회를 되돌려 주십니다. 여기에 몸값과 땅값이 없으므로 사람이 자력으로 갚지 못하는 토지부채(원빚 = 원부채原負債)도 사라집니다. 그래서 희년은 이 세상 지구촌에서 인간으로 할 수 있는 범위에서는 최고조의 자유와 풍요의 상태가 완성되는 때입니다.

이 상태가 바로 예수님이 이 땅에 오신 목적, 곧 하늘에 계신 하나님께 영광이요, 땅은 화평이며, 사람에게는 기쁨이 되는 그날 그때가 충족되는 것입니다(눅 2:14). 사람은 영의 눈이 뜨이고, 육의 눈도 열리는 때입니다. 하늘의 뜻이 이 땅에서 실제로 실현이 되는 때입니다. 이것이 하늘, 땅, 사람이 '천지인天地人의 조화'를 이루는 '지구촌 경제 천국'입니다.

성경의 초막절과 한국의 한가위

성경의 초막절은 한국의 한가위와 같은 날, 같은 시기, 같은 의미를 가진 축제일입니다. 성경 초막절은 성경력 7월 15일이고, 한국은 한가위는 한국 음력 8월 15일입니다. 성경 달력과 한국 음력은 같은 음력인데 달의 표기상 한 달 하루가 다를 뿐, 같은 달, 같은 날입니다. 그런데 유독 유대인과 한국인이 이 명절을 세계에서 가장 오랜 기간, 의미 있게 지켜오고 있습니다.

초막절은 성경이 말하는 3대 명절의 마지막 명절이므로 시간의 주기적 종결 의미를 가집니다. 3대 명절은 1월 절기 유월절, 3월 절기 칠칠절(맥추절), 그리고 7월 절기 초막절입니다. 그런데 이 3대 명절 중에 유월절은 부활절로, 칠칠절은 오순절 성령강림으로 날짜와 의미가 정확하게 성취가 되었습니다. 그러나 초막절은 신약에서 아직 그 성취를 기다리고 있습니다. 우리는 마지막 명절에 대해서는 날짜도 잘 모르지만, 의미는 더 모르고 있습니다. 그래서 이 초막절은 이단들이 들끓고 있는 절기입니다.

그런데 이 초막절의 신약적 성취는 토지의 주인이자 상속자인 예수님을 그리스도로 인정을 해야 가능합니다. 유대교는 포도원 비유인 천국 경제법을 거절하고 오히려 예수님을 죄인으로 몰아 포도원 밖으로 내어 쫓고 모함하여 죽였습니다. 또한, 구약의 희년 성취는 유대라는 지역적인 범위와 한계가 있지만, 신약에서의 천국 경제법은 이런 지역적 범위와 한계를 뛰어넘어 지구촌 모두에게 미치는 세계적 사건이 되어야 합니다.

그러므로 초막절은 예수님을 구주로 고백하는 천국 백성들이 천국 경제법을 지키려고 할 때 성취되거나 완성될 수밖에 없는 명절입니다. 그런데 이날이 바로 초막절과 날짜가 같은 한국의 한가윗날입니다. 성경의 구속사와 절기 등에 대한 구체적인 내용은 책 2권과 3권에서 다룰 예정입니다.

아무튼, 구약의 토지 무르기가 신약에서도 최종적으로 완성되어 세계가 함께 즐기는 잔칫날은 성경 초막절과 한국 한가위입니다. 그날은 지금처럼 땅을 팔고 사서 세상을 혼돈에 빠트린 허구가격이 모두 소멸하고, 세금도 필요 없는 나라, 자유 천국이 도래합니다.

다시 강조하지만, 이 상태는 막연한 미래의 소망을 말하거나 검증이 불가능한 묵시적 천국을 말하는 것이 아닙니다. 실제로 사람의 영성과 이성, 과학과 경제학, 그리고 시장원리와 숫자적 검증으로 실상을 확인할 수 있는 천국경제입니다. 초막절과 한가위는 우리가 희년법과 천국 경제법을 지키게 되면, 이 땅에서 실제로 맞게 되는 경제 천국의 잔칫날이 될 것입니다.

이렇게 희년 천국은 현실 경제에서 검증할 수 있고, 실현될 수 있는 것을 이 책에서 계속하여 설명해 왔지만, 이를 다시 정리하여 일곱 가지로 요약해 봅니다

① 지구촌 모든 사람에게 원죄가 소멸될 수 있습니다. 토지 무르기가 이루어지는 속량절의 속죄의식은 유대인의 죄를 속하고, 이 무르기가 궁극적으로 완성되는 십자가의 죄 속량은 세계 모든 백성들의 죄를 능히 속할 수 있습니다. 물론 이는 예수 그리스도를 구주로 시인하는 신앙고백이 있어야 합니다.

② 모든 백성들에게 빚이 사라집니다. 토지 무르기가 완성되는 희년은 원래 빚이 없는 때입니다. 예수님의 천국 경제는 빚이 필요 없는 사회입니다.

③ 포도원 품꾼의 비유처럼 몸값과 실업이 사라집니다. 이 부분은 신약시대에 와서 몸값 거래를 하지 않으므로 이미 성취가 되었습니다. 그러나 아직 ④의 땅값과 세를 내지 않기 때문에 근로소득에 세금을 내어야 하고, 실업이 자꾸 발생하고 있으므로, 아직 완전한 성취는 하지 못한 상태입니다.

④ 땅값이 사라집니다. 이에 대한 언급은 많이 했으므로 생략합니다.

⑤ 세금이 사라집니다. 만약에 지대수익으로 사회가 필요한 공경비가 부족하다면, 세금은 별도로 더 징수하면 됩니다. 그러나 생산의 3요소별 시장균형을 최적화하는 재정의 적정 규모는 바로 지대수익의 크기입니다.

⑥ 실업이 사라지거나 대폭 줄어듭니다.

⑦ 시장의 균형적으로 운영되기 때문에 물가고가 사라집니다.

❶ 희년과 포도원 천국

이러한 ①~⑦의 상태가 충족되는 날, 이것을 실제로 검증할 수 있는 날이 바로 한국의 한가윗날입니다. 이러한 초막절과 한가위의 세계적 성취가 과연 언제가 될지는 우리가 모릅니다. 그러나 시기는 모르지만, 내용적으로는 땅에 대한 인간의 그릇된 정서와 해묵은 오해를 버리고, 땅의 주인과 땅의 경제적 실체를 모든(적어도 과반수) 백성들이 인정하고 순종의 자세로 나올 때입니다. 아니면 세속경제를 주도하고 있는 지금의 현실 세상은 끝을 내고, 성경이 말하는 종말의 때가 되어서야 강권적으로 이루어지게 될 것입니다. 그때는 초막절과 한가위의 성취 여부와는 관련이 없이 도적처럼 임하는 때가 될 수 있어서, 그때가 언제인지는 아무도 모릅니다(마 24:36, 계 16:15). 그래서는 이 사람은 지금도 이렇게 늘 기도하고 있습니다.

> 우리가 우리에게 모든 빚을 사하여 주듯이(눅 11:4), 우리의 죄들도 사하여 주시고, 뜻이 하늘에서 이루어진 것처럼 이 땅에서 하늘나라가 이루어지게 하옵소서.

	제1권의 요점 정리
기초 이해	땅은 사람보다 먼저 있고, 먼저 일하며, 스스로 생산하고, 쉬어야 한다. (땅은 스스로 경제적 생산활동을 하고 있다.) 땅을 인간 생존이 필수재이고, 경제활동의 기초요소다. 땅은 열매를 내어 사람을 부양하고 있고, 더 오래 있으며, 더 크다. 땅은 상품(재화, 용역, 지대)을 생산하지만, 자신은 상품이 되지 않는다 (사람이 땅을 생산, 소유, 매매, 소비하지 못하고, 땅이 사람의 생존과 자유, 활동을 지켜준다.) 사람 생각: [창조주 〉 사람 〉 땅], 창조 섭리: [창조주 〉 땅 〉 사람]
땅값 이해	땅값은 영원히 1원도 가치로 쓸 수 없다(내일 솟아날 샘물은 오늘 마시지 못한다). (땅값차익은 영원히 가치물이 아니며, 국민소득이 될 수 없다). 땅값은 실물가격이 아니고, 영구적 금융가격이다. 땅값은 현재가치가 아니고, 영구적 미래가치에 대한 선불(청구권)이다. 땅값은 영원히 실물 실현이 없는 영구 허구가격이다. 땅값은 벌금(罰金)이 되고, 토지임료는 선물膳物이 된다. 토지임료는 토지거래소를 통한 공개 입찰가격으로 거래해야 한다.
희년법 이해	희년법은 토지가 스스로 내는 생산물이 있고, 쉬게 해야 한다(레 25:3~7). 희년법은 토지의 임대와 시한부 사글세 거래만 허용한다(레 25:14~16). 희년법은 토지의 소유와 영구거래를 금지한다(레 25:23). 희년법은 땅값을 무르기로 없애고, 원상회복을 바라고 있다(레 25:24~28). 희년법은 온전한 사유재산제와 자유시장경제 시스템이다. 희년법은 토지를 소유자가 아닌 사용자가 가지게 한다. **(포도원은 경작자가 소유하지 않고, 주인에게 세貰를 내면, 그 포도원을 유산으로 받는다.)** 땅값은 실물 없는 금융거래로 사유재산제와 자유시장경제의 질서를 해친다. 땅값이 무르기로 사라지면 희년이 돌아온다(레 25:8~10). 땅값이 사라지면 생존권이 보장되고, 경제적 자유가 회복된다. 토지임료만 거래하면 땅값이 사라져서 토지비용은 반값(전세가격)이다. 희년법은 현재물, 미래물, 영구물로 구분하여 시장원리를 밝히고 있다. 미래가치인 주식, 특허권·광업권·지적재산권 등은 시한부 거래로, 선물·옵션은 실물만 거래해야 한다.
천국 경제	경제 천국은 십자가의 속량으로 죄가 사라지고, 희년법 토지 무르기와 토지가치의 시장원리로 빚값, 몸값, 땅값, 세금이 필요 없는 자유로운 시장사회이다. 〈십자가의 값 치르기〉: 죄와 죽음의 문제를 해결하는 영혼구원의 유일 수단 〈희년법의 토지 무르기〉: 땅값이 일으킨 경제문제, 경제구원의 유일 수단 - 씨 뿌리는 비유: 땅이 주는 열매가 풍성한 결실을 맺는다(마 13:1~9). - 품꾼의 비유: 토지가치는 주인의 것, 임금은 노동자의 것이다(마 20:1~16). - 경작자의 비유: 토지를 사용하고 세貰를 내면 천국이 돌아온다(마 21:33~44).

참고 문헌

김명호, 『희년연구』, 새순출판사, 1992.

이병렬, 『에레쯔 이스라엘』, 요단출판사, 1993.

이정전, 『토지경제론』, 박영사, 1988.

이정호 역(마이클 채트필드 저), 『회계사상사』, 경문사, 1985.

이찬근, 『투기자본과 미국의 패권』, 언구사, 1999.

장진광, 『희년과 복음』, 두란노, 1994.

조순·정운찬, 『경제학원론』, 법문사, 1990.

최갑종, 『예수님의 비유 연구』, 기독교문서선교회, 1993.

허혁 역, 『예수의 비유』(J. Jeremias 저), 분도출판사. 1999.

George, Henry, 『Progress and Poverty』, New York: Robert Schalkenbach Foun-
dation, 1992.

Harrison, Fred, 『The Power in The Land』, New York: Universe Books, 1983.